まっすぐな道

フィジー〈癒し〉の文化人類学

リチャード・カッツ〔著〕
豊島実和〔翻訳〕 田野尻哲郎〔監訳〕

Richard Katz

THE STRAIGHT PATH OF THE SPIRIT

Ancestr[illegible] Healing Traditions in Fiji

暗黒通信団

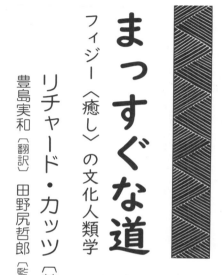

沈黙を守る人々の叡智に

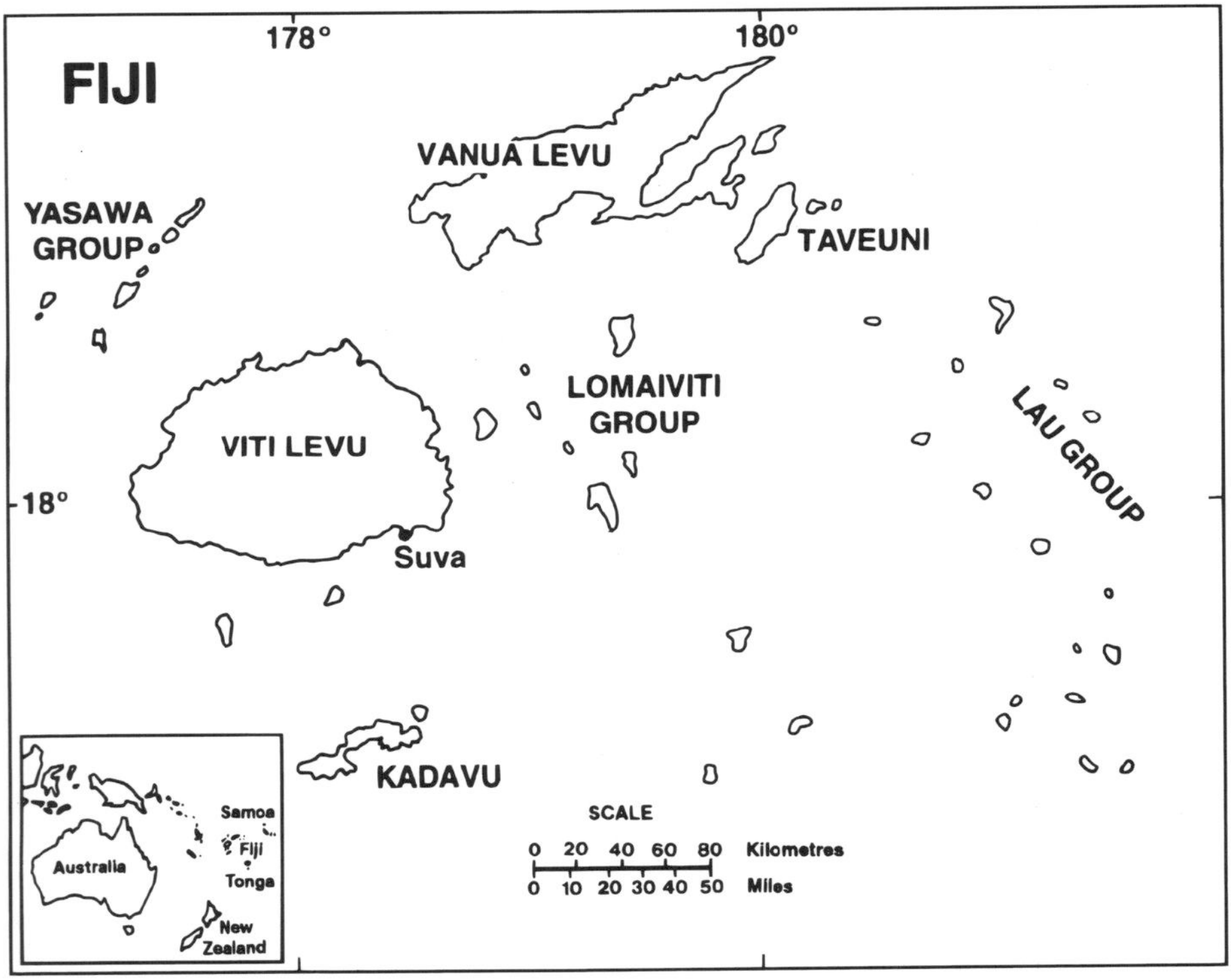
FIJI
178°
180°
18°
VANUA LEVU
YASAWA GROUP
TAVEUNI
LOMAIVITI GROUP
VITI LEVU
LAU GROUP
Suva
KADAVU
SCALE
0 20 40 60 80 Kilometres
0 10 20 30 40 50 Miles
Samoa
Fiji
Tonga
Australia
New Zealand

フィジー

目次

〈癒し〉の系譜　監訳者まえがき

リチャード・カッツの〈癒し〉の系譜
または「先住民」の発見

実践の文化人類学者、また臨床心理学者であるリチャード・カッツは、"Boiling Energy : Community Healing among the Kalahari Kung" (Harvard University Press, 1982)〔邦題『〈癒し〉のダンス「変容した意識」のフィールドワーク』(講談社、二〇一二年)〕にて、南部アフリカ・カラハリ砂漠のクン・サンたちの生のあり方を、〈癒し〉のダンスが生起する医療／教育／政治／社会／国家とスピリチュアリティの躍動として描出しました。

この躍動を現代社会に実現しようと考えた彼は、本作の舞台である南太平洋フィジーのヒーラーに弟子入りすることで、フィジーの〈癒し〉を参与観察します。これによって伝統フィジー文化／社会の現実を生きた彼は、自分と伝統文化／社会の近代的変容と徹底した挫折を体験し、そして自分と社会が近代以降の存在である「先住民」として歩みはじめていることに気づきます。本書が描出するのは、この自己／社会の人格的／史的変容のプロセスです。

このあと彼はハーバード大学を離職し、カナダ中西部の先住民社会の一員として文化人類学・臨床心理学の研究と高等教育に邁進します。"Indigenous Healing Psychology : Honoring the Wisdom of the First Peoples" (Healing Arts, 2017)〔未邦訳〕が、その成果です。

日本の〈癒し〉の概念史

日本における「癒（し）」の概念史は四期に劃されます。「癒（し）」は、第一期の平安期から室町期に「病」つまり身体的疾患に関して出現し、第二期の室町期—江戸期に「愚」、「苦」、「渇」、「病苦」など抽象度の高い言葉も少数ながら共に出現するようになり、第三期の明治期—昭和期には更に多種多様な言葉と共に使用されて、その頻度も上昇します。

第四期、昭和末期—令和期の「癒（し）」には、二つの明確な特徴があります。第一は、一九八七年十一月初旬以降に、名詞形の用例が出現することです。従来この言葉は、動詞の活用形でした。第二は、「癒（し）」名詞形が「つながり」概念、即ち心と身体／気とのつながり、人と人／共同体／社会とのつながり、人と環境／自然／宇宙とのつながり等とともに使用される傾向です。これが示唆する文化・スピリチュアリティ潮流のなかに、「〈癒し〉の文化人類学」が付置しています。

〈癒し〉の文化人類学

日本における〈癒し〉の文化人類学を考えるには、上田紀行の『癒しの時代をひらく』(法蔵館、一九九七年)や『スリランカの悪魔払い——イメージと癒しのコスモロジー』(徳間書店、一九九九年)が重要です。両作は、分断された個人の心身気・スピリチュアリティや個人と個人／社会／自然・宇宙の「つながり」を回復することが〈癒し〉であるとされます。同様な視点から非常に多数の文化人類学・医療人類学の研究論文、著作が国内外で刊行されており、枚挙に暇がありません。また、文化人類学の正統的立場からこれを扱った池田光穂の「「癒し論」の文化解剖学」『文化現象としての癒し』(佐藤純一編、メディカ出版、二〇〇〇年)や『実践の医療人類学』(世界思想社、二〇〇一年)も重要です。現代における〈癒し〉の文化人類学は、「つながり」の回復の文化人類学であると同時に、「先住民」の文化人類学であることが、これらの研究から概観できます。

先住民とは、近代という時代にあって、個人の心／身／気・スピリチュアリティや個人と個人／社会／環境／自然／宇宙の「つながり」を回復しようと奮闘する人々を指す言葉です。『荘子』「渾沌（應帝王）」、「無何有之郷（逍遥遊）」の認識論的分析からも明らかなように、「つながり」は、つねにすでに総ての場所で失われています。つまり「つながり」の回復への躍動は、つねにすでに総ての場所で生起しています。リチャード・カッツが本書で語るのは、「先住民」と〈癒し〉が、その理論と実践の現代的表現だということです。

本書は、翻訳を豊島実和が、監訳を田野尻哲郎が担当しました。カッツの息づかいと内的感覚が伝わってくる明晰美麗かつ正確な日本語記述という本書の美点は、総て豊島の功績です。もし翻訳上のミスがあれば、総て田野尻の責任です。また出版に関して、暗黒通信団のシ氏及び五代幻人氏の多大なるご尽力を頂きました。原書の出版元パーク・ストリート・プレス社（Park Street Press）には快く画像データをご提供いただき、感謝します。最後に、本書の翻訳を許可してくださったリチャード・カッツ博士に感謝します。二〇一七年夏に博士の許可をいただいて翻訳を開始してから、長くお待たせすることとなりました。

読者の皆さま、フィジーの〈癒し〉、「まっすぐな道」を、本書にてどうぞご体験ください。

二〇二四年一月十日

田野尻哲郎

謝辞

謝辞を書くという行為は非常に名誉なことであるが、他の名誉ある行為と同様に、決して容易なことではない。私がこれまでに受けた支援を、どう説明したらよいだろう。人々が私に寄せてくれた信頼と愛について（それがなければ本書の出版は不可能であっただろう）、書き尽くすことができるとは、とうてい思えない。私にできるのは、せめて事実に近いものが読者に伝わるようにと祈りながら、感謝の言葉をつづることくらいである。

フィジーには交換の原則というものがあり、与えられた者はお返しをすることになっている。本書はその交換の、お返しの部分にあたる。私に様々なものを与えてくださった素晴らしい方々に、心からお礼を申し上げる。

彼らへの敬意によって、また、彼らの希望に沿う形にするために、本書の物語においては仮名を用いている。そのため、本書に貢献してくださった方々に、ここで名前を挙げてお礼を申し上げることができない。それでも、彼らの貢献に対する私の感謝の気持ちが非常に強いものであるという事実は強調したい。フィジーで共に暮らし共に仕事をした人々（カリ島の人々、ビトゥ列島の人々、スヴァの町の人々、そして特に、私を受け入れてくれたトヴの村の人々）の寛大さと献身のお陰で、私はトヴに家を持ち、私も家族も自分がフィジー人（カイ・ヴィティ）であるかのような気持ちで暮らすことができた（スヴァ以外の地名は仮名）。実際に研究を進めるにあたっては、ラトゥ・ノア、シティヴェニ、イノケ、テヴィタの存在が欠かせないものであった（人名は仮名）。彼らの魂によって、研究の方向性が決められたと言っても過言ではない。また、Joseph Cagilevu, Ron Crocombe, Ratu Lala, John Lum On, G. Fred Lyons, Sereana Naivota, Tevita Nawadra, Asesela Ravuvu, Vula Saumaiwai, Chris Saumaiwai, Suliana Siwatibau, Ateca Williams の諸氏も、寛大な心で研究を支援してくださった。

フィジー政府、特に先住民関係省には、研究の許可をいただき、また、私の研究に合わせてきめ細かなご支援をいただいた。フィジー博物館、フィジー語辞書プロジェクト、南太平洋大学の太平洋学研究センターの方々からの多大なるご助力にも、感謝申し上げる。

本書の執筆過程でも、多くの方々の力、そして洞察力をお借りした。特にラトゥ・ノアとシティヴェニには、本当にお世話になった。Beth Cuthand, Robbie Davis-Floyd, Jackie Gusaas, Eber Hampton, Mary Hampton, Paul Jacoby, David Miller, Danny Musqua, Asesela Ravuvu, Verna St. Denis, Bob Williamson の諸氏には、様々な段階で私の原稿を慎重に丁寧に読んでいただいた。Merloyd Lawrence 氏は、深い洞察力をもって、かつ献身的に、私の原稿を本に仕上げる手助けをしてくれた。また、その過程において、彼女のお陰で、私の書くという行為が持つ、より大きな目的が明確になった。

本書につながる最初期の原稿の着想を得たのは、次のような環境に恵まれたおかげである。Mel Bucholtz, Steve Gallegos, Laura Chasin の諸氏と共に開催していたマサチューセッツ州での仲間内での執筆の会、Geoff White 氏と Karen Watson-Gegeo 氏がクレアモント・カレッジズにおいて主催していた南太平洋地域の言説に関する会議、Linda Kilner と共に執筆した「まっすぐな道」についての論文、および、ハーバード大学、アラスカ大学フェアバンクス校、サスカチュワン・インディアン・フェデレーション・カレッジ（現在の「カナダ先住民大学」）で私が受け持ったクラスにおいて、実りの多いやり取りがあったからこそ、本書が生まれたと言える。学生たちが私の話に真剣に耳を傾け、率直な意見を述べてくれたことも、私の思考を深める上で大いに助けになった。

ハーバード大学、アラスカ大学フェアバンクス校、サスカチュワン・インディアン・フェデレーション・カレッジには、原稿執筆にあたり、財政面も含め支援を受けた。現在私が勤めているサスカチュワン・インディアン・フェデレーション・カレッジからは、特に寛大な支援をいただいた。丁寧に心を込めて原稿を打ち込んでくれた Louise McCallum 氏、地図や挿絵を描いてくれた Dave Geary 氏、印刷を担当してくれた Grant Kernan 氏、スライドから写真を起こしてくれた Paul Thivierge 氏、複雑な出版の工程を見事にこなしてくれた Pat Jalbert 氏にも、感謝申し上げる。

もし家族がいなければ、私はフィジーに行くことはなかっただろうし、仮に行ったとしてもフィジーでの生活に耐えられなかっただろう。前妻 Mary Maxwell West, 娘 Laurel Katz, 息子 Alex Katz は、いつも私の支えであった。彼らがいてくれたお陰で、私は「まっすぐ」な姿勢で見たり話したりすることができたし、今後もその姿勢を保つことができるだろう。

今この謝辞を、フィジーから遠く離れた土地で書いているが、ここにいる私の新しい家族についても記したいと思う。妻 Verna St. Denis は、私に、正直さ、尊敬の気持ち、謙虚さ、また、見返りを期待せずに努力するということを教えてくれた。この学びは、本書の執筆において非常に重要なものであった。また、Laurel と Alex が立派に成長していく姿は、私の執筆活動に新たな意義をもたらしてくれた。そしてさらに、私の家族に新しい命が加わった。息子 Adam の笑顔は我々の心を溶かし、娘 Hannah の愛嬌は我々の気持ちを明るくしてくれる。彼らの元気な姿を目にするたびに、自分の執筆活動は価値のあるものだと感じることができる。

本書が、制作に関わった全ての人々の望むような形に仕上がっているることを、そして、私が「まっすぐな道」に沿って進む努力をする中で、彼らから受けた恩恵への恩返しができることを、心から願っている。


一九九三年、サスカチュワン州サスカトゥーンにて

本書の売り上げによって著者が受け取った印税は、「まっすぐな道」について学ぶ場を与えてくれたフィジーの人々と分かち合うこととする。

旅の始まり　交換と責任

「あなたには、私たちの癒しの物語を伝えてもらわなくてはなりません。この物語は、私たちが昔から用いてきた方法で、あなたの国の人々を啓発することになるでしょう。そして私たちは、それを通して、自分たちが何者なのか、何者であるべきなのかを、より深く理解することができるようになるのです」

ラトゥ・ノア(1)は静かに、私の目を見つめて言った。私は、彼の言葉を聞きもらさないように、黙って聞いていた。ラトゥ・ノアは、フィジーの伝統的な手法を受け継ぐ癒し手で、私は彼の下で二年近くを過ごした。彼は続けて言った。


「私たちの物語は、内側から私たち自身が語らなくてはならないときもあるが、外側から語られるべきときもある。人々がどちらを信じてくれるか、どちら側から語られるべきかは、時が決めることです。

そして今、私たちの物語を語るべきなのは、あなたのような人です。あなたが私たちの物語を知っていてくれて、本当によかった。あなたは外側の人間に見えるけれど、実はこちら側の人間で、私たちの仲間なのですから。これは交換です。私たちは、あなたに教えた。そして今度は、あなたが、あなたの学んだことをほかの人々に教える番です」

ラトゥ・ノアは、微笑んだ。

ラトゥ・ノアは、私に頼みごとをしているという風ではなかった。彼の言葉は、命令とも呼べる強さを持ち、私に責任以上のものを負わせた。それはもはや、私の義務である。癒しについて教えてくれた他のフィジーの人々にも、私は同じようなことを言われてきたが、ラトゥ・ノアは、彼らの言葉をよりはっきりとした形で、私の心に刻み付けた。この本は、私が学んだこと、そして今も学んでいることを伝えるためのものである。私に課された義務を果たし、彼らとの交換を成立させるために、また、フィジーの癒し手からの学びを更に意義深いものとし、彼らに明確な形で恩返しをするために、私は本書を完成させなくてはならない。

しかし、この交換には、明らかに限界がある。実際、外側からの声は、単に外側からのものであるというだけの理由で、ときに力を持つ。外側から来た人間が、精神的な家族として迎え入れられ、その土地の文化の核心に触れさせてもらえる場合も、たしかにある。フィジーで私に起きたことは、まさにそういうことだったと、私は思っている。それでもなお、私は、自分が中流階級の家庭で育った白人であり、共に癒しを行ったフィジーの人々とは、永遠に根本的に異なる存在なのだという事実を、忘れることはできない。感情面、精神面では彼らと

共にありながら、同時に彼らとの違いを明確に意識するという立場からのみ、彼らの物語を正確に伝えることができるのだと、私は考える。私が伝えられる物語は、あくまでも私から見た物語であり、彼らの物語全体の一部にすぎないのだという認識をつねにしっかりと持ちながら、物語を進めていこう。

まず、どのようにしてラトゥ・ノアと出会ったのか。当時、私はマサチューセッツ州ケンブリッジに住んでいて、今にも雨が降り出しそうな灰色の空の下で、心を冷たく閉ざすことが多かった。そのような私の世界は、フィジーの暖かい風や生い茂る熱帯植物とは、ほぼ無縁であった。しかし、長年行ってきた伝統的な精神の癒しの研究のために、私はフィジーへと向かうことになる。そしてそこで、ラトゥ・ノアと出会うのである。

旅の始まりは、当時の妻マリー・マックスウェル・ウェストが、賞を獲得したことだった。彼女は大学院の博士課程で子どもの発達についての研究をしていたが、その受賞により、好きな場所でフィールドワークを行う権利を得た。世界中のどこでもいいと言われたのだ。彼女にとっても私にとっても興味深い研究ができる土地はどこだろうと、我々は相談した。再びカラハリ砂漠に行くことも考えた。私は以前にそこで、クンと呼ばれる人々（彼らは自身のことを「ジュートワ」と呼ぶ）の癒しについて調査を行ったことがあるのだ。しかし今回は、小さな子どもを二人連れていくことになるため、カラハリ砂漠では必要なときに十分な医療が受けられないという心配があり、断念した。

結局、彼女はフィジーにおける子育てについての調査を、そして私はフィジーの伝統的な癒しの調査を行いたいと考えた。政府は、これらの研究を国の役に立つものと見なし、我々にフィジーでのフィールドワークを許可してくれた。子どもの発達に関する彼女の研究は、子どもの認知面での発達に親が与える影響を理解するための一助となると考えられ、また、私の精神の癒しの研究は、伝統的なヘルスケアと西洋におけるヘルスケアをつなぐ架け橋になることが期待された。

一九七七年一月、我々はフィジーに到着した。妻は三五歳、娘は九歳、息子は六歳、そして私は三九歳だった。まもなく我々は、鎧を脱ぎ捨て、冷たく閉ざした心を開き、熱帯地方の人々のようにゆったりと歩くようになる。そして、その後の二二か月間、我々はフィジーで暮らし、活動し、もちろん研究も行った。時が経つにつれて、我々は別の家族のようになり、まるでフィジー人の家族のように感じられることさえあった。

フィジーの癒しについての知識は、精神の非常に深いところに根差したもので、頼んだからといって教えてもらえるような類のものではない。頼むことで得られるのは、学ぶ権利だけである。また、私はハーバード大学で臨床心理学の博士号を取っており、人類学の分野でも経験を積んできているが、それも、私の研究に正当性を与えてくれるに過ぎず、今回の研究の中核部分とはほぼ関係がない。私はそういったことを理解していたものの、それでもなお、自分はこの研究を始める準備ができている、という気分でいた。心理的・精神的癒しの様々な側面を一六年にわたって研究してきており、伝統的な手法を用いる癒し手を調査するフィールドワークもすでに経験済みだったからだ。

ところが、実際に研究を始めてみると、戸惑いと失敗の連続だった。認めたくはなかったが、明らかに私には、ラトゥ・ノアと共に活動を行う準備などできていなかったのだ。その後、徐々に準備は整っていくものの、その時点では不完全だった。私がそれまでに何をしてきた人間か、どのような知識を持っているのか、といったことは、いっさい関係がなかったのである。重要なのは、「その時点で」私が何者であり、何を学び実行することができるか、ということだった。私は謙虚さを学んだ。そしてその謙虚さを軸に、ラトゥ・ノアと私との関係ができあがっていった。ラトゥ・ノアは私の師となった。本書の核は、師ラトゥ・ノアの教えである。

私は、ラトゥ・ノアの言葉を今もはっきりと覚えている。彼は私を、私のフィジー語の名前で「ルシアテ」と呼んでいた。

「ルシアテ、有能な癒し手は、自分の知識を誇張したりはしないものです。自分がどれほどうまく癒すことができたかを、ことさらに主張することもない」

私に癒しについて話すとき、彼はいつも、彼自身が癒しを行う際に心がけていることを話し、同時に、癒し手になろうとしている私に対して望むことを話すのだった。

ラトゥ・ノアは続けて言った。

「私たちが話す言葉は、とても強い力を持っています。言葉には特別な力があるのです。私たちが敬意を持って言葉を使えば、言葉は私たちを助け、癒してくれる。言葉に敬意を払わず、大切にしなかった場合、言葉は私たち自身や他の人々に、大きな危害を加えることになるでしょう」

ラトゥ・ノアが言葉について話すとき、私はいつも強い衝撃を受けた。その衝撃の正体に、今、改めて向き合っている。アメリカに戻り、私は大学の教授として仕事をしているわけだが、この仕事は言葉のお陰で成り立っていると言える。にもかかわらず、私が受けた大学教育では、言葉と言葉の力に対する敬意は十分に身に付いていないのだ。これでは書く資格がない、と、短絡的な結論を出してしまいそうになる。

しかしここでも、ラトゥ・ノアの言葉が私を助けてくれる。彼の次の言葉を思い出して、私は「書く資格がない」という思いを振り払い、謙虚な気持ちに立ち戻る。

「心から生まれてくる言葉で話し、真実だとわかっていることのみを言うならば、自分が話す内容についても、話し方についても、心配する必要は全くありません」

ラトゥ・ノアはいつも、まさにその通りのやり方で話していた。

心から生まれてくる言葉で書くということが、知性・感情・精神の全ての面において「準備ができている」ということなのだと、私は理解した。それは、技術や手順の問題ではないのだ。心から生まれてくる言葉で書くということは、単純なようだが、実は非常に難しいことである。

二年間に及ぶ私の最初のフィジー滞在が終わりを迎えるころ、アメリカに戻ったあとのことについて、私はラトゥ・ノアと長い時間話し合った。私が学んだことに関して、何を話し、書くべきか。また、話したり書いたりすべきでないことは何か。

我々が別れる際に、ラトゥ・ノアは細かい指示を出してくれた。

「あなたがすべきことは、私たちの癒しについて真実を伝え、他の人々がそれを学ぶ手助けをすることです。あなたが知っていることだけを伝えなさい。それで十分です。知っている以上のことを話すのは、行きすぎです。その場合、あなたは自分の重要性を誇張していることになります。それから、あなたが知っていることを、あなた自身で実行して見せなさい。

あなたは二年近くをここで過ごし、その間、私たちは共に癒しを行ってきました。自分自身を信じて、まっすぐに生きなさい。あなたは『まっすぐな道』（ガウニサラ・ドンドヌ）の上にいます。その道に従えば、自分が何を言うべきで、何を言うべきでないかがわかるでしょう。これだけの時間をここで過ごしたにもかかわらず、何を言うべきで何を言うべきでないのかがわからないとしたら、それは、あなたの言葉に価値がないということです。あなたがその程度の人間ならば、何を言おうと、私はもう気にしません」

「まっすぐな道」に従うことこそ、私が学んだ生き方であり、フィジーの癒し手たちが実践している生き方である。まっすぐな道を見つけ出してその上を進もうと必死に努力するとき、その道は姿を現す。

「まっすぐな道」はフィジーの人々にとって重要な意味を持つ比喩表現で、人がどう生きるべきかを示している。特に癒し手には、その道に従う生き方が求められ、それは非常に困難なものとなる。その道によって定められる内容は、日々の生活の様々な局面に及び、問題に直面した場合の対処法までも示される。まっすぐな道に従って生きるには、正直さ、尊敬の念、奉仕、謙虚さが必要となる。

ラトゥ・ノアの教えは、私が何をどのような形で書くべきかを決めるにあたって、大きな助けとなった。六年という時間をかけて、私は本書の草稿を完成させた。

六年というのはとても長い時間である。もしかすると、私にはやり残していたことがあって、この六年間は、それを仕上げるための期間だったのかもしれない。いずれにしても私には、そしてこの本には、それだけの時間が必要だった。イヌイットの人々は、ソープストーンという石を使って彫刻を作る際に、自然と彫刻の形が浮かび上がってくるのだと言う。この本も同様に、私の中で寝かせている間に、私の理解の及ばないところで徐々に育っていき、ついに独自の意味を帯びて姿を現した、とでも言えるような状況だった。しかし、私は行き詰まっていた。ラトゥ・ノアや他のフィジーの人々と、この本についてもう一度話さなくてはならないと思った。

一九八五年の夏に、私は再びフィジーを訪れた。たった四週間ではあったが、それでも十分だった。私は、この本の草稿を持って、フィジーの家族や友人に会いに行った。

最初に話したのはラトゥ・ノアだった。彼は私のフィジーでの経験において、最も重要な人物であったし、この本においても最も重要な人物である。多くの点で、この本は彼の本だと言える。しかし、私が共著者になってほしいと頼んだとき、彼はそれを受け入れてくれなかった。彼は言った。

「この本は、あなたの手によって書かれなくてはなりません。あなたが語るべき物語なのです。それこそが、私たちフィジー人にとって最善の方法となります。執筆の際に手助けが必要なら、いくらでも手伝いましょう。ただ、私の名前や写真は使わないでください。私が癒しを続けていく間は、公にしてもらっては困るのです」

私はラトゥ・ノアに言った。

「この本を書くのは簡単ではありません。私はあなたの教えに従うように努めています。まっすぐな道の上をしっかり歩くよう、努力しています。正直に書いて、人々の役に立つ本を完成させるためです。でも、はっきりとわからないこともたくさんあって、辛くなることがよくあります。助けてほしいのです」

ラトゥ・ノアは私の方に体を傾け、私の目を見つめた。そして、静かに、しかし力強く、言った。

「ルシアテ、努力して努力して、さらに努力しなさい。あなたは、努力し続けなくてはなりません」

ラトゥ・ノアは続けて言った。

「この本はとても大切な本になります。この本は、伝統的なフィジーの文化をよみがえらせてくれるでしょう。なぜなら、この本は、今日の私たちの生活に欠けているものを教えてくれる本だからです。欠けているのは、伝統的な暮らし（ヴァカヴァヌア）です。それこそが、現代の私たちを導いてくれるものとなるでしょう。

ルシアテ、私たちは共に長い長い時間を過ごしました。いろいろなことについて話し、様々な出来事を共有しました。その中で私は、あなたが今書いていることが真実なのだということを、あなたに示してきましたね。あとは、あなたが真実を書くだけです。そして、あなたはたしかに、真実を正しく書こうと努力している。まっすぐな道に従おうと努めている。ルシアテ先生、この本は、正しい良い本ですよ。私はできる限りの手助けをしましょう。祝福も送ります。複雑に考える必要はないのです。重要なことはただ一つ、この本を完成させなくてはならないということ、それだけです」

一九九九年。私が二度目にフィジーを訪れてから、一四年が経った。ラトゥ・ノアの言葉と、他のフィジーの癒し手たちの言葉が、今、ここにある。彼らの言葉が、読者の皆さんを導き、皆さんが次の段階へと進むための道標となることを願ってやまない。おそらく我々は皆、手にしている少しばかりの知識を、壁としてではなく、理解のために用いることができるはずなのだ。

本書は、一つの円を描くようになっている。語り手としての私の義務から始まり、読者の皆さんには、フィジーの癒しについての物語に付随する責任を引き受けていただきたい。この円が完成することで、フィジーの暮らしの中心的な原則である交換が成立することとなる。学ぶにつれて、我々は、フィジーの人々がこの知識を我々との交換のために差し出してくれたことに、心から感謝するようになるだろう。そしてそこから、我々はもう一歩先へと進まなくてはならない。我々自身の生活の中で彼らの知識を活かすことができるのだという事実を認識し、それとともに、そのような素晴らしい知識を育んでくれた土地と人々が、どれほど尊く貴重であるかを、しっかりと理解することである。

（1）本書に登場する全てのフィジー人と同様に、これは仮名である。仮名の使用については、巻末の「物語に登場する地名・人名」を参照。

第一部　フィジーの文化における癒し

第一章　ヴァヌア
土地、人々、文化

ラトゥ・マイブラは、大昔から存在する強力な唯一神である。その神の下には、天使のような、ヴと呼ばれる神々（祖先が神格化された存在）がいる。ラトゥ・マイブラとヴは、神の土地であるラ州の山の上に住んでいる。ラトゥ・マイブラは、あらゆるものに対して権力を持っている。彼は神々の神であり、全ての王の王であり、全ての支配者たちを支配する者である。彼こそが最高の存在なのだ。

ラトゥ・マイブラを見ることができる者は、一人もいない。ただ、声が聞こえるだけだ。彼は結婚したが、妻も、彼の姿を見ることはできず、彼の言うことが聞こえるだけだった。彼は妻と共に暮らさなかったが、やがて妻は子どもを授かった。彼らは、二人の子どもに恵まれた。あるとき、ラトゥ・マイブラは、バナナの木を植えた。彼は、毎年、最初のバナナは、敬意を表すものとして自分に供えるように、と命じた。そのあとでなければ、誰もバナナを食べることは許されなかった。彼に供えたあとにようやく、人々はバナナを食べることができた。

ある日、ラトゥ・マイブラの妻はバナナが熟れているのに気が付いた。自分の子どもたちにバナナを食べさせても、ラトゥ・マイブラは怒らないだろうと、彼女は考えた。彼は子どもたちの父親なのだから。そこで彼女は、バナナを摘み取って子どもたちに与えた。子どもたちはバナナを食べた。

ところが、このことを聞いたラトゥ・マイブラは、怒り狂った。彼は仲間の神を呼んだ。この仲間の神はラトゥ・マイブラと共に山の上で暮らしており、ラトゥ・マイブラの手伝いをしていた。ラトゥ・マイブラは、その仲間に命じた。

「私の妻と子どもたちを殺してきてくれ」

命じられた神は山を下りた。そして、木の根の下に隠れているラトゥ・マイブラの妻と子どもたちを見つけ出した。しかし、しばらくたってから、その神が、彼らを殺すために再びその木のところへ行ったとき、彼らはもうそこにはいなかった。すでに逃げてしまっていたのだ。

数年後、ラトゥ・マイブラの子どもたちが、トルコのトゥーラックに現れた。大人になった彼らは、その地で子どもを産み育てた。彼らの子孫は、トルコからペルシアへ、さらにアフリカへと広がっていき、そしてついに、フィジーに戻ってきたのである。その後、彼らはフィジーの地に暮らし、子孫を増やしていった。

この話から、フィジーにはもともとフィジー固有の民族が住んでおり、のちにその子孫が再びフィジーに戻ってきたということがわかる。

実際のところ、フィジーは、神の住む土地なのである。フィジーはまた、マナの備わった土地でもある。そしてフィジーには、全てのヴが住んでいる。白人のヴも、インド人のヴも、全てのヴが、ここフィジーに住んでいるのである。

フィジー人の起源についてのこの物語を、私は、師ラトゥ・ノアから聞いた。ラトゥ・ノアは、物語の語り手としても尊敬されている。このような物語は、「起源神話」と呼ばれることがある。「神話」という呼び方は、その物語が、考古学的、言語学的な証拠を持つ「現実的」

な物語や「本当」の物語よりも劣っているということを暗に示している。しかし、「神話」には、実際の経験に基づいた真実が含まれる。つまり、神話は、考古学上のデータに基づいた物語と同様に、真実を語っているのだと言うことができるのだ。どちらの物語も、科学的な手法によって真実だと証明されているわけではない。伝統的な物語の語り手と呼ばれる人々には、長く伝えられてきた物語に宿る命を守っていく義務がある。彼らは、経験を積んだ科学者とでも呼ぶべき存在で、真実を語る責任を負っている。特に、上の世代から彼らに伝えられたことや、彼ら自身が経験上知っていることを正しく解釈するのは、彼らの重要な務めである（Wolfe, 1989）。記憶や語りのための、特別な厳しい訓練を積むことで、彼らはより正確に真実を語ることができるようになる（Knight, 1990）。西洋の科学の発展において、個人的、政治的、文化的な先入観が、影響力を持っていたことはすでに知られている。しかし同様に、「神話」もまた、科学の発展に大きな役割を果たしてきたのだということを示す証拠が、近年、数多く提出されている（Clifford and Marcus, 1986; Gould, 1981; Hollway, 1989）。「神話」に見られるような経験に基づく真実と、より「科学的」と見なされがちな真実とは、決して相容れないものではない。伝統を受け継ぐ高齢の人々は、押し寄せてくる西洋文化にどう対処すべきかという点について、若い人々に次のように教えることが多い。

「ヨーロッパのやり方から、役に立つものを取り入れなさい。そして、私たちのやり方と混ぜ合わせなさい。だが、フィジーの先住民の一人として、自分が何者かを忘れてはならない」

この本を書く際に、私は、この教えに従うよう努めた。つまり、混ぜ合わせつつも、自分自身を見失わない、という立場である。

一章と二章では、フィジーの伝統的な癒しを理解するための背景知識を提示する。その際に、フィジーについて書かれた多数の民族誌や論文を援用するが、それらは全て、経験を積んだ外部の人間が、関連する事項に関して非常にうまくまとめてくれたものである(1)。しかし、最終的にどの文献を用いるかを決める際には、フィジーの人々の言葉や意見を拠り所とした(2)。

(1) これらの論文、民族誌に含まれるのは、Arno, 1980, 1992; Basow, 1984, 1986; Belshaw, 1964; Brewster, 1922; Derrick, 1950; Herr, 1981; Hickson, 1986; Hocart, 1929, 1952; Kaplan, 1988, 1989; M. M. W. Katz, 1981, 1984; Kelly, 1988; Knapman and Walter, 1980; Lal, 1983, 1989; Lasaqa, 1984; Quain, 1948; Roth, 1953; Rutz, 1978; Sahlins, 1962, 1985; Spencer, 1937, 1941; Stewart, 1982a, 1982b, 1984; B. Thompson, 1908; L. Thompson, 1940a, 1940b; J. W. Turner, 1984, 1986, 1987; Watters, 1969; West, 1988; Williams and Calvert, 1859である。これらの文献は、一般的な背景知識として、また、その裏付けとして用いたため、特定の文献において特徴的な指摘が見られる場合以外は、明示的に引用する形はとっていない。

(2) この「言葉と意見」は、主に、私の二年間にわたるフィジーでのフィールドワークで直接聞いたものである。また、フィジー人によって書かれた非常に貴重な本も数冊参考にしており、それには、Rusiate NayacakalouのTradition and Change in the Fijian Village とLeadership in Fiji, Asesela RavuvuのThe Fijian Way of Life, Saimoni VatuのTalking About Oral Traditionsが含まれる。

フィジーとフィジーの人々

太平洋南西部の島々で構成されるフィジーには、人の住む島が百近く存在するが、全人口約七五万（私が滞在した一九七七～七八年当時は約六〇万人であった）の大部分は、ヴィティ・レヴとヴァヌア・レヴという一番大きな二つの島の市、町、村に集中している。中心部から離れた、多数の小さな島々には、通常、百～四百人規模の農村がある。フィジーは地理的にも文化的にも、メラネシアとポリネシアが交わる地点だ。メラネシアには、パプアニューギニアからソロモン諸島、そしてバヌアツにかけて標高の高い火山島が連なっており、フィジーは、その南東の端に位置している。フィジーの東にはサモア、南東にはトンガがあり、それらはどちらもポリネシアに属する島国である。フィジーは赤道から一九三〇キロ（一二〇〇マイル）南にあり、気候は熱帯で、気温は通常、摂氏一六〜三二度（華氏六〇〜九〇度）、島の風が当たる側では強い雨が降る。

中央部と西部の地域に住む先住のフィジー人は、昔から、メラネシアの影響を強く受けていることで知られている。それに対して、ラウ諸島のような東部の島の人々には、ポリネシアの影響も明らかに見てとれる。一九世紀半ばごろには、宣教師の布教活動や貿易のための接触により、地域による違いが薄れてきた。その結果、今日では、メラネシア文化の特徴が強い地域、ポリネシア文化の特徴が強い地域に加えて、メラネシアとポリネシアの要素が融合して生まれたフィジー独自の文化を持った地域が存在している。

一八七四年から一九七〇年にかけて、フィジーはイギリスの植民地であった。イギリスは、一九世紀後期から二〇世紀初期にかけて、インドから年季契約労働者を連れてきて、大規模なサトウキビのプランテーションで働かせていた。そのインド人労働者の子孫と、そののちにインドから移り住んできた移民とで、フィジーのインド系の人口は四九パーセントに上る。もともとのフィジーの先住民族は、四六パーセントである。その他は、ヨーロッパ系の血をひく人々（特にニュージーランド人とオーストラリア人）、太平洋の他の島の出身の人々、中国人などの別の文化的背景を持つ人々で、合わせて五パーセント程度にとどまる。このように人種が混在していることで、根深い複雑な問題が生じており、なかでも、フィジーの先住民族と、インド系の人々との間の問題は深刻である。

フィジーの先住民は、共同で土地を所有する制度をとっているため、土地を売買することが許されておらず、国土の八〇パーセント以上が彼らの所有である。しかし、商業施設やホテルの立ち並ぶ都市部など、現在最も収入を上げている土地は、もともと他民族によって所有されているか、あるいは、長期契約で借り受けた他民族が運営する形になっている。商業の中枢部分は、主にニュージーランド人やオーストラリア人といった外部から入ってきた人々、または、特に小規模の商業活動を得意とするインド系フィジー人の手に握られている。

フィジーの先住民は、自分たちがフィジーの経済的発展の恩恵を受けられないのは、インド系の人々のせいであると考える。先住民族とインド系の人々の対立は非常に激しく、ときには暴力的になることもある。ある年配の先住民は、インド系フィジー人について、次のように言っている。

「私たちフィジー人が信じるものを全て、彼らは破壊する。私たちが分かち合うときに、彼らは独り占めをして貯め込む。私たちが静かにしているときに、彼らはうるさく騒ぐ。私たちが敬意を払うときに、彼らは攻撃的な姿勢を見せる。私たちが謙虚さを重んじるときに、彼らは傲慢な態度をとる。私たちの土地で、彼らと暮らしていくなんて、不可能です」

インド系フィジー人からも、不満の声が上がっている。彼らの目には、フィジーの先住民の「分かち合い」は、商業的な才覚の欠如と映る。先住民が「静かに」、「謙虚に」している様は、臆病で受動的な態度と解釈される。お互いに相手の文化や価値観を否定的にとらえてしまうため、彼らの間の溝は埋まることがないように感じられる。

かつて人口の最多数を占めていた先住民族の人々は、自分たちが最多数でなくなってからも、国の政治的な支配権を手放すまいと、圧力をかけ続けている。例えば、一九七七年には「フィジーをフィジー人の手に」というスローガンを掲げた政治団体が、驚異的な支持を受けた。このスローガンには、インド系フィジー人はフィジーから出ていけ、というメッセージが露骨に表れている。より最近の例では、一九

村の農夫[3]

八七年に政変が起きており、国の政治的支配を確実なものにしようとする先住民族の意図が、さらにはっきりと表明された。

本書は、フィジーの先住民について書いたものである。彼らは自身のことを「フィジー人」（カイ・ヴィティ、「フィジー出身」の意）と呼んでおり(4)、本書でも、彼らのことを「フィジー人」と呼ぶこととする。

（3）　これらの写真に写っている人々の名前を明記しないのは、本書で仮名を用いていることと同じ理由による。本書で名前を出さないと決めた理由は、かつての人類学の調査において先住民の写真に名前が付されていなかった理由とは異なることを記しておきたい。そういったかつての調査では、彼らに対する敬意から、彼らの立場を守るために名前を伏せたわけではなく、彼らに対する敬意が欠けていたために名前を明記することを考えなかったのである。

（4）　本書では、民族や機関を比較し、違いを明確にするために、「先住民の」、「西洋的な」という表現を用いる。この二つの用語に関する文献は、当然のことながら非常に多い（例えば、Barnett, 1953; Bateson, 1972; Bellah, 1968; Bodley, 1989; Diamond, 1974; Fanon, 1978; Guenther, 1986; Herbert, 1982; Huizer, 1978; Lee and Hurlich, 1982; Little Bear et al., 1984; Memmi, 1965; Nayacakalou, 1978; R. Rappaport, 1978; Trainer, 1989; B. Turner, 1990）。これらの文献で扱われている問題は複雑であるが、本書においては、より単純な意味で用いていることをご理解いただければと思う。この二つの用語は、異なる二つの在り方を指すが、その二つは重なり合う部分もあれば、相互に関係し合ってもいる。また、それぞれが変化の過程にある。そういったものを厳密にではなく、日常会話のようなやや漠然とした形で指す語として、本書ではこれらの用語を用いている。

「西洋的な」という表現は、現代的な思想、資本主義、都会的風潮の影響を比較的強く受けている人々や機関に対して用いる。それに対して「先住民の」という表現は、伝統的な思想、共同経済、農村での生活といったものの影響の方が比較的強く見られる人々や機関に対して用いる。「西洋的な」という表現は、「西洋」と呼ばれる地域だけを指しているわけではない。世界の多くの地域で散見される考え方やあり方を指す表現であるが、ヨーロッパ、アメリカ、カナダといった地域に際立って多く見られる、という意味である。一方、「先住民の」という場合は、オーストラリアやカナダの先住民のような、もともとその土地に住んでいた人々を指している。先住民族は、初めにその土地に住んでいた人々の子孫で、比較的伝統的な価値観を持っているが、彼らもまた、自分たちが住んでいる大きな国の西洋的価値観の影響を受けていることが多い。

若者と子ども

フィジーの伝統的な癒し

フィジーで行われている癒しについての背景知識として、ここでは、歴史、政治的な仕組み、詳細な言語分析に関する情報ではなく、伝統的な儀式、宗教的な信条、価値観、社会の構造についての情報を提示したい。この選択は、私自身、そして、フィジーの年配の人々の判断による。フィジーの伝統的な癒しを理解しようと思うとき、何を知るべきかを熟慮した結果である。

フィジーで行われている伝統的な癒しには、いくつかの種類がある。本書では、ダウヴァングヌと呼ばれる、精神的な癒しを行う人々に焦点を当てる。これ以降、「癒し手」、「フィジーの癒し手」、「伝統的な癒し手」という表現は、ダウヴァングヌを指して用いる。また、彼らの行う癒しを「フィジーの伝統的な癒し」、「フィジーの癒し」と呼ぶこととする。

「伝統」という概念は、絶対的なものではない。本書では、私がフィールドワークを行っていた一九七〇年代後期から一九八〇年代半ばの時期に、フィジーの人々が「伝統的」だと考えていた癒しの形式を指している。つまり、その時期に、フィジーの人々が、特に精神的な面と健康や病気といった事柄に関して、フィジーの伝統的な価値観や考え方を表すものと見なしていた癒しの方法である。「古くからの人々」(「ガセ」、尊敬されている年配者や中心的人物、祖先を集合的に指す)が「かつて」(「エ・リウ」、時間と位置の両方に関して「前に」の意)重んじ、信じていたことを、人々はほぼ同じように、伝統的なものとして、重んじ、信じている。しかし、「かつて」という概念は、過去の特定の一点を指すわけではない。

伝統とは、考え方と習慣の集合体で、進化するものであるため(Hobsbawm and Ranger, 1984; B. Turner, 1990)、本書で言う「伝統的な癒し」は、相対的な位置付けにすぎない。つまり、病院を基盤とする西洋式のヘルスケアを含め、現在、フィジーの人々が受けることのできる他の癒しよりも伝統的だということである。

しかし、本書で扱う癒しも「昔とは別物だ」と、ある年配のフィジー人は言っている。彼によると、

「かつては、力の強い癒し手がいた。彼らはヴ(神格化された祖先)に近かった。彼らはこの土地でのやり方(ヴァカヴァヌア)を尊重し、あらゆる宗教上のタブーを犯さないようにしていた。だが、今では全く違う。癒し手は、昔のやり方を尊重していない。ほとんど全てが失われてしまった」

のだという。同様の意見を、私は多くの人々から聞いた。つまり、本書で扱う癒しは、「現在受けることができる健康面に関わる他の施術と比較して伝統的であるにすぎない」ということに加えて、「それも以前ほどは伝統的でなくなってきているようだ」ということを記しておかなくてはならない。

物語の舞台

フィジーの伝統的な価値観、考え方、社会構造は、一般的に、都市部よりも農村に見られる。とはいえ、それらは形を変えて都市部にも存在している。多くの場合、細部が切り捨てられ一部分を前面に押し出した形で、また別の場合には、一度消えたものがよみがえり、純化された形で、今も都会に息づいている。フィジーの伝統的な癒しについても、同じことが言える。理由は明らかだ。現在、都市部に住んでいる成人したフィジー人の大部分が、農村で生まれ育ったためである。成長する過程で身に付けた伝統を、彼らは都会に運んできたのだ。

本書の癒しの物語は、農村と都市の両方を舞台に進んでいく。農村の舞台は、ビトゥ列島と呼ばれる島々の北端に位置する島である。そ

の地域の中のトヴという村が、主な舞台となる。都市については、スヴァ(5)という街を主な舞台とする。

スヴァはフィジーの首都で、フィジー最大の人口を持つ島であるヴィティ・レヴ島に位置している。スヴァの総人口七万のうち、半数近くがインド系フィジー人である。スヴァは開発の進んだ都市で、日刊紙が二種類発行されており、この地域独自の大学が作られている。また、多くのレストランや銀行があり、映画館もいくつか存在する。主にニュージーランドやオーストラリアからやってくる観光客が、好んで滞在する都市でもある。

ビトゥ列島では、人々は海岸の小さな村で暮らしている。一つの村の人口は百人程度で、村と村の間は、通常、徒歩で五、六時間、あるいはモーターボートで一時間半以上かかる距離だ。これらの村に住む人々は、大半がフィジーの先住民である。若干の例外として、インド人、その他の民族の子孫も住んでいるが、彼らは中央政府の役人、教師、店の所有者といった人々だ。

フィジーの価値観、社会構造、儀式、癒しを描く際に、私が中心とするのは、ビトゥに伝わる形である。スヴァについても言及するが、それは、今起こりつつある変化について述べるためだ。この変化は、農村で行われている癒しにも見られ、本書の癒しの物語に動きを与えてくれている。実際のところ、農村のビトゥと都会のスヴァとは、互いに影響し合っているのである。

フィジーの農村と都市部とでは類似点もあれば相違点もあるため、本書は、国全体としてのフィジーについて書いているとも言えるし、そうでないとも言える。既に述べたように、フィジーは複雑な国である。先住民の間にも、文化的な差異が数多く存在する。ポリネシアの影響が強い東部は、メラネシアの影響が強い西部とは異なり、サンゴ礁の近くの地域は、山の中の地域とは異なる。海岸の村は、川の上流の村や内陸部の村とは異なる。そしてこの差異によって、相互の関係性における重要な決まり事や儀式が決定されていくのである。

例えば、海岸の村の人々は自らを「水出身」(カイ・ワイ)と呼ぶのに対して、内陸の村の住人は自らを「陸出身」(カイ・ヴァヌア)と呼ぶ。これらの表現には自尊心が込められており、他の地域の人々は、ある点において自分たちよりも「劣っている」という思いが、はっきりと感じ取れる。例えば、自分たちほどの技術を持っていない、賢さがない、工夫ができない、といった点である。また、こういった差異から、互いに敬意を表す行為や、儀式における義務などが生まれてくる。内陸の人々と海岸地域の人々が会う場合、ほぼ例外なく、互いに冗談を言ってからかい合うことになるが、同時に、贈り物を交換するという儀式を欠かさない。例えば、海沿いの地域の人々は、内陸の人々に海産物を贈り、内陸部の人々は、海岸地域では入手できない食べ物をお返しに贈る。こうして、自分の地域にないものを互いに手に入れられるような交換が成立するわけである(6)。

このようなわかりやすい差異を除けば、フィジーの先住民の文化は、似ている点が非常に多い。したがって、本書は特定の島々とスヴァという地域に焦点を当てているものの、本書の内容は、ある程度までは、フィジーの他の地域にも当てはまるものだと言えよう。

(5) 物語に登場する地名は、スヴァ以外は、実際の地名とは異なる。
(6) 場合によっては、この区別が難解になることもある。ある地域の人々と交換を行う際に、自ら「水出身」と名乗っていた人々が、別の地域の「水出身」の人々との交換を行う際には、自らを「陸出身」と呼ぶこともあるためだ。

ヴとマナ

フィジーの伝統について語る際に、その基盤とも言えるヴの存在に触れないわけにはいかない。ヴとは、「神格化された祖先」、「亡くなった祖先の魂」のことだが、より簡単に言うと「祖先」である。

母親と子ども

ヴという語は、フィジー全体を司るデンゲイのような古くからの宇宙的な神々を指すこともあれば、亡くなった祖先や親戚の魂を指すこともある。祖先や親戚の魂は、彼らの子孫の暮らす土地に宿っていると考えられている。宇宙的な神々と、祖先の魂とは、決して無関係なものではない。フィジーの人々は、宇宙的な神々も、自分の祖先であり親戚であると考える。唯一の違いは、最近亡くなった親戚よりも、世代が遥かに上だということだけである。

ヴの影響力は、日々の生活のあらゆる活動に及ぶ。ヴは子孫を見守り、導き、庇護する。ヴが今も実践している古いやり方を、今日の人々が守り、尊重することを奨励し、ときには強く要求する。人々が伝統に従わない場合、ヴは彼らを守ることをやめ、罰を与える。現実の世界は、精神世界の価値観や構造を映したものだと考えられるため、人々はヴの導きを求め、どのようにして正しく生きるべきか、特に、どのようにして難局を切り抜けるべきかを、教えてくれるようにと頼む。ヴの導きを請う際に、伝統的な癒し手たちには、極めて重要な役割を果たすことが求められる。なぜなら、強い力を持つ指導者を除くと、最もヴに近く、ヴと直接的なつながりを持っているのは、癒し手たちだからである。

ヴは、日常生活に、良いことも悪いことももたらす力を持っている。そのため、人々はヴに畏敬の念を抱いている。癒し手などの少数の人々はヴと交信ができ、ときにはヴを見ることさえある。しかし、他の人々はヴを見ることはできず、そのため、畏敬の念は更に強いものとなる。が、一般の人々もヴの存在を感じることがあり、その際、人々は恐れを抱く。その恐れの感覚は、非常に直感的で神秘的な感情で、レレと呼ばれる。通常レレは、夜に、特に森の中に一人でいる際に襲ってくる。それは、親戚が死んだ、あるいは近いうちに死ぬ、という虫の知らせのようなものである。このような森は霊が住む場所とされ、一般の人々は恐れて滅多に近付かないが、癒し手たちは、ヴとの交信のためにそのような場所にも出掛けていく。そして、ヴと、より深く、より長い時間にわたって交信できるように努める。

ヴは、フィジーという土地と、そこに暮らす人々を支える力の源である。土地と人々とをつなぐ活動や価値観に力を与えるのも、ヴである。ヴの持つ霊的な力は、マナと呼ばれる。マナは、あらゆるものの基盤となる霊的な力で、同様の力が世界中の様々な文化において認識されている。この力のことを、カラハリ砂漠のジュートワシ族の人々はヌムと呼び、ラコタ族の人々はワカンと呼ぶ。また、中国では古くから気と呼ばれている。これほど広く認識されているにもかかわらず、このマナという力は定義が難しい。ある年配のフィジー人は、マナとは何であるかを説明しようとして「マナはマナだ」と言ったが、これでは説明にならない。他の人々は、マナは「影響力を持つ力である」、「物事を生じさせるものである」といった説明をしてくれた。また、ある指導的立場のフィジー人は、マナを電気にたとえた。目に見えないが強い力を持っていて、ときには破壊的でさえあるという点が、マナの電気の共通点だという。

マナはヴの力が表れたものであり、人々を助け、癒してくれる。しかし、敬意を払わなかったり、不適切な使い方をしたりした場合、マナは人々に危害を加え、人々を殺す。マナが最も強い場所はヴのいるところであるが、ヴと関係のある神聖な場所にもマナは存在する。例えば、古い埋葬塚や、儀式が行われている場所などである。生まれながら指導的な立場にある人々は、最も近くまでヴに近付くことができる。また、ヴと交信する術を身に付けた癒し手たちも、マナを使うことができる。例えば、ある指導者は、自分のマナが強すぎるため、小川で水を浴びると必ず魚が死んでしまうのだと言った。その小川の下流で漁をしている人は、思わぬ獲物に大喜びするかもしれない。が、それは指導者のマナに触れて死んだ魚であるため、敬意を持って扱わなければ危険なものになってしまう可能性があり、人々はそのような魚を恐れる。その魚はタブー（近付いたり触ったりすることが禁じられている神聖なもの）になったのだ。もし食べてしまえば、マナの神聖さを汚す行為と見なされ、その人に危害が及ぶ結果となる。生まれながらマナを扱う資格がある場合、あるいは、訓練によってマナを使えるようになった場合を除いて、人々はマナに近付かないようにする。マナは非常に強力なので、マナ自体に、あるいはマナの宿る物や人に近付くことは、準備のできていない人にとっては危険なことだと考えられている。場合によっては、訓練を積んだ人にとってさえ、危険なこともある。

場所や人の力が強く神聖であるほど、その場所や人には強いマナが宿っているということになる。また、マナはヴの力が直接表れたものであるため、ヴの力が強いほど、マナも強力になる。強く意識される場面もあれば、あまり意識に上らない場面もあるが、ヴと同様にマナもフィジーの人々の生活に広く浸透している。癒し手たちは、「マナの箱」（カト・ニ・マナ）というものが深い海の底に埋まっているのだと言う。その箱からマナが溢れ出て、フィジー全体に、そして世界中へと広がっていくのだと、彼らは考えている。

マナを使うことについての考え方やその方法は、伝統的な農村と都市部とでは、大きく異なっている。例えば、私がフィジーにいた当時、南太平洋諸島全域で名前を知られている若いボクサーがスヴァに住んでいた。スヴァの人々は、彼の力について話すとき、あまりはっきりとは言わないものの、マナの存在に触れることが多かった。「彼のパンチの裏には、何かあると思う」、「彼は故郷の村に戻って儀式をやってきたと聞いた」などと、人々は話していた。彼らの言う「儀式」とは、試合の際に力を貸してもらえるようにヴに祈念する儀式という意味である。強い力を持った政治家についても、同様の会話がなされることがある。このように、並外れた力などについて説明する場合に、都会においてもマナという概念が持ち出されていた。しかし、彼らはそのような説明をする際には声をひそめる。これは、マナに対する昔と変わらない敬意によるものである。世俗的な成功のため、個人的な利益のために、マナを使ってもいいのだろうかと、彼らは戸惑っている。同時に、マナを使えるようになった人が、他者に危害を加えるために、その力を使うようになりはしないかという不安も感じているのだ。

伝統的な信仰とキリスト教

フィジーの村に入ると、一軒のひときわ大きな建物の存在感に驚きを覚える。その建物は、どの村でも同じようにコンクリートのブロックで作られており、村を見渡せる丘の上に建てられていることが多い。あるいは、村の中心部近くの一等地に建てられていることもある。これは、キリスト教の教会である。キリスト教は、唯一フィジーで伝道に成功した宗教で、一八三〇年代にフィジーに伝えられて以来、着実に島々に広まり、ほぼ全ての先住民の人々がキリスト教を信仰している。カトリックの信者も多いが、大半はメソジストである。農村部でも都市部でも、礼拝には多くの人々が集まり、毎週、教区民たちが熱心に礼拝を行っている。その年の初物を神に供えるという慣例に従って、フィジーの人々が、初物の中でも一番見事なものを教会へと運び、誇らしげに祭壇に供える様は、感動的ですらある。メソジストの教会では、教師（タラタラ）の下に牧師（ヴァカヴリ）と呼ばれる村人が入り、その村の教会の活動を手助けする。また、それぞれの村に多くの信徒伝道者がいて、交代で説教や礼拝を行っている。

キリスト教の精神面での影響は非常に大きく、フィジーの人々の生活に深く浸透している。彼らの祖先であるヴは、フィジーの文化において重要な存在と位置づけられているが、今ではそれにキリスト教信仰も加わっている。多くのフィジー人にとっては、キリスト教信仰の中にヴが組み込まれている形である。とはいえ、伝統的な信仰とキリスト教とを混ぜ合わせることは、決して簡単なことではない。昔からのヴへの信仰を完全に否定している人はほとんどおらず、特に高齢の人々の中には見当たらない。キリスト教の世界観は強い影響力を持っており、他の人々の前で自分の経験を説明する場合にはキリスト教の世界観を用いる人が多いものの、その一方で、フィジーの人々は今もヴを身近に感じている。ヴは、ある人々にとっては、自分を助けてくれる力の源であり、最後の頼みの綱である。また、多くの人々にとっては、精神世界における現実を支えるものである。人前での表面的な会話から一歩進んで、気の許せる会話になると、人々はヴについて語り出す。思いもよらない危機的状況に陥ったとき、予想していなかった病気にかかったとき、彼らはヴの存在を強く意識する。キリスト教の神に祈っても望みが叶わなかったときに、ヴに祈る人々もいる。ヴとキリスト教の神と、両方に同時に祈る人々もいる。他の人々は、今でもまずはヴに祈るという。ヴに祈ることで精神的な「地盤を整えてから」キリスト教の神に祈るのだと、彼らは説明する。彼らにとってキリスト教の神への祈りは、深い信仰心からというよりも、神への敬意から行うもののようである。

特に都会において、教育レベルの高い人々の間で、キリスト教を救済と見なす傾向がある。ヴを信仰する伝統的な信仰を「悪魔崇拝」ととらえ、キリスト教がその悪魔崇拝を排除することで、フィジーの先住民たちを救うという見方である。初期のキリスト教宣教師たちの活動を受け継いだ現代の福音主義者たちは、フィジーの伝統的な宗教を**テヴォロ**（悪魔）(7)の仕業であると考えている。

この「悪魔の業」を指して、**ヴァカテヴォロ**という語が使われる。この語を直訳すると「悪魔のような」、「悪魔の仕業による」となるが、一般的には「呪術」と訳されることが多い。しかし、西洋の伝統において、呪術という言葉を使う場合、そこには軽蔑的な響きが含まれてしまう。本書では、実際にそのような軽蔑的な含みを持たせて使われた場合にのみ、呪術という訳語を当てることとする。

福音主義者たちの怒りは、特に、伝統的な癒しに向けられている。フィジーの伝統的な宗教の中で、現在、最も目立つ活動をしているのが癒し手たちだからであろう。福音主義者たちは、伝統的な癒しを、滅ぼすべき邪悪な活動ととらえ、癒し手たちを悪魔の使いと見なす。悪魔の使いの仕事は、依頼主の要望に応えて、人に危害を加えたり、人を殺したりすること、また、実刑判決が出ている人を逃がすなど、依頼主に不当な利益をもたらすものであると考えられている。地元紙は、ときに、根拠もなく、「魔術師」または「魔女」がスポーツの試合の結果を操作したというような書き方をする。「呪術」を使ったとして逮捕される人々についての報道も、頻繁に行われる。しかし、福音主義者にとっては、伝統的な癒し手の行うこと全てが**ヴァカテヴォロ**であるのに対して、実際に癒しを行う人々や、その依頼主にとっては、癒しの実践を切り捨ててしまった癒し手の行うことこそが**ヴァカテヴォロ**なのである。

人々は、癒しとは無関係な儀式においても、ヴに祈りを捧げる。例えば、大切な客人を迎えるときや、結婚式において贈り物を交換するときなどだ。これらの儀式は、政治的な権力と非常に密接に結び付いているため、教会も口を出しづらい。中央政府においても、村の行事においても、重要な場面ではフィジーの伝統的な儀式が行われ、ヴが登場する。こういった儀式には、政府の役人も、誇りを持って積極的に参加する。

それに対して、伝統的な癒し手たちは、政治的な権力によって守られているとは言い難い。彼らの癒しは通常、秘密裏に、あるいは、少なくとも個人的なものとして行われる。そのような状況であるため、癒し手たちは教会の攻撃を受けやすく、標的に選ばれやすい。

フィジーの言語にも、伝統的な信仰とキリスト教との複雑な関係が表れている。個人の信仰によって、伝統的なヴとキリスト教の神を指す語が変わってくるのだ。キリスト教の神を指すのによく使われる語はカロウで、伝統的な祖先の神々を指す語はカロウ・ヴである。しかし、伝統的な宗教を排してキリスト教のみを信仰する人々は、キリスト教の神をカロウ・ディナ（真の神）と呼ぶ。この呼び方には、「真の」神であるということだけでなく、「階層の最上位に位置する」神だということも含意されている。この立場から見ると、ヴあるいはカロウ・ヴは、古い時代の遺物のようなもので、真の神の下に仕える者ということになる。したがって、ヴは、特別な力を持っているためというよりも、人々の「時代遅れの」信仰を満足させるために、存在し続けているものと見なされる。このような見方をされた場合、ヴは、「異教的」または「原始的」なものという扱いを受ける。

より伝統的な立場の人々は、カロウという語を、宇宙の「至高の存在」を指すものとして用いる。この場合の「至高の存在」とは、フィジー人によってもキリスト教徒によっても同様に崇められる神のことで、この神よりも階層の低い、力を持った多数の神々を従えている。そしてその低位の神々の中に、伝統的なヴ（あるいはカロウ・ヴ）やイエス・キリストが含まれる、という考え方である。本書では、この「至高の存在」という意味で、カロウという語を用いる。ある癒し手が、次のように言っている。

「私たちはキリスト教とぶつかっているわけではない。私たちもキリスト教徒も、唯一の至高の神を信仰している。宣教師たちが、キリスト教を正しく伝えなかった、というだけのことだ。宣教師たちが問題なのだ。彼らは、自分たちが私たちに教えようとした宗教を、私たちがすでに信仰していることに気付かなかった」

フィジーの先住民の信仰と、キリスト教との関係は、非常に複雑である。年配のフィジー人たちは、信条、教え、習慣について語り、フィジー人はフィジー固有の民族なのだと強調する。彼らの語りには、説得力がある。訓練を積んだ語り手として、過去の真実を現在の世代に伝えていくことが、彼らの務めなのだ。彼らの信条の中には、キリスト教の信条と大して変わりがなく、他の世界的宗教の信条ともそれほど変わらないものもある。しかし、特に習慣に関しては、異なる点が非常に多い(8)。

（7）年配のフィジー人は、テヴォロという語はキリスト教の宣教師によってトンガから持ち込まれたと考えている。

（8）何かしらの混入がある場合、それを取り除くには時間がかかる。フィジー人の信仰についての初期の記録は、その大半が宣教師によって書かれたものであるため、我々が信用すべきは口伝によって伝えられている内容の方である。また、これはどのような場合においても難しいことだが、キリスト教の影響が伝統的な信仰の表層部のみに留まっているのか、より本質的な部分まで浸透しているのかを判断することは、簡単ではないだろう。

ヴァヌア

ヴァヌアとは、土地であり、その土地で暮らし活動する人々のことである。ヴァヌアを体感することが、フィジーでの生活の基盤となる。フィジー人の社会科学者アセセラ・ラヴヴは、ヴァヌアを次のように説明している。

> ヴァヌアは、文字通りには土地を意味する。しかし同時に、ある社会的な集団に特有の物理的な環境のうちの、社会的、文化的側面も指している。（中略）ヴァヌアが認識されるためには、ある土地に人々が住んでいて、その土地に関する権利と利益とを維持し守っている必要がある。人のいない土地は、魂のない人体にたとえられる。人々こそが、物理的な環境の魂なのである。（中略）土地は、人々が生き延びるために必要な、物理的、地理的な物質である。命の大切な源である。土地が、食物、住処、保護を与えてくれるのだ。（中略）

つまり、土地は、人間の拡張なのである。同様に、人間は土地の拡張であると言える。人がいなければ、土地は命を失う。そして人も、住まう土地がなければ、頼りなく不確かな存在になってしまう。(Ravuvu, 1987, p. 76)

構造的な面から言うと、ヴァヌアとは、特定の地域に住む人々の社会的な単位である。ヴァヌアは親族関係をもとにした最大の集団で、更に小さな集団に分けることができる。例えば、ヤヴサは、男性側の系統をたどっていくと、共通の祖先、あるいは祖先の神(ヴ)にたどり着く集団である。我々の村トヴは、ビトゥ島内の隣村と同じヤヴサに属している。

ヤヴサは、更に小さな集団に分けられ、その集団は氏族(マタンガリ)と呼ばれる。氏族には、支配的立場に立つ氏族(トゥラガ)、その支配的な氏族の使者や伝令を務める氏族(マタ・ニ・ヴァヌア)、戦士の氏族(バテ)、聖職者の氏族(ベテ)、漁師の氏族(ゴネ・ダウ)などがある。多くの場合、例えば、聖職者の氏族は支配的氏族や伝令の氏族とはっきり異なる、というように、普段の生活において昔からの役割を保持しているわけではない。一般的には、儀式の際に、氏族の役割がよみがえるだけである。漁などの儀式以外の役割については、伝統的な氏族の割り当てを越えて、他の氏族の人々にも広まっている。

現代のフィジーの癒し手たちは、もともとは聖職者の氏族に割り当てられた役割のうちの、癒しの部分を引き継いでいる。聖職者の氏族には、他にも、戦いの際に支配的氏族に助言をするといった役割があった。聖職者たちが力を失った原因は、彼らが力を正しく使わなかったためだと言われている。彼らは、癒すことよりも危害を加えることのためにマナを用い、伝統を尊重せずに、伝統に反することを行ってきたとされている。

しかし、このような構造的な面からの説明では、ヴァヌアの概観しか伝わらない。ヴァヌアとは、体感して理解するものであり、フィジーの伝統の全てを包み込むものだ。なぜなら、土地とは、祖先が生き、そして死んだ場所であり、祖先の魂(ヴ)が今もそこに生きていて、子孫を見守り、庇護している場所だからである。ヴは、昔からの古い方法で、宗教上の理想的な生き方を人々に示している。そのため、ヴァヌアは、人々の生活に霊的な力を及ぼすこととなる。昔からの方法で行動するように、という強い激励が、つねに身近に存在しているようなものである。そしてそれに従わなかった場合、罰が待ち受けているのだ。

したがって、ヴァヌアの本質は、土地と人との密接な関係と言える。伝統によって示され、伝統によって導かれる関係だ。つまり、ヴァヌアは、伝統的な生き方についての、形骸化していない決まり事のようなものである。ヴァカヴァヌア、あるいはヴァカトゥラガという語は、このような伝統的な生き方、または単に「伝統」を指す。ヴァカヴァヌアは、文字通りには、その土地での生き方に従って生きることができる性質を持っていることを言う。ヴァカトゥラガは、支配者の生き方にのっとって生きることができる性質を持っていることである。支配者は、伝統的な生き方、つまりその土地での生き方に、誰よりも厳密に従っている人間と見なされる。そのため、結局のところ、ヴァカヴァヌアとヴァカトゥラガは同じ意味を持つと言っていい。

ヴァカトゥラガは、伝統的な生き方のみを指すのではなく、そのような生き方をするために必要な人格の特徴も指している。支配者にふさわしい生き方をするということは、生まれつき支配的な立場にあるかどうかとは無関係に、そのような生き方をするということである。ヴァカトゥラガと見なされる人々は、他の人々に敬意を払い、彼らが重要な人物であるかのように接する。また、自分の社会的地位を自覚しているので、目上の人に対しても、目下の人に対しても、対等な人に対しても、伝統的に課されている自らの義務を果たす。

このようなヴァカトゥラガの人物像は、西洋人の経験豊かな政策アナリストを驚かせる。このアナリストたちは、どのようにして経済的発展を推し進めるべきかについて、フィジーに助言を行う立場の人々である。彼らの目には、ヴァカトゥラガとされる人物は、過度に従順で満足しすぎているように映る。「個人主義は、起業精神は、どこにあるのだ」と、彼らは言う。アナリストたちはまた、フィジーにおける昔からの親族関係の結び付きの強さに当惑する。この結び付きに従って、フィジーの人々は資源を分かち合う。「競争を求める熱い気持ちはないのだろうか」と、アナリストたちは不思議に思う。このような西洋的な見方が、フィジーの都市部においては一般的になっている。そして都市部に資金の大半が集まり、都市の開発プロジェクトも農村の開発プロジェクトも、その資金を頼っている状況だ。

しかし、経済発展に関する狭い意味での資本主義的な見方についてはともかく、このアナリストたちは、そもそもヴァカトゥラガという概念を誤解している。この概念には、勤勉さを排除するような含みは全くない。むしろ、他の人々のために奉仕しようとする強い思いが、彼らの熱意の源である。また、フィジーの人々は、狭く浅い意味での従順さに陥らないように、つねに努力をしている。ヴァカトゥラガは、本質的には、過度に従順で満足しすぎているといった意味を持っていない。この概念の核にあるのは、次の二つのことを何よりも大切にする生き方である。それは、敬意（ヴァカロコロコ）と愛（ロロマ）だ。ヴァカトゥラガな生き方をする人々は、いかなるときも、相手の社会的地位にかかわらず、あらゆる人々に敬意を払う。そのような人が、本当の意味で謙虚な人間なのである。

ヴァカロコロコとロロマという概念は、簡単には理解できない。これらは、行動や態度を表す概念であるが、本質的には感情を表す。土地と人に敬意を持ち、土地と人を支配する伝統にも敬意を抱く。そして最終的には、その敬意はヴに向けられる。なぜなら、土地と人と伝統とは、ヴの定める方法に従い、ヴの意思を体現するものだからである。ヴァカロコロコを持って行動するということは、敬意と従順さを持って、思いやり深い態度で、人々に対するということだ。他の人々を自分と同等、あるいは自分よりも上の存在として扱わなくてはならない。つねに他者の存在を心に留め、彼らに心を配る。ある行動が他の人々に影響を与える可能性がある場合は、その行動を起こす前に、彼らに意見を求める。従順な態度は、ヴァカロコロコから生まれる。なぜなら、人は、自分が尊敬する人々の言うことを素直に聞き、彼らの指示に従うものだからである。したがって、フィジーの考え方では、従順さとは、単に服従することではなく、盲目的に追従することでもない。穏やかに話し、自分が尊敬する人々と適切な距離をとる。そのような行動に、ヴァカロコロコが表れている。また、他者に対して深い思いやりを持ち、人々の前では謙虚に振る舞う。そのような態度にも、ヴァカロコロコは表れている。

他の人々に敬意を払うことから、ロロマが生まれる。ロロマとは、自分以外の全ての人々に対する、愛と優しさである。そして今度は、そのロロマから敬意が生まれてくるのだ。ロロマを持って生きる人は、いつでも他の人々を助け、他の人々に奉仕することができる。そのような人は、冷静で威厳を持っており、自尊心を保ちつつ他者を尊重する。危機に際しては、自らにふさわしい権力を発揮する。ロロマを持つ人は寛容で、他の人々を守り、保護する。ロロマを持つということは、全ての人が、敬意と心遣いと優しさを受けるべき存在だと認識することである。目的は団結することで、他者への心配りは、その手段にすぎない。

ヴァカトゥラガとは、したがって、伝統にのっとって生きる方法であり、同時に、フィジー人の理想的な生き方と、フィジー人の理想的な人格を示すものでもある。フィジーの文化に息づくこのような理想は、日々の行動に、具体的な形で、絶えず影響を及ぼしている。伝統的な生き方をすることで、フィジーの人々は、互いに気遣い、分かち合い、資源を公平に分配し、調和と結束力を生み出すことができる。他者を尊敬し尊重することによってのみ、言い換えれば、他者に対する自らの義務と責任を果たすことによってのみ、そのような調和を生み出すことができるのである。そのような調和の中で、次は別の人々が他者に対する自らの責任を果たすという流れが生じ、初めに尊敬と尊重を示した人のところに、尊敬と尊重が返ってくる。このような交換の流れを断ち切ってしまうことは、とても恥ずかしく、面目を失う行為であり、人々は、そのような辛い立場に陥ることを何とかして避けようと努力する。きちんと交換を成立させた場合、人々に認められ、尊敬と尊重がもたらされ、自らの評価が上がる。これはとても気分の良い瞬間である。そして何より、自分が本当にフィジー人なのだと感じられる瞬間だ。とはいえ、フィジーの生き方においては、人々は、そのような他者からの評価を求めることはなく、評価されて有頂天になるということもない。つねに謙虚さが全てを上回るのである。

　実際、フィジーの人々は、ヴァカトゥラガであると認められるために、絶えず謙虚さを心がけなくてはならない。なぜなら彼らは、人間にすぎないからだ。人間は、彼らの祖先やヴには、決して及ばない。この謙虚さの追求において、伝統的な癒し手たちは、特別な立場にある。支配的氏族の人々と同じように、癒し手たちは、一般の人々よりもヴに近いところにいると見なされている。そのため、たとえ成功していないとしても、他の人々よりも熱心に謙虚さを追求していることが期待される。癒し手たちが、どのようにしてこの追求に身を投じているのかについては、のちほど述べることとするが、それはすなわち、「まっすぐな道」（ガウニサラ・ドンドヌ）の追求である。どうすれば、伝統に従って正しく生きることができるか。どうすれば、人を傷付けるためでなく癒すためにマナを使うことができるか。そういったことを、彼らに教えてくれる道を探し求め、その道に従って生きるために奮闘することが、癒し手には期待されている。

食糧

　農村部における主な食糧は、家から一時間近く歩いた場所にある菜園でとれる作物と、村の漁場でとれる魚だ。自分たちで食べるこれらの食糧に加えて、ときに、ココヤシのような現金収入につながる作物を育てることもある。現金は、子どもの学校の授業料を払うとき、あるいは、調理用具や家の備品を買うときに必要だ。現金で買う備品としては、例えば、灯油ランプ、ごくまれに椅子やタンスなどがある。それぞれの村に、船外機を持っている人が数名いて、木製の長い船にそのエンジンを付けることで、人々を乗せて遠くまで漁に出たり、近隣の村を訪ねたりすることができる。

　フィジーの農村部において、基本となる生活単位は村である。ビトゥの村の人口は、およそ七五名から一五〇名程度だ。家屋を作る材料は様々であるが、家屋が長方形であることと基本的な構造とは、ほぼ共通している。草ぶき屋根の伝統的なブレが、より一般的な形の家々の間に点在している。現在、一般的になっている建築方法では、屋根はトタン板、壁はアシなどの草か、ときには鉄板や木材やコンクリートのブロックである。人々は床の上で生活をする。床に直接あぐらをかいて座り、仕事をしたり食事をしたりする。訪ねてきた客人も、同様に床にあぐらをかいて座る。寝るときは、床の上のマットを使う。ベッド

ブレ

と椅子を置いている家も多いが、あまり使うことがなく、それほど活用されているとは言い難い。壁に草を使っている家や、家全体が草でできているような家では、地面の上に砕いた珊瑚と乾いたココヤシの葉を置き、それをタコノキの葉を編んで作った敷物で覆って、床を作っている。木造の家の木の床にも、タコノキの葉の敷物を敷く。都市部の家（通常、農村と同じ長方形の家だが、草ぶき屋根ではない）には、農村の家よりも椅子や他の家具が多いが、それでも人々の生活の場は、基本的には床の上である。

スヴァでは事情が全く異なる。菜園を持っている人は今でも多いが、その菜園は村のものよりも遥かに小さい。漁に出る人は、ほとんどいない。食糧は市場で購入するか、農村に暮らす親戚から手に入れる。都市部では、住居の確保や生活必需品の入手に、現金が必要となる。しかし、求人数は求職者数よりも少なく、しかも、給与のいい仕事は、フィジーの先住民の中では数少ないエリートたちで埋まってしまう。そのため、フィジーでは、都市の住民の多くが苦しい生活を送っている。

農村では、特定の一家族出身の兄弟とその家族、あるいは二家族出身の兄弟とその家族が、その村の中心となっていることが多い。村の住人たちは、たいてい、男性側の血筋でつながっている。農村における生活は、この親戚関係とそれに伴う義務とによって作り上げられ、進められていく。人々は、助け、助けられ、与え、与えられる。この分かち合いと他者への気遣いは、大切な互恵関係と見なされていて、生き延びるために不可欠なものだと考えられている。このような関係は、特に、食糧の採集と分配の際に、また、村での生活と儀式を秩序立てる際に、強く意識される。

食事の内容は二つに分けられる。中心となる料理と、小さな皿に乗せられる副菜である。中心となる料理（カカナ・ディナ、「本物の食べ物」の意）は、様々なデンプン質の食べ物の中から、どれか一つが

ブレ（伝統的な草ぶき屋根の家屋）のアシの壁を作る男性たち

根菜タヴィオカ（キャッサバ）の収穫

たっぷりと提供される。通常はキャッサバ（タヴィオカ）だが、ときには、タロイモ（ダロ）、ヤムイモ（ウヴィ）、パンノキの実（ウト）が出されることもある。タロイモや、特にヤムイモは、非常に喜ばれる。一年中とれるキャッサバの食事が続いたあとで、年に一度しかとれないヤムイモがおいしそうに焼かれて出てくると、それはとても嬉しいごちそうだ。副菜にあたる料理はゾイ（「おかず」の意）と呼ばれ、肉系の場合もあれば、緑の葉野菜の場合もある。肉系の例としては、魚、貝や甲殻類、豚肉、牛肉、鶏肉などが挙げられる。葉野菜の料理には、タロイモの葉をココナッツミルクで煮たロウロウや、森の中でとれるホウレン草に似た大きな葉を持つベレなどがある。

バナナ、パパイヤ、マンゴーといった果物は、食事に彩りを添えてくれる。乾燥したサンゴ礁の島ではつねに手に入るというわけではないが、湿度の高い内陸の村では果物がたくさんとれる。特にマンゴーは、季節になると非常に大量に手に入る。マンゴーの季節がやって来ると、小さな子どもたちは夜明けとともに外に送り出される。熟れて地面に落ちた、まだ数少ないマンゴーを、鳥が見つける前に拾ってくるのが彼らの仕事だ。最盛期には、マンゴーが地面に散らばっている状態になる。そうなると人々は、一番甘くておいしいマンゴーでも一口か二口食べて捨ててしまうようになり、色や形があまり良くないマンゴーなどは、気にせずに踏みつけて歩く。この時期が過ぎると、また、小さな子どもたちが早朝に送り出される季節がやってくる。お腹を空かせた鳥たちが食べに来る前に、残り少ない熟れたマンゴーを拾い集めなくてはならないのだ。

ココヤシの実は、しばしば食卓に登場する。ココヤシの実をすりおろして水と混ぜたココナッツミルクは、非常にまろやかで濃厚で、様々な食物の調理に使われる。キャッサバのような淡白な食べ物も、ココナッツミルクで煮ると、この上なくおいしく仕上がる。ココナッツオイルも、肌の手入れのためのオイルや、医療上の目的で用いるオイルを作るために使われる。

菜園の区画は、通常、家族ごとに決まっており、同じ家族が毎年、同じ区画を耕す。しかし、区画の境界が明確でないため、実際に耕す土地の広さは、菜園主の気力と体力、また、隣接する菜園への配慮によって決まる。収穫される根菜は、質も量も、家庭によって違っているものの、食物がとれる時期に、食べ物に困る人が出るということはない。

採集と分配に関しては、漁においても同じ方法がとられる。フィジーでは、信じられないほど多様な魚や貝や甲殻類が、驚くほど大量に手に入る。海岸近くでは、二人で操る網を用いて、女性たちが漁をする。男性たちは船で沖に出て、釣りをする。場合によっては、特に儀式に魚が必要なときなどに、男性と女性が一緒に大勢で漁に出ることもある。ビトゥの島々はサンゴ島で、周りをサンゴ礁に囲まれている。彼らはそのサンゴ礁まで出掛けていく。そして、網の周りを丸く取り囲んで、水面を叩くことで、魚を網に追い込む。人々が徐々に円を縮めていくと、魚が網に入って捕まる仕組みである。

このような漁には、村の各家庭から必ず誰かが参加するように求められる。とはいえ、実際には、漁に出た人々が戻ってくると、誰も参加者を出さなかった家庭にも魚が配られる。数名の年配の女性たちが、魚の分配を行う。彼女たちは無造作に魚を投げて、家庭ごとに魚を分けていく。漁のために船やエンジンや燃料を提供した人々、そして支配的な立場にある人々には、他の家庭よりも少しだけ多く魚が配られたり、より上質の魚が配られたりする。その後、伝統的なやり方に従って、十分に余裕のある人々は、自分が受け取ったその特別な食べ物を、尊敬されている年配の人々や支配的な立場の人々に渡すことがある。また、他の人々からはあまり分け前をもらえないような人々に、渡すこともある。

土地や良質の漁場を共同で所有すること、そして、共同での収穫を

二人で操る網を使って漁をする女性たち

サンゴ礁の海での男女共同の漁

その日にとれた魚を村の家庭ごとに分けている女性たち

大切にすることによって、分かち合いが村での生活を貫く精神となっている。家族で食事をするときは必ず、戸口は開いたままにしておく。近くを歩いている人々が、彼らの皿に乗っている食べ物を見ることができるように、そして、彼らが何かをこっそり隠し持っていないことを確認できるようにするためだ。もっと大切なことは、通りかかった人は誰でも、その食事に参加できる、ということだ。食事時になると、村中で、マイ・カナ（入ってきて、召し上がれ）という声が聞かれる。一緒に食べていかないかと声を掛けることも、その誘いを断ることも、フィジーでは礼にかなっていると見なされる。実際に一緒に食事をしていく人はほとんどいないものの、そのように声を掛けることは敬意の表れであり、互恵関係を重んじている印となる。

スヴァでも食べ物の分かち合いは行われているが、それほど頻繁ではない。儀式や親戚関係による義務という性格も弱い。店で買った缶詰のサバや牛肉といった食べ物が都会の食事の中心で、それらは量が少なく値段が高いため、分かち合いが難しい。とったばかりの大量の魚を分かち合うことは、礼にかなっているだけでなく、必要性に迫られるためという側面もある。魚は、煙でいぶしたり、ある程度火を入れておいたりすることで、多少の保存はできるが、それでも、何日か経てば傷んでしまうのだ。一度の漁で二〇キロ近い魚がとれることも珍しくなく、これは一家庭で消費できる量を超えているばかりか、数家庭で分け合っても食べ切れないような量である。それに比べて、缶詰のサバは、缶を開けなければいつまでも傷まない上に、開けてしまって急いで食べなくてはならない状況になったとしても、分け合うほどたくさんの量は入っていない。

食糧の流通において貨幣が重要な役割を果たすようになって、物事が大きく変化した。政府は、農村部での商業的な漁を支援しており、村が大きな漁船を購入する援助などを行っている。その結果、何が起きただろうか。村人たちは、それほど高級ではない魚を大量にとってきて、スヴァの市場に売りに行くようになったのである。そして、魚を売って得たお金で、本当に価値のある魚、つまり、缶詰のサバを買うようになった。缶詰は、西洋からもたらされた革新的な食べ物であり、都会で好まれている。また、保存する上でも明らかに便利である。そのような理由で、缶詰は、村において非常に価値の高いものと見なされるようになったのだ。

社会構造

村での伝統的な生活は、序列に基づいて行われる。年が上の人ほど敬われ、人々は年長者の意見に従う。また、支配的な氏族に属していることや、男性であることも、尊敬の対象となる。とはいえ、この序列は、専制的なものでもなければ、一方的なものでもない。上に立つ者は、互恵関係を大切にし、責任を果たし、人々に尊敬されるように振る舞わなくてはならない。例えば、支配的な立場にある人は、自分が人々から受け取る以上のものを、人々に与えることが期待される。そのようにして、人々の尊敬を集め続けなくてはならない。家庭では、年長者は、自分の家族が自分に示してくれる以上の敬意を、家族に示すことが期待される。そして、自分の責任を果たすことで、いつまでも家族に尊敬されるよう努めなくてはならない。序列上、自分より下にいる人々の献身的な支援と尊敬を得るために、序列の高い人は、家族や他の集団を率い、特に儀式の際にその活動をまとめ上げ、つねに所属する人々が幸せであるように、利益が守られるように、気を配らなくてはならない。

この序列は、生活のあらゆる面で力を持つ。日々の様々な活動においても、儀式においても、目上の人々への敬意が随所に見てとれる。例えば、家の中で座る場所や、儀式の際に座る場所には、象徴的な意味がある。家の中で上座や他の人々よりも広い席を勧めること、儀式で上席や前方の席を勧めることは、敬意の表れである。頭部は、体の中で最も大切な部位であるため、他者の頭よりも高い位置に自分の体を置くことは、失礼なことと見なされる。伸ばした手が他者の頭の高さを越えることも、自分が立っているせいで他者の頭より高くなってしまうことも、無礼な態度とされる。相手が床に座っている場合は、特に注意が必要だ。例えば、誰かのうしろの棚の物を取ろうとするとき、あるいは、誰かの目の前で立ったり歩いたりしなくてはならないときは、事前に「トゥロウ」という謝罪の言葉を述べて、失礼な行為の許しを請うべきである。

床の上にあぐらをかいて座ること（それによって姿勢を低く保ち、目立たず、慎み深く行動すること、そして、例えば、自分のつま先が他者の方を向かないように気を付けること）は、伝統的な礼儀正しい振る舞いに不可欠な第一歩だ。ところが、この座り方は、ヨーロッパからの訪問者にとっては決して簡単ではない。彼らのほとんどは、このような座り方に慣れていないのだ。そのため彼らは、椅子が使える場合は椅子に座ることが多く、結果として、床に座っている人々よりも高い位置に身を置くことになってしまう。その上彼らは、椅子へと向かう際に通常その家の人々の前を歩いていくため、そのときも家の人々より高い位置にいることになる。そして、ヨーロッパからの訪問者たちは、自分の行動が、「トゥロウ」と言って詫びなくてはならないものだということに、ほとんどの場合、気付いていない。このような行為は、その土地の価値観を無視しているという印象を与えてしまう。天真爛漫な訪問者であれば、それほど嫌な印象を与えないこともある。威圧的な訪問者の場合、更に印象が悪くなることもある。いずれにしても、フィジーの人々は、そのような行為を黙って受け入れる。彼らは、客人に気まずい思いをさせたくないのだ。

多くの集まりにおいて、長時間、あぐらをかいて座っていることが必要となるが、幸運なことに、私は体が柔らかいので、この伝統的な方法で座っていることができた。私と一緒に暮らした人々は、そのことをとても好ましく思ってくれた。私も、自分の体が、彼らに敬意を示すことができるくらい柔らかいことをありがたく思った。

村では、男性も女性も、腰のあたりに一枚の布を巻いている。この衣服はスルと呼ばれ、男性はふくらはぎまで、女性は通常足首までの長さのものを用いる。男性はシャツとスルを身に付ける。女性はワンピースのような服を着て、その上にスルを巻く。私は、いつも腰にスルを巻いていたものの、その布を完全に信用していたわけではない。物を運ぶといった日々の活動で、私がうまく動けているかが、つねに試されているようなものだった。ぎこちない動きをすれば、スルが落ちて下半身が裸になってしまうかもしれない。私は通常、そのような危険を冒すのを避けて、スルの下にパンツをはいていた。フィジーの男性たちも、特に難しい仕事を行う際には、パンツをはいている。

都市部でも、家庭において、そして儀式において、スルが今も標準的な衣服である。が、仕事場においては、この伝統的な衣服ではなく、男性はズボンを、女性はスカートをはくことが徐々に一般的になってきている。そういった変化はあるものの、フィジーの人々が衣服について一番に気を配ることは、今も変わらず、慎み深さだ。他者への敬意が、何よりも大切にされている。

日々の食事は、序列が明確に示される場である。食べ物が床の敷物の上に出され、人々はその敷物を囲んで座る。その敷物に対して上座に当たる一番いい席に、年配の男性たちが座る。彼らには最も上質な食べ物が一番多く出され、座る場所も十分に広くとられる。序列の低い人々は、彼らから少し離れたところに座らなくてはならない。年配の男性たちの次には若い男性たちが座り、その次に子どもたちが座る。そして下座には、食べ物を提供する女性たちが座る。年配の男性たちが十分な量を食べ終えるまで、女性たちは食事をしないこともある。年配の男性たちは、上質な食べ物をたくさん食べることができるが、

男性の食事が終わり、女性と子どもが食事をしている

実は、誰が食事をしているのかをつねに見ている。そして、全員が十分に食べられるように、自分たちに出された食事の一部に手を付けずに、そのまま残すこともある。こういった序列は、公の場に出たとき、特に儀式の際に、はっきりと表面化するが、家庭内ではそれほど厳密ではない。例えば、家の中で家族だけで食事をするような場合は、通常は全員が一緒に食べる。

自分よりも下の立場の人々に細やかな心遣いを示すことは、自分よりも目上の人々に敬意を示すことと同じくらい大切だ。また、心遣いを受けた際に丁寧に断ることも、適切な振る舞いとされる。こういった行為は、謙虚さの表れである。

スヴァでは、そのような序列に従うことが、難しくなってきている。都市部では近年、高学歴であることや現代的な商売を行っていることが、尊敬されるための基準となりつつある。その傾向が強まるにつれて、これまで尊敬されていた年配の人々に、あまり敬意が払われなくなってきた。彼らには、学歴などがないためである。農村から来た年配の男性が、シティバンクのカウンターで何も言えずに困って立っているところを目にすると、心が痛む。銀行員はヨーロッパ系またはインド系のフィジー人で、イライラしながら早口の英語で畳み掛ける。農村から来た年配の男性には、その英語は速すぎて理解できない。事態は悪くなるばかりだ。年配のフィジー人にとって、都会は気まずい思いをすることが多い場所であり、また、都会にいることによって立場が悪くなっているとも言える。年配の人々が都会でうまく立ち回れない状況を日々目にするために、特に若いフィジー人たちの間で、年配者に対する敬意が失われつつあるのだ。

男女の性差については、フィジーの村では、昔からの考え方が生きている。例えば、男性と女性では労働内容が異なる。男性は菜園を耕し、家を建て、ヤスで魚を突く。女性は、料理をし、敷物を織り、子どもを育て、洗濯をし、小さな網で魚をとる。男性も女性も、このように作業を分けることは適切だと思っている。ある年配の女性は、次のように言っている。

「私たちがしている作業に、男の人に入ってきて欲しいとは思わない。私たちがみんなで敷物を織っているときに、男の人に何ができるっていうの。男の人には、敷物の織り方も、女同士のおしゃべりも、わからないでしょう。私たち女も、男の仕事に参加したいとは思わない。男と女は、やることが違う。フィジーではそれが普通のことだよ」

フィジーの人々は、同性の友達と冗談を言い合いながら過ごす時間をとても大切にする。例えば女性は、海岸の近くで網を使って漁をしながら、そして男性は、沖で釣りをしながら、同性の友達との関係を楽しむ。地域社会も、同性の集団での作業を大切なものと見なしている。男女共同で、サンゴ礁で漁を行うときの会話は、同性同士で漁をするときの会話とは異なる。男女の両方から、直接的な表現を避けつつうまく性的な内容を盛り込んだ冗談が飛び出し、非常に楽しい会話となる。伝統的な決まり事として、公共の場では男性と女性のやり取りが制限されているので、こういった冗談は、同性同士の場合よりも盛り上がることが多い。品を落としすぎず、失礼にならない程度の冗談を言って、互いに楽しむためには、相当な技術と感性が必要となる。

儀式を計画したり、実際に行ったりといった公的な事柄は、男性が取り仕切ることが多いが、女性も家では発言力を持っており、かなりの影響を及ぼす。ときには、公的な活動の手はずについて、夫を通して意見を出すこともある。手織りの敷物や、香りを付けたココナッツオイルなど、儀式の中で交換される大切な品々は、女性たちが作っている。女性たちが何をどのように行うかによって、儀式の性質が変わってくるのである。

フィジーでは多くの場合、男性と女性が別々に作業をするが、その両方の作業が同じくらい重要なものと見なされている。フィジーの社会秩序は、序列に基づいた決まり事に支えられており、男性であること、年配であること、地位が高いことによって、人々から敬意を受けることとなるが、これは女性を見下したり軽蔑したりするという意味ではない。年配の男性は敷物の上座に着き、一番上質な食べ物を最初に食べるが、結局のところ、このような敬意を示してくれるのは女性たちなのだ。このようにして敬意を示すことで、女性もまた、敬意を受けることとなる。なぜなら、伝統的なフィジーの価値観のうち、全ての人々にとって最も大切なものは、謙虚、奉仕、従順だからである。

都市部においては、公的な場においても、徹底した男女平等化が進む傾向にある。スヴァの南太平洋大学の学生の男女比は、この流れをはっきりと示している。フィジー人の男性よりも、女性の学生の方が多いのである。村では通常、女性は公的な地位が低く権力を持たないという状況を考えると、これは非常に大きな変化だ。とはいえ、村においても都会においても、「尊敬」に関して男女差はないという考え方が、根底を貫いている点に変わりはない。

第二章　儀式と癒しの業

フィジーの生活に、儀式は欠かせない。儀式には宗教的な面もあるが、同時に、経済を活性化し、社会的交換を促す機能もある。儀式においては、二つの集団の間で贈り物が交換される。結婚式であれば、新郎側の集団と新婦側の集団の間で、葬儀であれば、亡くなった人の家族と、それ以外の参列者の間で交換が行われる。村に大切な客人が訪れた際に、村人と客人の間で贈り物を交換することもある。

儀式は、精神世界と日常の世界をつなぐものだ。儀式によって人々は、ヴと接触することが可能になる。人々は、どのように生きるべきかについての明確な指示をヴから得ようとし、また、宗教上の義務を果たせなかったことについてヴに許しを請う。人々が正しい生き方をしたいと願っていること、そして、他の人々やヴに敬意を抱いていることが、儀式によって、はっきりと示される。支配的な氏族の人々、そして特に、その伝令を務める氏族（マタ・ニ・ヴァヌア）の人々は、儀式において重要な責任を負っている。昔から行われているのと全く同じように、正しい方法で儀式を執り行うことが、彼らの務めなのである。儀式は、その手順が正しければ正しいほど、敬意がこもっているものと見なされる。

大きく分けて、儀式で交換される贈り物には二つの種類がある。一つ目はヤウと呼ばれるものだ。伝統的な例としては、非常に貴重で神聖なものとされるタンブア（クジラの歯）や、手織りの敷物などがある。最近では、布、灯油、ガソリンなどもヤウとして交換されるようになった。二つ目は、マンギティと呼ばれるもので、儀式で食べるごちそうや、食べ物の贈り物を指す。伝統的な食べ物や、食肉用に殺した牛、缶詰などが、これに含まれる。贈り物を交換することで、二つの集団の関係を確認することができる。また、それぞれの集団の内部で、自分たちがどういう集団なのかについて、自覚が強まる。フィジーにおいて、人は、一人ぼっちではあり得ない。集団こそが、彼らの暮らしの在り方なのだ。交換は、他の集団に対して敬意

タンブア

儀式における大々的な交換：左側にマンギティ（食物)、右側にヤウ（敷物、布、灯油等の物品）が置かれている

を示す方法だが、実際には、集団のうしろにいるヴに対して敬意を払っているのである。

西洋人は、ときに、この贈り物や品物の交換の意味がわからずに当惑する。彼らの目には、フィジーの人々が、ほぼ同じ品物を贈り合っているように見える。そうであれば、交換などせずに、お互いにその品物を自分で持っていればいいのではないかと、西洋人は考える。そうすることで、手元にその品物がありながら、儀式を行う必要がなくなり、儀式に使う時間と労力を省くことができるではないか。しかし、この考え方は、物事をあまりにも単純にとらえすぎており、重要な点を完全に見逃している。フィジー人の人類学者ルシアテ・ナヤザカロウは、次のように述べている。

「フィジーにおける交換はたしかに商業的な取り引きではないが、『商業的な取り引きではない』という点が重要なわけではない。大切なのは、交換が行われる枠組みが、そもそも社会的なものであって、経済的なものではないという点である。社会的な関係の結果として、経済的な関係が生じるのだ」(Rusiate Nayacakalou, 1978, p. 40)

儀式で行われる交換は、神聖な品物を用いた社会的、文化的行為である。使われている神聖な品物は、交換という行為を目に見えるものにするための媒体なのだ。

交換には二つの集団が必要だ。一つは贈る側で、もう一つは受け取る側である。そしてその後、受け取った側が贈り、最初に贈った側が受け取ることとなる。あるとき、訪問者が村に入る許しを請うための儀式が行われた。私は、そのときのことをよく覚えている。訪問者が一人であったため、一つの集団というには少なすぎた。特に、村の人々は大人数の集団であり、それに対して一人では人数が釣り合わない。そこで数名の村人たちが、儀式の間、訪問者の側に立ったのである。そのようにして二つの集団ができあがり、適切な方法で贈り物の交換をすることができた。儀式における交換は、一つの形に制限され

儀式においてタンブア（神聖視されるクジラの歯）を贈っている

マンギティ（ごちそう）の用意：ロヴォ（地下に作ったオーブン）で焼く前に、豚の表面を焼いて毛を取り除いている

ているわけではない。贈り物を贈るときと受け取るときが、必ずしも同時である必要もなければ、交換という行為に明確な終わりがあるわけでもない。

儀式は、あらゆる場所であらゆるときに行われているように感じられる。人がやって来たとき、去っていくとき、また、人生の様々な出来事に際して、儀式が行われる。儀式は普通、複雑で多面的である。例えば、人が亡くなった場合、まずは四日間にわたる儀式が行われる。四日目の夜は非常に大切なときと見なされている。そこからさらに、十日目まで儀式が続く。十日目の夜もまた、とても大切なときとされている。そして、百日目の夜が儀式の締めくくりであり、非常に重要な夜となる。

儀式のためには、多くの準備が必要である。贈り物を用意しなくてはならず、その贈り物に関して、誰に何をどのくらい贈るのかも決めなくてはならない。また、どのように儀式を進めていくかについての議論を、全員の意見が一致するようにまとめ上げなくてはならない。ときとして、混乱が生じる、反感を覚える人が出る、といった事態が起こり、それが儀式の準備に影響を与えることもある。それでも、儀式が始まってしまえば、全ての人々が自分の全意識を、その神聖な務めに集中させる。儀式の直前には、それぞれの家の中で、大慌てで最後の準備が行われていることだろう。しかし家を出ると人々は、誇りを持ってその贈り物を手にし、落ち着いて、威厳に満ちた態度で、儀式の行われる場所へと歩いていくのだ。祖先の神々と出会う場では、他への敬意を示しつつ、自らも敬意を受けるに足るような行動をとらなくてはならない。

癒しの儀式は、広く熱心に行われているこのような儀式の一環と見なされている。したがって、癒しの儀式の評価も、一般的な儀式で用いられる基準に基づいたものとなる。その基準とはつまり、敬意を持って行われていること、交換が成立していること、そして最も大切な点として、ヴとの接触がなされていること、である。

ヤンゴナ

ヤンゴナという植物（学名はPiper methysticum, 和名は「カヴァ」）は、あらゆる儀式において、欠かせない。ヤンゴナがないと、その儀式の場は空っぽになる。なぜなら、ヴがやって来ないからだ。儀式を始める際にヤンゴナを交換することで、ヴを人々の生きる世界へと招くことができる。そして儀式の最後にも、ヤンゴナを用いて、ヴに儀式を終える許しを請う。儀式の正しい方法に則してヤンゴナを供えることで、人々はヴと接触することができるようになり、ヴから与えられるマナを使うことが可能になる。ヤンゴナは、ヴとのやり取りのための経路であり、「神々の食べ物」と呼ばれている。ヤンゴナを供えることが儀式における交換の開始であり、それが物質的、社会的なあらゆる交換の基盤にある。

ヤンゴナは、背が高く葉の多い植物で、生長すると一五〇センチほどになる。現金収入を得るための作物として、栽培されることが多い。長くて節のある根を、乾燥させ、粉にして、水と混ぜて、儀式で用いる飲み物を作る。形式を重んじる大切な儀式においては、収穫したままのヤンゴナ全体が供えられるが、それほど形式的でない儀式においては、乾燥させた根や、都会の市場で売っているような粉末の形で供えられることもある。ヤンゴナは植物であるが、本質的には、神とのやり取りのための伝令の役割を果たしている。

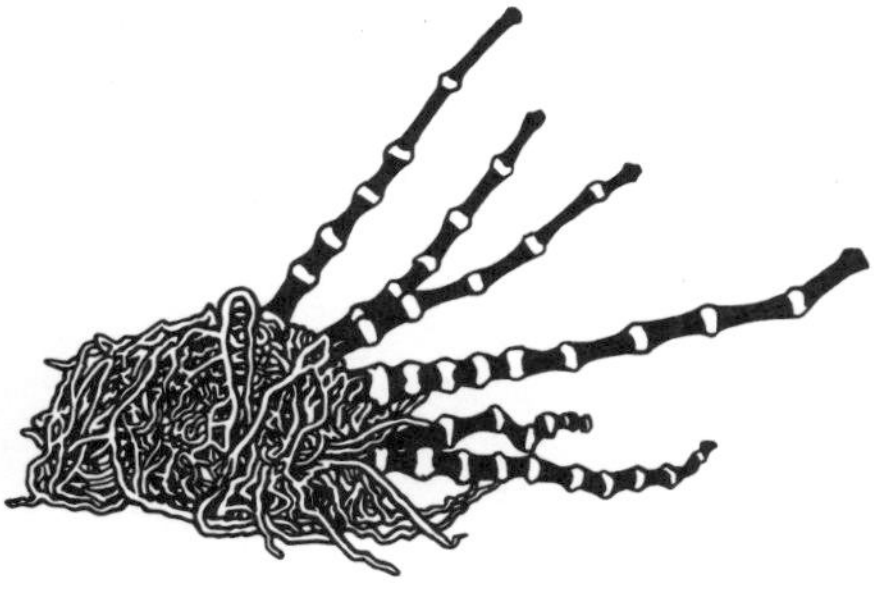

ヤンゴナ

セヴセヴと呼ばれる儀式が、ヤンゴナを交換する最も一般的な儀式である。全ての主要な儀式の始めにセヴセヴを行い、ヴに対して儀式を始める許可を求め、儀式が滞りなく進むよう祝福してもらえることを願う。村や家に客人が来るときも、セヴセヴが行われる。儀式を行うことで、客人は、村や家に入って、その地域や家族に参加させてもらえるようにと頼む。それに対して、受け入れる側は、差し出されたヤンゴナを受け取ることで、客人の出身地への敬意を示す。ときには、受け取ったあとで、客人にもヤンゴナを贈ることがある。よその村や家を訪れるときには、このような交換が行われることが多い。しかも、前もって計画していない場合がほとんどである。そのため、フィジーの人々は、旅に出る際にはヤンゴナを持ち歩くようにしている。

ヤンゴナの交換は、二人の人間の間で行われるが、実際はそれぞれの人間のうしろに存在するヴの間での交換であると見なされる。一方がヤンゴナを差し出し、他方がそれを受け取るというやり取りの間、特別な言葉や歌や身振りが用いられる。その場は、非常に静かな重々しい雰囲気に包まれる。

私は、隣の村から一人の男性が訪ねてきたときのことを覚えている。私が住んでいた村の人々は彼のことをよく知っていたし、彼のことをお調子者だと思っていて、普段はあまり真面目な会話をしていなかった。しかし、彼がセヴセヴの儀式を申し出ると、人々はとても丁寧な対応をした。その状況においては、彼は、彼の村のヴから送られた使者と見なされるためである。

ヤンゴナは、フィジーの暮らしにおいて欠かせないものである。「私たちフィジー人は、ヤンゴナがなかったら生きていけない」という言葉をよく耳にする。ヤンゴナは軽く精神を高揚させ、その後、眠

儀式においてヤンゴナを贈っている

気を催させる。適量を飲むことで、楽しい気分になれる。「ヤンゴナがなかったら、楽しい集まりは開けない」という言葉も、しばしば聞かれる。ヤンゴナのお陰で、人々は、協力して活動することが容易になる。ヤンゴナを飲むにつれて、人々はリラックスし陽気になっていく。そして、完全にリラックスした状態になると、会話が途切れがちになり、眠気がその場を包み込む。にぎやかにヤンゴナを飲んでいた人々は静かになり、ゆっくりとした影絵芝居のような動きを見せる。最終的にはヤンゴナがなくなった時点で、その集まりはお開きとなる。私は、多くの人々から、「手に入る睡眠薬の中で、ヤンゴナが最良のものだ」と聞かされた。ヤンゴナは、もともとは支配的な氏族の人々が儀式の際に用いるものであったが、今ではあらゆる人々がヤンゴナを飲んでいる。宗教的な場面においてのみならず、ほぼ全ての社会的な集まりにおいて、ヤンゴナが登場する。

　宗教的な儀式では、ヤンゴナを用いる手順が細かく決められている。まずは、儀式の始めにヤンゴナを差し出し、それが受け取られる。その後、タノアという大きな木製の容器の中で水と混ぜられ、ココナッツの殻を半分に割って作られた、ビロと呼ばれるコップに注がれる。タノアが空になっても、通常、再びヤンゴナで満たされる。そしてもう一度、人々はヤンゴナを飲み始めるのである。儀式がどの段階にあるかは、昔からの方法で、最大限の敬意を込めてとても丁寧に知らされる。例えば、両手をお椀状にして強く手を叩くコボという合図や、年長者の前で腰をかがめて敬意を示す姿勢をとるといった方法が用いられる。集まった人々は決められた順に席についていて

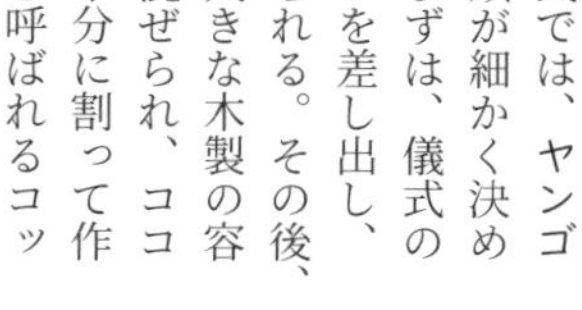

タノア

ビロ

おり、地位の最も高い人から順に、ヤンゴナが出される。二人以上の人が同時に飲むことはない。飲む予定の人々が全員飲み終わると、第一回が終了する。正式なヤンゴナの儀式では、その場が静寂に包まれる。それほど格式張らない儀式であれば、神聖な場面が終わると、冗談を言い合うこともある。そういった場合でも、ヤンゴナを用いてヴとの接触が行われる。

社交のためだけのヤンゴナの会では、ヴとの交信は極めて限定的なものになるか、またはいっさい行われないかである。そういった社交的な集まりにおいては、ヤンゴナを混ぜて差し出す手順は、通常、宗教的なヤンゴナの儀式の手順を簡略化したものとなる。儀式で行われる全ての段階が再現されるわけではなく、表面的に手順をなぞったようなものが多い。会の焦点はむしろ会話であり、場合によっては騒いで楽しむことが焦点となることさえある。社交のためのヤンゴナの会は、都会でもよく開かれており、先住民族のフィジー人だけでなく、インド系フィジー人の間でも一般的である。都会ではヤンゴナは、国家的な娯楽のための飲み物となっている。

私が参加したスヴァのある集まりでは、ヤンゴナとビールが出されていた。ヤンゴナだけ、またはビールだけを飲む人もいれば、両方を飲んでいる人もいた。ヤンゴナを飲んでいる人々は、ヤンゴナの儀式の手順に従うのが難しい様子だった。例えば、年長者に敬意を払いながら、年長者から順にヤンゴナを出すことが困難になる。なぜなら、ヤンゴナを飲む人々とビールを飲む人々とが入り混じって座っていた

くりぬかれた丸太を用いてヤンゴナを粉にし、水と混ぜて出す用意をしている

正式なヤンゴナの儀式において、ビロを満たす用意をしている

からである。しかも、ビールを飲んでいる人々も、ヤンゴナが回ってくれば飲みたいと思っている可能性があるのだ。また、より重要な点として、その集まりはビールを飲む会でもあったため、ヤンゴナを飲む人々は、そもそも、ヤンゴナの儀式の手順に従うべきなのかどうか確信が持てないようだった。ビールを飲む会が、伝統やヴと関係のあるものだと思っている人は、一人もいない。

村では、主に男性たちが集まり、毎晩、どこかの家でヤンゴナを飲む。夕方の五時か六時あたりから飲み始め、夜遅くまで飲み続ける。その後、人々は家に戻り、夕飯を食べることもあれば、そのまま寝てしまうこともある。村々で毎晩行われるこの集いでは、都会と違って、ヤンゴナの儀式の手順が守られ、ヴとのつながりも意識される。まずは儀式の始めの部分が執り行われ、ヤンゴナの儀式であることが正式に宣言される。そして、ヴとの交信が始まる。ただしその後は、人々はくつろいで冗談を言い合い、最後まで楽しくヤンゴナを飲む。ときには、男性とは別の場所でヤンゴナを飲んでいた女性たちが、男性たちの集いに加わることもある。すると会はいっそうにぎやかになり、さらに活発に冗談が飛び交う。わずかに性的な表現を含んだ冗談も、男女双方から飛び出す。それはあたかも、よどんだ部屋に一陣のさわやかな風が吹き込んだかのような効果を持ち、会は活力に満ちたものとなり、いつものお決まりの会話も予想外の展開を見せる。

しかし、こういった社交のための会であっても、故意に敬意を欠いた行動でヤンゴナをおとしめるようなことは禁じられている。特に農村においては、そのような考え方が強く、禁を犯した者には必ず災害が降りかかると信じられている。ヴの怒りに触れることになるためだ。

「ヤンゴナを飲む」ということに関して、最後にもう一言付け加えておきたい。儀式によってヴとの交信を行うという伝統的な状況においてヤンゴナを飲む（「飲む」は「グヌ」と言う）ことは、西洋の儀式に

年配者にヤンゴナを差し出している

家族でヤンゴナを飲んでおり、子どもたちはそれを見ている

コンクリートブロックの家の内部：タノア（ヤンゴナを混ぜるための木製の容器）が壁に立て掛けられている

おいてアルコールを飲んで酔うこととは全く別物である。フィジーでは、社交的な場でのヤンゴナのみが、西洋のアルコールに似た飲み方をされる。そして、正しくない形で大量に飲んだときにのみ、酩酊状態になる可能性がある。それに対して、伝統的な飲み方をした場合には、ヤンゴナは、儀式に参加している人々の意識をより覚醒させる。ある年配のフィジー人は、次のように言っている。
「ヴはヤンゴナを通して語る。それを聞くために、私たちは、しっかりと目を覚ましていなくてはならない」

癒しの儀式

フィジーの伝統的な癒しの儀式の中心にあるのは、交換だ。ヤンゴナを交換する儀式によって癒し手は依頼主とつながり、さらに重要なことであるが、ヴともつながる。癒し手たちは、自分たちは伝統的な方法に従ってヤンゴナの儀式を行っていると言う。そうすることで、ヤンゴナが彼らの癒しに必要なマナをもたらしてくれるのだとされる。実際は、特に都会の癒し手たちによって、伝統的な儀式に多くの変更が加えられている。それらの変更の大半は、風変わりなものである。そういった特殊なもの以外にも、一般的に行われている変更があり、それらは、儀式が癒しのためのものであることを際立たせる。中には、癒し手が有能で強い力を持っていることを示すための変更もある。その癒し手が本当にマナを用いているのだということを、人々に見せつけるのだ。例えば、ある癒し手は、ビロに入れたヤンゴナを立て続けに四杯飲み干すという離れわざをやってのける。

通常、癒しの儀式は、依頼主が癒し手のもとを訪れ、助けや癒しを求めた際に行われる。儀式の中で依頼主は、自らの祖先たちを代表する立場で、癒し手にヤンゴナを差し出し、癒しの依頼を行う。癒し手は、差し出されたヤンゴナを受け取る。その後、そのヤンゴナを水で溶いて、癒し手と依頼主と、その場に居合わせた人々とで飲むこともあれば、すでにタノアに用意されていたヤンゴナを飲むこともある。また、その場ではヤンゴナを飲まないこともある。いずれにしても、癒し手がヤンゴナを受け取った時点で、癒しが行われたものと見なされる。ヤンゴナを受け取った瞬間にマナが使えるようになり、正確な診断が下され、効果的な癒しの手法が選ばれるのだと言われている。つまり、その瞬間に、癒し手と依頼主との間で精神的、霊的な交換が完了した、ということである。依頼主は四日後に再び癒し手のもとを訪れる。それで癒しが終わることもあれば、必要に応じて、同じ手法の癒しが繰り返されたり、別の手法の癒しが行われたりすることもある。

癒し手

精神的な癒し手の状況は、都市部と農村部では大きく異なっている（R. Katz, 1981; 未発表のデータ, 1977–78, 1985; Katz and

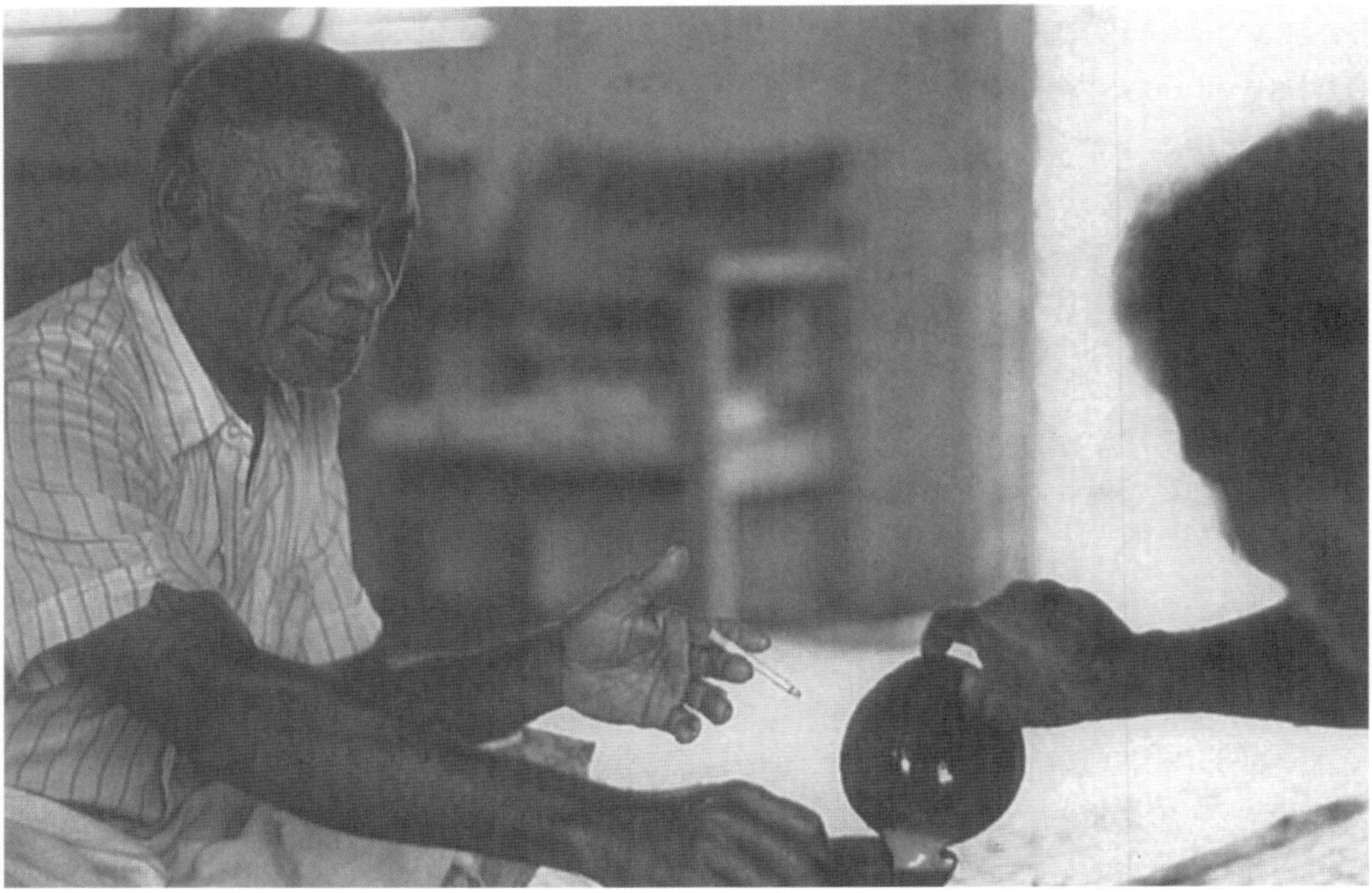

癒し手のビロにヤンゴナを注いでいる

Kilner, 1987)。農村では、約三五〇人に対して一人の癒し手がいる。村三つに対して一人の癒し手がいる割合である。それに対して都市部では、約一〇〇〇人に対して、一人しか癒し手がいない。農村の癒し手はほとんどが男性で、その多くが六〇歳を超えているのに対して、都市部の癒し手は半数が女性で、全体的に若い癒し手が多い(1)。農村の癒し手は、伝統的な村の価値観に従って生活し、癒しを行う。彼らの癒しは、社会において不可欠なものと見なされており、長期間にわたることが多い。二〇年以上に及ぶことも珍しくない。対照的に、都市部の癒し手は、自分が住んでいる地域の規範に従わないことが多く、例えば、複数の相手と性的な関係を持っているといった場合もある。都市部の癒し手は、癒し手として活動する期間が短く、五、六年で辞めてしまうこともある。また、活動を中断して、癒しを行わない時期を挟むこともある。特に、若い女性の癒し手に、そういったことが多い。

都市部で行われる癒しの儀式には、芝居じみた印象的なものが多い。農村の儀式では、一般的に、そういったことはない。例えば、都市で儀式を行う女性の癒し手では半数が、また、男性の癒し手では四分の一が、癒しの最中にヴに乗り移られたような状態になる。農村の癒し手の多くは、そのような状態になってしまうことは正しくないと考える。「癒し手自身がヴになるなんて、どうしたらそんなことが起きるのだろう」と、ある農村の癒し手は、疑問を口にする。農村の癒し手たちから見ると、そのように乗り移られてしまうということは恥ずべき状態であり、にせものの癒し手の証拠とすら受け取れる。とはいえ、一般の人々には非常に強い印象を与え、同時に恐れを抱かせることができる。都市部の癒し手たちが自らを売り込み、新たな依頼主を呼び寄せるために、このような状態を演じているのだと考えることは、たやすい。都会の人々は、通常、ヴに乗り移られる癒し手こそ、強い力を持った癒し手だと思い込んでいるのだ。

村では、依頼主が癒し手を訪れる時間帯は様々である。癒し手が畑で働いていたり漁に出たりしているため、いつも同じような時間帯に会えるとは限らない。都市では、癒し手たちは、決まった時間帯に依頼主と会うことが多い。多くの場合それは夕方で、その頃になると数名の依頼主がやって来て順番を待っている。癒し手の下には、数名の手伝いの人々がいて、ヤンゴナを混ぜたり依頼主と話をしたりしている。

農村部と都市部で共通していることは、ヤンゴナの交換が、正式な儀式として厳かに行われる点だ。その儀式の間、その場は静けさに包まれる。癒しが終わったあと、依頼主はしばらくその場に留まることもある。ヤンゴナを飲み、話をし、冗談を言い、癒し手や、その場にいる他の人々(依頼主に付き添ってきた家族もその場にいることが多い)と、くつろいだときを過ごす。福音主義のキリスト教徒と高学歴のエリートの一部を除けば、癒し手のもとを訪れることが恥ずかしいことだと考える人はいない。

ヤンゴナを交換する儀式のあと、癒し手は普通、依頼主に助言を与える。適切な行動について、または、精神的な面についての助言である。そのあとで、四人に一人くらいの割合で、マッサージや薬草の処方が行われる。どういった治療を行うかは、癒し手がヴから受け取った指示に基づいて決められる。

マッサージには、強く深部まで押すものと、皮膚の表面を触るだけの軽いものとがある。薬草(ワイ、「薬」の意味)は通常、癒し手か手伝いの人によって調合され、依頼主はそれを家に持ち帰って使う。薬草は自然にはえているものをとってくる。たいていの場合、葉や樹皮や根を用いる。薬草の調合は非常に複雑で、植物の特定の部分を特定の方法で切って、決まった割合で混ぜ合わせる。服用する場合は、小さな布の袋に入れて、水に浸して、その水を飲む。体に塗る場合は、ココナッツオイルと混ぜ合わせて塗布する。薬草の多くは、癒し手が摘み取った場合にのみ効果があると言われている。癒し手が摘むことによって、その植物のマナが活性化されると考えられるためだ。

フィジーの社会生活においては、ヤンゴナがいたるところで登場するが、普段の社交のための集まりでヤンゴナを飲んだからといってマナがもたらされるわけではない。癒しの儀式によって、ヤンゴナはマナをもたらすことが可能になるのだ。癒しの儀式を行うことは、癒し手の数多くの役割のうちの一つである。癒しには、現実社会での人間関係を扱う技術や、社会的感受性も必要となる。依頼主を助けるためには、心理的な事柄についての理解力や強い信仰心が求められ、村の危機を解決するためには、集団間の政治的交渉に携わる能力が求められるためだ。

フィジーの人々は、原因によって、病気を大きく二つに分ける。一つ目のタイプは、身体的な原因によって引き起こされる「自然な病気」(タウヴィマテ・ディナ、文字通りには「本当の病気」)で、例えば、冷たい海水に長く浸かりすぎることで関節が痛くなる、といったものである。二つ目のタイプは、全体的または部分的に精神的な要因が絡む「精神的な病気」(タウヴィマテ・ヴァカテヴォロ、「悪魔の業によって引き起こされる病気」)で、他者のヴァカテヴォロの影響を受けた場合や文化的規範に違反してヴによって罰せられる場合などが該当する。自然な病気を治療するためには西洋医学を利用することができるが、フィジー人の癒し手のところには、両方のタイプの病気の相談が持ち込まれる。同じような症状でも、どちらのタイプの病気であるか判断できないことが多いためである。

精神的な癒し手(ダウヴァングヌ、文字通りには「(ヤンゴナを)飲む専門家」)は伝統的な癒し手の一種で、本書は彼らに焦点を当てる。伝統的な癒し手は、ヴニワイ・ヴァカヴィティ(フィジーの医者)と総称されるが、その中には、他に、見者(ダウライライ、文字通りには「(見えないものを)見る専門家」、「精神的に見ること」)、

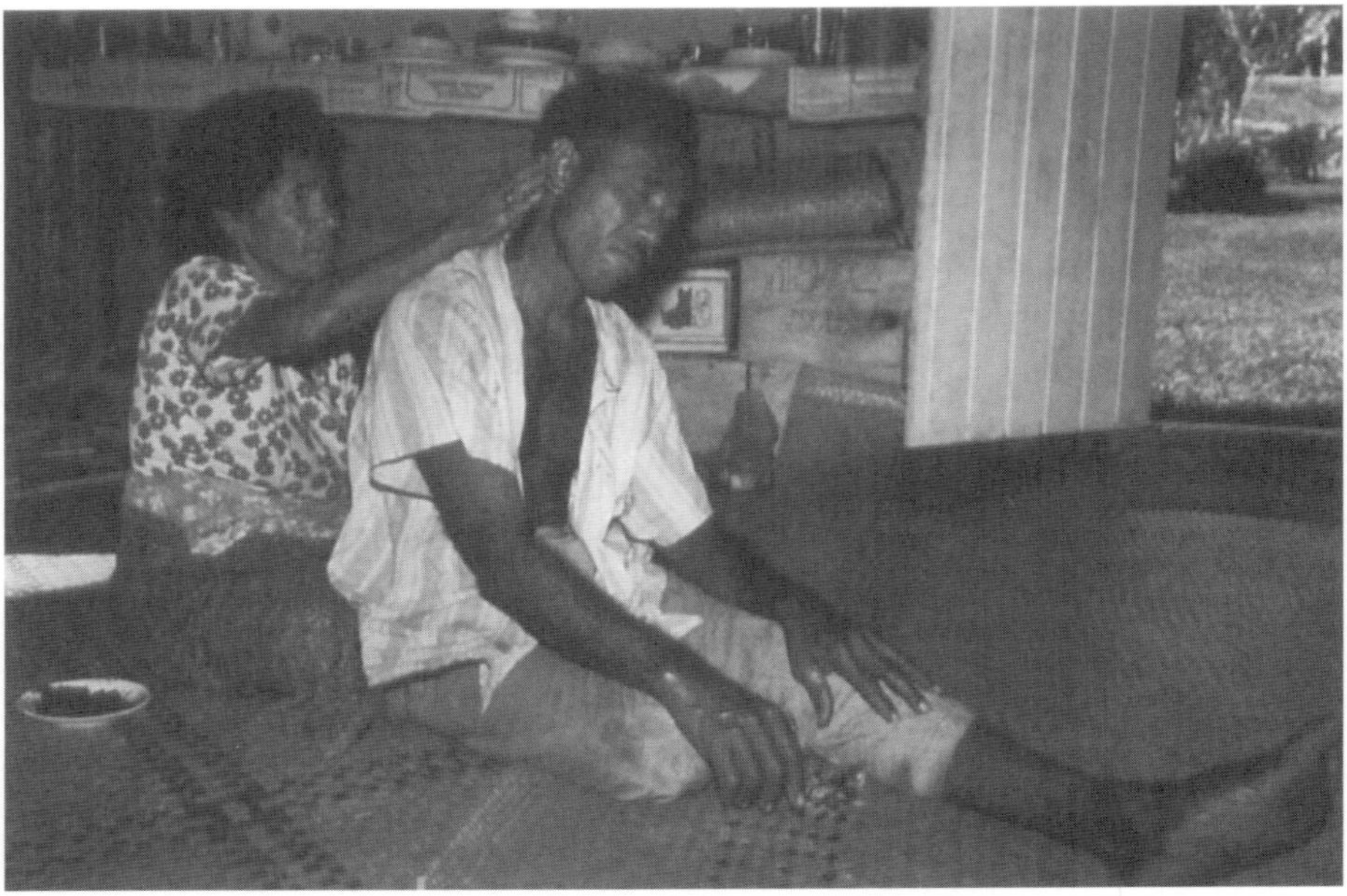

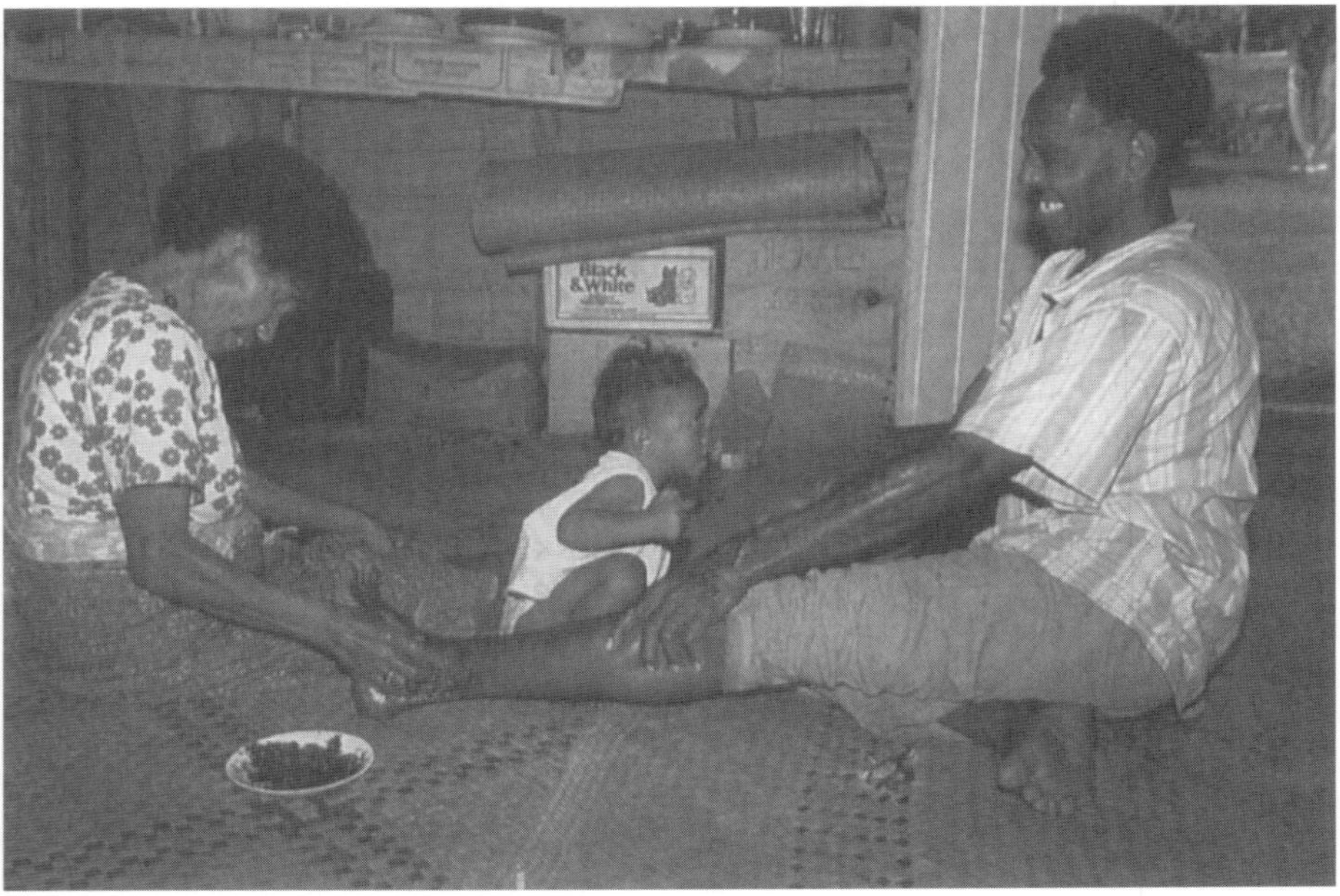

伝統的なマッサージの専門家（ダウヴェインボ）が施術を行っている

マッサージの専門家（ダウヴェインボ、文字通りには「マッサージを専門とする者」）、本草家（ダウソリワイ、文字通りには「処方を専門とする者」）などが含まれる。これらの癒し手たちは皆、ヴの力を用いるが、依頼主に頼まれたときに決まった方法でヤンゴナを使うのは、ダウヴァングヌだけだ。ダウヴァングヌはまた、他の癒し手たちよりも頻繁に深くヴと接触を持つ。ダウヴァングヌは未来を予見したり、マッサージを行ったり、薬草を処方したりすることもできる。

他の癒し手よりもヴとの関わりが強いため、ダウヴァングヌは最も力の強い癒し手と見なされており、彼らの扱う問題は、他の癒し手よりも種類が多く深刻なものとなる。心理的な要因が絡む病気であるタウヴィマテ・ヴァカテヴォロは、彼らの得意とする分野だ。多くの病気は、頭痛や体の痛みといった身体的不調として表れるが、そういった身体的不調は、「自然な病気」だけでなく「精神的な病気」の兆候である場合も多い。両方のタイプの病気が同時に表れたり、連続して順に表れたりすることもある（Katz and Lamb, 1983）。依頼主も多岐にわたり、喉の腫れを訴える男の子、子どもが欲しい女性、他者の悪意から身を守りたい一家、宗教的な慣習を破ったことへの償いをしたい村などが、ダウヴァングヌに依頼を持ち込む。ダウヴァングヌが扱えない問題はほとんどない。しかし、優秀なダウヴァングヌほど、自分ができる全てのことを行ったあとで、必要性を認めた場合、他の治療者のところへ行くようにと依頼主に勧めることがある。他の治療者とは、場合によって、他の伝統的な癒し手であったり、西洋医学の訓練を積んだ治療者であったり、病院であったりする。

特に農村においては、癒し手は村という社会の一員である。同じ村の中で、癒し手ではない人と比べた場合、癒し手の方がずっと「尊敬され」、「理想のフィジー人」に近く、「勤勉である」という結果が出る（R. Katz, 1981）。癒し手が、何よりもまず「村人」であることは間違いないが、日常生活において、そして特に癒しの儀式において、彼らは理想のフィジー人となる努力を惜しまない人間であるべきだと思われている。癒し手は、ヴァカトゥラガ（伝統的な指導者の資質）を体現するべき人々と考えられている。彼らがその目的を達成するように努力していることが伝われば、それに応じて尊敬を集めることになる。

癒し手には、マナを用いて癒しを行ってほしいと依頼するのが適切である。しかし、中には、他者に対して悪い力を及ぼしてほしいという依頼を持ち掛け、そのためにヤンゴナを持ってくるという、間違ったヤンゴナの使い方をする人々もいる。一章で述べた通り、フィジーの人々はそのような行為をヴァカテヴォロと呼んでおり、それは文字通りには「悪魔のようなもの」を意味する。あるいは、悪い魔術に植物を使うという意味で、ドラウニカウ（文字通りには「木の葉」）という呼び方もする。人々は、公の場でヴァカテヴォロについて話すことを好まない。ヴァカテヴォロに関して誰かを非難することで、自らも同様の非難を受けることになってしまうかもしれないという恐怖が主な理由だ。しかし、ヴァカテヴォロの誘惑があるからこそ、「まっすぐな道」が、さらに重要性を増すのである。

（1）農村部の癒し手の九五パーセントが男性である。そして七五パーセントが六〇歳を超えており、五〇パーセントが七〇歳を超えている。都市部の女性の癒し手のうち、七〇パーセントが二〇～三九歳で、都市部の男性の癒し手では、七〇パーセントが五〇～五九歳である。

まっすぐな道

癒しの儀式では、はっきりとわからないことを解き明かし、人々の知らない世界を理解しようとする。癒しの儀式は、善と悪、つまり、癒しとヴァカテヴォロとが真剣な闘いを繰り広げる闘技場なのである。善と悪との両方の力が存在するからこそ、癒し手は、ガウニ

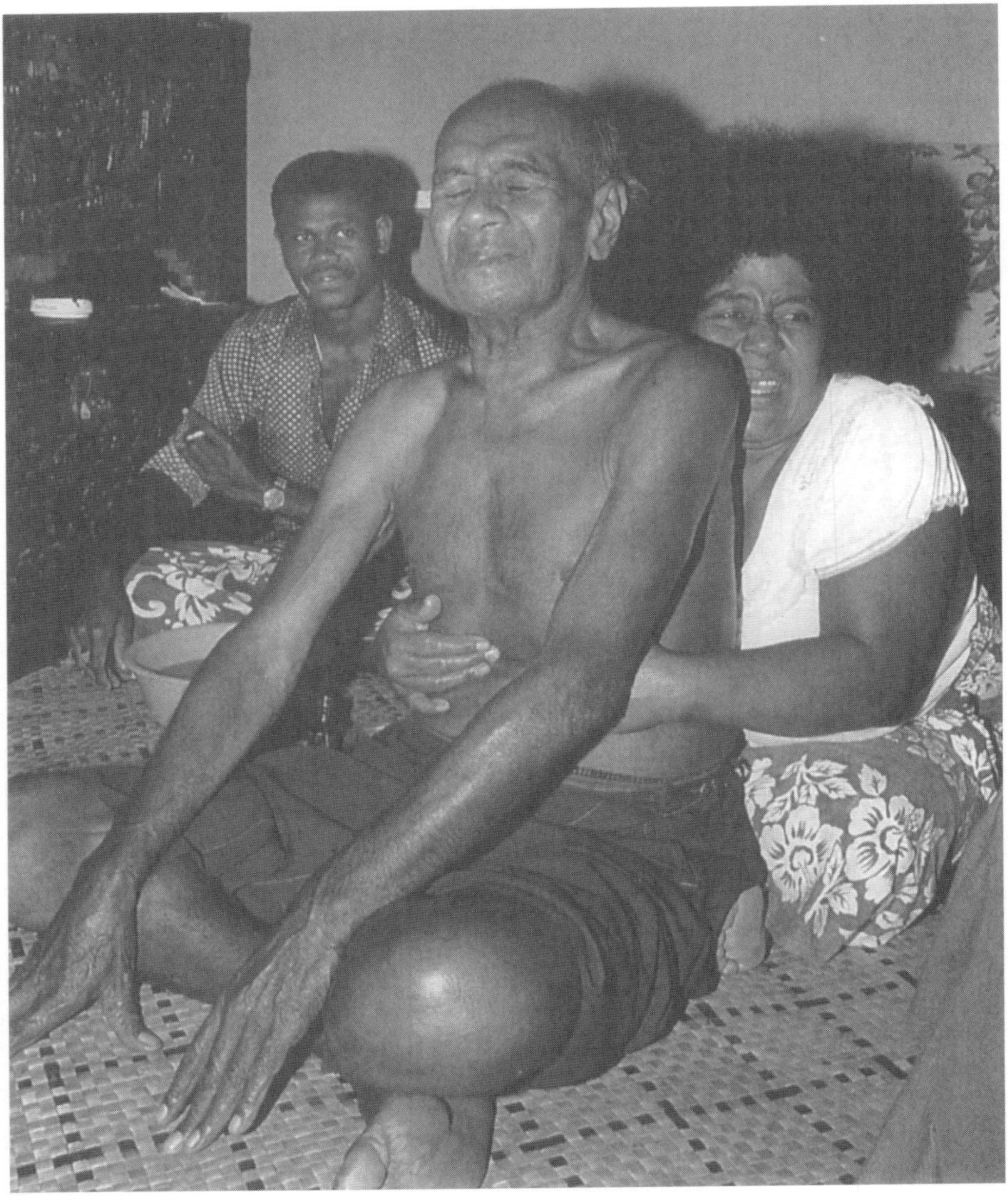

癒し手が施術を行っている：ヤンゴナを交換したあと、マッサージをしている

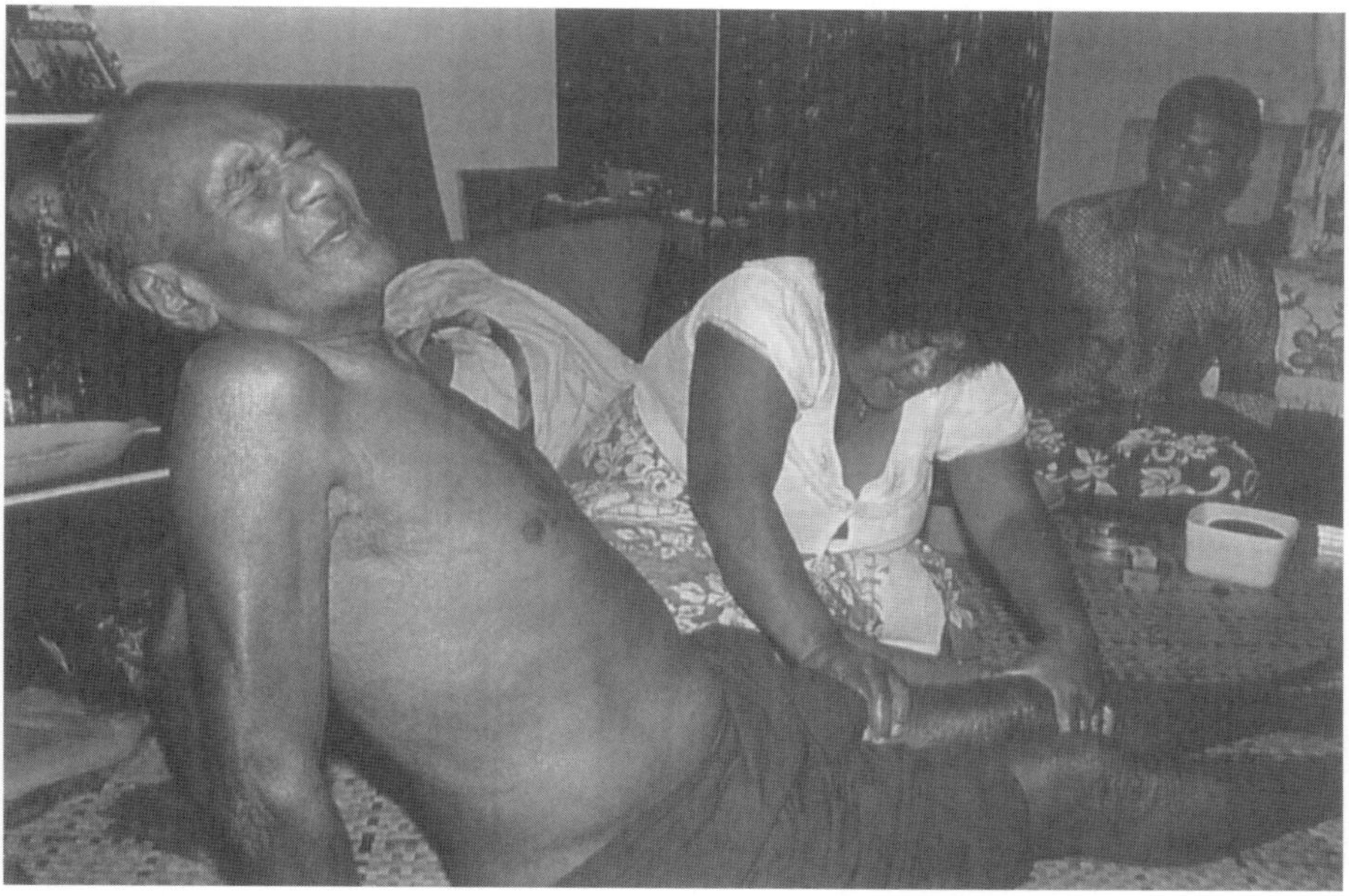

癒し手が施術を行っている：ヤンゴナを交換したあと、マッサージをしている

サラ・ドンドヌ（まっすぐな道）をそれないように鍛錬を積む必要がある。まっすぐな道をそれないことで、悪のためではなく癒しのためだけに、マナを使うことができるのだ。

まっすぐな道に沿って進むことで、癒し手は、マナを癒しに向けることが可能になる。マナを使うことができる人は多いが、癒し手になるのは、その中の少数である。ある癒し手は、次のように言っている。

「まっすぐな道を歩き始める方法を知っている人は少ない。まっすぐな道からそれずに歩き続ける方法を知っている人は、さらに少ない」

まっすぐな道を進むということは、理想的なフィジー人の特性を体現するということを意味する。そのように、伝統的なフィジーの価値観に従い、正しい行いをする人々は、ヴァカトゥラガと呼ばれる。すなわち、イ・トヴォ・ヴァカヴィティ（真のフィジー人としての在り方）を体現する人々である。人格者のみが癒しを行うことが可能であり、癒しを続け、深めていくためには、さらに人格を高めることが求められる。癒しの業に関する知識は、癒し手にふさわしい資質を持った人々にのみ伝えられる。癒しにおいては技術的な面も大切だが、人格的な面がいっそう重要とされている。

以下の特性は、癒し手がまっすぐな道を進むためにどのような生き方をしなくてはならないかを論じる際に、しばしば挙げられるものである。癒し手たちが癒しについて語った言葉の中から引用した（R. Katz, 1981）。

ヴァカンディナンディナ（真実を語り、真実に沿って生きる）：「その人の中にある真実の量が、その人の力を決定する。あなたは、あなたを守護する祖先があなたに語ったことのみを、依頼主に伝えなくてはならない。変更を加えたり、あなた自身の意見を添えたり、自分の知識をひけらかすような話し方をした場合、あなたは嘘をついていることになる」

ロロマ（全ての人々への愛）：「癒しを行うときは、相手が親戚であっても外国人であっても同じように、あらゆる人々を愛さなくてはならない。全ての人々が、あなたにとっては同等の存在である。あなたは彼ら全てを愛さなくてはならず、それゆえに、彼ら全てを助けなくてはならない」

イ・トヴォ・ヴィナカ（適切な振る舞い、正しい振る舞い）：「現在の人々が昔の慣習に従わないために、フィジーではマナが弱くなってきている。私たちは正しく振る舞うべきであり、そのためには、タブーに関することなど、昔の慣習を守るべきである」

センガ・ナ・イ・ヴキヴキ（謙虚さ）：「癒しは秘すべき業である。あらゆる人に、ましてや、あなたの助けを必要としていない人にまでその秘密を見せることは、高慢である」

ヴァカロコロコ（敬意）：「全ての人々は敬われるべき存在である。どのような人も、我々の愛と助けを受けるに値する。また、その土地に伝わる習慣も、尊重されるべきである。そのように敬意を示すことで、我々の本来の性質が表に現れるのだ」

センガ・ニ・ロマロマ・ルア（専心）：「あなたは強く、心から、癒しの業を信じなくてはならない。そして、あなたのヴへの信仰を揺るぎないものにしなくてはならない。一度、何かについて決断し、何が正しいかの判断を下したならば、自分の言葉に責任を持ち、適切な時をとらえて行動しなさい。迷ったり、振り返ったりすべきではない」

ヴェインガラヴィ（奉仕）：「力は、人々を癒し、人々に奉仕するためにのみ、使われるべきである。他者を傷付けたり殺したりするため、または、お金などを得るといった自分自身の利益のために使うべきではない。このことは、しっかりと心に刻んでおかなくてはならない。間違った使い方をすれば、あなたは力を失うことになる」

これらの特性は、癒しの業と直接結びつけられて語られているが、癒し手が目指すべき生き方を述べているとも言える。理想的なフィジー人の特性は、癒し手が努力して身に付けなくてはならない特性と、重なり合う部分がある。

機も熟さず、何の用意も整っていない状態で、癒しの力を手に入れようとすることは、適切ではない。初めは、癒しを行うことに対して、尻込みするのが普通である。その大きな力を前にして、自分が小さな存在であることを痛感するためである。まっすぐな道に沿って進む際に出会う様々な難題をこなしていく自信が持てないのだ。ゆっくりと、注意深く、そして「頭を垂れて」、癒しの業に近付いていくのが、フィジー人のやり方である。

マナに対する態度という点において、癒し手は他の人々と大きく異なる（R. Katz, 1981）。癒し手は、癒しを行う際にマナを用いるので、他の人々よりも頻繁にマナに触れており、よりマナに敬意を持ち、マナの力強さを深く認識している。癒し手はマナに触れることを自ら求めており、マナについてよく知っているため、マナがやって来たときに、他の人々ほど、驚いたり恐れたり不安になったりすることはない。フィジーにおいて、癒し手になるということは、経済的な見返りを得られるということでもなければ、社会的に高い地位を得られたり、特権が与えられたりするということでもない。実際、癒し手たちが癒しの儀式に割く時間は、わずかである。癒し手が他の人々と明確に異なる点は、彼らを癒しの業へと向かわせる熱意であり、信念であり、人格である。そういったもののお陰で、癒し手だけが、他の人々とは異なり、マナを良い目的のために用いることができるのだ。

「まっすぐな道」を説明するためによく使われる比喩は、サトウキビの収穫に用いるケイン・ナイフを手に、うっそうとした森の中の藪を切り開いて作る細い小径である。そのようにして道を切り開いていく際に、癒し手は、行き詰まることもあれば、近道を見付けることもある。曲がりくねった歩きづらい道を進む場合もあれば、比較的歩きやすい道を通れる場合もあるだろう。そのため、癒し手の足取りも、歩く速さも変化する。ときには、大きく円を描く形で、以前に通った場所に戻ってしまうこともあるだろう。西洋的な概念において「前進」と言う場合、そこには明確な方向性があり、その方向に向かって一直線に進むことを意味する。また、達成度に応じて、成功したか否かが判断される。ここで言う「まっすぐな道」には、そのような概念は当てはまらない。「まっすぐな」というのは、道が直線であるということではなく、その道を行く人の気持ちや熱意が、正しく、「まっすぐ」であるということだ。自分の熱意を「まっすぐ」に保とうと努力する中で、癒し手は道の不安定さに苦しみ、様々に移り変わる自らの経験に頭を悩ませるだろう。「まっすぐな道」とは、変化や達成が順を追って段階的に生じるような場を指すのではなく、正しく生きようとする癒し手の姿勢や熱意が、より高い次元へと昇りつめていく様を指すのである。つまり、「まっすぐ」なのは道自体ではなく、その道を進む癒し手の在り方なのだ。

まっすぐな道を進み始めた癒し手の全てが、この道を進み続けるわけではない。中には、ヤンゴナに関わることをいっさいやめてしまう人々もいる。彼らは、この道を進む上での決まり事の多さに直面し、進み続けたくないと感じたり、自分には進み続ける強さが足りないと諦めたりする。これは、それほど頻繁に起きることではないが、癒しの道に入ったばかりの癒し手に起きることが多い。最初の試練とでも呼ぶべき段階であろう。それに対して、癒しの儀式を行い続けるものの、儀式に効力がなくなってしまう人々もいる。その理由は、彼らの真摯な態度が見せかけであるためだ。このような偽の癒し手たちは、人々に害をなす存在と言える。彼らは、癒しの儀式に対して誤った期待を抱かせ、人々を正しくない方向へと導く。また、ヴァカテヴォロを行おうとする傾向も極めて強い。

まっすぐな道からそれる、ということは、フィジーの文化における理想からはずれる、ということである。しかしそれは、理想を実現することに失敗する、という意味ではない。理想を追い求めることをやめる、ということだ。実際、これらの理想を完璧に実現することは不可能である。まっすぐな道を進むというのは、理想を少しずつ実現していくということではなく、理想を真摯に追い求める生き方をするということなのだ。

フィジーの癒し手たちは、尊敬されているだけでなく、恐れられてもいる。まっすぐな道を外れたとき、彼らは危険な存在になる。なぜなら、彼らは他者に危害を及ぼすことができる力を持っているためである。まっすぐな道を外れた彼らは、すでに癒し手ではない。つまり、まっすぐな道からそれるということは、理想から離れるということだけでなく、人を助けるためではない危険な力を手に入れるということをも意味するのだ。そのため、道をそれることで、利益を得る人々もいる。彼らは、他者を犠牲にして、自分の利益を追求していく。そのような行為は、フィジーの生活の根底にある秩序に反するものであり、正しいフィジー人の行動に背くものであって、決して許されないものだと考えられている。

まっすぐな道から外れた証拠として、病気や不幸に見舞われると言われることが多い。癒しを行うためには、癒し手はまっすぐな道の上を歩いていなくてはならない。道からそれると、癒しの力を失うばかりでなく、通常、病気に襲われると考えられている。病気とは、社会的、精神的な乱れや不均衡が、体や心の症状として表れたものだと見なされる。そして、そのような乱れや不均衡は、個人間の恨みや、不適切な行動によって引き起こされると言われている。つまり、病気も健康も、個人や共同体が、どの程度まで文化的な理想に従って生きているかを映すものだと見なされているのである。

まっすぐな道は、自らが経験する現実を心の中に構築するための手段でもある。「病気」、「健康」という概念は、そこに、道徳的な意味づけを行うものだ。まっすぐな道に沿って進むことで、我々は、文化的に正しいと評価されている方法で、現実を構築し、必要に応じて構築し直す。そのようにして、未来の展望をも作り上げていく。道徳的に生きることで健康が手に入り、同時に、より望ましい現実を構築することが可能になるのである。反対に、まっすぐな道を見付けられなかった、あるいは、まっすぐな道からそれてしまった場合、文化的に正しくないとされる見方で、現実を切り取っていくこととなる。そのような「間違った」方法で現実を見ていることが、「悪い」行為に表れると考えられている。そして、最終的には、本人や親戚が病気になったり、不幸になったりすると言われている。

癒しを始めたばかりの癒し手の多くは、経験を積んだ癒し手の手伝いをするところから、癒し手の道を歩き始める。駆け出しの癒し手の三分の一近くが、直前に自らを癒してくれた癒し手の下で働く。自分を癒してくれたことへの感謝と、その癒しの力を尊敬する気持ちから、手伝いを申し出るのだ。また、癒し手の約半数が、駆け出しの頃に、経験を積んだ癒し手と師弟関係を結ぶという。難しい症例に出会った場合に助けてもらうことができ、また、全般的な指導も受けられるためである。師は、自らの行動を通して、「まっすぐな道」について教えていく。教えに従ってまっすぐな道を進みながら、駆け出しの癒し手は、その道に沿って進む方法を学ぶのだ。

まっすぐな道の特徴は、移ろいである。癒し手は、様々な状態の間を行ったり来たりする（R. Katz, 1981; Katz and Kilner, 1987; Katz and Wexler, 1990）。そのように様々な状態の間で揺れ動く経験が、重要となる。精神的な力であるマナと自分との関係が、絶えず変化していく様を経験することが、大切なのである。経験を積むにつれて、徐々にマナに近付くことができるというのが一般的ではあるが、それも決して一方向的に着実に近付き続けるというわけではない。マナとの関係が不安定に変化するときは、癒し手にとって危険な瞬間となる。力を正しくない方法で使いたいという誘惑に、何度もかられるのだ。しかし、こういった瞬間は危険ではあるものの、変化のための好機でもある。まっすぐな道に沿って進むことは、危険も大きいが、それによって得るものもまた大きい。

まっすぐな道は、人格が試される試練の道だ。教育を受ける中で、徐々に厳しくなっていく状況において、癒し手の人格の様々な部分が少しずつ成長していく。この教育を経て、癒し手の持つ潜在的な癒しの力が、だんだんと表に現れてくるのである。しかしながら、道を進むにつれて、理想的な人格を目指して生きることが、さらに難しくなってくる。癒し手はつねに、試される。例えば、癒しの儀式を行う際にお金を取ること、依頼主と性的な関係を持つこと、あるいは、まっすぐな道を進むために必要な資質に反するような他の行為を行うこと、そういった誘惑が次々に現れる。癒しの力が強くなるということは、とりもなおさず、さらに厳しい試練が待ち受けているということなのである。

力をつけてくるにつれて、癒し手は、敵対する村と村の関係といった大きな問題を扱うようになる。その頃には癒し手の力が非常に強くなっているので、癒し手たちは、それまで以上に強いヴァカテヴォロへの誘惑に駆られる。とても力が強いと評判の癒し手たちは、ヴァカテヴォロを行っているのではないかと疑いをかけられている。そこで、癒し手の力を測る方法の重要性が、ますます高まる。癒し手がまっすぐな道に沿って進んでいるかどうかを測るためによく使われる表面的な基準は、依頼主の人数や社会的地位、依頼主からの反応、そして、その癒し手の行う癒しがどのくらい奇跡的だと思われているか、である。癒し手が直面し乗り越えてきた試練がどれほど厳しいものであるかもまた、癒し手の力を測る基準となる。同様に、癒し手がどのくらいの頻度でどのようなヴィジョンを見るか、その癒し手を手助けしているヴの数や力の強さがどのくらいか、癒し手とヴとの直接の接触がどの程度まで行われているか、なども基準とされる。

癒し手にとっては、癒し手同士が互いを評価する際に用いる基準も重要である。その基準の中には、癒しに対する献身度が含まれる。それは、特定の癒しが成功するかどうかではなく、癒しの儀式を適切に行っているかどうかで判断される。癒し手が「理解する」と言う場合、それは単に頭脳で理解すればいいというわけではなく、フィジー人としての心で理解することが求められる。フィジーの人々が「知っている」と言うときには、ただ認知的に知っていることではなく、より広く、感情的にもわかっていることを意味するのである。心が、癒し手の努力に、勇気と献身とをもたらすのだという。その結果、癒し手は、自らの存在全てで癒しに取り組むこととなり、理解が深まるのだと言われている。

道徳的な探究とでも呼ぶべき行為を通して、癒し手は個人的な成長と社会文化的な成長とを融合させる（R Katz, 1986; Katz and Kilner, 1987）。道徳の探究者である癒し手が、地域の人々を代表する使者として未知の経験の領域へと送られるのだ。その領域とはつまり、その地域において心理的、社会的、精神的に曖昧な部分のことである。そういった領域では、物事の本質の意味と構造とが混沌としており、十分に整備がなされていない。癒し手はそこから戻ってくると、地域の人々のために、その曖昧な領域についての自らの解釈に何とかして意味付けを行い、同時に、新たな疑問を提示する。それはつまり、癒し手が、個人的な変化と文化的な変化の中心的な問題について、指導者としての役割を担っているということである。

癒し手の進む道は危険に満ちている。道に迷うかもしれず、誤った道を選んでしまうかもしれない。あるいは、正気を失うとまではいかなくても、場所に対する感覚を失うことはあり得る。地域の人々が癒し手に求めることは単純だ。癒し手が見たものを見たままに知らせてほしい、癒し手の正直な解釈を提示することで本質を明確化する手助けをしてほしいと、彼らは思っているのだ。人々が癒し手の道徳的な探究を支持し信頼しているという事実は、彼らが癒し手を尊敬していることを示している。

道徳的な探究者という癒し手の役割を見ていると、まっすぐな道が文化の本質を創り上げ、維持していく様がわかる。フィジーの癒し手の教育の中心にあるのは、まっすぐな道を見付け、その道からそれないことだ。つねにその努力をすることで、癒し手は、人生において最も重要な力であるマナを手にすることができ、その力を他の人々のために用いることができるようになる。絶えずヴと交信し、文化的な神秘の領域に踏み込むという方法によって、癒し手は実際に道徳的な本質を探し求めているのである。本質を定義することで、癒し手は、道徳の意味を伝え、道徳的であるかどうかの判断を下していく。こういった行為は全て、事前に明確な基準が決められているものではない。たしかに、まっすぐな道は遥か昔から存在し、多くの癒し手たちがその道を通ってきた。しかし、全ての癒し手が、それぞれ自らの力でその道を見付け、進まなくてはならないのである。

この道徳的探究のために、癒し手が地域社会から切り離されることはない。通常、世俗的な細々とした日々の雑事や決断の中から、まっすぐな道が立ち現れるものなのだ。これから我々は、そのような日々の生活へと場面を移し、フィジーの癒しの物語を紐解いていくこととしよう。

第二部　物語

第三章　都市の癒し手（スヴァにて）

小さなコンクリート造りの建物の中に、すでに暖かい朝の空気が入ってくる。この建物にドアはない。天井から、壁の上部三分の一くらいの高さまでのところに、壁に穴をあけただけの窓が並んでいる。そこから鳥が自由に入ってきて、ときには垂木の上にとまっている。建物の中と外との境界は感じられない。家族と私は、まだ、フィジーで一番大きな空港があるナンディにいたが、そこは紛れもなくフィジーであった。そしてそこから、夜が明けて数時間後という早い時刻に、ツインエンジンの飛行機で最終目的地である首都スヴァへと向かった。

スヴァに着くと、政府の古い建物の格子やアーチに、イギリス植民地時代の影響が感じ取れた。その建物の周りには、よく手入れをされた芝生が広がり、芝生の周囲には花の咲き乱れた美しい花壇がめぐらされている。雄大な海が目の前に広がるグランド・パシフィック・ホテルの部屋は、とても広く、天井が高い。天井では大きなファンが小さな音をたてて回り、籐で作られた大きすぎる椅子が置かれている。まるで植民地での生活を描いた風刺画のような部屋だ。こういった場所に溢れるゆったりとした空気のお陰で、一見したところ、スヴァは特権階級の人々が暮らす都市のように見える。

しかし、そのような豊かな暮らしを享受しているのは、極めて少数の人たちだけだ。彼らのほとんどは白人で、金か地位か権力か、あるいはその全てを手にした人々である。スヴァの他の住人たちは、住宅地に建てられた木造の質素な家に住んでいるか、谷合の土地や低湿地など、より住みにくい低木だらけの土地に掘っ立て小屋を建てて住んでいる。このような場所では、雨期になるとあらゆるものが泥と化す。そのため、歩道として使っている木の板が濡れていたり傾いていたりすると、家に帰り着くまでに大変な思いをすることとなる。

市場のテーブルの上に丁寧に並べられた色とりどりの果物や野菜は、スヴァの植民地調の優雅さとは対照的だ。特に、人々で溢れる騒がしい歩道に、食べられなくなったり売れ残ったりした食べ物が散らかされているときなどは、その差が際立つ。この市場では、フィジーの先住民やインド系のフィジー人たちが農産物を売っている。普段、彼らはおおまかに区画を分けて、それぞれに自分たちだけで固まっている。偶然、店が隣接することになっても、交流はしない。

インド系フィジー人は、スヴァの中心の地域で力を持っており、特に、客の多い免税店などでは彼らが優勢である。観光客相手の商売はインド系フィジー人が行っていて、彼らはそれで生計を立てている。スヴァの郊外では、住宅地の道路沿いに小さな商店や露店が散見されるが、そこはフィジーの先住民たちの持ち場である。彼らの店に流れる空気はインド系フィジー人の店よりも柔らかく、時間に縛られないのんびりした雰囲気が漂っている。そんな郊外の通りを、エンジンをうならせ、黒い排気ガスを吐きながら、バスが走り抜ける。主にインド系フィジー人が所有し運転するバスは、スヴァの中心部と郊外とをつないで走り、文化的には隔てられた人々を結んでいく。

昼過ぎに猛烈な雨がスヴァを水浸しにし、その後の焼け付くような日差しが全てを乾かしたある日の午後、いかにも熱帯らしいスヴァの生活の流れを全身で感じながら、私は研究を開始した。一九七七年、一月のことだった。

研究とは、明確な「始まり」と「終わり」によって切り取ることができるもので、フィールドワークをしている短い期間に集めたデータから読み取れるパターンを分析すれば、進行中の出来事を理解することができる、という神話がある。この神話が真実であればどんなに気が楽だろうと思うが、実際には、この種の研究は川の中流に飛び込むような形で始まる。今、私が「開始した」と言った研究も、まさにそのようにして始まった。スヴァに到着してわずか四日で、私は複雑な状況に追い込まれていた。本当に力を持っているのか疑わしい癒し手にはいくらでも会えるのに、明らかに力がある評判の高い癒し手には全く会えないのだ。そしてもちろん、癒し手たちの中に、私の研究が始まるのを待っていてくれるような人など、一人もいないのである。

幸運なことに、シティヴェニというやや年配の立派な学者が、私が癒し手の世界に入れるように手を貸してくれて、その後もその世界を案内してくれることになった。彼は完全に二か国語を操れる研究者で、口頭伝承について研究している。彼は私の友人となり、同時に恩人となった。我々はお互いの研究内容にとても強い関心を持ち、共通の目的を見出した。それは、伝統的なフィジーの癒しの真実を探ることである。

シティヴェニは六〇歳近いが、体はたくましく引き締まっており、動きも俊敏だ。彼はまた、非常に洞察力に富んだ人物で、真面目で硬い表情をしていることが多いが、ときには冗談を飛ばし、優しい表情を見せることもある。彼の振る舞い、物事に対する姿勢、責任感からは、彼のプライドの高さが見てとれる。しかし、そのプライドは、自分の所属する文化を尊重する気持ちから来ているもので、傲慢さとは全く異なる。フィジーの伝統や、その伝統に命を吹き込んでいる精神生活について、彼は多大な知識を持っているが、そういった物事に対する姿勢にも、彼の誠実さが感じられる。

シティヴェニはスヴァに住むようになってずいぶん経つが、生まれはカリという田舎の島にあるトヴという村である。スヴァからそこまでは大海原を渡っていかなくてはならず、小船では一〇時間かかる。彼は今もその村と密に連絡を取っていて、定期的に訪問もしている。彼は公的にはトヴのマタ・ニ・ヴァヌア（伝令）の地位にあり、伝統や儀式に関して助言を行う。彼はまた、実質的には首長の役割もこなしている。現在、伝統的な首長の家系が機能していないためである。つまり、トヴはシティヴェニの村なのだ。政府関係の会議でトヴのために発言するのは、シティヴェニなのである。

シティヴェニは、私がスヴァで訪ねることになるであろう癒し手たちについて話してくれた。そして、私の最終的なフィールドワークの場所について、計画を立て始めた。田舎の村がいいだろうということになった。彼はよく、トヴの話をしたが、その際、村人たちが伝統的な生き方に従わなくなっていることを嘆いていた。一度か二度、彼が、トヴは住むのにいい場所だと口にしたことがあった。

「トヴで研究をすることもできるんじゃないかな」

と、彼は考えるように言った。このとき、私はすでにフィジーの習慣にかなり馴染んでいて、こういう場合にこちらの意見を言うべきではないと知っていたので黙っていたが、トヴでの研究生活を思い描けるような気がしていた。シティヴェニは、私を彼の村に招いて、そこで研究をさせてくれるのだろうか。そうであってほしいと、私は願い始めていた。

スヴァで訪ねるべき癒し手についての提案を始めるとき、シティヴェニはいつも同じ話し方をした。

「ある癒し手の話を聞いたのだけれど」

と、彼は決まって言った。

「たしか彼の名前はメリといったと思う。その癒し手は、あのバスの車庫の向こう側に住んでいるそうだ。彼を訪ねてみるといいかもしれない」

もちろん、話の細部はそのときによって変わる。そのようにして、彼は、五、六人の癒し手を紹介してくれた。毎回、曖昧な言い方で、それ以上の詳細は教えてくれず、シティヴェニとどういう関係なのかも（そもそも関係があるのかどうか不明だが）話してはくれなかった。

紹介された癒し手を一度か二度訪ねたあとで、シティヴェニと私は、その癒し手について話をしてお互いの意見を比較した。彼は、私が見たことをまとめ上げる手助けをしてくれた。私は、それぞれの癒し手について、その癒し手が本当に力を持っているのかどうかを見極めようとしていた。しかし、議論していても、シティヴェニは自分の意見をはっきり言わないことが多かった。私は、そのようなやり取りの中で、フィジーの人々は癒しについてあまり語らないのだということを学んでいった。

さらにシティヴェニは、私に素晴らしい縁をもたらしてくれた。

「君に必要な人を思い付いたよ。いい通訳になると思う」

彼はそう言って、イノケの話を始めた。イノケはもう少しで四〇歳になる男性で、非常に頭がよく、教育も十分に受けており、そして二か国語を話せる人物だった。彼は、フィジー人の中で最も早く医学校に入学した人々のうちの一人で、そこで始めの二年間の課程を終えていた。つまり、彼は西洋の健康管理に精通しているということだ。伝統的な癒しについての研究プロジェクトを行う私にとって、それはとてもありがたいことだった。そして、最も重要な点として、イノケはシティヴェニと同様にマタ・ニ・ヴァヌアで、その務めを真剣に果たしている人物だったのである。彼は、癒しの儀式も含め、フィジーの伝統や儀式に関して、膨大な知識を持っていた。シティヴェニは正しかった。イノケこそ、私が必要とする人物だった。フィジーについての知識を得たいと望んでいる西洋人である私にとって、伝統の側に立ちつつ西洋の知識を身に付けているフィジー人の協力者を得られることは、願ってもないことだ。イノケと私は共に癒しに強い関心を持ち、互いに相手の方へと距離を詰めながら、同じ道の上を歩んでいく仲間だった。


もう一つ、記しておくべきことがある。イノケの出身はビトゥという島で、ビトゥはスヴァから遠い場所にある列島の一部だが、シティヴェニの出身の島も同じ列島に属しているのだ。イノケの村とシティヴェニの村は小船で数時間かかる距離だが、その二つの村は密接な関係にある。イノケは、私がビトゥで話すべき人々を全て知っているはずだと、シティヴェニが言った。また、イノケの妻は、シティヴェニの村トヴで保健師をしており、現在、彼女はイノケと共にトヴに住んでいる。彼女はナシ（「看護師」の意味）と呼ばれていて、イノケ同様、西洋の健康管理に関する訓練を受けている。が、彼女は伝統的なフィジーの癒しも用いており、その効果を強く信じている。そして、イノケほど英語はうまくないが、ナシも二か国語を話せる。あらゆる物事が徐々に一点に集まり始めたようだった。シティヴェニの村トヴで、そしてビトゥの別の地域でも研究を行えたら、という思いが、私の中でさらに強くなっていった。

シティヴェニと同じように、イノケもスヴァの町に詳しかった。我々は、スヴァで様々な癒し手を訪ねた。イノケはその癒し手たちと直接面識がない場合でも、彼らについてよく知っていたし、何らかのつてを持っていることさえあった。彼はマタ・ニ・ヴァヌアであるため、セヴセヴの方法に精通していた。セヴセヴとは、癒し手を訪ねる際に最初に行わなくてはならないヤンゴナの交換の儀式で、この儀式を通じて、我々は癒しの研究の許可を得ることになる。スヴァでは、このヤンゴナの交換が特に複雑である。というのも、都市部の癒し手のほとんどが、ヤンゴナの交換の儀式の方法に関して、それぞれにこだわりがあるように思われるのだ。彼らの気に入るような形で儀式を行えなかった場合、その後のやり取りに支障が出てしまう。都会では、癒し手は、自分が他の癒し手たちとは違うということ、さらに言うと他の癒し手たちとは違ってとても力が強いということを印象付けようと躍起になっている。独自のセヴセヴを行うことは、自らの特別な力を示す証拠の一つとなる。イノケは、このような複雑な状況の中で立ち回るのがうまかった。彼の技術と忍耐力のお陰で、我々は、会いに行った癒し手のほぼ全員から話を聞くことができた。

多くの場合、都市部において癒し手を見付けることは容易ではない。事前に通りの名前がわかることは、まれにあるが、番地までわかったことは一度もない。実際、スヴァの多くの簡素な家々と同様に、癒し手の家も、正確な住所を持たないことが多い。あまり有名ではない癒し手の場合、たとえ家の近くまで来ていたとしても、家を探し当てるのが難しいこともある。癒し手と会う約束を取り付けられることはめったにないので、家にたどり着いたとしても、癒し手は留守であることも多く、ときには近所の人々も知らない場所に引っ越したあとだったという場合もある。うまく癒し手に会えると、普段の癒しの儀式が何時頃に行われるのかを教えてもらえることもある。とはいえ、たいていの場合、日によって全く違う時間帯に儀式を行っているという答えが返ってくる。

我々は、一〇人の癒し手について、おおよその住所らしきものを入手した。他の五、六人については、曖昧な情報しか手に入らなかった。我々が家を探し当てることのできた一〇人の癒し手のうち、四人はすでに引っ越してしまっており、もう四人は今にも引っ越そうというところだった。残りの二人は、我々が訪ねた直後に引っ越した。

このように頻繁な転居が必要になるのは、一部の癒し手の行為が問題になるためである。人気のある癒し手の家の前には行列ができて、癒しの儀式を依頼したい人々が歩道に溢れる。近隣の人々がそれについて苦情を言うために、癒し手は引っ越さざるを得なくなるという場合もある。悪い目的のために癒しの儀式を用いているのではないかと疑われている癒し手については、匿名の電話で警察に通報が入り、その後に姿を消す、ということもある。嫉妬もつねに問題となっており、ある癒し手が、成功している別の癒し手をつぶそうとした、あるいは、最も強力な薬を盗もうとした、といったうわさを耳にする。中には、フィジーで違法とされているヴァカテヴォロを行ったとして告発される場合もある。告発され、有罪判決を受けた癒し手も何人かいる。スヴァには多くの自称「調査員」がいる。彼らの多くは教会の福音主義の影響で「調査」を行うようになり、伝統的な癒しという「異教の」習慣を一掃しようと献身的に活動している。

都市部の癒し手は一般的に、そういった「調査員」に見付かる危険を冒すよりも、人目に付かないように静かに暮らす方を選ぶ。癒しが人に知られすぎてあまりにも人気が出ると、問題が発生しやすくなる。そうなると、新しい場所に移って、そこでまたしばらく静かに活動する方が楽なのだ。しかし、依頼主たちはいつも、なんとかして転居先を見付けるようで、次々と新しい場所にやって来る。中には、ごく少数だが、自らを売り込んでくる癒し手も存在する。彼らは、どのようなときでも、どのような場所で活動していようとも、自ら注目を引こうとする。我々が彼らを見付けるのではなく、彼らが我々を見付けるのだと言ってもよさそうである。

イノケと私は、癒し手たちの話を聞いて回った。すると、徐々に癒しの儀式の独特な形式が見え始め、さらに、儀式ごとにそれぞれの癒し手に特有の部分があることがはっきりわかってきた。どの癒し手の場合も、儀式を行う場所は自宅か自宅の隣の建物で、通常、外からは儀式が行われる場所だとはわからない。が、その中では、参加者の緊張が最高潮に達するほどの、癒しの儀式が行われているのだ。特に力の強い癒し手たちの中には、外から見て明らかに普通の住居とは違うとわかる建物を仕事場にしている人々もいる。ある女性の癒し手は、古いフィジーの寺（ブレ・カロウ）の様式で特別に建てられた伝統的な草ぶき屋根の家を用いていた。その建物の中には、癒しで使われる伝統的な道具がびっしりと並べられている。たいていの場合、我々は、その癒し手に癒しの儀式を頼んでいる依頼主に連れられて癒し手に会いに行くため、その人が癒し手に我々のことを紹介してくれる。

「お待ちしていました。あなた方が来ることは、知っていました」

と言って、癒し手たちは我々を迎えてくれる。

「あなた方がどなたかは、もうわかっていますし、あなた方の調べていることも知っています」

などと言ってもらえると、たしかに初対面の緊張感はほぐれるが、本当に彼ら全員が我々のことを事前に知っているのだとしたら、それは驚くべきことである。実際には、本当に我々のことを知っている癒し手もいれば、疑わしい癒し手もいる。

癒し手を訪ね、そこで信用してもらえると、癒し手自身または居合わせた依頼主たちが、その癒し手の力を示すような物語を聞かせてくれる。まずは、その癒し手の癒しの業を助けているヴの数や力について、直接的な表現を避けてぼかした形で語られる。そのような事柄は、あまりはっきり言うべきではないと考えられているためである。そして、奇跡的な治癒や驚異的な出来事についての物語が続く。ある依頼主はガンを患っており、スヴァで一番の名医に治療は不可能だと言われたが、癒し手がそれを完全に治したという。また、ある依頼主は、生計を立てるために必要な漁船を含め、あらゆる財産を失ったが、癒し手に導かれてある場所に行くと、多額のお金が手に入ったという。また、ある女性は一五年にわたって、西洋医学も含め、考え得る全ての不妊治療を試しても子どもができなかったが、癒し手を訪ねた直後に妊娠したという。こういった物語のあとには、通例、有名人の依頼主の名前が挙げられる。それぞれの癒し手のところに、少なくとも一人の閣僚が、熱心な依頼主として通っているらしい。中には、総理大臣が自分の依頼主だと言う癒し手もいたが、数名の癒し手が同じことを言ったために、私は疑念を抱き始めた。そしてまた別の驚くべき物語が語られる。ある依頼主は、癒し手のタノアが、一度ヤンゴナを注ぐと決して空にならないのだと話してくれた。注ぎ足すことなく飲み続けても、空になることがないのだという。この空にならない不思議なタノアの話は、聖書の中の物語と重なる。イエスが群衆に与えるために、パンを何切れもちぎる場面である。

物語の細部についての語り口は、癒し手によって違う。病気がどれほど命にかかわるものであったか、そしてそれをどれほど速やかに完全に治したか、自らの癒しの効果を自慢げに誇張して語る癒し手もいる。その一方で、依頼主たちの抱える問題を、普通のこととして淡々と語る癒し手もいる。自分の話は聞く価値があるものなのだと私を説得しようとする前者のような癒し手よりも、謙虚で慎み深い後者のタイプの癒し手に、私は直観的に惹かれていった。興味深いことに、そういった謙虚な癒し手たちに話を聞きに行った場合の方が、そこに依頼主が居合わせて、癒し手の力について話してくれることが多かった。とはいえ、私は、どのようなタイプの癒し手であっても、二度以上訪ねるようにしている。

癒しの物語を聞かせてもらったあとでいつも問題になるのは、癒し手が自らの知識を他者に分け与えることへのためらいである。特にこの場合は、私に話してくれるか、という点が問題になる。中には、話したくないとはっきり言った癒し手たちもいる。

「どうして話さなくてはならないのですか。あなたは、私の秘密を盗みに来たのかもしれないし、私の技術を他の癒し手に漏らしてしまうかもしれないのに」

と、彼らは言った。ある癒し手は、呪術を使ったという疑いで以前に裁判にかけられたことがあり、また警察に通報されるのではないかと恐れていた。イノケの助けを借りて、私は、自分が純粋に知識を探求している者であると、癒し手たちに伝えた。その結果、一人を除いて、全ての癒し手たちが、自分の知識を私に分け与えてくれることに同意し（たいていの場合、熱心に話してくれた）、さらには癒しの儀式に参加することを認めてくれたのである。

フィジーにおいて、癒しは、交換の原理に基づいて行われる。はっきりと要求する癒し手はほとんどいないが、依頼主は、儀式を行う癒し手に何かを差し出すのが普通だ。私は癒しを頼みに行くのではなく、話を聞かせてもらいに行くのであるが、その場合でも、依頼主たちと同じような物（例えばタバコを一パック）を癒し手に渡す。ごくまれに、お金を用いて交換が行われることもあるが、何を渡すにしても、それは助けてもらうことへの感謝を表す贈り物であると考えられており、通常は癒しの儀式の最後に、癒し手が受け取ることになっている。ところが、一部の癒し手たちはそれを業務に対する料金と位置付けており、癒しを始める前、または、私に話を聞かせる前に、支払いを求めた。これは伝統的な交換の原理からはずれたもので、私は違和感を抱いた。イノケも不自然さを感じていた。癒しの対価としてお金を請求することは、明らかにフィジーの伝統に反する行為である。感謝を表す贈り物として受け取るという方法のみが、伝統的に認められている。

シティヴェニに、都市部の癒し手たちを訪ねた際の出来事を話したが、彼は驚かなかった。

「たしかに彼らは、おかしなことをします。都会の癒し手全てが、信用できるわけではないのです。でも、私たちの村では違います。村では、私たちは皆、お互いを知っているのです。一緒に育ったわけですから。誰が本当の癒し手で、誰がそうではないのかを、私たちはよくわかっています。そして、それぞれの癒し手が、何ができて何ができないのかも、皆、知っています。ですから癒し手も、自分の力について語ったり、力を見せつけたりする必要はないのです」

と、彼は言った。

メリは、私がスヴァで最初に訪ねた癒し手である。彼は地元の病院の用務員で、器具の修理もしているが、修理の仕事はうまくいっているとは言えそうにない。彼の家の庭には、壊れたりバラバラに分解されたりした器具が山と積まれており、その大部分はサビだらけで、何年も前からそこにあったことがうかがわれる。メリは細身で髪が薄くなってきた五〇代の男性である。子どもが四人いるが、四人とも成人している。一番下の息子が、今もメリとメリの妻と共に暮らしている。

六時過ぎに、イノケと私は、家に一人でいるメリを訪ねた。イノケが私の代わりにヤンゴナを差し出し、セヴセヴの儀式が行われた。その中で我々は自己紹介をし、フィジーで癒し手が人々を助ける方法について学びたいのだという、我々の訪問目的を述べた。メリは何のためらいもなく、すぐにヤンゴナを受け取った。

「歓迎します。ゆっくりしていってください。しばらくは誰も来ませんから。でも、今夜は助手のモセセは来ていません。明日の夜は、おそらく来ますよ」

と、メリは優しい声で言った。

我々は一時間近く、話をした。メリは、どのようにマナを受け取るか、どのようないきさつで癒し手になったのか、どういった癒しを行ってきたのかについて、説明してくれた。彼の率直な打ち解けた話し方のお陰で、私の緊張は解けていった。

「私はいつも、六時から真夜中頃までここにいます。そうすれば人々は、いつ私に会えるのかがわかるでしょう」

と、メリはビジネスマンのようなことを言った。いつも決まった時間に会えることが、依頼主にとって必要だということを、彼は理解していた。

それからメリは、彼の助手について話した。

「私たちは共に癒しを行います。モセセがここにいるときは、私を手助けしてくれているヴがモセセの中に入って、癒しを行うのです。モセセはヴに乗り移られた状態（「ズルミ」という）になります。彼がいるときに、来てみるといいでしょう。そうすれば、癒しがどのように行われるか、全体を見ることができます」

　メリはモセセのことを、自分のワンガ・ワンガと呼んだ。イノケが私の方に体を寄せて、ワンガ・ワンガについて説明してくれた。それは、ヴがこの世に姿を現すために乗り移る体を指すのだという。

「モセセがいるときに、もう一度、来よう。ヴが乗り移るところを、是非見たい」

　と、イノケがささやいた。

　その夜は、数名の依頼主がやって来た。メリは彼らの差し出すヤンゴナを受け取り、それぞれに薬草を処方した。静かな夜だった。とても穏やかに、事務的なやり取りが行われた。メリの人格は、癒しの儀式で明らかになるだろう。

　四日後に、我々は再びメリに会いに行った。夜の七時近かった。メリの仕事場は、その日も静かだった。男性三人と女性一人の依頼主がすでにそこにいて、メリに癒しの依頼を行ったあとだった。彼らはそこに輪になって座り、ヤンゴナを飲んでいた。

　もう一人、背の高い男性がやって来た。その人は、痩せているが筋肉質で、スラックスにシャツを着ていて、こざっぱりした印象だった。彼らは、ヤンゴナを飲みながら会話を続けた。その部屋に集まった人々の話題は、政府の最近の不祥事について、天気について、そして、近々行われるニュージーランドとのラグビーの試合についてだった。

　すると突然、何の前触れもなく、その長身の男性が床の上に倒れてうずくまった。体がひどく痙攣している。痙攣があまりにひどくなり、腕と脚を激しく床に打ち付けているように見える。今にも手足の骨が折れそうだった。息づかいが荒く、全身で空気を求めているようだ。まるで、吸い込んだ量より多くの空気を吐き出してしまったかのように、彼は苦しそうにあえいでいた。恐ろしい光景だった。部屋の中の人々は、誰一人動かない。誰かが私の耳元でささやいた。

「ワンガ・ワンガだ」

　モセセと言うべきか、ワンガ・ワンガと言うべきか、ヴと言うべきか、あるいはその三者の合体したものとでも言うべきか。モセセの口から言葉が発せられた。

「皆さんにご挨拶申し上げる。メリの癒しを手伝うために、私はここに来た」

　モセセの痙攣は治まっており、彼は前かがみの姿勢で床に座っていた。彼の体を引き裂きそうに見えた激しい力が、今は、声と息づかいにのみ感じ取れた。押し殺したような低い声が、喉の奥から絞り出される。何と言っているのかわかりづらいが、そこにいる人々は皆、一心に聞き取り、理解している。依頼主たちそれぞれに、順番に言葉が与えられる。それは、追加すべき薬草の処方であったり、病気を予防するために行うべき儀式についての助言であったりした。その間ずっと、メリは静かに平然と座っていて、無関心にも見えるほどだ。モセセの方を見ることさえしない。

「そろそろ戻らなくてはならない。戻らなくては。善良な皆さんに、別れの挨拶を申し上げる」

　この言葉を最後に、モセセは激しい痙攣に襲われ、床に倒れ込んだ。そのまま、モセセは動かなくなった。まるで溶けたロウが固まったかのように、彼は身動き一つしない。が、一分もしないうちに彼の体が緩み始め、ほどなくしてモセセは、以前のように普通に床に座っていた。自分で顔をもみほぐし、目を強くこすっていること以外、ワンガ・ワンガの痕跡は見当たらなかった。

　再び会話が始まり、彼らはまた、日常生活について数時間話し続けた。ヴが乗り移ったことについては、誰も何も言わない。モセセは他の人たちよりも一時間ほど早く席を立ち、特に挨拶をするでもなく、そっと帰っていった。

　後日、メリを訪ねた際に、私はモセセについて彼に質問をした。

「ワンガ・ワンガのときに話しているのは誰なのですか」

私がこのような質問をしたのは、本当に混乱していたためである。

「話していたのはヴです。彼らは私の癒しを手助けしてくれています」

と、メリは穏やかに答えた。そして、家の外に出ていった。

私はイノケの方を向いた。彼の通訳について、確かめたいことがあったのだ。

「ヴは、一人ではなくて、複数なのですね。メリは複数で言ったのですね」

と、私は小さな声で尋ねた。

「複数だった。一人ではないね」

と、イノケが答えた。

「メリにそういう質問をしても大丈夫だろうか」

「それは、あなた次第だけれど、私は是非知りたいと思う。せっかくだから訊いてみてもいいかもしれない。メリは、自分の癒しについて、私たちに話したそうに見えるから」

メリが戻ってきたときに、私は質問をしてみた。

「モセセを通してやって来るヴは、何人いるのですか」

「三人です。私の癒しを手伝ってくれるヴは三人いて、日によっては、その三人全てがやって来ることもあります。一人ずつ順番に現れます」

メリはそれ以上は話してくれなかった。彼は、自分が答えるべきことは全て言ったと感じているのだろう。私は別の質問もしてみたが、メリの答えは「モセセは私のワンガ・ワンガで、私が癒しを行うためにモセセの体を使わせてもらう。ヴがモセセの体に乗り移って、私の癒しを手助けしてくれる」という内容以上には深まらなかった。

メリは、モセセを自分の癒しの儀式の一部と見なしていた。ヴが直接癒しを行う際に、この世にやって来るための乗り物、という位置づけだ。とはいえ、メリは、モセセがいてもいなくても、癒しは行えると主張した。彼の癒しを手伝うヴは、つねに傍にいてくれるのだという。

この会話の数週間後に、私は、モセセの家でモセセと二人きりで話す機会を得た。彼は、自分の役割については、メリの話の通りだと言った。しかしモセセの言葉には、メリから離れたい気持ちも、わずかに含まれていた。

「メリのところに行くのが嫌になるときもあります。辛すぎるのです。自分のための時間がもっと欲しいです」

モセセは、ヴに乗り移られているときに起きたことについては、覚えていないと言った。

「それは、私に訊かれても困ります」

メリとメリのワンガ・ワンガを訪ねてから一か月もしないうちに、さらに理解し難いことが起きた。その頃、私は、アリフェレティという船長と仲良くなっていた。フィジーには、貨物と乗客とを決まった航路で運ぶ船がいくつかあるが、彼の船もその一つだ。一二メートルほどの木造船で、エンジンで走るが、補助的に帆も用いる。一〇時間近くかけてトヴにあるシティヴェニの故郷の村まで行き、その先の地域もいくつか回る。天気や荷物の量、乗客の集まり具合に応じて、月に二、三度、船を出す。アリフェレティは、海の男だ。船に乗っていないときは、絶えず限界を探し求めているように見える。口数が少なく、危険を好み、不思議な出来事に敢えて近付き、ときには恐怖を感じるような状況に自ら飛び込んでいく。彼はまた、フィジーの伝統的な癒しについて非常に詳しく、もはや研究家と呼んでもいい域に達している。

「何が起きているのか、知りたいだけなんだ」

そう言って、彼は、様々な癒し手の話を聞かせてくれた。たいていの場合は癒しの儀式の依頼主として、彼は癒し手たちを訪ねていた。伝統的な癒しへの強い好奇心が、我々の共通点だった。

アリフェレティは二か国語を話すことができ、スヴァで癒し手を訪ねる際に、私も連れていってくれることがあった。彼はたくさんの癒し手を知っていた。彼のスタイルは、決まった癒し手のところに通うというものではなく、様々な癒し手を試してみるというものだ。いいの癒し手がいると聞けば、その癒し手のところに行くし、同時期に複数の癒し手を訪ねていることも多い。我々が一緒に訪ねた癒し手のうちの一、二人は、疑わしく思われた。神秘的に芝居がかった儀式を行い、自らの癒しの力を誇張する様子から、彼らが自分の理解を超えた力を何とかして制御し、自分の利益のために使ってやろうとしているように、私には感じられた。これは、危険な状況である。今にも誤った目的で力を使い、誰かに深刻な危害を加えかねない。私のこの考えに、アリフェレティも同意した。その点こそが、アリフェレティが彼らを訪ねる理由の一つなのだ。彼は、混乱や疑念が渦巻く場所を、間近で観察することを好む。

「学ぶのに最適の場所だ」

と、彼は言った。私もそのような場所で学ぶ方法を身に付けつつあった。そのようなタイミングで、彼は私をセラのところへと連れていった。

セラの家は、コンクリートブロックで作られた小さな建物で、住宅地の一画にあった。都会で人気のある形の建物で、伝統的なフィジーのブレとはかけ離れた印象だ。アリフェレティと私は正面玄関から入り、西洋式の家具がたくさん置かれた居間に通された。セラは合皮張りのソファに座っていた。そして私たちに、ソファの向かいに置かれた二脚の椅子に座るようにと、身振りで合図をした。床のあちこちに大きすぎる家具が置かれていて、典型的なフィジーの家屋のように、床に座って会話や様々な活動を行うことは不可能だった。いたるところに置かれたランプが部屋をこうこうと照らしているために、その部屋は夜の暗闇から隔絶された空間のように感じられた。天井の蛍光灯はうるさいほどの明るさで、まるで手術室のライトのようだった。

我々は、フィジーの最近の出来事について、特に、その時期にしては珍しい大雨について話をした。そして、セラの癒しについても話した。つまり我々は、雑談をし、研究のための会話もしていた。表面的には、普通の状況である。しかし、セラは普通とは言い難かった。彼女の目つきは、普通の人の目つきとは明らかに違っていた。セラは、ほっそりとして、か弱そうに見えると言ってもいいような女性だが、髪の毛の量が非常に多く、その髪をとかしもせず無造作に垂らしている。一般的なフィジー人女性の、ふんわりと丸くした品の良い髪型とは全く異なる。彼女の大きな目は、恐怖のために見開かれていた。ソファの端にとても浅く腰を掛けているのだが、その目の表情は、潜んでいる悪魔から逃げ出そうとでもしているかのようだ。それと同時に、彼女の目は、我々の目の中を鋭く覗き込んでいた。まるで、我々の目から何らかの情報を引き出そうとしているかのように感じられた。アリフェレティも私も、落ち着かない気分になった。我々は互いに不安げな視線を送り合い、そのために緊張感がいっそう高まっていった。

しばらくして彼女は、目を見開くのをやめた。すると今度は、殺される直前の動物のように見えた。追いかけられ、隅に追い詰められ、おびえている動物だ。そして、彼女の目玉が瞼の中でぐるりと上を向き、彼女は我々の方に白目を向けた。そのまま彼女はソファから滑り落ち、胎児の姿勢で丸まって床に座った。その後彼女は手足をほどくと、床を這い始めた。始めはゆっくりと、それから、ときに伸ばした体を痙攣させながら、彼女は辺りを這い回った。元はセラだったその生き物は、床の上で大きく口を開け、口からシューっという音を出した。目は我々を凝視し、今にも襲い掛かろうとしている。そのとき、不意に、電気が一斉に消えた。我々以外には誰もその場におらず、電気を消すことができる人間はいないはずだった。

アリフェレティと私は恐怖で取り乱した。家の中は真っ暗で、恐ろしいシューっという音が床から聞こえてくる。ある部屋で聞こえたかと思うと、次は別の部屋から聞こえる。我々は、どうしたらいいのかわからなくなった。始めは音から逃げ回っていたが、警戒しながら近付いてみることにした。窓から差し込む街灯の青い光の中に、彼女の這い回る姿が何度かぼんやりと見えた。ソファの下やうしろを素早く這い回りながら、我々を威嚇してくる。突然、静寂が訪れた。我々は、家の外の小さな裏庭に出た。外の新鮮な空気が心地よかった。その瞬間、薮の中からセラが私たちの方へと飛び出してきた。彼女はまだ、あの恐ろしい音を出している。

やがて、その音は徐々に小さくなり、回数もまばらになっていった。そしてついに、全く聞こえなくなった。ただ、居間からは激しい息づかいが漏れ聞こえてくる。我々は、家の中に戻ることにした。ソファの横にセラがいた。両手で膝を固く抱えて、丸くなって座っている。我々は腰を下ろして、待った。

何の前触れもなく、家中の電気がついた。消えたときと同様、電気をつけることができるような人間は見当たらない。セラはまだ床の上で、ソファにもたれて座っている。アリフェレティと私は、ずいぶん長い間、不思議な空間にいたような気分だった。二人とも理解のできない経験で、どちらも助言をすることもできない。アリフェレティが腕時計を見ると、電気が消えたときから三〇分が経過していた。

数分後、セラがゆっくりと立ち上がり、ソファに座った。彼女は前よりもずっとくつろいだ感じだった。目つきが柔らかくなり、ソファの上で膝を折ってゆったりと座っている。我々と会話を始めようとしているのが見てとれた。

アリフェレティが口火を切った。

「何が起きたのですか」

いつものように、率直だ。

セラは自分の行う癒しについて語り始めた。特に、癒しを手助けしてくれるヴについて話してくれた。そのヴはデンゲイと呼ばれ、しばしば蛇の姿で現れる。デンゲイは、フィジーの伝統的なヴの中で最も力の強いヴの一人である。

「今夜、あなた方がいらしたときに、私のヴは姿を現わそうと決めたのです。デンゲイは、あなた方に会って、お二人がどんな方なのかを確認したかったのです。私のもとを去るときに、デンゲイは、あなた方なら大丈夫だと言いました。あなた方が彼の力を見ても怖がらなかったからです。デンゲイは、それが非常に大切なことだと考えています。デンゲイは、私があなた方と話すことを許してくれました。あなた方は、私の癒しから何かを盗もうとしてやって来たわけではないと、デンゲイは言っていました。ですから、お話しすることができます」

私は、ほっとした。アリフェレティも、ふっと体の緊張を解いた。アリフェレティの顔にうっすらと微笑みが浮かんだ。少しニヤリとした、と言った方が正しいかもしれない。我々は顔を見合わせた。声には出さなかったが、お互い、言いたいことは同じだった。

「誰が『怖がらなかった』って？　からかわれているのかもしれない」

セラは快く話をしてくれたものの、彼女が知っていることはあまり多くなかった。

「今夜起きたことについて、説明することはできないのです」

と、彼女は何度か言った。

「私はときどき、自分を制御できなくなりそうだと感じることがあります。そして、本当に恐ろしくなるのです。私がわかっているのは、そこまでです。その後、意識がなくなります。意識が戻ると、疲れ切っているのですが、もう怖い気持ちはありません。私のヴであるデンゲイが私に対して言ったことを、いくつか思い出すことはできます。デンゲイは私のところへ訪ねてくるのだと、そして私の体の中に入る

のだと、いつも言っています。それから、私が蛇になるのだという
ことは知っています。私の姿を見た人たちから、そう聞いていています
ので」

セラは続けて言った。

「私のヴは、いつでもやって来るというわけではありません。私が彼の望む通りに、きちんと癒しを行っているかどうかを確認しに来るだけです。あなた方のような特別なお客様が来たときに、見に来ることもあります。デンゲイが、あなた方は大丈夫だと判断してくれて、よかったです。もし、大丈夫ではないという判断だったら、デンゲイがあなた方に何をしたかわかりません。考えるだけでも恐ろしいです。蛇は人間を飲み込むこともあると言いますから」

「全ての癒し手のところに、あなたのような形でヴが訪れるわけではないですよね。このような形でヴがやって来るということには、どんな意味があるのですか」

と、私は尋ねてみた。

「どのような形でやって来るかを見れば、その癒し手の力がわかります。ヴが直接癒し手の中に入る場合（「ズルミ」という）、癒し手は強くなくてはなりません。強くなければ、ヴに引き裂かれてしまいます。ヴに食われてしまうという状況（「カニ」という）は、特に危険です。自分の内側が酸で溶かされていくような感覚だと言います。いずれにしても、ヴがやって来るのは、その癒し手のことを気にかけているからです。自分の特別なパートナーだと思っているのです」

と、セラが答えた。

セラの家を出たあと、私はアリフェレティに打ち明けた。

「どこまで踏み込んでいいのかわからなかったから、思い付くことは全て訊いてみたのですが。今まで見たこともないような状況でしたよ。何が起きたのか、いまだにわかりません」

「いつも言っている通り、危険と隣り合わせのこの感覚が好きなんだ」

と言って、アリフェレティは微笑んだ。

「何が起きていたのかは、たしかによくわからないけれど、危険な世界、不思議な世界を覗き込む感じは、理解してもらえたんじゃないかな」

フィジーの癒しにおいてヴが乗り移るという現象を、これで二度経験したことになる。しかし私の研究の間ずっと、このような経験は、特に真実と言えるのかという点において、謎のままとなる。不思議な世界を覗き込む経験だ、という以上の説明は、今もできない。

ある午後のこと、シティヴェニと私は、シティヴェニの家で座って話をしていた。窓から差し込む太陽の光の中に、埃がたくさん舞っているのが見える。シティヴェニが、問い掛けるような口調で、私に言った。

「ある女性がいるのですが。彼女は、私の故郷の出身です。トヴのすぐ隣の村の人で、私と親戚関係にあります。一〇年ほど前にスヴァに引っ越してきて、ずっとこちらにいます。癒し手だと聞いていますが、会ったことはありません。彼女の名前は、ヴェラニといいます」

シティヴェニは、私に手を貸してほしいと言っているのだ。彼は、彼の関係者であるその女性について、私に調べてほしいのである。なぜなら彼は、その女性の暮らし向きに責任を感じており、同時に、彼女の癒しが本物であることも確かめなくてはならないと思っているからだ。

ヴェラニの家に続く細い道は、険しく、岩だらけだった。道を教えてくれた人々は皆、上方を指さして言った。

「あっちの上の方だよ。まだずっと先だね」

二日前に雨が降ったばかりで、道は危険だった。安定した足場がないのである。土の部分は表面が泥になっていて滑りやすく、岩もどろどろの草がへばりついているために滑りやすい。どこに足を置いたら

いいのかわからない場所が、何箇所もあった。私は何度も足を取られ、急な坂道を滑り落ちた。私の手は、すぐに泥だらけになった。

ようやく、前方に台地が見えてきた。最後の容赦のない急勾配を登ると、一軒の家があり、その家の前に木の看板が立ててあった。看板には、「**ロマランギ**」（天国）と書かれている。大変な思いをして登ってきたので、文字通り、天国に着いたように思われた。

のちに、癒し手のヴェラニが、この看板の意味を説明してくれた。

「**カロウ**（神）の業が、ここで行われるためです」

と、彼女は言った。

「ここにたどり着くのは、本当に大変ですね」

と、私はヴェラニに言った。

「わかっています。私自身、毎日この道を歩かなくてはならないのですから。いまだに慣れません。ほとんどの人にとって、この道はとても厳しいものだと思います。それでも、本当にここに来たい依頼主は、登ってくるのです」

ヴェラニは、三〇代半ばの魅力的な女性で、細身ではあるが力強い印象だった。手がとても大きい。ごつごつしているとさえ言えるような、労働者の手である。しかしその手は、癒し手の手でもあるのだ。

ヴェラニは、薬草の処方も行うが、マッサージもする。彼女は、素朴で謙虚な話し方をする、普通の女性だった。彼女は、癒しについて、それから、母親として、妻としての仕事について話した。食べ物の値段が高いと文句を言い、また、故郷の村ではたくさんとれる彼女の好きな魚がなかなか手に入らないことを残念がっていた。

ヴェラニの家の居間で、二、三人の依頼主が待っているという時間帯が、何度かあった。彼女は居間の脇にある癒しのための小さな部屋に、彼らを一人ずつ順番に呼んだ。その部屋は青いカーテンで仕切れるようになっており、依頼主が入ると、ぴったりとカーテンが閉められ、プライバシーが守られる。そして癒しが終わると、カーテンは開け放たれる。依頼主がヤンゴナを手渡すと、彼女はそれを受け取って、棚の中に入れる。ヴェラニの癒しは、西洋の専門家の仕事を思わせた。洗練されていて、無駄がなく、効率的で、慎重だ。

ヴェラニの家を出たあとで、彼女の仕事について感じたことをシティヴェニに話すと、彼は満足したようだった。彼女の癒しの効果については、シティヴェニは確信を持てないでいた。しかし、彼女が最善を尽くしているのは確かだと感じたようだ。そして、シティヴェニにとっては、それで十分だった。

ある朝、イノケと私は、その日の予定について話し合っていた。私は彼に、彼の親戚のバレについて尋ねた。バレは癒し手である。私が初めてイノケに会ったときに、イノケは彼女の名前を口にしていた。イノケは休暇中には、癒しを依頼するためにバレに会いに行っている。

「バレは見事な癒し手ですよ。今日やるべきことが決まりましたね」

と、イノケは言った。

我々は病院を通り過ぎて、広い通りを歩いて行った。通りから少し離れたところに、スヴァの港を見下ろす崖があり、その崖沿いに立派な家々が立ち並んでいた。しばらく歩くと、バレの家に着いた。あまり形式にこだわらずに建てられた大きな家で、かなり傷んでいる。部屋数が多く、いくつかの部屋は戸が閉められていた。我々は、二つの部屋を合わせて使っている、広い空間へと通された。金属製の椅子が二脚、壁際に置かれている以外には、家具が全くない。フィジーの慣習通り、人々はリノリウムの床の上にあぐらをかいて円になって座っていた。中央あたりに、タノアが置かれている。バレは、男性三人、女性一人と共に、ヤンゴナを飲んでいた。火曜日の午後二時である。

バレは、背が低く、太めの女性だ。丸顔で、ほほ笑むと頬にえくぼができる。彼女がその場を取り仕切っており、台所にいる誰かに向かって、水をもっと持ってくるようにと叫んでいた。そして、男性の一人と一緒に大きな声で笑いながら、我々の方に大きな身振りで合図を送ってきた。我々を腕で捕まえて、他の人々の方へ引き寄せるような動作だった。体は重そうだが、彼女の動きは素早く、てきぱきとした印象だ。バレは、暖かく人を迎え入れるような雰囲気を作り出していた。私はすぐに、くつろいだ気分になった。イノケとバレが親しげに挨拶を交わし、親戚だからこそ許される言い方でからかい合っているのを見ると、私はさらに居心地のよさを感じた。バレの癒しの場は、家族の集う空間のようだった。

三時間が経過した。その間、彼女が一人になることはなかった。八人の人々が癒しを受けに来た。彼らは皆、癒しの前にしばらく話をしてヤンゴナを飲んだ。そして癒しが終わったあとも、少なくとも一時間は滞在してヤンゴナを飲んでいた。バレは、依頼主をすぐ脇にある部屋に連れていく。その部屋の戸は、癒しの間も開いたままだ。その部屋で、オイルと薬草を使って、彼女はマッサージを行う。依頼主の頭、首、胸、腕、脚をマッサージすると、最後に、自分の手で依頼主の手を包み込んで強く握る。マッサージが終わったあとは、自分の手を振り下ろしていた。

「こうやって手を振るのは、悪いもの（カ・ザ）を取り除くためです。マッサージをしたときに、私の手の中に病気を取り込んでしまっているから」

と、彼女は説明してくれた。そして、誰もいない方に向かって、もう一度手を振り下ろした。

「取り込んだ病気を手から払わないと、私が病気になってしまう。手を振るときは、人のいない方に向かって振らないと、他の人に病気を移してしまう可能性もあります」

バレは全ての依頼主に対して、助言を与えた上でマッサージも行う。

バレの家を出る前に、イノケが癒しを頼んだ。彼は一週間以上、胃痛が続いていたのだ。バレは、脇の部屋に移らず、その大きな部屋でマッサージを始めた。

「ルシアテ、あなたに癒しをお見せしようと思います」

と、彼女は言った。そして、自分の掌にオイルを注ぎ、イノケの頭をマッサージし始めた。マッサージが終わると、彼女はイノケの右手を自分の両手で包み込み、強く握り締めた。彼女の手が細かく震えている。しばらくして彼女は、手を放した。

「イノケの右手に、より多くパワーを入れておきました。右手は人と挨拶をするときに使う手ですから」

と、彼女は説明した。

我々が荷物をまとめ始めると、バレが大きな声を出した。

「待って、まだ帰らないで。私の料理をまだ食べてくれてないじゃない」

彼女は楽しそうに我々を台所へと引っ張っていき、座らせた。そして、タロイモが高く積まれた皿を一枚、ココナッツクリームで煮た魚がたっぷり入った器を二つ、我々の目の前に並べた。バレの家は、まさに「家庭」であった。

フィジーで暮らし始めて、四か月が経とうとしていた。私はようやく周りが見え始め、短いたどたどしいものではあるが、フィジー語の会話もできるようになっていた。しかし、二〇人以上の癒し手と会い、彼らの癒しの儀式に何度も足を運んだものの、何一つ明確になっていなかった。私の研究で得られたものは、伝統的な癒しについての、おびただしい数の物語の無秩序な寄せ集めだった。それぞれの癒し手に、他の癒し手とは違う個性があるということが、癒し手たちの第一の共通点として挙がってくるという有り様だ。ヴが乗り移った事例のうちのいくつかは、効果を狙いすぎた演出のように思われた。最も難しい問題は、癒し手たちがあまり正直だとは思われなかったことである。彼らの癒しの効果も疑わしかった。好意的に言ったとしても、フィジーの癒し手たちは人間にすぎず、人々を助けようと懸命に努力しており、ときには成功することもある、という程度の結論しか引き出せそうになかった。それでも、この一握りの真実が、私の願望に火をつけた。本当に癒しを理解している人、真のフィジーの癒し手であり、人々の尊敬を集めているような人から話を聞きたい、と、私は強く願った。

そんなときに、私はラトゥ・ノアの存在を知った。ある日、いつものようにシティヴェニが、何気ない様子でラトゥ・ノアのことを話し始めたのだ。

「ラトゥ・ノアに会ってみるべきかもしれません。彼は、本当に癒しを理解しています。しかし、彼を見付けるのは難しいですよ。彼と話すのはもっと難しいです。彼は、癒しの間、口をききませんから」

シティヴェニの言葉は、誇張ではなかった。このあと私は、ラトゥ・ノアと連絡を取るために、大変な努力をしなければならなくなる。

第四章　ラトゥ・ノアとの会話（スヴァにて）

「私は、できる限りあなたの手助けをしよう。私の全知識をあなたに与えよう」

ついにラトゥ・ノアと会うことができたとき、彼に全く気取った様子がないことに、私はとても驚いた。彼は、スヴァの人々が伝統的に身に付けている衣服をすっきりと着こなしていた。彼が道を歩いてくるのを見て、「フィジーの伝統的な癒し手が来たぞ」と思う人はいないだろう。彼の家には、フィジーの一般的な賃金労働者の家庭にあるような家具が置かれていた。ソファ、椅子、テーブル、そしてベッドである。しかし、それらの西洋式の家具があるせいで、床が狭くて使えなくなるということはなかった。伝統的なフィジーの家と同様に、床に座って会話や作業を行うことができる。ラトゥ・ノアの妻のナワメは看護師で、ラトゥ・ノア自身は建築関係の仕事をしているので、二人の収入を合わせれば、より豪華な家具をそろえることもできるはずだが、彼らの収入は子どもたちや親戚への援助にあてられているのだ。

ラトゥ・ノアはヤンゴナを扱うときに仰々しい態度はとらないが、畏敬の念のようなものが伝わってくる。ヤンゴナを受け取ると、水と混ぜて、ゆっくりと丁寧に同席する人々に渡していく。彼と一緒にヤンゴナを飲む人々の間に、仲間意識が生まれてくるのが感じられる。

彼の真摯さによって、我々が内省に向かう雰囲気が作り出される。儀式の間にヤンゴナを飲みながら瞑想することさえ可能だ。彼はトゥラガ（首長）であるため、ヤンゴナの入ったビロを最初に受け取るべき立場にあるが、周りの人々にそのことをあまり意識させないようにしている。最初にビロを渡されると、彼は普段は、謙虚に感謝の気持ちを表しながら、それを受け取る。が、ときに、同席している、彼よりも地位の低い人々に、先にビロを渡すこともある。彼らは辞退しようとするのだが、ラトゥ・ノアがそれを押し切って渡すのだ。それは、彼らに対する敬意から生じる行為だ。彼は寛大で、自らが生まれ持った特権を、当然のように人々と分かち合う。

彼は、始めに自分の基準をはっきりと示した。

「多くの人々が、私の知っていることを聞きたがってやって来るが、私は彼らを追い返す。彼らは私から知識を手に入れて、それを自分の目的のために使おうとしている。もし誰かが、適切な敬意と奉仕の精神を持ってやって来て、私から得た知識を人々のために使おうとするのなら、私はその人に知識を分け与えよう」

ラトゥ・ノアとの最初の会話は、間接的でもどかしいものだった。ラトゥ・ノアはイノケに向かって話し、私に対する言葉もイノケを通して伝えられる。さらにラトゥ・ノアは、私と話をする唯一の理由はイノケの存在だと明言した。彼が私の質問に答えてくれるのは、私の通訳をしてくれているイノケとの関係を重んじるからだと言ったのである。彼らは多くの時間を二人だけの会話に費やし、自分たちの親戚関係を確かめ合っているかのようだった。

そして最後に、ラトゥ・ノアが言った。もちろんイノケを通してである。ラトゥ・ノアはイノケを「あなた」と呼び、私を「彼」と呼び続けた。

「私は、彼と話をする運命にあるのだと思う。あなたと私の関係によってもたらされたものを、断るわけにはいかない。彼との縁は、あなたがつないだものだから、私には拒否できない。彼の話を聞いて、質問に答える義務があると思う」

彼らの会話の中で、私はまだ第三者的な位置に置かれていたが、排除されているような印象は消えつつあった。そしてついに、ラトゥ・ノアが私の方を向き、私に直接言った。

「あなたと私をつなぐ縁は、とても強い。あなたとの会話を始めようと思います。あなたの質問に、可能な限り答えましょう」

会話を始めようと言ってもらえたものの、次に話せる機会がいつ来るのかは、いつも不明確だった。我々の再会は確約されたものではなく、どの会話が最後の会話になってもおかしくないような状況だった。ラトゥ・ノアとの会話の扉は開かれたというよりも、閉じたり開いたりしているというのが正しかった。

「これが最後の会話になるかもしれない。また会えるかもしれないが、いつ、どうやって会えるかはわからない」

と、彼はよく言っていた。

ラトゥ・ノアにもわからないのかもしれないが、私にもわからなかった。私は夜ごと、馴染みのない土地へと通った。ラトゥ・ノアの家に明かりがついていることを願ってたどり着くが、鍵がかかっていたり、家が暗かったりする。あるいは、ナワメが
「ラトゥ・ノアはいません。仕事に出掛けてしまっていて、いつ戻るかわかりません。明日の夜、また来てみてはどうでしょう」

と、申し訳なさそうに言うのだった。

「何時だったらいいでしょうか」

と、私は尋ねる。いまだに西洋的な時間の概念に捕らわれている証拠だ。

「そうですね、九時くらいだったら」

と、ナワメは答える。私に親切に対応しようとしてくれているのだ。しかし、そのような約束に何の保証もないことは、私も理解している。それでも私は、次の日の夜九時に、再びラトゥ・ノアの家を訪ねる。そしてまた、ラトゥ・ノアは不在なのだ。私は当惑し、同時に苛立っていた。何度もそのような約束にならない「約束」に振り回され、つまり、時間と場所とを約束することに意味があるのだという「誤解」を繰り返した末に、私はようやく事態を把握し始めた。ラトゥ・ノアに会えないのは、私のフィジー語がいまだに下手なことや、運が悪いことが原因ではなく、それ以上のものに阻まれているためなのだ。

そしてついに再びラトゥ・ノアに会えたとき、私たちはひたすら話し続けた。ラトゥ・ノアの言葉を借りると、あたかもその会話はあらかじめ計画されていたかのようだった。

「訊きたいことは何でも訊くといい。私は答えるために最大限の努力をしましょう。私はつねに、知っていることだけを答えます。私の理解を超えることについては、答えられない。あなたを喜ばせるためだ

けに、適当なことを答えるわけにはいきません。自分がわかっていないことを、あなたに話すことはできない。あなたの研究はとても重要なものなので、そのようなことは許されないのです。その研究は行われるべきものだと、私にはわかります。さあ、ルシアテ先生、どんどん質問をしてください」

私は「どんどん」というほどの勢いでは質問できなかったが、ラトゥ・ノアがようやく扉を開いてくれて、質問を歓迎してくれているように見えた。会話が止まるたびに、彼は前傾姿勢になり、

「ほかに知りたいことはないですか。今がそのときですよ。どんな質問にも答える準備ができています」

と言った。しかし私は、私の個々の質問に、彼がそれほど気持ちを向けてくれていないことを感じ取った。少なくとも、私が知りたいと願っている思いの強さに見合うほどの熱意は、彼にはなかった。彼が、いつ何を私に話してくれるかは、私の質問によって決められているようだった。彼は、私の質問を聞いて、私の心の中に何があるのかを察知する。そしてそれに応じて、私の聞く用意ができていること、私のレベルに釣り合うようなことを、話してくれるのだ。

我々が真剣な会話を始めた夜に、ラトゥ・ノアは彼の基本的な方針をいくつか示した。その方針に従って、我々の会話は進んでいくこととなる。

「もしそれが正しく使われるのであれば、つまり、癒しのために使われるのであれば、私は私の知識を与えます。しかし、もしも正しくない方法で使われるのなら、つまり、誰かがその知識を持ち去って自分の目的のために使おうとするのなら、私は何も話さない」

と、彼は言った。さらに続けて、

「ルシアテ、あなたの研究は私たちフィジー人と世界の人々のためのものです。あなたは、自分が出世するためにその研究をしようとしているわけではない。だから私は、できる限りあなたの手助けをしようと思います。私の全知識をあなたに与えましょう」

と言った。

何と答えていいのか、わからなかった。私は下を向いて、ぶつぶつとあまり意味のないことを言った。すると彼が、もう一度同じような内容を繰り返した。その瞬間、私は彼の言葉をすんなりと受け入れることができた。このときをもって、彼の助けを得た私の研究が開始したと言える。

ラトゥ・ノアは、重要な点を何度か繰り返して話すことにしているようだった。いや、「繰り返す」という言葉は正しくない。彼は同じ内容を何度か話しているのだが、毎回、少し異なる視点から説明するのだ。少し異なる文脈に置き換えて、話し直すのだ。本当に注意深く彼の話を聞けば、少しずつ違うように感じられる話が、全て同じところに収斂することがわかる。

ラトゥ・ノアが様々な角度から説明してくれるために、私は何度も理解する機会を与えられる。彼の言葉に導かれて、私は見せかけだけの偽の謙虚さを脱することができた。私は本当の意味で謙虚になり、自分の責任を受け入れるようになった。彼の癒しについて学び、真に人々のためになるような研究を行うという責任だ。

ラトゥ・ノアは、ヴとカロウが何よりも重要であるということを強調した。また、伝統的なフィジーの世界観において、ヴとカロウが置かれている階層的な関係についても、その重要性を説いた。

「ヴが計画を決め、実行します。私たちが何かを求めるとき、それがヴの計画の中にあり、それが起きるときが定められていれば、それは確実に起きる。ヴの計画に入っているものであっても、私たちがそのために努力しなければ、私たちはそれを手にすることはできません。そして、どれほど必死で求め、努力したとしても、それがヴの計画に反するものであれば、何一つ起こらない。何かが起きるときというのは、すでに計画の中で定められているときなのです。

全てのヴは、カロウの命令を受けています。あらゆる物事が、カロウからヴへともたらされ、ヴからあなたへともたらされ、そしてあなたの周りの人々へともたらされるのです。あなたはヴと会うことができるが、カロウと会うことはできません。ヴを見ることは可能ですが、カロウを見ることは不可能です」

フィジーに来る前に、私は霊的な力であるマナについて読んでおり、スヴァでの癒し手たちとの会話の中でもその語を聞くことが非常に多かった。だが、ラトゥ・ノアとの会話にそのような重要な話題を持ち出すのは時期尚早だろうか。本質上おそらく理解することが極めて難しい概念をここで口にしていいものか、私は迷った。しかし、ラトゥ・ノアは、扉は開いていると言った。私は、危険を冒して扉の中に入ってみることに決めた。

「何人かの癒し手が、癒しにおいてマナが大切だと話しているのを聞きました」

そこまで言って私は一瞬ためらったが、その後はっきりとラトゥ・ノアに訊いた。

「マナについてのお話を伺いたいのです」

ラトゥ・ノアは、私がそれを訊きたかったのを知っていたとでもいうような微笑みを浮かべて頷いた。そして、マナについて語り始めた。それはまるで、全体としてひとまとまりで話すことが決まっているかのような物語だった。

「マナはフィジーのものです。しかし、徐々に弱まってきています。なぜなら、私たちが伝統に従わなくなっているからです。例えば、伝統的な食べ物についてのタブーを犯しています。私自身を例にとって説明しましょう。私の一族は、もともと海岸近くに住んでいる、水出身の一族です。私たちは魚をとると、川の上流の内陸の人々に届けなくてはならないことになっています。彼らは陸出身の人々で、私たちは彼らと、昔から交換を行ってきています。私たちは彼らに魚を贈り、彼らは私たちに豚を贈る。私たちは、彼らに贈るための魚を食べてはならない。それはタブーなのです。そして陸の人々は、その豚を食べてはならない。それは、彼らにとってのタブーです。私たちは、その魚を届けるために遙か内陸まで川を上ります。たとえ魚が傷んでしまっても、一番遠い村にたどり着くまで、私たちはそれを上流へと運び続けます。すでに魚がなくなって、魚を入れてきたカゴしか手元になかったとしても、あるいは、カゴをつるしてきた棒しか残っていなかったとしても、私たちはそれを運び、上流の村の人々にカゴや棒を贈るのです。私たちが伝統に忠実に従っていることを見せるためです。でも、今の人々は、そのような伝統には従いません。私の一族の人々は、魚を盗んでいる。つまり、上流の人々に届けなくてはならない魚を、届けずに自分たちで食べているのです。昔であれば、海岸に住む人が、上流の人々の魚を盗んだ場合、盗んだ人の喉に魚の骨が刺さるとされていました。たとえ骨を完全に取り除いて食べたとしても、骨が刺さるのです。そして、上流から来た人が、その人の喉をマッサージしてくれない限り、その人は回復しないとされていました」

「でも、今は都会に住んでいて、そのようなタブーを犯さないように暮らすのは難しくないですか」

と、私は尋ねた。

「昔とは、人が変わってしまったのですよ。多くの人々にとっては、難しいでしょう。でも、私は全て守っています。これらの伝統に従うかどうかが、マナの強さを決めます。真実に生き、まっすぐに進まなくてはならない。そのためには、伝統に従わなくてはならないのです。こういったことをただ話すだけで、実際には伝統を守らなかったとしたら、結局何も得られません。フィジーの本物の暮らしが失われてきているせいで、マナも失われつつあります」

と、ラトゥ・ノアは言った。

「スヴァでは新しいことが次々と起きているのに、そのような中でどうやって伝統的な本物のフィジーの暮らしを守っていくのですか」

と、私は尋ねた。ラトゥ・ノアは建設現場の監督者として、大きな政府系の会社に勤めている。その会社は都市開発計画に関わっており、重機を用いて道路建設などを行っている。

「特に職場では、難しいのではないでしょうか。あなたはつねに、会社の決めた日程に従って働かなくてはならず、重機の操作の監督もしなくてはならないのですから」

「そんなことはありません。本物のフィジー人として生き、伝統を忠実に守ることは、私の仕事を妨げるものではないのです。実際、そのような態度で生きているお陰で、決められた日程に従うことや機械について学ぶことが容易になったと思っています」

ラトゥ・ノアは話を続けた。

「仕事についての知識や、仕事のやり方を身に付けるには、二つの方法があります。一つは、学校に行って何年もかけて訓練を積むというもので、もう一つは、黙っていても必要な知識が向こうからやって来るというものです。これは、私の癒しについても仕事についても、当てはまります。伝統に従って生きていれば、自ずと知識が与えられるのです。例えば、ある日、仕事場で機械が事故を起こすような場合、私には前もってそれがわかります。そのような日は、仕事に行かないことにします。英知はそんな風にして、私たちのところへやって来ます。学校で学ぶ知識（ヴク・ヴリジ）には限界がありますが、このように与えられる知識（ヴク・ソリ）は、その限界を超えるものです。

私が何かを知りたい、あるいは何かを手に入れたいと思ったとします。そしてそれが、普通に考えれば私の受けた教育では不可能なことだったとしましょう。私は二年生までしか学校に行っていないのでね。そのようなときに、私は特別なことをします。私は家を出ます。家族と一緒に眠らない。普段、家で寝るときに使っている敷物も使わない。そして、伝統的なフィジーの枕を使います。これは木でできた枕で、普段は私も使っていません。このようにして自分自身を整えて、願ったものを受け取れる準備をするのです。

ルシアテ、覚えておきなさい。何かを見付けるとき、何かを学ぶとき、方法は二つあるのです。そしてその二つには、大きな違いがあります。探しに行く人々と、与えられる人々とがいるということです。私に関して言えば、マナはいつも、与えられるものなのです」

最終のバスの時刻が近づいていた。イノケと私が帰らなくてはならないことを知っているので、ラトゥ・ノアはそこで話をやめた。

「今夜はこれで十分でしょう」

「明日の夜も来ていいですか」

「いいでしょう。明日の夜も、来てくれて構いません」

次の日の夜、イノケと私は再びラトゥ・ノアの家に行った。二晩続けて会うというのは珍しいことだった。我々は、前日の会話をそのまま続けた。まるで夜の空気を吸うために、ほんの短時間、会話を中断しただけのようだった。

この日、私は、九歳になる娘のローレルを連れていった。彼女のフィジー語の名前はロラという。彼女は気管支の調子が悪く、息をするとぜいぜいという音が聞こえた。彼女は以前にも気管支を患ったことがあり、妻と私は、ラトゥ・ノアに助けてほしいと考えていた。新しい環境のストレスによって、娘の具合がさらに悪くなるのではないかと、我々は心配していた。

ラトゥ・ノアが話し始めた。

「キリストは私たちに、癒しの力の使い方を全て見せてくれました。教会や聖職者は、キリストの癒しは悪魔の業だと言いましたが、キリストは本当に誠実でした。その人の中にどのくらいの真実があるかによって、その人の癒しの力が決まるのです。

実は私は、思うところがあって、癒しをしばらく行っていません」

そう言ってラトゥ・ノアは、少しの間、口をつぐんだ。

「仮に私に人々を癒す力があるとしても、私に力を与えてくれるヴに祈るための部屋が、今はありません。この家は小さすぎる。急を要する場合は、私は癒しを行います。あるいは、他の人には助けられない人がやって来て、私なら助けられるとわかっている場合にも、癒しを行います。

以前の家には、たくさんの部屋がありました。その中に特別な部屋があって、そこでヴへの儀式と仕事（ザカザカ・ニ・ヤンゴナ、文字通りには「ヤンゴナの仕事」、つまり「癒しの仕事」の意味）をしていました。その部屋に入る前に、体を洗います。そして部屋に入るときに、その部屋専用の衣服に着替えます。そして、それまで着ていたものは全て、部屋の外に投げ捨てます。決して簡単なことではありません。細かい決まりごとを全部守らなくてはならないのです。正しい手順を完璧に踏んで、この特別な部屋で祈ると、どのようなことでも実現します。人がやって来る場合には、事前にそれがわかる。そして私はその人と会う。また、私が癒しを行う準備をしている場合には、どのような施術をすべきか、細かい点まで指示が降りてくる。そもそも施術が必要なのかどうかも、指示される。こういったことが、祈りの間にわかるのです。

その特別な部屋があったときは、たくさんの依頼主が来ていました。つねに誰かが来ているようなものでしたよ」

私は、ラトゥ・ノアにロラを助けてくれと頼んでいいのかわからなくなったが、彼の方から声を掛けてくれた。

「それで、ロラはどんな感じなのですか」

私は娘の症状を説明し、ヤンゴナを渡して助けてほしいと頼んだ。ラトゥ・ノアは迷わずその依頼を受け、ロラの状態について、ロラと私にいくつか質問をした。正確にはどのような症状があるのか、それはいつ始まったのか、どのようなときにどのような場所でその症状が起きるのか。

「これが私のやり方です。私は、病気の全体像が見えてくるまで、依頼主の状態について質問を続けます」

と、ラトゥ・ノアは言った。

ラトゥ・ノアは、ロラの病気の原因について、小さいときに甘いものを与えすぎたせいだと診断した。そして、薬草を処方してくれた。週に一回、四週間飲むもの、二週間に一回、四週間飲むもの、それから、アメリカに戻るまでの間、月に一回飲むものだ。

「アメリカに戻る頃までには、病気は治ってしまって、もう薬は必要なくなるでしょう」

薬の処方が終わると、ラトゥ・ノアはロラにマッサージを始めた。オイル（ワイワイ）を使って、胸部を素早くこすっている。まずは胸郭の上から始めて、そして胸の下あたりへと下りていった。彼は私にもやってみるようにと言い、正しいマッサージを教えてくれた。

「これで娘さんを助けられるようになります。マッサージにはこのオイルを使いなさい。これもフィジーの薬（ワイニマテ・ヴァカヴィティ）です」

ロラは私の隣で、床の上に横になって休んだ。自分のセーターを体に掛けている。

ラトゥ・ノアがまた、話し始めた。彼は英語を多少は話すことができるが、私との会話ではフィジー語しか使わない。

「ルシアテ、言葉の壁のせいで、私たちの共同作業が難しくなっています。私のフィジー語が正しく英語に通訳されることが、どうしても必要です。もし通訳が正しくなかったら、私の言いたいことの半分しか伝わらないでしょう。フィジー語は簡単な言語ですが、少ない語数でたくさんのことを表現します。私は、この自分の言語で、あなたに教えなくてはなりません。イノケがとてもうまく通訳してくれていることはわかっています。感謝しています。それでも、あなたはフィジー語を身に付ける努力を続けなくてはなりません」

「努力していますし、これからも努力します」

私はそう答えてから、さらに付け加えた。

「あなたが注意深く言葉を選んでいるのは知っています。ですから、会話も全部録音しています。イノケは、それを聞き直して、自分の通訳を確かめています。そして、必要があれば、訂正してくれています」

ナワメがいつものように、フィジー語と英語を混ぜた話し方で、私に声を掛けた。彼女は、私が理解できるように話そうと、気を遣ってくれているのだ。

「ロラはどうしてベッドで寝ないの。床は堅すぎるでしょう」

私も英語とフィジー語を混ぜて答えた。

「いえ、ロラはそこで大丈夫です」

ラトゥ・ノアが妻のナワメに、非難の目を向けた。

「ルシアテに、そんな風に、英語を混ぜて話し掛けるのはやめなさい。彼はフィジー語を覚えようとしているんだ。それに、ロラが床で寝ているからといって、心配することなんかない。彼らはアメリカの家に贅沢品をたくさん持っている。ベッドで眠るとか、そんな贅沢をしにここに来たんじゃない。フィジーの生活を体験するために来たんだ。研究は観光ではない。アメリカを出たときに、ベッドも置いてきたんだから、ここでは床で寝るべきだろう」

ラトゥ・ノアとナワメは顔を見合わせて微笑んだ。彼らはこのやりとりを楽しんでいるのだ。ナワメは、そうね、というように頷いたが、実際はラトゥ・ノアが厳しすぎると感じているのがわかった。

「ルシアテ、私は二年生までしか学校に行っていません。しかし、教育と理解とは別物です。どれほどいい教育を受けても、理解のできない人々もいます。あなたは教育も受けているし、理解もできる人です。私とあなたには、理解力という共通点があります。あなた以外の研究者たちは、フィジーに来ても、何を探求すべきかわかっていない。ただ混乱しているだけなのです」

もう遅い時間だった。帰らなくてはならない。ラトゥ・ノアが、次は日曜日の八時に会おうと提案してくれた。

「日曜日に仕事に来るようにと言われたら、無理だと言ってやろう。この研究の方が大切だからね」

と、ラトゥ・ノアは言った。

私のスヴァでの研究は今や、ラトゥ・ノアとの会話を中心に回っている。どんなときでも、機会があれば、ラトゥ・ノアに会いに行くことが重要だ。なぜなら、彼に会うことは決して簡単ではなく、いつでも機会が与えられるというわけではないからだ。

日曜日の夜にラトゥ・ノアの家に行くと、ラトゥ・ノアの息子が出てきた。夕食を終えたばかりだった。ラトゥ・ノアは寝室にいるという。息子に呼ばれ、ラトゥ・ノアが目をこすりながら現れた。寝ていたようだ。ラトゥ・ノアはすぐに床に座り、私のセヴセヴを受け、ヤンゴナを混ぜるようにと身振りで息子に指示した。

「では、始めましょう。今日は何が知りたいですか」

そう言って、ラトゥ・ノアは私の返事を待った。

他の癒し手たちと会ったときの記憶がまだ鮮明だったため、私はその癒し手たちのことについて、ラトゥ・ノアに尋ねることにした。私は、本物の基準とでも呼べるようなものを探していた。ある癒し手が、本当に人々を癒しているのかどうかを判断する基準が欲しかった。

「私はメリという男性に会って、彼の癒しの儀式に何度か行きました。彼はモセセという彼のワンガ・ワンガと一緒に癒しを行います。モセセには、一人ではなく複数のヴが次々と乗り移るそうです。私はモセセが一人のヴに乗り移られるところを見ました。異様な光景でした」

私はモセセが乗り移られたときの様子を説明した。彼の姿勢や声の変化、そして、彼の体がひどく硬直し、その後緩んだ様などを話した。

私の説明を聞いても、ラトゥ・ノアは驚かなかった。

「そのような話はたくさん聞いています」

と、ラトゥ・ノアは言った。そして彼がその話題について話し始めるとすぐに、彼はワンガ・ワンガをあまり信じていないということがわかった。

「どんな場合でも、ヴに乗り移られるというのは、とてもきつい体験です。ワンガ・ワンガが三人のヴに次々と乗り移られるなどということは、とても信じられません」

と、彼は言った。

「メリのワンガ・ワンガを見て、その後、また別の状況を見てきました」

私はセラが乗り移られたときの様子を説明した。彼女が体を蛇のようにくねらせて、大きく開いた口からシューっという音を出していたことを話した。セラの話をしているうちに、私は恥ずかしくなってきた。

ラトゥ・ノアは、黙って私の話を聞いていた。無表情だった。そして何度か、ちらりと天井を見上げた。

「セラが蛇になっているときに、彼女と一緒にその場にいるのは、とても怖かったです。何を恐れていたのかはよくわからないのですが、とにかく、怖かったのです」

ラトゥ・ノアの顔に、微笑みが浮かんだ。

「その手の話も聞いたことがある。怖かったかもしれないが、あなたは大丈夫だったのでしょう」

と、彼は、優しい声で言った。

「ええ、セラのヴも、まさにそう言ったのです。私たちは大丈夫だ、と」

ラトゥ・ノアの言葉が、雰囲気を明るくしてくれていた。私は、自分の気持ちが落ち着いてきているのを感じた。

「でも、私は、セラのところで体験したことのうちの、どれが本当で、どれが本当ではないのかがわからないのです。本当の体験であれば、どのようなものでも尊重したいと思うのですが」

私はラトゥ・ノアに自分の感じたことを話したいという思いもあったが、それと同じくらい、彼からの助言が欲しいという気持ちもあった。

「ルシアテ、尊重するということは、いつでも正しいことです。たとえ自分が見たものが真実なのかどうか疑っているときでも、正しいことですよ。我々フィジー人は、尊重することをとても大切にしています。でも、あなたは、何が真実（ディナ）で、何が偽物（ラス）なのかを、見極められるようにならなくてはならない。それがわかるようになれば、尊重の意味もさらに理解できるようになるでしょう」

「ヴが、セラのときのような形で癒し手に入る（ズルミ）ということは、起こり得ますか。それから、セラが言っていたように、ヴが癒し手を食ってしまうということは、あり得ますか」

「ルシアテ、ヴが近くにやって来たときには、倒れて横になっているということはできないのです。ヴが来ると、自然に体が起き上がります。宙に浮かんだ状態で座らされます。そしてそのまま、五分ほど宙に浮いて座っていることになる。ヴが体の中に入ってきたり、乗り移ったりすることはありません。もちろん、ヴに食われるなどということもありません」

「五分間もですか」

私の声には、信じられないという気持ちが表れていた。私は、しまった、と思った。

しかし、ラトゥ・ノアは怒らなかった。

「そう、五分です。私にはそれができます。五分間くらいは、特に珍しいことではありません。メリのワンガ・ワンガも、セラの場合も、自分の癒しの力をあなたに信じさせるための演出です。スヴァの癒し手たちは、お金を稼ごうとしているのです。だから、癒しを劇的なものにしようとする。そうやって自分の力を見せつけよう（レヴ・ナ・ヴキヴキ）としているわけです。とはいえ、真実を知っている私たちのような人間には、嘘だとわかってしまいます」

私は続けて尋ねた。

「でも、ヴが乗り移っているとされているときの、彼らの行動についてはどう思いますか。声が変わったり、涙が溢れたり、体が硬直したり痙攣したりするのですよ」

「本物の癒しの儀式では、そんな風に見せつけたり、誇示したりする必要はないのですよ」

ラトゥ・ノアは意見を変えず、慎重に言葉を選びながら答えた。彼は、自分自身が行う癒しについて話すとき、謙虚で控えめだ。癒しのことも、単に「その仕事」（ナ・ザカザカ）と表現する。

「例を挙げましょう。今ここで、私たちは一緒に座って話をしていますが、私のヴが、私のところにやって来る（サ・ラコ・マイ・ヴェイ・アウ）かもしれません。私はヴが来ることを予期していませんが、もしヴが来れば、突然、私は宙に浮くことでしょう」

ラトゥ・ノアはまた微笑んで、少しふざけたような表情をして、声を大きくした。

「ただ、もし私がそうしようと思えば、意図的にここに倒れて横になったり、蛇のように床を這ったり、蛇のようにシューっという声を出すことは、簡単にできますよ。そういったことは全て、ばかげています。

ルシアテ、教えてあげましょう。ヴの声を聞くこと。これは、可能です。ヴの姿を見ること。これも、可能です。しかし、ヴが来ているのに倒れて横になっている、ヴに食われる、一人のヴがやって来た直後に別のヴがやって来る、それらは全て、不可能なのです。そんなことは、フィジーでは一度も起きたことがありません。世界のどこか他の場所では起きるのかもしれませんが、ここでは起きません」

「おそらくハリウッドでは起きるかもしれませんね」

と、私は言ってみた。ラトゥ・ノアが笑ったので、私も笑った。ハリウッドは、奇妙な空想を創り上げる場所として、フィジーで知られている。

「ここで話したこのことは、あなただけの秘密ですよ」

と、ラトゥ・ノアは真面目な顔で言った。彼はまた癒しを間接的に表現し、今回は「このこと」（ナ・カ・オンゴ）と呼んだ。

彼は続けて言った。

「もし、この仕事を全ての人々に見せびらかそうとするのなら、それは単なる自慢です。真実を解さない癒し手だけが、見せびらかそうとするものです。例を挙げましょう。一人の女性が、そのような正しくない癒し手に依頼を持ち込んだとします。彼女が抱えているのが精神的な問題だけであったとしても、その癒し手は、彼女に悪魔が取り付いていると言うでしょう。その癒し手は、お金を稼ぐための見世物を行っているに過ぎません。そのようにして人に嘘をつくことは、大きな罪です。人をだましてはいけない。誰かが問題を抱えて私のところにやって来たときに、私が嘘をついたとしたら、私はその人を誤った道へと導くことになります。それでは問題が大きくなるだけです。

ルシアテ、依頼主がどれほど信頼を寄せてくれていたとしても、私が嘘をついたら、私の癒しは意味のないものになります。あなたが話したメリのワンガ・ワンガやセラの癒しは、ハリウッドのようなものです。口からの出まかせであって、心から生まれたものではない」

「そうだとすると、私にとっては困ったことになります。私は研究のために、あらゆる種類の癒し手と話をしてみなくては、と思っています。正しくない癒し手とも、嘘をついているように思われる癒し手とも、話さなくてはならないと感じています。そうすることで、ここフィジーで行われている癒しの試みの全貌が見えるように思うのです。でも、正しくない癒し手については、まさにあなたが言ったように、映画のように感じます。人々が映画を見に集まってきているような印象です。正しくない癒し手が見世物を行い、人々がそれを見るために長い列を作って待っているのですから」

と、私は答えた。

「嘘をついている癒し手と話すのは、時間の無駄だと思いますが。嘘以外の何を学べるでしょうか」

ラトゥ・ノアのこの言葉で、私の「科学的」な研究計画は揺らぎ始めた。科学的であるために、私はフィジーの様々な癒し手と話をしなくてはならないと思っていた。しかし、ラトゥ・ノアの意見の方が賢明であるように感じられ、私は自信を失いつつあった。

「嘘をついている癒し手を見破る方法を教えましょう」

ラトゥ・ノアの申し出はとても魅力的だった。

「癒し手に、何か一つのことについて質問をし続けて、どこまでも深く聞き出すことです。癒し手はいろいろな説明をするでしょうが、あるところまでいくと、それ以上はわからなくなり、説明を続けられなくなります。そのような癒し手は、真実を理解していません。見世物を行っているだけです。真実を解している癒し手であれば、いつまでも説明を続けることができるでしょう」

そして、ラトゥ・ノアは、私を見つめて言った。

「でも、あなたが真実を求めない限り、私はあなたに真実を語ったりはしません。誰かが真実を知りたいと言ってきたときにだけ、その人に真実を話す。それがフィジーのやり方です。

この仕事では、『私はこれができます』、『私はあれができます』などと、自ら人々に言って回るべきではない。黙って、静かに、これら全てのことを自分の胸にしまっておく。そして、ただ仕事を続けることです」

ラトゥ・ノアは、まっすぐに私を見つめたまま話を続けた。

「誰かが助けを求めて来たら、『やってみます』とだけ言うのがいい。『大したことはありませんよ、私ならできます』などと言うべきではありません。そして、助けようとしても助けられなかった場合は、その人に病院に行くように言うべきです。適切なことだけを言いなさい」

タノアが空になりそうだった。ヤンゴナは、皆があと一回ずつ飲む分しか残っていない。今夜はもう、タノアにヤンゴナが注がれることはないと、我々は皆わかっていた。今夜の会は、間もなく終わる。

ラトゥ・ノアが身を乗り出して、私に直接話しかけてきた。まるで通訳を介さない会話のようだった。

「ルシアテ、あなたに知識を渡すとき、私は少しずつ渡すことに決めています。一度に全てを渡しても、あなたはそれを使うことができない。少しずつ渡すのが、正しいやり方です」

ラトゥ・ノアの計画が、以前よりも具体的になっていた。彼は私の研究仲間になったのだ。いや、むしろ、ラトゥ・ノアから私への教授の中に、私の研究が飲み込まれたと言う方が正確かもしれない。

「ルシ先生、あなたは正しい方法で理解しようとしています。だから私は、今まで誰にも話していないことを、あなたに話しているのです。私たちの会話は、いい形で進んでいる。しかし、あなたは、実際に癒しに参加して、訓練を積まなくてはなりません。実践によってしか、理解を深めることはできないからです。研究における実践という位置づけで癒しに参加するには、トヴが望ましいでしょう。トヴならば、テヴィタのところで経験を積むことができます。私の最も優秀な教え子の一人です。テヴィタに、あなたが行くと言っておきましょう」

第五章　初めてのトヴ訪問

きちんと理解するために、私はもっと本格的に癒しの儀式に関わるべきだと、ラトゥ・ノアが言った。ラトゥ・ノアの後押しを受けて、私はフィールドワークを研究の中心にすることに決めた。二か月以上にわたって、メレと私は、我々が研究をしながら暮らせるような場所を探していた。できることなら、私が癒しの儀式に参加できる場所がよかった。研究を正確なものとするためには、私自身が癒しの知識を求め、その探求に基づいた研究を行わなくてはならないというラトゥ・ノアの意見に、私は賛成だった。

メレと私が候補として考えていたのは、農村部だ。伝統的なフィジーの癒しを理解するためには、伝統的な環境に身を置くのが最適だと思われた。並行して、伝統が急速に変化しているスヴァでの研究も続けていく予定である。それによって、動的な視点という大切な要素が、私の研究に付加されることが期待できる。

私は、トヴに行って、ラトゥ・ノアの教え子のテヴィタに会いたいと思った。しかし、その道はまだ開かれていない。まずは南のベンガに向かわなくてはならない。ベンガは火渡り行者の島として知られている。そしてそこから西のオヴァラウという島へ行き、レヴカという都市を拠点に、いくつかの村を訪ねる予定になっている。研究に適した場所は、まだ見付かっていない。探している間中ずっと我々を引き付けていたのは、遥か遠くにあるビトゥという列島である。中でも、その列島の北端に位置するトヴという村に、我々は魅力を感じていた。ビトゥについて、人々は皆、「あそこではまだ本物のフィジーのしきたりが守られている」、「ビトゥはヴの集まる場所だ」などと言っていた。

私は、地元の平和部隊の事務所の人から、ビトゥについて次のように言われたことさえある。

「あなたは本当にビトゥに行きたいのですか」

と、平和部隊の事務所の所長が私に尋ねた。

「あそこだけは、私たちの隊のボランティアを送り込むのが少し怖い場所です。過去二年の間に、二度、ボランティアのメンバーをビトゥから引き揚げさせました。私たちは傷病者後送と呼んでいて、医学的な疾病を理由に引き揚げさせたのですが、実際にはその二人とも、医学的な疾病と呼んでいいのかわからない状態でした。私たちが理解できないような、そして普段は話題にもしないような、非常に不思議な何かが起きていました。その二人は、自分が霊に追いかけられていると、呪われているのだと信じていました。ビトゥは部外者にとっては危険な場所だと聞いています」

「呪い」という説明に完全に納得したわけではないが、平和部隊の人の話は、ビトゥには今も伝統的な信仰が息づいているという事実を示す、もう一つの証拠となる。しかし同時にこの話によって、私の中に、疑い、さらには恐怖が芽生えた。「本物のフィジーのしきたり」が生きているということは、もしかすると、ビトゥは白人を迎え入れてくれない場所なのかもしれない。

シティヴェニが、私の疑いと恐怖をすぐに和らげてくれた。彼は、はっきりと次のように言った。

「ビトゥは、あなたが研究をするのに適した地域だし、あなたが住むのにも最適です。トヴを研究の拠点にすることができるでしょう」

彼の村に住んで研究をするようにとシティヴェニが招いてくれたので、我々はさっそく行動を起こした。フィジー最大の島ヴィティ・レヴの内陸部への旅を取りやめ、ビトゥの村々、特にトヴを、ただちに訪ねる計画を立てた。

この決定について考えれば考えるほど、なぜもっと早くトヴに行くことにならなかったのかと不思議に思う。多くの物事が、すでにトヴを指し示していたのだ。伝統的な暮らしが色濃く残るビトゥに位置していることに加え、トヴはシティヴェニの故郷である。彼は今もトヴのマタ・ニ・ヴァヌアを務めている。イノケの妻のナシがルーラルナース（へき地看護師）として配属されているのもトヴであり、イノケとナシはそこに住んでいる。イノケの故郷はトヴより少し南の村だが、これもまた、ビトゥにある。そして一番重要な点として、ラトゥ・ノアの最も信頼できる忠実な教え子の一人であるテヴィタが、トヴに住んでおり、そこで癒しを行っているのだ。そこに行くようにと、ラトゥ・ノアが私に助言をくれた場所である。しかし同時に、なぜトヴに行くのを今まで待たなくてはならなかったのかも、実は明らかだった。シティヴェニが招いてくれるまで、私はトヴには行けないことに決まっていたのである。そして今ようやく、シティヴェニは、私を招いてくれる用意ができたのだ。

我々がトヴへと発つ前に、シティヴェニが、トヴがどれほど研究に適した土地であるかを話してくれた。

「ヴはビトゥを好んでいます。特にトヴの村を気に入っている。ヴがとても近くにいるという理由で、多くの癒し手が癒しを行う場所なのです」

彼はさらに言った。

「しかし、トヴの人々がつねに正しいことをしているというわけではありません。彼らは、悪い目的でヴの力を用いることがあります。私はつねに彼らを見張っていて、彼らが正しい道からそれないようにしなくてはならないようです。一度、トヴの人々の夢を見たことがあります。彼らがヴの力を正しくない方法で用いている夢でした。すぐにトヴに行って、間違いを正してきましたよ」

シティヴェニの夢についての話は、私に、トヴの内情を垣間見せてくれた。

「私はランドローバーに乗って、ある村に着きました。私の左右に、ヨーロッパ人が一人ずつ乗っています。私たちは、丘の上に大きなブレを見付けました。そのまま平坦な砂地を走り、丘の上へ行き、その大きなブレにたどり着きました。そこで私は、自分がトヴにいるのだと気付きます。

ブレには戸が二つしかなく、一つは正面に、もう一つは側面についていました。中に入ると、そのブレは私のおじのものでした。私は床の中央にあおむけに寝転びました。おじは私の方を見ることもなく、火をたいています。二人のヨーロッパ人はいなくなっていました。彼らは、私を導くためにヴが送ってくれた双子なのだと、私にはわかっていました。私はブレの裏手に出ました。するとそこには、ビスケットの一〇ガロンの缶がたくさん置いてあります。私は中に何が入っているのか知りたくなり、缶を一つ開けてみました。中にはひどい臭いのする液体が、こぼれそうなくらい入っていました。私は缶を全部開けてみましたが、どの缶にも、その気持ちの悪い液体がいっぱいに詰まっているのです。

私はブレの中に戻り、再び中央にあおむけになりました。すると、低い声の会話が聞こえてきます。が、会話の内容も聞き取れず、話している人々も見当たらない。正面の戸から外を見ても、人の姿はない。そこで、おじに、誰が会話をしているのかと訊いてみるのですが、おじは何も答えません。そして、ヤンゴナの儀式が始まりました。会話の主たちが入ってきます。トヴの人々も入ってきて、ヤンゴナの伝統的な儀式の形に座ります。ヤンゴナが注がれましたが、手順がおかしいのです。初めにヤンゴナを飲むべき人に、正しくヤンゴナが渡されていない。ヤンゴナが何周か回されましたが、毎回、この間違いが起きています。その度ごとに、私は不安になっていきました。私は静かに座っていましたが、内心はひどく動揺していました。ヤンゴナの儀式が続き、会話も続いています。しかし、私にはその会話は聞き取れません。ついに私は耐えられなくなり、『黙れ』と言いました。まだ会話は続いています。私はもう一度『黙れ』と言いました。それでも会話は続いています。

私は立ち上がって、大きな歩幅でブレの中央へと歩きます。二歩で中央に着き、そのままタノアを蹴り飛ばしました。タノアはひっくり返り、ヤンゴナがこぼれ、戸の外まで流れていきます。私は、はっきりと大きな声で言いました。『私があなたたちのタノアを蹴り倒した。あなたたちのタノアはひっくり返って、空になった。この儀式はもうおしまいだ。全員、出ていけ。すぐにここから出ていけ。』彼らは、一人、また一人と立ち去り、最後には残りの人々が集団で出ていきました。そして、私は夢から覚めました」

シティヴェニはこの夢のことを、トヴの人々に話した。それは、村で行われているヴァカテヴォロをやめろという警告を意味した。正しくない方法でヤンゴナの儀式を行っているときに、使われているタノアをひっくり返すことは、彼らのヴァカテヴォロを転覆させることを意味するのだと、シティヴェニは言った。癒しの儀式について公然と語られることは、ほとんどない。ヴァカテヴォロについても同様で、多くの場合は漠然とした表現でほのめかす程度である。シティヴェニの夢では、タノアが儀式を象徴している。そして、彼が見付けた気持ちの悪いひどい臭いの液体が、何かがおかしいということを示す最初の印だったとシティヴェニは言った。そして、ヤンゴナを飲む順番についての決まりごとが破られていたことで、彼は、「秩序が破られている」という確信を得た。

「彼らはヤンゴナを間違った目的のために使っている」

と、シティヴェニは嘆いた。

「その後もまた、彼らに警告をしに行かなくてはならないことがありました」

と、彼は打ち明けた。

「つい最近も、彼らにヴァカテヴォロをやめるように言いに行きましたよ。『カロウは一人しかいない。そしてそのカロウを、私たちは教会で崇拝しているのだ』と、村の人々に言ってきました」

ここで突然、シティヴェニはこの話題を打ち切った。誰がヤンゴナを間違った目的のために使っているのですか、という質問を、私は口にできないままだった。当分の間、勝手に推測して不安になることしかできそうにない。

私と家族は、午前一時にビトゥに向けて出発する予定の船に乗り込んだ。実際に何時に出発することになるかはわからないが、夜明け前には出るだろう。スヴァからトヴへは、船で八時間から一二時間かかる。天候によって所要時間は変化し、場合によっては航行不可能なこともある。一〇メートル弱の木造トロール船には荷物がいっぱいに積み込まれ、乗客八名、乗組員二名、そして船長である私の友達アリフェレティが乗り込んだ。

アリフェレティの船に乗るのは、気分が良かった。彼が準備に取り掛かる前に、彼と少しだけ話をした。我々は当然の流れとして、癒し手のセラについて、そして彼女にヴが乗り移ったときのことについて話した。

「あなたは全然怖がってなんかいなかった。そうだろう」

と、彼は私をからかった。

「もちろん、全く怖くなんかなかったですよ。私がどれほど冷静だったか、見たでしょう」

と、私は虚勢を張った。

「私が勇気のある人間だとわかったはずです。私が全然怖がらないのを見たのですから。特に、シューシューいう蛇から逃げようとして、壁に突っ込んだときに、怖がっていないのがよくわかったはずです」

我々は笑ったが、セラにヴが乗り移ったときに感じた畏れを、忘れることができずにいた。

アリフェレティは声をひそめた。

「あなたは正しい場所に向かっていますよ。トヴについては、よく知っています。ビトゥの島々を回るときに、いつも通ります。あそこでは、不思議なことがたくさん起きます」

それは決して、私が本当に聞きたい内容ではなかった。しかし、少なくとも、私は正しい方向に進んでいるのだということが確認できた。

「トヴでは、癒しをたくさん見ることができますよ」

と、アリフェレティが保証してくれた。

船室の二段ベッドは、低い柵のようなものを取り付けた木製の棚で、ベッドの快適さも安全性も備えているとは言い難いものだったが、すでに満員だった。そのため、我々はデッキで寝ることに決め、閉まっているハッチの上に場所を取った。私は眠っていて、出港したことに気付かなかった。目が覚めたとき、船はすでにスヴァの港を出て、広い海の上にいた。まだ日は昇っていなかったが、海と空の境目は確認できた。海は徐々に荒れてきていた。船が波を一つ越えて、波の谷間に降りるたびに、水平線が見えなくなった。船を取り囲む高い波以外は、何も見えない状態だ。こんなに小さな船で、こんなにも荒れた海に出たことがなかったので、私は恐怖を感じた。巨大な波の壁が次々と目の前に立ちはだかり、船はおもちゃのバスタブのように揺れている。他の乗客たちは旅慣れた人たちだったが、彼らもまた、おびえているように見えた。アリフェレティは、もうスヴァの港に引き返すタイミングではないと言った。小一時間もすれば、この海域を抜けて、島々に囲まれた穏やかな海に入ることができる場所まで来ているのだという。私は大海に身をゆだね、「海が守ってくれる」という、この状況下ではあまり実感できない考え方を信じてみることにした。

日が昇る頃、船は静かな海域に入った。海が我々を歓迎してくれているという表現が、今ならば理解できる。朝のまばゆい光に包まれて、夜の海の冷たく湿った空気が乾いていく。八時間以上の航海を経て、ようやくビトゥの北端の小さな島々が見えてきた。際限なく広がる水の上に、無人の島々が散らばっている。

さらに一時間ほど、小さな背の低い島々の間を縫って進むと、カリという大きな島が見えた。中央に山があり、そこから緩やかに海に向かって傾斜している。島の正面はしっかりとした港で、港の両端部分は一気に角度が急になり深い海に沈み込んでいた。港の中央には白く輝く砂浜が広がっていた。潮が少しずつ引いていき、砂浜がいっそう広く見えてくる。我々はついに、トヴに到着したのだ。

トヴの美しさに、私は衝撃を受けた。あまりの美しさに言葉を失い、ため息をつくのがやっとだった。我々は船のデッキから、エンジン付きの小さなゴムボートを下ろし、それに乗って岸へと向かった。村が、そして、岸に立っている人々が、はっきりと見えてきた。年配の人が多く、我々の方を見て手を振っている。村の中に入っていくと、そこもまた、島全体の印象と同じ、落ち着いた美しさで満ちていた。手入れの行き届いた芝が青々と茂り、その中に歩道が敷かれている。歩道は直角に交わり、二〇軒以上ある家々を結んでいる。家は全て伝統的な長方形の建物で、ほとんどが草ぶきの壁である。屋根はたいていトタン板だが、中には伝統的な草ぶき屋根のブレもある。二軒ほど、政府によって建てられた救済用の家があった。コンクリート造りのトタン屋根の建物で、最近のハリケーンで多数の家が壊れたために建てられたものだ。もう一軒、コンクリート造りの大きな家があった。生垣と花で囲まれ、住人たちとは一定の距離を取ろうとしていることが見て取れるが、決して入りにくい雰囲気ではない。

村の南の方に、小さな川が流れている。川は西へと向かっており、海に注ぐところで小さなデルタになっている。村人の家は、川より南の海側にあった。川の北側には、部分的に木々の陰になる形で、学校関係の建物が建てられている。中央に大きな校庭があり、その周りに校舎が二軒、寮が二軒ある。全てコンクリート造りで、細長い長方形の一階建ての建物だ。教会を除くと、トヴで一番大きな建物である。川のすぐ南側には、コンクリート造りの建物が二軒あった。これは教員たちの宿舎で、隣接する村人たちの家とは低木で隔てられている。

東側の丘の上には、村を見守ろうとしているかのように、メソジスト派の教会が建っていた。二階建てで、金属製の屋根は鋭く尖った形をしている。教会の正面玄関へと続く土の道は、広いが、急な登り坂だ。玄関の近くに、ラリが置かれていた。巨大な丸太をくり抜いて作られたもので、長年、太い棒で叩かれてきたために側面がすり減っている。ラリの低音が鳴り響くと、それを合図に人々が教会に集まってくる。あるいは、他の大切な集まりや重要な知らせのためにラリを叩くこともある。学校以外では、教会が唯一、ガラス窓のある建物だ。他の建物では、窓枠に薄い木の板がはめ込まれていて、窓を開ける際はその板を持ち上げてつっかい棒で支える。

トヴの西端には診療所と看護師の宿舎がある。どちらも伝統的なブレで、他の建物と比べると、屋根がより地面に近いところまで伸びている。村の南東には、村を包み込む形の丘がある。そこはフェンスで囲われており、松の苗木を育てるための場所となっている。トヴは政府の松の木育成計画の指定地に選ばれているのだ。苗木は、植え付けに適した大きさになるまで、この苗床で育てられる。魚とヤンゴナを売る以外では、松の木育成計画だけが、この土地の人々の現金収入の源だ。その現金のほとんどは、苗木の管理責任を負っている二つの家族に入る。村の中央には店がある。草ぶき屋根の四角い建物で、四本の柱だけで支えられている小さな店だ。ココヤシの木で作った階段を登ると、店の入口がある。小麦粉、灯油、マッチといった生活必需品と、ポテトチップスやソーダなどのぜいたく品が、不定期で補充される。この店は、村の集会所のような役割も果たしている。店の中には小さなテーブルがあって、店主がテーブルの向こう側に座っているが、客は同時に二人しか店の中に入れないため、他の人々が店の外に集まることになるのだ。

トヴの村は、島の平坦な土地に広がっているが、その周りを小高い丘が取り囲むようになっている。南東部はとても傾斜が強く、小川の上流部には滝が見える。丘の上に給水塔があり、そこから村に設置された一二か所の蛇口に、冷たい水が送られている。村から遠ざかるにつれて低木が増え、林となり、最後には森が現れる。

トヴは、そういった木々の生い茂る土地とは、明らかに一線を画していた。露が朝日を受け、芝が輝く。このきちんと整えられた村には、秩序がある。

我々はトヴに三日間滞在した。村の事実上の長であるルケが使っている家に泊まったが、ここは、シティヴェニがトヴを訪問するときに泊まる家でもある。管理の行き届いたフィジー伝統のブレで、村で一番大きな家だ。トヴの中心に位置し、ここからほぼ全ての家を見渡すことができる。大切な客人は、皆この家に泊まる。この家の住人は誰も英語を話さないので、我々はひどくぎこちないやり取りをすることとなった。一日がとても長く感じられる。イノケは、一緒に来ていない。彼に通訳をしてもらえないので、時間が過ぎるのが遅く、困ることばかりだった。

三時頃に学校が終わると、状況は好転する。トヴの教師陣を取りまとめているチョネ校長が、我々の相手をしてくれるのだ。彼は英語を話すことができる。チョネ校長は、私の子どもたち、ロラとアレックス（彼のフィジー語の名前はエリキである）に、学校に来るようにと言ってくれた。お陰で子どもたちは、日中帯は忙しくなる。「忙しくなる」という表現は、適切ではないかもしれない。村の子どもたちと一緒に学校に通い、主にフィジー語で会話をするという状況は、彼らにとって、非常に楽しみなことであり、同時に大きな挑戦でもある。

チョネ校長は、ヤンゴナを飲む会に私を連れていってくれた。最初の夜は彼の家で、次の夜はテヴィタの家だった。これは、私にとって初めての経験である。私たちは、ヤンゴナを飲み、またヤンゴナを飲み、そしてさらにヤンゴナを飲んだ。夕方の五時頃に飲み始め、一一時を過ぎても終わらなかった。そのヤンゴナが、私の遅い夕飯となった。トヴの男性たちの多くにとっても同様に、これが遅い夕飯だった。彼らは円になって座り、ヤンゴナを飲み、語り合い、冗談を言い合った。全てがフィジー語だった。チョネ校長に何度か助けてもらったものの、私にはほとんど理解できなかった。

しかし、私に理解できたことが一つある。この二晩のヤンゴナの会で、私は今まで体験したことのない意識状態を感じることができた。私の体の全組織が停止したような、まるで、歩きながら寝ているとでもいうような状態だった。この状態を表す単語を教えてもらった。マテニという。ヤンゴナをたくさん飲んだときに、マテニになる。通常、「酔っ払った」と訳すが、アルコールで酔った状態とは異なる。この点については、他の人々も私と同意見であった。トヴの年配の村人は、次のように言っていた。

「ヤンゴナでマテニになるのは、良いことだ。気分がよくなり、お互いの言うことをよく聞いて協力し合うようになる。お酒でマテニになるのは、悪いことだ。周りの人たちとうまくやっていけなくなり、最後は必ず喧嘩になる」

私はこれまでに何度も、ヤンゴナを飲む会に参加してきている。スヴァでも、別の場所でも、癒し手を訪問すればヤンゴナが出てくる。癒し手以外の人を訪問する場合も、ヤンゴナを出されるのは普通のことである。しかし、私がマテニを体験したのは、今回が初めてであった。ただ座って、何時間もひたすらヤンゴナを飲んでいたせいかもしれない。ラトゥ・ノアの家でも何時間もヤンゴナを飲み続けるが、その際は質問をしたりもしている。チョネ校長によれば、この村のヤンゴナはスヴァのヤンゴナよりも純粋で強いという。たしかに、ここではより頻繁にビロが回ってくるし、スヴァよりもビロが大きい。そして、フィジーのしきたりでは、回ってきたビロを断ることは許されず、渡されたヤンゴナは一息で飲み干さなくてはならないのだ。

マテニという新しい経験をした理由が何であるかはさておき、私はジレンマに陥っていた。癒しについて学びたいのであれば、「ヤンゴナの近くにいる」ことが不可欠だということは、すでにラトゥ・ノアに教えられている。ヤンゴナの近くにいることで、自分もマテニになれるのだということはわかった。しかし、マテニになると、周囲で起きていることについていくのが困難になる。「周囲で起きていることについていく」ための努力をやめることが、私が真に理解すべきことなのだろうか。それとも、マテニになることなく、大量のヤンゴナを飲むことが可能なのか。私は、ラトゥ・ノアは何と言うだろうと考えた。ラトゥ・ノアに訊かなくてはならないことが、新しく出てきた。どうすれば、彼が言ったように、ヤンゴナが「癒しの経路」になるのだろうか。ヤンゴナを飲みながら、その経路を閉じずにおくには、どうしたらいいのだろうか。

トヴを発つ日の朝、私はテヴィタのところに顔を出した。通訳してくれる人がいなかったので、あまり話せることはなかった。それでも私は、彼の先生からよろしく伝えてくれと言われている旨を伝えた。テヴィタは、私が来ることを、すでにラトゥ・ノアから聞いていた。テヴィタは、私に「お元気で」と言い、またトヴに戻ってくるようにと言ってくれた。

「あなたのことはラトゥ・ノアから聞いています。あなたの手助けをするようにと言われています。私にはそれができると思っています」

と、テヴィタは言った。

テヴィタの言葉は冷静だった。テヴィタ自身も、冷静な人物のようだ。彼は四〇代のたくましい男性で、親しみやすい笑顔の、落ち着いた身のこなしの人物だ。私は彼が気に入ったし、彼も私を気に入ってくれたようだった。彼と一緒に癒しを行うことが楽しみになった。

アリフェレティの船に乗客を運ぶモーターボートが待っている海岸へと、我々は向かった。アリフェレティの船は、すでに湾に到着している。砂浜に着くと、学校の生徒たちが全員、一列に並んでいた。彼らは歌を歌いながら、ハンカチを振った。別れの歌だと教えてもらった。中には、泣いている子もいる。私たちも涙を流した。彼らの歌は別れの歌だが、最後の部分の歌詞は「あなたが戻ってくるのを、ずっと待っています」だった。我々はトヴに四日間しか滞在していないにもかかわらず、すでにトヴに愛着を感じており、またすぐに戻ってきたいと強く思った。

第六章　ラトゥ・ノアとの会話（スヴァにて）

「ヤンゴナに深い意味を持たせられるかどうかは、あなた次第だ。あなたがヤンゴナにどう接するかにかかっている」

トヴから戻って以降、トヴへの転居の準備が、我々の生活の中心となった。そして明日、我々はトヴへ向かう。今夜はラトゥ・ノアに会いに行く。

前回ラトゥ・ノアと話して以来、様々なことが起きた。住む場所を探していろいろなところへ旅をしたこと、特にトヴを訪れたことについて、私が話すのを、ラトゥ・ノアは黙って聞いていた。

我々の会話は、夜遅くまで続いた。途中で、ラトゥ・ノアの息子が加わった。そして、ラトゥ・ノアのいとこの男性も加わった。ラトゥ・ノアと同じくらいの年齢だ。彼らは家族内で起きた出来事を報告し合った。ヤンゴナが何周も回ってくる。タノアが何度も空になった。ヤンゴナを一周回すという行為は、我々の存在を際立出せる行為であると考えられる。同じ順番で、同じ動作で、一人一人にビロを回していくことで、我々が共にその場にいるという事実を再確認することができる。今日のような長い夜には、それぞれの参加者がどのようにビロを受け取り、どのようにヤンゴナを飲むかという特徴が少しずつわかってきて、それが繰り返されるのを見ていることがだんだんと楽しくなってくる。液体の流れる音が、夜の静けさを満たし、全てを洗い流していく。ヤンゴナを溶くための水が、タノアに流れ込んでいく音。ヤンゴナをよく混ぜるために、ビロからタノアに一度ヤンゴナを戻す音。

会話が止まった。ラトゥ・ノアが私の方を見ている。私が話したければ話せるように、時間を作ってくれている。私に注目が集まる、その静寂の中で、私は、あることを感じていた。この数時間で、私の意識に変化が起きていたのだ。おそらくは、マテニではない、何か別の変化である。

「トヴに行ったときに、ヤンゴナを飲む会で、マテニの状態になりました。会話についていくのが難しく、起きているのも辛い状況でした。今夜も、トヴで飲んだのと同じくらいたくさんヤンゴナを飲んでいますが、あのときの状態にはなりません。でも、普段の意識状態とは違うのがわかります。まるで私たちが特別な空間で話をしているような感覚です。そして夜も更けてきて、私たちがお互いに非常に注意深く相手の話を聞いていることが、さらにはっきりと感じられるようになりました。何というか、ここだけで世界が完結していて、私たちのいる空間の外には何もないような気さえします」

　ラトゥ・ノアがほほ笑んだ。

「ルシアテ、ヤンゴナの近くにいることが学びになると話しましたね。あなたは二つの種類のマテニを理解し始めている。あなたの感じている通り、ヤンゴナでマテニになった場合、あるときは重要な情報を受け取ることができて、別のときはただ眠くなるだけなのです」

「つまり、マテニの中にも、癒しの助けになるものもあれば、ならないものもある、ということですか」

「その通り」

と、ラトゥ・ノアは再びほほ笑んだ。明らかに同意してくれていることがわかる。

「ある種のマテニは癒しの役に立つもので、マテニになると同時に力を与えられる。これはいいマテニで、あなたが今夜感じているものです。もう一つのマテニは酔っ払っている状態に近く、ただ眠くなる。これは癒しには使えないマテニです。この二つは、全く違うものです」

「トヴの人たちと話した感じでは、多くの人が知っているのは、眠くなる方のマテニのようでした」

「力を受け取れる方のマテニを知っている人は、ほとんどいません」

ラトゥ・ノアが再び同意してくれた。

「ほとんどの人は、もう一方のマテニになります。彼らはひたすらヤンゴナを飲み続けます。飲んで、飲んで、飲んで、そして話すのをやめます。もう眠ってしまっているのです。私の場合は、そうはならない。ヤンゴナを飲めば飲むほど、状態がよくなります。より話せるようになり、頭の回転も速くなる。空中にほんの小さな合図でも現れようものなら、私は磁石のようにそれを引き付けます。これが、良いマテニです。この状態になると、他の人々には見えないものが見えてくる。家の中にいながら、家の外の様子が見えるのです。もう一方のマテニでは、何も学ぶことはできない。良いマテニでは目が開くが、役に立たないマテニは、目を閉じているようなものです」

「それでも、同じマテニという語で、その両方の状態を言うのですね」

　私は少し混乱して尋ねた。

「いい質問です。この二つの違いは、はっきりさせておいた方がいい。役に立たない方は、ただヤンゴナを飲んでマテニになるだけです。もう一方の、特別なものが見えたり聞こえたりするマテニは、目の前に新しい道が開けるようなものです。あなたにとっての新しい局面が開かれることになります。この二つのマテニは全く別のものです」

　ラトゥ・ノアがマテニについて話してくれるのを聞いているうちに、マテニという同じフィジー語が用いられているという事実は、それほど大きな問題ではないのだと気付いた。大切なのは、ヤンゴナがもたらすその二つの状態の違いについて、はっきりと理解することだ。

「ルシアテ、あなたもただ楽しむために、ヤンゴナを飲みに行きたいことがあるでしょう。そのような場合は、ただマテニになって眠くなるだけです。しかし、ヤンゴナを飲むときに、特定のことに心を集中させている場合、あるいは、何らかのメッセージがやって来るのを待っている場合には、あなたは眠くならないのです。問題を解こうとしていたり、特別な癒しを行おうとしている場合には、良いマテニがやって来て、実際にその問題の答えが見えたり聞こえたりするのです」

　ラトゥ・ノアが続けて言った。

「この、良いマテニは、中国人がアヘンを吸って見られるという『たそがれどきの夢』とは違います。中国人は、この夢が見られれば答えを得られると信じている。しかし、私の仕事は、そのようなものではありません。眠らないし、夢も見ない。私の仕事は、磁石のようなものです。磁力で知識を受け取り、物事を理解するのです。

ヤンゴナに深い意味を持たせられるかどうかは、ルシアテ、あなた次第なのです。あなたがヤンゴナにどう接するかにかかっています。あなたの周りに誰がいるのかは関係なく、あなたがどこにいるのかも関係ない。たとえ、皆が眠くなるような飲み方をするヤンゴナの宴に参加しているとしても、あなただけは、私が今話したような特定の目的のためにヤンゴナを使うことができるのです。最初のビロが回ってきたときに、心の中で唱えなさい。『私はこのビロを、私の仕事のために使いたいのです』と。そうすれば、そのビロは、あなたの理解を助けてくれる。楽しみのために飲みたい場合は、この方法は使わないことです。仕事をしていて行き詰ったときは、ヤンゴナを飲めばいいのだということを覚えておきなさい」

私の研究と、私が癒しの儀式に加わることの両方を指して、ラトゥ・ノアは、ザカザカ（「仕事」）という語を使っていた。通常は、「研究」はヴァカンディンディケという語で区別する。しかし、ラトゥ・ノアが今、私が癒しの儀式に加わることを指してザカザカと言ったのは、彼がヤンゴナを指した身振りではっきりとわかった。

私は、タノアに残っているヤンゴナの量で時間を理解することができるようになってきていた。今日は、あと少ししか残っていない。もうすぐ帰らなくてはならない。タノアは、時計よりもずっと敏感で柔軟だ。会話が終わるべきところで、ちょうどヤンゴナがなくなるようになっている。

「トヴでは、あなたの教え子のテヴィタのところで、何か特別、すべきことがありますか」

「あります。もうテヴィタには伝えてありますが、あなたにも同じことを話しましょう。毎週、月曜日の夜に、テヴィタの家に行って何杯かヤンゴナを飲みなさい」

と、ラトゥ・ノアが答えた。

ラトゥ・ノアは私に、テヴィタの癒しの儀式に定期的に参加するようにと言っている。「何杯かヤンゴナを飲みに行く」という表現は、ラトゥ・ノアが癒しの儀式を指してよく使うものだ。

「ルシアテ、毎週月曜日に行くようにしなさい。なぜなら、テヴィタは月曜日に特別なヤンゴナの儀式を行うからです。癒しの儀式の依頼のために人々が彼に渡したヤンゴナは、一週間分ためられていて、月曜日の夜に正式に受け取られるのです。つまり、その夜に癒しが起こる。月曜は必ず、行きなさい。もしどこかに出掛けなくてはならないようであれば、どこに行くのかをテヴィタに言っておくようにしなさい」

「他の夜は、どうでしょう」

と、私は訊いた。

「他の夜も、テヴィタのところに行っても構いません。でも、月曜だけは、必ず行きなさい。ここフィジーでは、月曜の夜は縁起がいいとされていて、癒しにとっても特別な時間なのです」

他の日については、ラトゥ・ノアは、それほど強く勧めてはいない。

「トヴにいる間に、研究に関して困ったことが起きたら、テヴィタに言いなさい。そうすれば、テヴィタから私に連絡が入ります。テヴィタと私は連絡を取り合っています。あなたがトヴで仕事を始めて三か月たったら、私に知らせるようにと、テヴィタに言ってあります。その連絡が入ったら、私は彼を通じてあなたに、ある力を送りましょう。あなたの研究の助けになる力です。どうやってその力をあなたに送るかは、そのときにテヴィタに教えます」

と、ラトゥ・ノアは付け加えた。

「ラトゥ・ノア、以前にあなたは、私の仕事には、研究の面と個人的な面との二面があるとおっしゃいました。個人的な面については、何かすべきことはありますか」

「個人的な面は、勝手についてきますよ。この種の癒しの業は、あなたがどのような人間であるか次第なのです」

ラトゥ・ノアは断言した。
「ルシアテ、あなたはもう、フィジーの癒しの世界に入ってしまっている。ヴがあなたの名前を書き留めました。三か月後にあなたの名前が上の然るべきところに送られて、そこであなたについての決定がなされます。懸命に努力しなくてはならないということを覚えておきなさい。癒しは決して簡単なものではないのです。上での決定は、あなたの努力と献身にかかっている。とはいえ、心配はしなくていい。私も力添えをします。テヴィタの近くにいなさい。彼もまた、同じ世界にいるのです」

第七章　村へ（トヴにて）

再び、夜の船でトヴへと向かう。今日は、海が穏やかだ。我々家族は、今回も私の友人アリフェレティの船に乗っている。六月になっていた。私たちがフィジーに来てから五か月が経過した。

船には積み荷が多かった。ビトゥの南端に政府が建てる予定の建物のための材木が、大量に積まれている。我々以外の乗客は、フィジー人の家族一組で、デッキと船室に分かれて乗船していた。自分たちの荷物の周りに集まるように座っている。彼らはビトゥ南部の家に帰るところだった。父親の入院のために、皆でスヴァに来ていたのだ。父親は循環器系の問題があって足に麻痺が出たために、手術を受けに来ていた。まだうまく歩けず、船の中で移動する際は、四人いる子どものうちの誰かが付き添っていた。彼らの荷物は主に衣服で、鍋もいくつか持っていた。彼らはその荷物を伝統的な織物に包み、布で結んでいる。父親の傍に大きなスーツケースが一つ置かれていた。壊れたスーツケースをベルトで結んで使っている。西洋式の持ち物は、貴重な財産なのだ。私の家族は、彼らの家族よりも人数が少ないのに、持ち物は多かった。我々の周りには、まだ新しい大きなスーツケースが二つ、四〇馬力の船外機、八馬力の船外機、そしてロープでしっかりと結んだ段ボール箱の山があった。段ボール箱の中には、研究のためのテープとフィルム、台所用品、灯油ランプ、缶詰が入っている。日常生活が安定するまでの数週間、他の人たちに迷惑をかけたくなかったので、食べ物をたくさん持ってきていた。段ボール箱は重かった。荷物が多すぎることは明白だ。

「トヴで店でも開く気なのか」

と、アリフェレティにからかわれた。

「西洋の人間は、いつも、金儲けについて考えているものでね」

私は真面目な顔を作って言った。

「君は友達だから、半額にしておいてやろうと思う」

「半額だって？　あれだけいろいろしてやったのに。蛇女にも会わせてやったし、恐怖のどん底にも突き落としてやっただろう。友達なんてもんじゃない。親友だろう」

「そうか、では、親友よ、一〇パーセント引きではどうかね」

「よし、それなら買おう！」

カリが見えてきた。しかし我々は、カリの前に、さらに東にある背の低い小さな島に行くことになっている。カリの海岸に広がっている白い砂が、キラキラと輝いてまぶしかった。そよ風にココナッツの木が静かに揺れる様は、南の楽園としか言いようがない。

「まずはオンゴに寄ります」

アリフェレティが乗客に知らせた。

冷却装置の入った大きな箱が、オンゴで降ろされる。小さなボートが船まで箱を取りに来たが、ボートに乗せようとした瞬間に、箱が滑ってバランスを崩した。ボートはもう少しで転覆するところだった。ボートを漕いでいた若い男性たちは笑い、バランスの悪さについて冗談を言っていた。自分たちの荷物が失われたかもしれないという可能性について、心配する様子はない。

「オンゴの人たちは、商業的漁獲計画で、政府の支援を受けている。スヴァまで新鮮な魚を運んで売るために、政府が彼らに冷却装置を送ったのです。オンゴの人たちにも、会うことになるでしょう。彼らはスヴァの人たちと関係が深いので。オンゴの人たちは、たくさん、本当にたくさん、問題を抱えていますよ。彼らはテヴィタのところに、かなり頻繁に依頼に来ています」

と、アリフェレティが説明してくれた。

トヴは満ち潮だったため、船は海岸の近くに錨を下ろした。トヴから二艘のボートが我々を迎えに来たが、そのボートに荷物を移す際に、私は恥ずかしい気持ちになった。やはり段ボール箱が多すぎる。荷物を運ぶ手伝いに来てくれた若い男性たちが、箱を持つ度によろめく。彼らの予想よりも、箱が重いようだ。

我々家族の住む家は、すでに用意されていた。学校の近くに住んで、チョネ校長の世話になるのがいいだろうと、シティヴェニが決めてくれたのだ。我々は、チョネ校長の大きな木造の家から一五メートルほど離れたところにある小さなブレに住むことになった。このブレは、チョネ校長の客人が泊まる家であり、チョネ校長が友人たちとヤンゴナを飲む場所でもある。草ぶき屋根の小さな台所も、すぐに建ててくれるという。我々の住むブレの正面玄関から南側に一〇メートルちょっとのところに、大きな校庭があり、その脇には教室と寮がある。ブレの裏は、三メートルほど離れたところを小川が流れている。川にはココナッツの木が二本の渡してあり、それを橋として使う。橋を渡ったところからが、厳密な意味での村である。つまり、正確に言うと、我々は学校の敷地内に住むことになるのだ。とはいえ、学校の敷地の縁の部分であり、非常に村に近く、村の外側の縁と捉えることも可能だろう。

シティヴェニがチョネ校長に頼んだことは、実は、我々の世話をするという範囲に収まらない。フィジーの風習では、我々はチョネ校長の家族の一部と見なされる。そのような形で村人の家族として受け入れてもらえない限り、外部の人間が村に移住するということは、フィジーでは認められない。

村に来て初めの一週間、我々はチョネ校長と彼の家族と一緒に食事をすることが多かった。チョネ校長は四〇歳になったばかりの、がっしりとした体格の活動的な男性で、様々な状況において自分の役割を難なくこなしていた。学校では校長として朝礼で生徒たちに話をし、村人たちとヤンゴナを飲み、政府の役人たちと教育の発展について話し合い、教員たちのワークショップで他の教員たちと会い、村の儀式に参加し、そして、アメリカから来た研究者を家族として受け入れる。こういった役割をこなすことで、彼は、自分が中心的な人物であるという自信を深めていた。既に亡くなっている彼の父親は、モモトの重要なトゥラガであった。モモトはトヴの東に位置する大きな島である。そのモモトの血縁を通して、チョネ校長はオンゴの人々とつながっていた。オンゴは、彼が好んでヤンゴナを飲みに行く島である。

チョネ校長は社交的で寛大な人物で、人と時間を共にすることを好み、特に冗談を言い合うのが好きだ。私が特に見事だと感じたのは、彼が肩ひじを張らずに村に溶け込んでいる点だった。もともとは外部から来た人間であり、校長であり、村の指導者でもあるため、村の人々とは一定の距離を保っている。にもかかわらず、彼は村人たちと共にあるという印象で、遠い存在には全く見えない。村人たちは彼を尊敬しており、助言を求めて彼のところにやって来る。

しかし、チョネ校長の内面は、複雑だった。自信を持って多様な役割をこなしている一方で、彼は満足していなかったのだ。トヴの校長という程度の立場しか、自分には与えられないのだろうかと、彼は感じていた。ときに彼は、都会の大きな学校の校長への昇進を強く願った。故郷の人々の期待に応え、モモトに戻って父親の担っていた重責を継ぐことを考えることもあった。ときおり、現状への不満が強まり、気が短くなって、荒々しい態度を見せる場合がある。精力的に動き、懸命に働くことで、彼は自分の中の様々な思いを満たそうとしていたが、気持ちは揺れ、それが気分のむらとして表れるのだ。

チョネ校長の妻も、トヴの東の島の出身で、もともとは外部の人間である。校長とは違い、この辺りの地域に親戚はいない。彼女は自尊心のある女性で、自らを「校長の妻」と位置づけている。彼女がおしゃべりをしたり釣りに行ったりする相手は、大半が他の教員たちの妻で、若干名、村の女性たちも加わっていた。校長の一〇代の息子は、村の学校に通い、村の生活になじんでいる。そして、フィジーでは極めて普通のことであるが、同世代の仲間に囲まれている。彼の友達付き合いについて、チョネ校長の妻が異を唱えることがある。村人たちについて、あの家族と付き合うべきではない、といったことを、ときどき言うのである。村人たちから「悪い影響」を受けるのではないかと不安に思っているのだ。そのような場合は、たいてい、チョネ校長が彼女の不安を鎮める。

私と話すときに、チョネ校長は少しずつフィジー語を会話に導入してくれる。そのような形で、私が理解できない語について説明してくれるのだ。村での会話は、いきなり全てがフィジー語という厳しいものであるが、チョネ校長との会話はゆっくりとフィジー語を学ぶことができる機会であった。イノケが私の研究を手伝うためにトヴに戻ってきてくれているが、彼を除くと、トヴではチョネ校長だけが完全な二か国語話者である。英語を話すことにためらいがないのも、彼だけだ。学校の副校長とイノケの妻のナシもかなり英語を話せるが、彼らはあまり英語を話したがらず、話した場合にも誤解が生じることがある。他にも数名、わずかに英語の知識を持った人々がいるが、彼らは、フィジー語での会話が成り立たずやむを得ない場合にのみ、一語か二語の英語を口にするだけだ。

村では、何時間も座ってヤンゴナを飲みながら、人々の会話を聞いていた。ときに一語か二語、聞き取れることもあったが、とにかく、私に質問が飛んでこないことを願っていた。話題が私のことになってしまったときには、必死で受け答えをした。笑顔を作ったり、頷いたり、肩をすくめたり、その程度のことしかできなかったが、それでも自分は会話に参加しようとしているのだということを、彼らに伝えようと努力した。多少のフィジー語が話せるようになってからも、事態は全く好転しなかった。私のフィジー語は間違いだらけだった。発音を間違ったり、言いたい語とは別の語を言ったりするので、私が間違う度に、人々に笑いを提供することになった。私は、「カマ」(火)と「カバ」(登る)とを、よく混同した。そのため、「急な斜面を火する」、「大きな登りが森を破壊する」といった発言をするのだった。私は、(たいていの場合)冷静さを保ち、自分のつたないフィジー語が引き起こす笑いを、周りの人々と一緒に楽しむようにしていた。恥ずかしい思いをしたが、村でこのような方法で学んだお陰で、一年後にはフィジー語が理解できるようになり、私の言いたいことも通じるようになった。そして一年半後には、かなり流暢に話せるようになっていた。

チョネ校長は、必ずしも行動でというわけではないかもしれないが、自分の志という形で、ヴァカトゥラガ(長にふさわしい人格)の理想像を見せてくれた。彼はいつも、敬意を示すことの大切さを強調していた。

「たとえ誰かと意見が合わなかった場合でも、たとえ誰かが愚かであると感じた場合でも、敬意を示さなくてはなりません。つねに敬意を示しながら、不賛成である旨を伝える、または、その人の助言に従うことを拒否するということが大切です」

と、彼は言った。

チョネ校長は、伝統的な指導者の家系の出身でありながら、「新しい教育」を受けた人物である。そのため彼の中では、フィジーの伝統に対する現代的な西洋式の考え方（彼は「現代的で科学的な考え方」と呼んでいる）と、フィジーの伝統についての深い知識と、伝統が持つ力への先祖代々の敬意とが結び付いている。彼は村人を批判するが、その際、「彼らはいまだに『迷信』を信じている」と言いながら、同時に「彼らは伝統を『ヴを喜ばせるやり方で』『正しく』継承していない」とも言うのである。

伝統的なフィジーの癒しについては、彼は、「『科学的な基礎』が欠けている」と、欠点を指摘する。そしてその一方で、「西洋医学とは違って、少なくとも『マナからのメッセージを伝えてくれる』ものだ」とも言う。

「重要なことは、誰が伝統的な癒しを行うかです。癒し手が**ヴァカテヴォロ**を行うことが多すぎます。私たちトヴの住人は恵まれている。テヴィタは善良な人間です。彼は偽りなく、癒しを行っています」

と、チョネ校長は強調した。

チョネ校長は、私の研究を手伝ってくれているイノケに少し似たところがある。イノケは、政府からカリ島に派遣されているナシと一緒に、看護師の宿舎に住んでいる。イノケは、チョネ校長以上に二つの世界の影響を受けている人間だ。彼は医学の学校で二年間学んでおり、チョネ校長以上の教育を受けている。そして、都会の西洋的な環境の中で、より長く暮らしている。しかし同時に、**マタ・ニ・ヴァヌア**として、人々そして指導者たちに伝統についての助言を行い、儀式にも積極的に参加している。また、健康問題についての意識もチョネ校長より高く、伝統医療と西洋医療の両方を取り入れている。

トヴの診療所では、西洋医療と伝統医療とが見事に融合されている。小さな草ぶきの**ブレ**が診療所として使われているが、玄関に近い方の部屋では看護師が机に向かって患者の記録を付けている。その部屋には、薬の入った棚も並んでいる。もう一つの部屋にはベッドがあり、患者が休むことができ、必要な場合は数日間泊まることも可能である。診療所には、抗生物質、軟膏、基本的な応急処置のための道具が置かれており、軽い感染、火傷、怪我、骨折の処置ができるようになっている。一番多いのは、頭痛や体の痛みを訴える患者で、通常はアスピリンで対処する。次に多いのが、膿瘍等の感染や呼吸器系の問題で、抗生物質を処方する。この診療所ではまた、高血圧と診断された患者のための調剤と、妊婦の診察も行っている。そして、より深刻な場合は、デラナの診療所かスヴァの病院への紹介を行う。デラナはトヴから船で一時間ほど南へ行ったところにある村で、そこも田舎の診療所ではあるが、トヴの診療所よりも大きく医師が常駐している。スヴァの病院では、長期入院や専門治療が可能だ。

ナシは知的で優しい女性だ。ビトゥ南部の出身で、もともとは部外者であるが、村の人間として受け入れられている。彼女は診療所での仕事に加えて、しばしば村の家々を訪問する。また、トヴの儀式にも積極的に参加している。村人は彼女のことが好きで、有能な看護師だと信じている。ナシは、村人たちが彼女の治療を理解できないことを嘆くことがあるが（例えば、村人たちは、処方された薬を飲まない、または正しい飲み方をしない、といったことがある）、彼女も根本的には、村人たちのことが好きなのだ。

ナシは西洋医学の有効性を信じている。彼女はスヴァで二年間の看護師養成コースを受けており、その中で彼女は、解剖学と生理学の基礎、基本的な診断技術、抗生物質や軟膏といった薬の使用法、応急手当、現代の入院治療の原則、特に消毒と衛生の重要性について学んだ。しかしナシは、西洋医学以上に伝統的なフィジーの癒しを信じている。

彼女は、トヴ周辺にいるフィジーの癒し手たちと協力して仕事をしている。癒し手たちに任せるのが適切だと思えば、彼女は、患者を癒し手のもとに送る。また、患者がすでに癒し手の施術を受けてきている場合には、それがどのようなものだったのかを注意深く聞く。

「私は自分にできることをするだけです。私には、風邪、切り傷、火傷、感染といった、西洋医学で治せる病気の患者しか助けられません。さらに、そういった単純に見える症状のときでも、そのうしろに何かがある場合があります。そういった場合は、テヴィタのような癒し手に頼るしかないのです。ときには、この病気は西洋医学では治せないと、すぐにわかることもあります。西洋の言葉で言い表すことすらできないような病気があるのです。そういうときも、癒し手を頼るしかありません」

と、ナシは言う。

ナシは、直属の上司にあたるデラナの医師に、自分がフィジーの癒しを信じていると話したことはない。しかし、トヴをはじめ、カリ島の村の人々は、彼女が伝統的な癒しを受け入れていることを知っている。そして、彼女自身も伝統的な癒し手の施術を受けることが多々ある。中でも、テヴィタの施術を受けることが最も多い。

ナシは、イノケに助けられながら仕事をしている。イノケは事実上、トヴの非公式の「住み込みの医師」のようなものである。もちろん彼は医者として正式に治療を行っているわけではないが、つねにナシと様々な症例について話し合っている。そして、医学校での訓練と、伝統的な癒しについての豊富な知識を基に、彼女に助言を与えている。イノケはビトゥに住む癒し手を全員知っていて、しかも彼らそれぞれが行う癒しについても熟知している。彼は西洋医学の発展を注視しており、自分と家族にとって最善の治療をつねに探しているが、フィジーの癒し手の施術も頻繁に受けており、それが適切だと思われる場合にはいつも、家族も癒し手のところに連れていく。

イノケは私の研究の正式な協力者だが、ナシも大いに研究を助けてくれた。イノケ同様に、彼女も、「フィジーの伝統的な癒しを研究する」ということに強い魅力を感じてくれていた。イノケもナシも、伝統的な癒しには大きな力があると信じており、その効果を研究として記録することは意義深いことだと考えていた。フィジーの中央政府が、フィジーのヘルスケアを現代化する過程で（つまりは欧米化のことである）、伝統的な癒しに補助的な役割しか与えなくなってきていること、ときには伝統的な癒しがなくなっても構わないという姿勢を示すことに、二人は心を痛めていた。

我々家族は、イノケとナシと、長い時間を過ごした。おしゃべりをし、議論をし、食事をし、釣りに出掛けた。彼らはいつでも、フィジー語の意味や用法についての相談に乗ってくれた。また、彼ら自身がもともとトヴの外から来た人間であるため、村の生活についての洞察も鋭かった。親族であれば冷静に見られないような部分にまで気が付くのである。

ある日私は、彼らからトヴの癒し手についての話を聞いた。テヴィタは、ヤンゴナを用いて本格的な儀式を行う唯一のダウヴァングヌである。テヴィタの他には、三人の癒し手がいるという。テヴィタの兄の妻で、マッサージを専門に行う中年の女性、リリエタ。薬草による治療を専門とする癒し手で、中年の女性、コメラ。八〇歳近く、トヴで最高齢の女性の一人であり、マッサージと薬草治療を行う癒し手、アセナティ。もう一人、テヴィタの妻のスリアナも、結婚する前は薬草治療を行う癒し手であったが、今はテヴィタの仕事を手伝っており、薬草の採集と調合を担当している。

「トヴにはたくさんの癒し手がいて、その中から選ぶことができます。みんな腕のいい癒し手です。トヴの人々は恵まれています」

と、ナシは言う。

「基本的には、テヴィタが責任者と言えます」

と、イノケが付け加えた。

「彼が最も力が強い。一番強いマナを持っています。他の癒し手たちは、テヴィタと協力しながら癒しを行っています。彼らが癒せないときには、患者をテヴィタのところに送るのです」

イノケはここで一度、間を置いてから、さらに付け加えた。

「テヴィタはもともと、アセナティの教えを受けていたと聞いたことがあります。彼女はとても力が強かったそうです。今は高齢なので、あまり癒しを行いません」

数週間が過ぎると、トヴでの生活のリズムが見えてきた。かなりの部分が天候の影響を受ける。太陽に注意を払わなければ、容赦のない日差しに打たれる。海への敬意を忘れれば、命を落とすことになる。風はときに荒波を呼び、島々を取り囲むサンゴ礁や海面に突き出た岩が、より危険なものとなる。特に引き潮のときには、注意を怠るとサンゴ礁に船を引き裂かれる。潮の満ち引きが時計の役割をし、船が錨を下ろす場所や、人々が船から港に上陸する方法を決める。そのリズムはさらに、小川を渡って、釣りや訪問、食糧等の調達に出掛ける時刻の決定にも影響する。引き潮の時間帯にしか、小川を渡ることができないためである。子どもたちは、薪拾いや水汲みを手伝う。どちらも毎日の生活の必需品だ。畑の手入れもしなくてはならない。毎日の食事に欠かせないデンプン質となる根菜を育てるのだ。毎回の食事で食べるデンプン質はキャッサバで、普段はゆでるが、ときどき、焼いたりプディングにしたりもする。まれに、タロイモを食べられることもある。また、天気がよければ魚も食卓に並ぶ。

政府が行っているトヴでの松の木育成計画は、フィジーの農村部で行われている同様の様々な計画の中の一つだ。政府は、育てた木を海外に、特に日本に売ろうとしている。テヴィタはトヴでの育成事業の責任者で、政府から少額の給与を受け取っている。ときどき、種を発芽させるために土の入った小さなビニールポットに植える際や、苗木を丘の斜面に植える際に、トヴの村人たちが雇われ、わずかな日給が支払われる。テヴィタと彼の助手はほぼ毎日、苗木の入った黒いビニールポットが置いてある丘へと出掛けていき、まだか弱い緑色の苗木に水をやる。太陽が強すぎると、土が固くなってひび割れる。そうすると苗木の葉は茶色くなり、ときには枯れてしまうこともある。育てた苗木を丘に植えるのは、とても楽しい時間である。大切な苗木の入ったポットを抱えた人々が皆、上機嫌に笑いながら村を出て、松を植えるために切り開いた土地へと散らばっていく。植えたばかりの苗木はまっすぐに立っているが、岩や荒れ地に囲まれて、心配になるほど小さく見える。

トヴでの生活のリズムに変化を与えてくれるのは、伝統的な儀式である。儀式は、誕生、結婚、死に際して、また、訪問者があったとき、家を建て始めるときや船の建造を始めるときなど、人生の節目や重大な出来事がある場合に行われる。重要性の低い出来事の場合は、簡単なヤンゴナの儀式で十分だと考えられている。しかし、高官の訪問等の重要性の高い出来事に際しては、中核となるヤンゴナの儀式に加えて、贈り物が贈られ、神聖な踊りメケが披露されることも多い。儀式の前には、女性は敷物を織り、メケの練習をするのに忙しくなる。また、男性も女性も、儀式で必要となる魚をとってこなくてはならない。そして全ての人々が、ヤウ（財産）として贈る貴重な品物を集めたり、マンギティとして提供される食べ物を用意したり、といった作業に追われる。前もって儀式の準備ができる場合は、時間をかけてゆったりと作業をすることができるが、それでも儀式直前の数日は大変な忙しさになる。ましてや、中心的な指導者の死など、突然、儀式を行わなくてはならなくなった場合には、その忙しさは気が狂いそうなほどだ。人々は数日間で全ての力を使い切る。

どのような儀式であっても、人々は必ずヤンゴナを飲む。重要な儀式では、ヤンゴナを数日間飲み続けることがある。場合によっては、夜通しで数日間飲み続ける。そのようなときは、村全体の活動が儀式を中心に回る。そして、儀式の中で最も重要なのが、ヤンゴナを飲む時間である。

より日常的なリズムとして、村を見下ろす丘の上から響いてくるラリの音がある。丘の上には教会があり、そこから低いラリの音が定期的に鳴り響いてくる。二人の人が力いっぱいラリを叩くので、聞く人の体にもその振動が伝わってくるほどである。ラリの音は、聞く人に、何か重要なことが起きるのだと思わせる力を持っている。毎週日曜日は、信仰のための日だ。フィジーでは金曜日は「ヴァカラウンブカ」（薪を集める日）、土曜日は「ヴァカラウワイ」（水を集める日）、日曜日は「シンガタンブ」（聖なる日）と呼ばれている。日曜日には薪と水がすでに手元にあるので、すべきことはほとんどない。水汲みには行くが、重労働は行わない。

静けさの中にラリの音が響き、日曜に三回行われるミサの始まりを告げる。一回目は早朝、二回目は一〇時頃からで、これが最も出席者が多い。そして三回目は夕方である。誰もがこの三回のうちのどれか一つに出席する。大した理由もなく、出席しないということはない。ミサのテーマは、その週の典礼を読む会で話題になったことで、例えば、家庭における母親と父親の役割について、カロウにその年の最初の実りを捧げることについて、などだ。平日は、ほぼ毎晩、夜空にラリが鳴り響く。教会で行われる様々な集まりを知らせるためである。女性の会、若者の会、聖書を学ぶ会、などである。

私が初めて参加した日曜のミサは、テヴィタが取りまとめていた。彼はミサの秩序が守られるように監督しており、祈祷書の音読、合唱を取り仕切り、これが最も大切なことであるが、説教も行った。トヴでは六人の男性が順番でミサを行っており、テヴィタはその一人である。この男性たちはダウヴナウ（信徒伝道者）と呼ばれる。

五人の伝統的な癒し手を含め、トヴの人々は皆、メソジスト派である。トヴにおいて、伝統的な癒しとキリスト教とは対立するものではない。キリスト教はトヴの暮らしを作り上げる基本的な原則の一つとなっている。

トヴに移って間もなく、嬉しい発見があった。我々が運んできた缶詰が、贈り物として、またはトヴで取れる食べ物との交換の際に、価値があるものだということがわかったのだ。我々が自分で食べ物を入手する手段を確立していく過程において、缶詰はとても役に立った。新しい地域になじんでいこうとする際にしばしば起きることだが、今回も、子どもたちが道を切り開いてくれた。ロラとエリキは、同世代のフィジー人の子どもたちに誘われて、小川の河口にカニや小魚を捕りに行き、また、海岸に貝を捕りに行った。そのようにして我々の食卓に食べ物を運んできてくれたのである。私たち親にとってもそうであるが、彼ら自身にとっても本当に素晴らしい体験であった。そのうちに、村の大人たちが我々を様々な漁に誘ってくれるようになり、食卓に新鮮な魚が並ぶことが多くなった。デンプン質の根菜（いつでも手に入るのがキャッサバで、たまにしか手に入らないのがタロイモである）は、主にチョネ校長の畑から分けてもらっていたが、我々が村の人々と食べ物を交換する関係を築いていくにつれて、他の人々からも分けてもらえるようになっていった。

約一か月後には、我々は、自分で小川の傍に大きな菜園を作り始めた。すぐ近くに水があり、太陽の光もふんだんに降り注ぐ場所であったため、土作りと雑草取りを一生懸命に行ったところ、きちんと作物が実った。ついに、トマトやキュウリやレタスが我々の食卓に並ぶようになり、同時に、トヴの多くの家庭の食卓にも並んだ。そういった野菜は、デンプン質の主食と魚という食事に変化をもたらすものとして、トヴの人々に喜ばれた。我々がトヴに持ち込んだ食べ物は徐々に減っていき、牛肉の缶詰のような主菜数品と、ケチャップやたまり醤油といった特別な調味料だけになった。ケチャップやたまり醤油を少し付けただけで、薄味のキャッサバが格段においしくなるのだ。

ある日私は、ロラとエリキの話す様子を見ていて、苛立ちを覚えた。彼らはとても早口に、大げさな身振りを交えて会話をしていた。彼らしくない話し方だった。私は彼らを落ち着かせたいと思い、そんなに情熱的な話し方をすべきではないと、彼らをきつく叱った。その数日後になって、私はようやく気が付いた。我々はトヴに来て、ずいぶんと変わったのだ。その結果、子どもたちは、フィジー人のように話していたのである。彼らは、英語で話すときですら、フィジー人の生き生きとした話し方で話していたのだ。フィジー語になじむこと、そして、トヴになじむこと。それは私が必死に取り組み、いまだに達成できずにいたことだ。子どもたちはすでにその状態に達しており、それを私が非難したという形である。学校の仲間や友人たちといつも話しているお陰で、子どもたちのフィジー語は、かなり流暢だった。この出来事のあと、私はそれまで一生懸命行っていたフィジー語の勉強をやめ、フィジー語で話す機会を増やすことにした。子どもたちを見習って、私は緊張を緩め、ただトヴの住人になることにしたのだ。どうすればトヴの住人になれるのかは、自然にわかってくるだろう。

第八章　テヴィタの癒し（トヴにて）

ラトゥ・ノアが言ったように、私がトヴでの暮らしに慣れてくるに従って、私の研究も進んでいった。トヴに移って、三か月が経った。私はイノケと共同研究をしていたが、彼と一緒に計画を立てるのは難しかった。彼には、しなくてはならないことが多いのだ。デラナの故郷の村での親族に対する義務、デラナやさらに南の村における儀式での務め（イノケはビトゥの指導者たちに好かれているマタ・ニ・ヴァヌアの一人である）、健康や開発に関する政府のプロジェクトの相談役としてのビトゥやスヴァでの仕事。これらはどれも専任職ではないのだが、一緒にトヴの外へ出掛ける場合には、イノケが果たさなくてはならない研究以外の目的も含まれていることが多かった。イノケが我々家族のための船を作ってくれている最中だったが、その時点では彼の船を使わせてもらっていたので、彼の用事を最優先しないわけにはいかなかった。

しかし、研究からそれてしまうことが多いという点を除けば、ラトゥ・ノアの言ったことは正しかった。イノケと行動することで、ビトゥのいたるところで、年長者、指導者、癒し手と出会うことができ、イノケがいることで、私も重要な儀式に招いてもらえた。イノケはビトゥの多くの人々と様々に関わりを持っており、直接関わりのない人々も数多く知っていた。そして、そういった人々に、全く臆することなく、我々の研究に協力してもらえないかと依頼するのだった。ビトゥは、特にスヴァにおいて、「ヴが好んで訪れる場所」として知られているが、ビトゥの人々はマナの力について人前で語らない。特に部外者に対しては、そういった話をしない。その閉じた扉を、イノケが開けてくれるのだ。どこに行っても、我々はその土地の癒し手と話し、彼らの儀式に参加することができた。

表面的に見ると、イノケはフィジーで理想とされる人格を体現しているとは言い難いこともある。他者に対する彼の最も明確な主張は、「ふざけた奴はお断り」だ。

「なぜ、尊敬に値しない相手に対して、腰を低くして尊敬しているふりをしなくてはならないのか。そして何よりも、自分は正直でありたいと思っている」

イノケはそう明言する。

ときには、イノケが他の人々に何かを要求するのを見て、私が気まずい思いをすることがある。しかしそれは、私の個人的な好みの問題であって、イノケがフィジーの慣習を破っているというわけではないのだろう。イノケはフィジーの伝統に従って生きている。ただ、伝統の枠を最大限まで押し広げているのである。彼は自分の正当な権利として要求できるものを、ためらうことなく要求する。決して、起きるはずのなかったことを引き起こそうとするわけではなく、彼の行動によって、もともと起きるはずだったことが早まったり、その出来事の強烈さが増したりするだけのことなのだ。

イノケと私は、何度か南へ出掛けた。デラナの近くの二人の癒し手や、ビトゥのさらに南方に住む別の癒し手たちの話を聞きに行ったのである。しかし大半の時を、私はトヴで過ごした。そしてしばしば、通訳なしで、一人でテヴィタのもとを訪れた。初めは、ラトゥ・ノアの指示に従っていただけだった。ラトゥ・ノアが「私の教え子のテヴィタのところにいなさい。そして、彼の下で癒しを行いなさい」という助言をくれたためだ。しかしすぐに私自身がテヴィタを好きになり、彼と共に時を過ごしたいと思うようになった。彼は私の友達になり、彼の家族と私の家族も仲良くなっていった。一緒に漁や食物採集に出掛け、食べ物を交換し、おしゃべりをする。ロラとエリキも、テヴィタの二人の子どもたちを親友と見なすまでになっていた。

テヴィタと共に時を過ごすと言っても、特別なことをするわけではない。彼は温厚で控えめな性格で、何かを見せびらかしたり、わざとらしい大騒ぎをしたりする人物ではなかった。自分の癒しについても、神秘性を匂わせるような態度はとらない。たくましく勤勉な男性で、畑の手入れ、家の周りの物の修繕、漁、松の木の世話等で、いつも忙しくしていた。我々は、よく一緒に作業をした。私は、自分のできる範囲で、彼を手伝った。私のフィジー語はまだ初歩的なレベルで、テヴィタは英語を話さないため、我々しかいない場合にはほとんど言葉を交わさなかった。しかし、そのことで気まずい思いをしたことはない。我々は沈黙によって会話をしているかのようだった。私以外の村人たちがいるときでも、テヴィタはそれほど話さなかった。特別内省的というわけではないが、彼は、人が話すのを聞いたり、黙って座っていたりすることが苦にならない性格なのだ。

トヴの男性の多くがそうであるように、テヴィタもかなりの量のヤンゴナを飲む。夜になると我々はよく、彼の家か別のどこかで、一緒にヤンゴナを飲んだ。村の人々が何人も同席していることが多かったが、彼の家族以外は数名しかいないという場合もあった。私は、「ヤンゴナの近くにいなさい」というラトゥ・ノアの言葉を思い出していた。部屋の中には他の人々もいたが、一緒にヤンゴナを飲むことで、私とテヴィタの距離は縮まっていった。さらにヤンゴナは、私とテヴィタを精神的にラトゥ・ノアともつなげていた。それは、厳かに敬虔に努力を重ねることで可能になる、という種類のものではない。テヴィタと私は、人々に交じって座り、冗談を言い、語り合い、我々らしいやり方で交流していただけだ。そのようなごく一般的な活動を通して、また、ヤンゴナの絆によって、我々の結び付きは日々強くなっていったのである。

ある午後のこと、私が、テヴィタの家で、彼が石油ランプを掃除しているのを見ながら座っていると、ナシが入ってきた。一緒にやって来たイノケが、ナシの代わりに、テヴィタにヤンゴナを渡す。彼女は具合が悪いのだ。この一週間、ナシは体中が痛み、徐々に体が弱っていくのを感じていた。彼女はほぼ毎晩夢を見て、夜中に汗びっしょりになって目覚めるのだと言う。そして暗闇に恐怖を感じるようになった。診療所にある薬は、どれも効かなかった。テヴィタは彼女を助けることができるだろうか。

テヴィタは自分の癒しを助けてくれているヴの代理としてヤンゴナ

を受け取り、最善を尽くします、と言った。テヴィタは、今すぐにはヤンゴナを飲まないことを了解してほしいという旨を伝えた。

「ここ数日、ヤンゴナを飲みすぎています。それに今日はこれから、暗くなる前に松の木の世話をしに行かなくてはなりません」

そう説明してから、テヴィタはヤンゴナを棚に置いた。この数日間で受け取った他のヤンゴナもそこに置かれている。そしてテヴィタはナシのところに戻り、病状についての質問を始めた。

「特にこの場所にいるときに痛みがひどい、というような場所はありますか」

「最近、何を食べましたか」

「海で漁をしたあとで、風邪をひいたということはありませんか」

イノケとも相談した上で、ナシは、最初に話したこと以上の説明は付け加えられそうにないと言った。

するとテヴィタは、見た夢のどれか一つを話してほしいと言った。ナシはココナッツの木の橋を渡っている夢について話し始めた。橋の下では、溢れそうなくらいに川の水かさが増している。橋を渡っていると突然、何かがナシを突き倒した。彼女は流れの速い川の中に落ちてしまう。そしてそこで目が覚めた。

「夜に誰かを見かけましたか」

と、テヴィタは尋ねた。

「いえ、誰も。でも今も恐怖心があります」

「誰か、あなたをねたんでいる人がいるでしょうか」

「思い当たりません」

テヴィタはイノケの方を向くと、彼ら二人が、伝統に従わずに何か良くないことをしなかったか、と訊いた。

「心当たりはありません」という返事が、二人からほぼ同時に返ってきた。

テヴィタはナシのお腹を触り、押した。そしてお腹をマッサージしたが、まるでこねているような動きだった。それから、薬草を混ぜたオイルを使って、背中にマッサージをした。その後、少し離れたところに座っている妻のスリアナに声を掛けた。二人は、どの薬草を処方すべきか話し合っている。スリアナはテヴィタの指示に従って薬草を調合することが多いが、自分で考えて調合を行うこともある。相談が終わるとスリアナは棚まで歩いていき、小袋に入った薬草を持ってきた。テヴィタはその小袋をナシに渡し、お茶にして飲む方法を説明した。ナシはそのお茶を一日に二回、四日間飲むことになる。そしてその後また、テヴィタのところに報告に来る。改善されなかった場合には、同じ治療を続けるか、別の治療に変えてみるかを、テヴィタが決める。

ナシはテヴィタにお礼を言った。ナシとイノケの二人は、テヴィタたちとおしゃべりを始めた。村のおかしな老人たちについて、冗談を言ったりしている。しばらくして、ナシが、診療所に戻らなくてはならないと言って帰っていった。その三〇分後にイノケも帰っていった。

後日、私は、ナシとイノケと話す機会があった。彼らは、ナシの病気はヴによって引き起こされていると信じていた。西洋医学の薬では治せない病気である。イノケが、伝統的な治療は慣習的に四日間かけるのだと教えてくれた。そして、その四日間の治療が終わったら、一緒にテヴィタのところに行かないかと誘ってくれた。

四日間の治療が終わった翌日の午後、私は、ナシとイノケについて、テヴィタのところに行った。前回同様、イノケがナシの代わりにヤンゴナを渡し、治療の完了を依頼した。

「具合はどうですか」

と、テヴィタがナシに尋ねた。

「薬草が効きました」

ナシは、ほっとした表情だった。

「全ての症状が四日目の夜に消えました。体中の痛みがなくなり、夢も見なくなり、夜の恐怖感もなくなりました。もう四日分、薬草をいただけますか」

「もちろんです。必要でしたら差し上げます」

テヴィタは薬草を他の人々に分け与えるために用意しているのだ。

「前回お渡ししたのは、ワイ・ニ・ヴァカテヴォロです」

と、テヴィタが言った。つまり、ヴによって引き起こされた病気を治療するためのものだったということだ。

「この処方で症状が和らいだという場合、ヴが関わっていたのだとわかります。

ナシがもっと薬草が欲しいと言ってくれてよかったです。私たちはこのように、二回セットの治療を行います」

テヴィタが私に説明してくれた。

「フィジーの伝統的な癒しは、二回セットなのです。例えばナシの場合は、薬草を四日間飲むということを二度行います。この二回が終わったあと、まだ症状が治まらないようであれば、また別の薬草を処方します」

イノケとナシは、テヴィタと話し始め、そこにスリアナも加わった。しばらくするとスリアナは、夕食の準備をするために台所へ行った。テヴィタの小さな子どもたちが二人、騒ぎながら家に飛び込んできた。テヴィタは身振りで、静かに座っているようにと、彼らに指示した。しかし、彼らにはそれは無理だったので、入ってきたときと同じくらいの素早さで、家を飛び出していった。

窓から差し込む太陽の光が、敷物の上に格子模様を描いている。その模様が移動しながら、次第に赤みを帯びてきた。そしてテヴィタの体を登り始めた。もうすぐ我々のおしゃべりの時間が終わる。テヴィタの六人の子どもたちが帰ってきて、夕食の時間が始まるのだ。私は、帰る前にラトゥ・ノアの言葉をテヴィタに伝えることにした。


「テヴィタ、ラトゥ・ノアの言っていたことをあなたに伝えたいのですが」

と、私は言った。テヴィタに、話し始める許可を求めた形である。

「お願いします。ラトゥ・ノアが何を言っていたのか知りたいです」

「ラトゥ・ノアは、ラトゥ・ノアと私が共同で私の研究に取り組んでいるのだと言いました。でも、私の研究を成功させるためには、私が癒しに参加しなくてはならない、とも言いました」

テヴィタは頷いた。私の言っていることが正しいと、肯定してくれているのだ。彼は私の話の続きを待っている。

「『毎週月曜日の夜に、テヴィタのところに行って癒しの儀式に参加するようにしなさい。行けない場合には、自分がどこにいるのかをテヴィタに言いなさい』と、ラトゥ・ノアは言いました」

「そうですね」

テヴィタは言った。

「それについては聞いています。ラトゥ・ノアと私は連絡を取り合っています。ラトゥ・ノアの言っていることに、私も賛成です。ただ、月曜の夜というのが問題です。たしかに以前は月曜の夜に癒しの儀式を行っていたのです。カリのそれぞれの地域から、私の四人の助手(リンガ・ニ・ワイ)がここに集まって、癒しを行っていました。が、ほかにやらなくてはならないことがたくさん出てきてしまって、毎週月曜日に、というのは難しくなりました。実はそれ以前には、私がカリの別の村へと出かけていって、四人の助手の家を順に訪ねて、そこで癒しを行っていました。でも、ラトゥ・ノアが『だめだ、儀式は一つの家で行うことに決めるべきだ』と言うので、そのやり方を変えたのです。私たちの儀式を取りまとめているのは、ラトゥ・ノアですから。その後、月曜日が忙しくなってしまったので、儀式を水曜日に変えました。私と、トヴにいる二人の助手だけで行うことになりました。ところが、ここ数か月、さらにやるべきことが増えてしまって、私たちは月曜日にも水曜日にも定期的に儀式を行うことができなくなっている状態です」

テヴィタは一度話すのをやめて、考えてから言った。

「ラトゥ・ノアが月曜日が望ましいと思っているようなので、また月曜日にしましょう。でも、毎週やるという約束はできません。月曜日に家が使える場合は、できる限りやるようにする、としか言えません」

我々は黙って座っていた。テヴィタの一番下の子が、先ほどから彼の隣に座っている。彼はその子にオイルを取ってくるようにと言った。テヴィタはそのオイルを、自分の肌に塗るのだ。フィジーの人々は、毎晩肌の手入れをする。彼はオイルを脚に付けると、まるで粘土で形を作るかのような動きですり込んだ。そして、オイルの瓶を脇にどけた。オイルを塗っている間中、彼は考え込んでいるようだった。考え込んだ顔つきのまま、テヴィタは私の方を向いた。

「ラトゥ・ノアがあなたに、こんなに多くのことを学ばせたということに驚いています」

テヴィタの言葉に、批判めいた響きはない。単に事実を言っているだけだ。

「ほかの人たちが研究したいと言って来たときには、ラトゥ・ノアは追い返してしまったんです。ラトゥ・ノア以外の癒し手のところに行ったとしても、事実を教えてもらうのは難しいでしょう。癒しは神聖なものだと考えられていますから」

再び沈黙が訪れた。テヴィタの言葉が、まだ空中に漂っている気がした。それが消えたとき、テヴィタがまた話し始めた。

「私がどうやってヤンゴナを使うかを話しましょう。依頼主からヤンゴナを受け取ると、私は精神を統一して、そのヤンゴナに託された依頼について考えます。何のために渡されたヤンゴナか、依頼主は何を望んでいるのかを、集中して考えるのです。通常の儀式では、ヴの代理でヤンゴナを受け取った際に、その旨を声に出して宣言しますが、私はそれはやりません。私たちの儀式では、違う方法をとります。ヤンゴナは私たちの夜の儀式を始めるためのものです。助手と私は、それぞれの依頼に精神を集中させます」

「その集中というのは、どのような感じですか」

「何にもたとえられません」

テヴィタは細かく説明したくないようだった。彼は話を進めた。

「月曜日の癒しの儀式は、癒しを始めるためのヤンゴナの儀式です。そこに依頼主たちがヤンゴナを持ってやって来るのです。彼らがそこにいる間に、私は全ての依頼主と彼らの問題とを書いたリストを作ります。そして助手にもリストを渡します。私が依頼主の番号を読み上げると、助手と私とは、その依頼主を癒すことに意識を集中します。スヴァでは、ラトゥ・ノアが、月曜の夜にここで起きていることを正確に把握しています。私たちがここで癒しを行うと、彼にはそれがわかるのです。月曜の夜の癒しの時間に、私がある依頼主の癒しをラトゥ・ノアに頼むと、その瞬間に彼にはそれがわかります。先ほど、連絡を取り合っていると言いましたが、ラトゥ・ノアと私は意思疎通ができるのです。

ルシアテ、月曜の夜に、どうぞ来てください。癒しの儀式に参加してもらいます。ルシアテ、あなたは運がいい。ラトゥ・ノアは、ほかの人たちは追い返したのですからね」

次の月曜日に、オンゴから三人の男性がヤンゴナを持ってテヴィタの家にやって来た。彼らは、自分たちの行っている商業的漁業計画を助けてほしいと頼んだ。オンゴでは、そのプロジェクトに反対する「保守派」と、プロジェクトに参加している若手中心のグループとの間に、対立が起きているようだ。オンゴの首長を中心とする反対派は、若者たちがオンゴの資源を危険な計画に注ぎ込もうとしていると感じていた。若い人々は、反対派が「時代の流れについていっていない」

のであり、今の世界で生き抜くために必要な起業家精神が欠けているのだと主張した。テヴィタの家では、オンゴから来た男性の一人、チェセが、彼らのグループが置かれている状況を説明した。彼は漁業プロジェクトの代表者である。

「老人たちは、私たちの漁業プロジェクトを妬んでいるのだと思います。彼らは自分たちがこのプロジェクトを取り仕切りたいと思っているのです。その彼らの妬みが、私たちのプロジェクトに悪影響を及ぼします。特に首長です。彼のことはよく知っています。ヴァカテヴォロを行う人物なのです。ヴに私たちを襲わせることができる人です。テヴィタ、あなたの助けが必要です。彼らからプロジェクトを守ってほしいのです。漁業プロジェクトを守ってくれる人が必要です」

　テヴィタはヤンゴナを受け取って棚に置いた。そして我々は、受け取ったものとは別のヤンゴナを水に溶いて、その後数時間、ヤンゴナを飲んだ。おしゃべりをし、冗談を言い合った。これが月曜の夜の癒しの儀式なのだ。あとで改めて、テヴィタは、彼らに頼まれた癒しを行うのだろう。つまり、彼らを守るための儀式である。しかしこの日、テヴィタが以前に説明してくれたような月曜の儀式（助手が集まり、依頼主の番号を読み上げて皆で癒しに意識を集中するというもの）は行われなかった。そもそも、テヴィタの助手はその場に集まってさえいないのだ。

　翌日、イノケと話をした。イノケは、テヴィタがオンゴの漁業計画に関わることになった背景を話してくれた。もう何年にもわたって、テヴィタはこのプロジェクトを支えてきているのだという。プロジェクトの責任者が、ヤンゴナを持って定期的にテヴィタのところにやって来るのだ。初めに彼らとの関係を築いたのはラトゥ・ノアだった。ラトゥ・ノアは、このプロジェクトの最初期から彼らを支えていた。プロジェクトがまだ単なるアイディアに過ぎなかった頃である。イノケはオンゴを「分裂した地域」と表現した。漁業プロジェクトの責任者たちと、それ以外の人々（多くは年配者である）とに、分かれてしまっているのだという。

「私は漁業計画の責任者たちの考え方に、賛成です」

　イノケははっきりと言った。

「彼らのやり方が、未来へと続く道です。たしかに、彼らのやり方には、古くからのやり方への敬意が足りないかもしれない。でも、そうでもしなければ、変化を起こすことなんてできません。とはいえ、危険な状況なのは事実です」

　イノケが警告を口にした。

「年配者たちは本気で妬んでいます。そして、彼らは強い力を持っているのです。特にあの年配の首長です。彼のことは信用できない。皆すでに、彼が悪いことをしているのではないかと疑っていますよ。彼は、人を殺すこともできるような人間です」

　イノケが話を続ける。

「オンゴの漁業プロジェクトの責任者たちは賢いと思います。テヴィタのところに通っていますが、テヴィタを選んだのは正解です。テヴィタは正直ですし、癒しもしっかりと行っています。しかも彼のうしろには、先生のラトゥ・ノアが控えています。ラトゥ・ノアは最強の癒し手です。プロジェクトの責任者たちが、あの首長の邪悪な企みと闘わなくてはならないのだとしても、テヴィタなら彼らを助けられると思います」

　その後の数週間、テヴィタは多忙で、月曜の夜の儀式は開かれなかった。彼の家はつねに訪問者で溢れていた。松の木育成計画の役人が来ていて、彼らが去ったと思ったら、スリアナの親族が来る、といった具合だ。それでも我々は、共に時を過ごしていた。

　ある日の午後、私はテヴィタにノートを手渡して、依頼主の名前、症状、治療、結果をリストにしてはどうだろうと提案した。彼は是非そうしようと同意してくれた。

「ルシアテ、私も研究をしているのです。以前は全ての依頼主の症例について記録を残していました。五〇〇件ほどの記録が集まっていたのですが、ハリケーンでなくなってしまったのです。記録を取るのは大切なことです。それを見せれば、どれだけのことを実際にやってきたのか、わかってもらえますから」

テヴィタは、癒しについて、そしてそのうしろにいるヴについて、話し始めた。

「ヴの力は、癒し手の人格と比例します。癒し手が誠実に一生懸命に崇拝すれば、ヴの力は強まります。ヴには階級や力の差があるのです。非常に力のあるヴもいれば、それほどでもないヴもいます。癒し手の人格とヴの力の両方が大切です」

「地域のヴに仕えることは大切ですか」

私は尋ねた。

「地域のヴには、限定的な力しか持たないものもいます。フィジー全体に知られているようなヴは、強い力を持っています。地域のヴの中には、悪い目的のためだけに、地域の人々に崇拝されているものもいます。

ルシアテ、癒し手になるには、年齢制限があるのです。学校に通っているような若い頃に力を与えられる人が、たまにいます。しかし、そういった若い時代の力は、普通は長く続きません。一度でも正しい道からはずれると、癒しの力が失われてしまうからです。南の方に、ラトゥ・ノアから力をもらったのに、失ってしまった人がいました。今も癒しを行っているものの、人格が『まっすぐ』でないために効力のない人々もいます。単なる時間の無駄ですね。ビトゥ南部のこの地域には、本物の癒し手は三人しかいません。南のイセイと、中部のトマシ。そして北は、カリの私です」

「癒しの際に働いているというマナについて聞かせてもらえますか」

「マナは贈り物のようなものです。受け取れるだろうと期待してはいけません。誠実に癒しを行っていると、それまで以上の強い癒しの力を、自分で感じることがあります。癒しに誠実であれば感じられるのがマナであり、それこそが癒しの業なのです。

とはいえ、フィジーの癒し手は、二種類に分けられるでしょう。マナは癒しに使われるだけではありません。人を殺すために使うこともできるのです」

「癒しでお金を稼いでいる癒し手については、どう思いますか」

「全ての癒し手が守らなくてはならないような決まりは、ないのです。癒しが仕事だと言う癒し手もいるでしょう。ただ、彼らは『まっすぐ』だとは言えません。依頼主が、例えばお金のようなプレゼントを持ってきたとしても、それを癒しの儀式の一部として受け取るべきではありません。癒しの儀式で受け取るべきなのはヤンゴナだけです。それも、大きなヤンゴナである必要はないのです。依頼主は、ヤンゴナをたくさん買うために、お金を使う必要などありません。小さなものを二つ三つ持ってくれれば十分なのです」

テヴィタはとてもくつろいでいた。床の上でより快適な姿勢へと座り直している。突然彼は、向こうを向いて棚に手を伸ばし、ヤンゴナを手にした。

「ルシアテ、これから、短い癒しの儀式をやりましょう。皆が森から戻ってくる前に」

予想外ではあったが、私は大賛成だった。

テヴィタがタノアで少量のヤンゴナを混ぜている。通訳のイノケと、私しか、その場にはいない。テヴィタが部屋の上席に座り、タノアは彼の前に置かれている。ヤンゴナを混ぜ終えると、テヴィタは、タノアを取り囲むように四箇所に少しずつヤンゴナを垂らした。テヴィタは、一言だけ発すると、彼はヤンゴナをまずイノケに、次に私に渡した。そして最後に自分が飲む。二周したところで、タノアは空になった。ここでまたテヴィタが一言だけ発して、儀式は終わった。一〇分足らずだった。

この一〇分ほどの間、部屋は静けさに包まれていた。儀式が終わると、テヴィタは、いつもの調子で話し始めた。

「ルシアテ、今度の月曜の夜は、儀式はしません。松の木育成計画の関係者が来るので、トヴに人が集まりすぎています。儀式をしなくてはならない案件がたまってきているのですが、トヴに人が多すぎると、どうやっても儀式が人々の目にとまるでしょう。『何をしているのだろう』と、見に来る人がいるかもしれません。

ほかに何か、訊きたいことはありますか」

テヴィタにそう問われて、私は驚いた。彼はいつもよりも饒舌なようだ。

テヴィタの助手が姿を現わさないこと、オンゴの人々がやって来た夜にもここにいなかったことが、私はどうしても気になっていた。彼の二人の助手、エロニとアリパテについて、私はほとんど何も知らないということに気が付いた。

「助手は、どうやって選ぶのですか」

と、私は尋ねた。

「無理に助手をやってもらうようなことはありません。私が、丁重にお願いするのです。同意してもらえれば、助手になってもらいます。私は、人格が『まっすぐ』な人にしか頼みません。それに、あまり多くの助手が欲しいとも思わないので、たくさんの人が助手になりたいと言ってくれたのですが、お断りしました。助手がいるということは、私が少し休めるということです。私は彼らに指示を出し、彼らが癒しを行ってくれるのです。

エロニは、長い間手伝ってくれています。アリパテは一番新しい助手です。アリパテは病気になってスヴァに行ったのです。そこでラトゥ・ノアが彼を癒して、私の助手にしました。とはいえ、彼らはつねに私と一緒にいるわけではありません。来られるときだけ、来てもらいます」

この答えを聞いても、私はまだ、彼らがなぜやって来ないのかわからなかった。複雑な理由があって、姿を現わさないのか。あるいは、来られるときだけ来るのであって、来られないこともあるということなのか。そのどちらなのかは、はっきりしない。

「テヴィタ、私は、オンゴのペニアシという男性のことを聞いたのですが。あなたの助手をしていたけれども、やめざるを得なくなったという人です」

「それは、こういういきさつです」

そう言って、テヴィタが説明を始めた。

「ペニアシは、カヌーに乗っているときに、突然病気になったのです。本当に突然、おかしくなったのです。ですから、理由を特定するのは難しいのですが、彼の癒しの方法が正しくなかったのかもしれません。いずれにしても、ペニアシは、普段から決して『まっすぐ』ではありませんでした。悪い心を持っていました。

ペニアシは、もともと、私のところに癒しを依頼しに来ていたのです。この家に、しばらく滞在したこともあります。もしかしたら彼は、癒しをやめて、殺しを始めてしまったのかもしれません。悪い仲間に入って、自分の力と権利を、良くない目的のために使ったのかもしれません。彼は澄んだ心を持っていなかったのです。

でも、私が彼をうまく導けなかった可能性もあります」

テヴィタは考え込んだ。

「私がうまく導けなかったのかもしれません。彼は、何を訊いても『はい』としか言わない人だったので。彼がおかしくなったのは、ヴの力によるものです。でも、なぜおかしくなったのかは、正確にはわかりません」

この質問にも、はっきりした答えをもらえなかった。私は学者として、たとえ正確でなかったとしても、はっきりとした答えを聞きたいという気持ちを持っている。が、このときは幸運なことに、その気持ちは「休憩中」だったようである。できることなら、このまま「引退」してもらえたら、と、私は願った。忍耐強く聞くことで、マナの正しい使い方と正しくない使い方、力を手に入れることと失うことには、複雑な事情があるのだということが、徐々にわかってきた。

　私は頃合いを見計らって、新しい質問をしてみた。

「テヴィタ、私は、ヤンゴナについて少し困っていることがあります。ラトゥ・ノアが、ヤンゴナの近くにいるようにと言ったので、そうするように努めています。でも、私は少しマテニになることがあるのですが、それは癒しとは無関係なように思えるのです」

　私が話している間、テヴィタは微笑んで頷いていた。彼は私の悩みを理解してくれているのだ。

「ルシアテ、私は、この家で癒しの儀式のためにヤンゴナを飲んでも、マテニにはなりません。どれほどたくさんヤンゴナを出されても、ならないのです。でも、ほかの場所では、マテニになります。マテニになるとどう感じるかは、わかっていますよね。ふらふらして、足の感覚がおかしくなってきて、バランス感覚がなくなって、位置感覚もなくなっていきます。

　患者がいて癒しの儀式を行う場合であれば、ヤンゴナを飲めば飲むほど、その患者の病気のことがよくわかって、治療法を提案できるようになります。患者が本当に具合が悪いような特別の場合には、私はたくさんのヤンゴナを持ってくるように指示を出します。『もっと出してください。ヤンゴナを飲めば飲むほど、力が強まります』と、私は言います。オンゴの漁業計画の責任者、チェセを癒したことがあります。チェセは私の家に担ぎ込まれてきたのですが、重篤な状態でした。私は八日八晩、休まずにヤンゴナを飲み続けました。そしてヤンゴナがなくなった瞬間に、チョセは起き上がって、歩いて出ていき、オンゴに帰っていきました」

「普段のヤンゴナを飲む集まりで起きることと、癒しの儀式で起きることが違うのは、どう説明したらいいのでしょう」

「ルシアテ、それは私にもわからないのですよ。癒しの儀式でヤンゴナを飲んでも酔わないのはどうしてなのか、自分でも不思議に思っています。

　ルシアテ、あなたが癒しの儀式で起きていることを見る許可をどうやって得たのか、私は本当に驚いていますよ。今までこんなことはなかったのです」

　テヴィタは私に向かって微笑み、話を続けた。

「癒しの儀式では、私たちはつねに、ラトゥ・ノアと協力して癒しを行います。依頼が多ければ儀式は長くなりますが、それほど心配しなくて大丈夫です。なぜなら、スヴァでラトゥ・ノアが同時に癒しを行っているからです。全てのヴが、癒しのための特別な日を知っています。私たちはヴを呼び出す必要もありません。癒しのための日ではないときに、緊急の癒しが必要になった場合は、ヤンゴナを特別な方法で用意することでヴを呼び出します。そのときも、正式な儀式で用いる祈りや捧げものをして、ヤンゴナを受け取ったことを宣言する必要はありません。いつも通りのヴを呼び出す方法でヤンゴナを用意すれば、ヴと交信することができます」

　テヴィタは、彼の先生のラトゥ・ノアと同じで、物事を単純に見せる。「『まっすぐ』でありなさい」、あるいは、より現実的な言い方をすれば、「まっすぐな道からそれないようにしなさい」。しかし私は、物事がそれほど単純ではないということを、すでに知っている。

第九章　ラトゥ・ノアとの会話（スヴァにて）

「普通であること、単純であること。それが私の特別な方法だ」

「ラトゥ・ノアがあなたに、こんなに多くのことを学ばせたということに驚いています。今までこんなことはなかったのです」

スヴァのラトゥ・ノアの家へ向かうバスの中で、テヴィタの言葉がよみがえってきた。トヴで三か月近くを過ごしたことで、私の考え方はトヴの人々の考え方に似てきていた。今日これからラトゥ・ノアを訪ねるには、準備が整っていないような気がしてきたのだ。同時に、自分は今までに、どれだけのことを学んだのだろうかと考えた。しかし一つだけ確かなことは、私が学んでいる内容は全て、虚飾のない包みに入れられて、私の元に届けられているということだ。

ラトゥ・ノアと会う。私は再び、気が楽になってきた。私はラトゥ・ノアの知識に対してこの上ない敬意を抱いているが、だからと言って彼の前で畏縮しているというわけではない。彼は自信を持って話すが、控えめである。権威を感じさせるが、謙虚である。ラトゥ・ノアがタノアを引っ張り出せば、わざとらしい前置きもなく、会話と癒しが始まる。終わるときも同じようにあっさりとしていて、空になったタノアは一晩休息する。

ラトゥ・ノアは、寛大である。私の疑問のほとんどが、私の無知から生まれるものであるにもかかわらず、彼は丁寧に教えてくれる。とはいえ、心からの質問が増えてきており、それはラトゥ・ノアの望みに適っているようだ。さらに私は、「まっすぐ」であろうと努力している。しかし、私にはまだ見通せないような深さまで、何段階もの理解のレベルがあるということにも、私は気付いている。そして、最も重要な点として、理解したからといって、それを簡単には実行できないという問題がある。それこそが、まっすぐな道の難しいところである。例えば、謙虚さという概念について、私の理解はどの程度深いと言えるだろうか。自分が謙虚な人間になるくらいまで、理解できているだろうか。答えは明白だ。否、である。

トヴで暮らしていると、ヤンゴナについて自分がよくわかっていないという事実に頻繁に気付かされる。私は、そこから話を始めることにした。

「あなたに言われたように、ヤンゴナの近くにいるように心がけています。でも、通常のヤンゴナを飲むための会合では、ヤンゴナを楽しむために、それから、おしゃべりをしたり何かを語って聞かせたりするために、ヤンゴナを飲みます。この場合のヤンゴナは、もう、癒しの儀式とは関係がないように思うのですが」

「ヤンゴナの近くにいることによってのみ、マナを理解することができる。ヤンゴナ以外の方法はありません」

疑念の余地はない、という言い方だった。そのあとで、ラトゥ・ノアは、さらに詳しく説明してくれた。

「ヤンゴナは磁石のようなものです。マナを引き寄せ、物事を統合し、理解できるようにまとめ上げます。とは言っても、どこでもただヤンゴナを飲めばいいというわけではなく、飲みすぎもよくない。飲むのはビロ二杯で、それが終われば帰って構いません。月曜の夜の癒しの儀式でも、重要なのは最初の二杯だけです。その間は、話をしてはいけません。二周するのに必要な分だけヤンゴナを混ぜて、二杯ずつ飲んだら、その特別なヤンゴナは終わりになります。そのあとで新たにヤンゴナを混ぜて、冗談を言ったり話をしたりして、ヤンゴナを飲みながら時を過ごすことになるかもしれない。あなたも参加したければ、参加したらいいでしょう。

ルシアテ、たとえ会話を楽しむための会であっても、ヤンゴナを飲むときは、私たちの仕事のことを考えなさい。ビロを受け取るときは、必ずそうすることです。そうしていれば、いつかあなたにも、私のように、ヴが見えてヴの声が聞こえるときがやってきます。ヴは、『これをしろ』、『あれをするな』などと言うでしょう。今ここで座って、ヤンゴナを飲みながら話していても、私にはヴの声が聞こえるのです。今聞こえているのは、私たちのこの議論が有益であるということと、あなたの研究が役に立つものだということです。

ルシアテ、あなたはときどき、どうしてもヤンゴナを飲みたくなることがあるでしょう。そのときには思い出しなさい。それは、あなたがヤンゴナを飲みたいのではないのです。誰か『ほかの者』がヤンゴナを欲していて、あなたに喉が渇いたと感じさせているのです。その『ほかの者』は、あなたのところにやって来て『ヤンゴナを飲みたい』と言うことができず、あなたに『ヤンゴナを飲め』と命令することもできない。あなたに喉が渇いたと感じさせることしかできないのです」

私はフィジー語がわかるようになってきていたので、ラトゥ・ノアがヴを指して「ほかの者」という表現を使っていることに気付いた。彼独特のこういった言い回しが、彼の話し方に気品を添えている。

トヴに移って三か月近くになるが、テヴィタの家での月曜の夜の癒しの儀式は、好意的に言っても「不定期」にしか開かれていない。ほぼ毎週、何らかの用事が発生して儀式がなくなることが予測できるほどである。そのせいで、毎週月曜日に儀式に参加しろというラトゥ・ノアの助言に従えなくなっている。とはいえ、テヴィタを悪く言いたいわけでもなく、私自身も必ず毎週やらなくてはならないと考えているわけでもない。しかし、疑問は残る。月曜の夜に定期的に行うことに、どれほどの重要性があるのだろう。

「私が月曜の夜に出掛けていて、癒しの儀式に参加できないときは、どうしたらいいでしょう」

私は、テヴィタのせいにならないような訊き方をしてみた。

「出掛けなければならないなら、そうすればいいのです。ただ、どこでヤンゴナを飲むとしても、最初のビロを受け取ったときは必ず、仕事のことを考えるのです。『私の仕事の助けになることを願って、この最初のビロを受け取るのだ』と、自分自身に言いなさい」

ラトゥ・ノアが「ザカザカ」という語を使うとき、「研究」と、私が学んでいる「癒し」とを、同時に指すことがある。すでにその状況には慣れたが、「ザカザカ」がどちらか片方を指すのか、両方を指すのかが、わからないこともある。その場合、私が自分で考えて解釈しなくてはならない。練習あるのみ、である。しかし、癒しという点に限って考えた場合、私がどれほどの責任を負うべきなのか、私にはまだよくわからなかった。テヴィタの癒しの儀式に参加しているときは、私はたしかに癒しの一端を担っており、責任を負っている。だが、実際の儀式の進行についてはどうだろう。つまり、依頼主からヤンゴナを受け取る、薬草の調合について学ぶ、といった面である。さらに根本的な点について言うと、癒しの背後に存在するヴとの交信についてはどうだろう。このような疑問がある一方で、まっすぐな道について今まで学んだ知識から、一度の儀式が癒しの本質ではない、ということはわかっている。本質は、「まっすぐであること」だ。この点から言うと、私は、自分が負える限りの責任を負わなくてはならない、ということになる。

「その特別な方法で最初のビロを受け取るときに、特別な受け取り方をしてはいけません」

ラトゥ・ノアの言葉が私の思考を遮り、私は瞬時に会話に引き戻された。

「普通のやり方で最初のビロを受け取ることです。ただ、精神を統一して、『私の仕事の助けになることを願って、これを受け取るのだ』と自分自身に言いなさい。何をしているのか、誰にも知られてはなりません。ゆっくりとビロを受け取ったり、祈りを唱えているかのように飲む前にビロを長時間手に持っていたり、そのような人目につくことをしてはいけません。そのような目立つ動きをすれば、ビロを持っている他の人々があなたのしていることに気付き、彼らがヤンゴナを飲むときに、あなたの仕事を妨害するかもしれません。特別なビロを受け取るときはつねに、そのことに気付かれないように気を付けなさい」

ラトゥ・ノアが「ビロを持っている他の人々」と言ったとき、私は不安になった。それはつまり、ヴァカテヴォロを行う人々のことを指している。ラトゥ・ノアも他の人たちも、いつも、マナについて二つの側面、二つの使い方があると話している。だからこそ、まっすぐな道がどうしても必要になるのだ。正しい側、まっすぐな側に、身を置くようにするためだ。ところが、ラトゥ・ノアが今話したのは、私についてだ。私自身が、ヤンゴナを正しくない方法で使う人々の力を受けないようにする方法だ。まっすぐであるための闘いに、私が含まれているということである。ラトゥ・ノアの助言はありがたく思ったが、自分自身がそのような力を受ける可能性があるという事実に、私は少し恐怖を覚えた。

戸を叩く音がした。若い男性が、足を引きずりながら入ってきた。ラトゥ・ノアは身振りで、彼に座るようにと指示した。男性はラトゥ・ノアにヤンゴナを渡し、ラトゥ・ノアは何も言わず、何の身振りもせず、自分のうしろの床にヤンゴナを置いた。

「まだ痛みますか」

と、ラトゥ・ノアが尋ねた。

「はい」

男性の声は弱々しい。

「大丈夫ですよ」

と言って、ラトゥ・ノアが彼を安心させた。そして、彼の右足の包帯を指さして

「腫れている部分から液体が出てしまえば、痛みはひきます」

と言った。

ラトゥ・ノアは男性に薬草を渡し、明日と明後日の朝に使うようにと指示した。

「この薬草を葉で包んで熱してください。朝、それを、腫れた部分に置いて、その上から包帯を巻きます。空気が入らないように。そして、仕事が終わったら、はずしてください。この薬草は、腫れた部分から悪いものを出す働きがあります。明日また、来てください」

「本当に痛いのです」

と、男性は顔をゆがめて言った。

「スヴァの病院に行ったのですが、治りませんでした。ここで治してもらっています」

ラトゥ・ノアはかすかに頷いた。そして、説明を続けた。

「患者の病が癒えたら、治療を続ける必要はありません。この依頼主の問題の原因となっているドラウニカウ（悪い薬）を使うのは、普通は、ソロモン諸島の人々だけです。彼らは、植物から、その薬を作ります。そしてその悪い薬を道に撒いておくのです。目には見えません。が、それを踏むと、足がかゆくなってきます。かゆいところをかくと、病が始まります。治療のための正しい薬草を手に入れることができれば、回復します。手に入れられなければ、病状は悪化するばかりです」

「その通りです」

と、若い男性が話し始めた。

「三年間ずっと腫れたままだったのです。あらゆる種類の薬や注射を

試しましたが、どれも効きませんでした。ここに来て、まだ二日ですが、もうすでに良くなってきていることがはっきりわかります」

男性が心からの感謝を込めて、ラトゥ・ノアの癒しの効果を証言したにもかかわらず、ラトゥ・ノアは今回もあまり関心を示さず、私に説明することの方に集中していた。

「こういった治療を、私しか知らないというのは、いいことではない。この男性が受けたようなヴァカテヴォロに対して、どういった治療をすべきなのかを、皆が知っている方が遥かにいいでしょう。だから、あなたに知ってほしいのです」

ラトゥ・ノアが、まっすぐに私の方を見た。

「ルシアテ、アメリカに帰る前に、あなたはこういったことを学ばなくてはならない」

そのようなことを教えてもらえるのかもしれない、と、考えたことはあった。しかし、それを私が実際に使えるのかという点については、あまり自信がなかった。どうやったら、アメリカで、フィジーの治療を行うことができるだろう。仮にできるとしても、私は本当に、フィジーで行われているのと全く同じ治療をしようと思うだろうか。

「ですが、どうやったら私はそれらのことを学べるでしょう」

私は、自分が不安に思っていることを、単純な質問に込めた。これは、前向きな質問であって、学べないのではないかと疑って口にした質問ではない。

「アメリカから私に手紙を書いてくれればいいのです。治せなかった病気について書いてくれたら、私が薬草を送りましょう。フィジーの薬が海を渡るのです。西洋の薬で治療できない病気に出会ったら、あなたは私に知らせ、私はあなたに薬草を送る。一番大切なのは、アメリカにヤンゴナを持っていくことですよ」

ヤンゴナが癒しを運んでくることはわかっている。そして、それが最も心配な点であった。私はヤンゴナの儀式の方法を知らないし、ヤンゴナをフィジーから持ち出せるのかどうかも、よくわからない。

「アメリカにヤンゴナを持っていくのは、とても難しいと思います」

これは、気持ちとしては、どうしたらいいのか教えてほしいという質問に近い。

「ルシアテ、大丈夫です。依頼主と会うたびにヤンゴナを飲まなくてはならないわけではないのです。難しいことが起きたときだけ、ヤンゴナを飲めば大丈夫です」

ラトゥ・ノアが大丈夫だと言ってくれたお陰で、私がずっと抱えていた不安は消えた。儀式を厳格に執り行うことによって、ヤンゴナの力が発揮されるわけではなかったのだ。

若い男性は薬草を受け取ると、ラトゥ・ノアにお礼を言って、出ていった。

「以前の家には、癒しのための特別な部屋があったと言っていましたが、この家と前の家と、どちらの方が依頼主は多く来ていますか」

私は尋ねた。

「前の家にはたくさんの依頼主が来ていました。が、この家にも、たくさん来るようになってきました。ここは町から遠く、長い時間バスに乗ってこなくてはならないのに、それでもやって来ます。仕事のあとで、依頼主が車で私を迎えに来て、彼らの家でヤンゴナを飲むこともあります。その場合、そこで癒しを行います。でも、そのあと必ず家に戻って、いつも通りの癒しをしています。

ルシアテ、私の依頼主には、様々な人種の人々がいます。フィジー人のほかに、インド人、中国人、西洋人がいます。でも、私はそれほどたくさんの依頼主を抱えたいとは思っていないのです。私を手伝ってくれる人はあまりいないし、仕事にも行かなくてはならない。時間が足りないのです。ただ、本当に必要とされている場合は、いつでも依頼を受けます。ここに来ると言う人がいるなら、私は待ちます。その代わり、依頼主は、来ると言った時間に来なくてはなりません。以前に、午前一〇時に来ると言ったのに、午後四時まで来なかった依頼主がいました。私はその日、仕事にも行けなかった。その依頼主は追い返して、また次の日に来るようにと言ってやりました」

会う時間の約束も含めて、ラトゥ・ノアとの約束を守ることが非常に重要だということを、私は十分に理解している。以前に、会いたくてもなかなか会えなかった経験があるので、ラトゥ・ノアとの会話は毎回貴重なものだと、よくわかっているのだ。

「良い癒し手と、悪い癒し手との違いは何ですか」

私は尋ねた。

「癒し手の中には、あらゆる不調の原因が悪魔（テヴォロ）かヴだと言う人がいます」

ラトゥ・ノアが話し始めた。

「そういった癒し手は、悪い癒し手でしょう。良い癒し手は、ヴが原因の病気と、そうでないものとを区別できます。多くの不調は、普通の問題（タウヴィマテ・ディナ）であって、ヴァカテヴォロとは無関係です。良い癒し手は、それが普通の不調であるとわかれば、その依頼主からはヤンゴナを一度だけ受け取って、病院に行くようにと言います。そして、良い癒し手は普通、依頼主に病気の原因を言いません。ただ、癒すことに専念します。もし、原因が他の人からヴァカテヴォロを受けたためだとしたら、それを話すことで、依頼主とその人との間の悪い感情が増長されるだけだからです。

良い癒し手は、癒しを助けてくれているヴが言ったことを、そのまま依頼主に伝えます。それ以上のことは言いません。彼らは勝手に付け加えるようなことはしません。悪い癒し手は、ヴが言った以上のことを伝えます。彼らはしばしば、普通の病気を、悪魔のせいであると言ったりします。そうすることで、自分の評判が上がるからですが、結果として依頼主を殺すことにもなりかねません。本当はただの普通の病気であったとしても、それが悪魔によって引き起こされたものだと聞くと、病院に行かない人もいるのです。そうなると、その人の健康状態は悪化していく可能性があります。死ぬこともあるでしょう。

悪い癒し手が欲しいのは、ヤンゴナと、タバコなどの贈り物なのです。今日も明日も、その次の日も次の日も、ヤンゴナと贈り物を受け取りたいのです。悪魔が原因だと言われれば、依頼主はその癒し手のところに通いますからね。

ルシアテ、ヴに言われたことより多くのこと、自分が知っていることより多くのことを、語ってはなりません。自慢はよくない。私たちの仕事は、自慢をしたい人には向かない。短く、真実だけを話すのです。必要なことだけを話すのです。多くのことを話すほど、そこには真実以外が含まれてきます」

「スヴァには、たくさん話す癒し手が本当に多いですね」

私は、観察から得た感想を述べた。

「その通りです」

「ラトゥ・ノア、私は、良い癒し手は、自分のところにやって来た依頼主を全て癒さなくてはならないと聞いたことがあります。良い癒し手は、全ての人々を愛し、助けようとするのだとも聞きました。でも、罪を犯した人が刑務所に入れられたくないので助けてほしいと言ってきたら、あるいは、誰かを傷付けようとしている人がその依頼に来たら、どうしたらいいでしょう」

「その人を助けるかどうかは、自分の決断次第です」

ラトゥ・ノアが答える。

「なぜなら、その決断が自分に跳ね返ってくるからです。決断はつねに『まっすぐ』でなくてはならない。意図的に法を犯した人を、助けることはできません。もし間違って罪を犯してしまったというのなら、そしてそれが、その人にとって初めてのことであるのなら、助けてあげるのもいいでしょう。しかし、二度目に罪を犯した人が、しかも意図的に法を犯した人がやって来たとしたら、『あなたは代償を払わなくてはならない。私には助けられない』と言ってやるのがいいと思います。以前に、盗みを犯した人が有罪の判決を受けたくないので助けてほしいと、お金をたくさん持って依頼に来たことがあります。私は断りました。そのお金を受け取れば、強欲だということになります。たしかに私も、依頼主から感謝の印として贈り物を受け取ることはあります。でも、癒しに料金を設定したり、お金を要求したりすることはない。それはタブーです。

　ルシアテ、私たちのしていることは、簡単ではありません。私たちは、まっすぐ歩かなくてはならない。まっすぐ走らなくてはならない。依頼主からお金をもらうことを期待して、この仕事をしてはなりません。癒しの仕事は、カロウからの贈り物です。それはつまり、他の人々に、命と健康を惜しみなく贈らなくてはならないということです。この決まりを守れば、マナがやって来ます。そして、この決まりを破れば、マナは去っていきます」

　基本的なタブーと禁止事項は、すでに学んでいる。霊的な力を、他者を傷付けるために使ってはならない。癒しでお金を受け取ってはならない。しかし、三番目のタブーとして、依頼主との性的行為に関するものがあると聞いたことがあり、私はそのことが気になっていた。

「ラトゥ・ノア、ある癒し手から、癒しを始めたばかりの頃は、依頼主と性的行為を行うのはタブーだと聞きました。癒しの経験を積んでから、特別な方法で行うのであれば、タブーではない、と」

　私は新しい話題へと移ったが、やや早すぎたかもしれない。

「ルシアテ、答えは簡単です。まっすぐでありなさい。この仕事をしていると、女性をその気にさせる力も身に付くのです。でも、それを使ってはなりません。癒し手としての初期には、ある期間、自分の妻と寝ることさえ許されません。訓練が終われば、その制限はなくなります。しかし、癒し手としての力を使って、女性と関係を持ってはなりません。それは、意図的に法を犯そうとしている人を手助けするのと同様に、許されないことです」

「依頼主と性的な関係を持ったせいで、力を失った人を知っていますか」

「知っています。それはまさに、ペニアシに起きたことです。テヴィタの助手をしていたオンゴの男です。彼は、力を使って女性を誘惑したのです。ペニアシがある女性に対して、癒し手としての力を正しくない方法で使うと、女性は無意識に彼のところへやって来て、彼と寝たのです。まるで心を失ったように。その後、彼女は目を覚まして、何が起きたのかを理解しました。そして今度は、ペニアシが心を失う番です。さっき話したように、自分の決断が自分に跳ね返ってくるのです。ペニアシの心の病は、彼の受けた罰です」

　トヴでテヴィタに質問をしたときには、テヴィタは、ペニアシが誰かを殺すために力を使ったせいで力を失ったのかもしれないと言った。が、テヴィタはあまり自信がなさそうだった。理由が何であるにしても、ペニアシはもう癒しを行っておらず、オンゴの人々は、彼は気が狂ってしまったと言っている。

　時間が気になり始めた。そろそろラトゥ・ノアのところから帰らなくてはならない時刻だ。そして、二、三日のうちにトヴに戻らなくてはならない。ほかに教えてもらえることがあるのかどうか、知りたかった。

「ラトゥ・ノア、今は九月で、私があなたの下で訓練を始めてから五か月足らずです。これがまだ、訓練の第一段階であることはわかっています。でも、あと二、三日でトヴに戻らなくてはならないので、またしばらくあなたに会えなくなります。まずは三か月をトヴで過ごせと言われて、三か月が経ちましたが、このあとトヴに戻ってから何かすべきことはありますか」

　必死に助言をせがんでいるように聞こえないことを願いながら、私は尋ねた。ただ、この質問をしたのも、ラトゥ・ノアの指導に従った結果だ。彼は、知りたいことがあったら「すぐに言え」と言ったのだ。

「恥ずかしがるな」とも、つねに言われている。

「テヴィタの月曜日と水曜日の儀式に参加することだけです」

と、ラトゥ・ノアは答えた。

「テヴィタと一緒にいないときも、普通のヤンゴナを飲む会合に参加するときも、最初の二杯のビロについて忘れないようにしなさい。ほとんどの人は、こんな小さなコツさえも知らない。実際のところ、一杯目のビロだけでもいいのです。二杯目は忘れても構わない。

ルシアテ、癒し手の中には、特別なやり方をして、皆に見せびらかしたいと思っている人たちもいます。でも、私は違う。誰かがヤンゴナを持ってくれば、私のヴにそれを知らせますが、それも私自身のタイミングで、私自身のやり方でやります。普通であること、単純であること。それが私の特別な方法です」

夜が更けてきた。部屋の中は静かになった。ラトゥ・ノアが、我々一人ずつのビロに、ヤンゴナを注ぐ。両手でお椀の形を作っている。綺麗な滝の水を受け止めているような印象だ。もう、尋ねることもない。

ラトゥ・ノアが、静けさを破った。私がもうすぐトヴに戻ることについて、それからラトゥ・ノアの仕事について、我々は少しだけ話をした。裏口から、ラトゥ・ノアの妻のナワメが帰ってきた。出掛けていたのだ。彼女は座って、静かに話を聞いていた。彼女の顔に、少しずつ、微笑みが広がっていった。

「フィジー語がうまくなりましたね。この家に頻繁に来ているから。もうアメリカに戻っても、アメリカ人だとわかってもらえなくなりますよ」

と、ナワメは私に言った。ナワメは顔を少しラトゥ・ノアの方に向けて、続けて言った。

「うちの人は頑固ですもの。英語は話しません。うちの人のせいで、あなたがフィジー人になってしまうわ」

「ナワメの言う通りだ。あと少しでフィジー語がわかるようになるでしょう。そうすれば、私と話すのも簡単になります。私はほとんど英語がわかりませんから」

と、ラトゥ・ノアが言った。

ラトゥ・ノアはお世辞を言っているだけである。私のフィジー語は、まだ初級レベルだ。

「待ってください。あなたの英語の方が、私のフィジー語よりも上です」

と、私は言った。ラトゥ・ノアは英語が理解できるのだということを、私は知っている。ラトゥ・ノアは、イノケが通訳する前に、私の質問に答え始めることがあるのだ。しかし、ラトゥ・ノアは英語を話さないということも、私は知っている。自分が最低限の英語しか話せないために、遠慮している、あるいは恥ずかしがっている、というだけではない。それ以上に、ラトゥ・ノアは、自分の話すことを正確にフィジー語のままで伝えたいのだ。

「ルシアテ、トヴから戻ったときは、必ず私に会いに来なさい。必ずですよ」

ラトゥ・ノアのこの指示が、私にとって、何よりも大切な基本方針となった。

第一〇章　死（トヴにて）

十月の夜はまばゆいほどだ。トヴの空には、たくさんの星がちりばめられ、春先の草地にいっせいに出てきた草の芽のようにも見える。細い三日月が、星々に埋もれてしまいそうなくらいだ。眠りについた村は、虫の声が響く夜の空気の中で安らいでいる。

心地よい夜だったが、ふと、虫の声以外の音が聞こえてくるのに気が付いた。かすかな音ではあるが、気にかかる。妻も寝返りを打っている。妻と私は再び夢の世界に入りかけたが、その音によって引き戻された。もはや無視できそうにない。音が徐々に大きくなってきているのだ。その音は、狼の群れが夜空に向かって遠吠えをしている声のようにも聞こえる。しかし、ここには狼はいないはずだ。では一体何が、あのような吠え方をしているのだろう。はっきりとは聞こえなかったが、だんだんと音の正体がわかってきた。どうやら人間が泣いているようだ。ひどく悲しんで号泣している、といった様子だ。そしてその泣き声は、チョネ校長の家から聞こえてくる。我々の家から少し丘を登った、すぐそこだ。人々が、おそらくは女性たちが、泣いているのだ。嗚咽やうめき声が聞こえ、ときに泣き叫ぶような声も混じっている。

東の空に朝の最初の光が輝き、突然、夜の世界が終わりを告げた。我々はまだベッドの中にいたが、何か恐ろしいことが起きたのかもしれないと不安になっていた。これ以上、家の中で黙っているわけにはいかない。外に出ると、灰色がかった空が明るくなり始めていた。我々は軽く身震いし、それから本当に震え出した。寒いどころではない。寒すぎる。何人かの人々が、我々の側を通り過ぎ、チョネ校長の家へと急いで入っていった。泣き声の大きさはもはや尋常ではなく、何が起きているのかわからないなどと言って悠長に構えている状況ではなかった。チョネ校長の家で、何か恐ろしい悲劇が起きたのだ。

テヴィタが歩いてきた。テヴィタと私の目が合った。まだ明けきらない朝の光の中で、テヴィタの輪郭が少しぼやける。彼は疲れているように見えた。テヴィタも私も何も言わなかったが、私は目でテヴィタに助けを求めた。

「ひどいことが起きたのです」

と、少し経ってから、テヴィタは小さな声で言った。少なくとも、私にはそう言ったように聞こえた。我々はどちらも、まだ完全には目覚めていなかった。

「ひどいことが起きました。チョネが死んだのです。昨夜、オンゴで亡くなったそうです。彼らは、オンゴの商業的漁業計画の新しい船の初出航を記念して、祝賀会をしていました。そこで、オンゴで、死んだのだそうです」

テヴィタは頭を、ゆっくりと、悲しそうに振った。彼は弱々しく見えた。朝の青い光がテヴィタの命をいくらか吸い取ってしまったかのように、彼は虚ろに見えた。彼は私に背を向けると、チョネ校長の家へと、丘を登っていった。

チョネ校長が死んだ？　何かの間違いだと思いたかった。そうだ、きっと私はテヴィタの言ったことを聞き間違えたのだ。いや、それはあり得ない。テヴィタはたしかに、チョネ校長が死んだと言った。

しかし、一体どうしたら、そんなことが起こり得るだろう。私は昨日の午後、チョネ校長の姿を見ているのだ。彼は南で行われた会合から戻ったところだった。自分の家に寄って、会合の参加者たちから贈られた大きなキャベツ二つを、彼の妻に渡していた。

「今夜は家で休むことにできないかしら」

奥さんがチョネ校長に頼み込むように話しているのが聞こえた。

「この一週間、あちこち走り回って、全然休めていないじゃないですか。もっと体を大切にしてください。今日もまだ何も食べていないのでしょう。もう夕飯の時間になるんですよ。南の、先生たちの集まりで、ヤンゴナを飲んできただけでしょう。ヤンゴナはご飯ではないのですよ。こんなことをしていたら、体を壊します」

奥さんは、怒っていたが、同時に困ってもいた。自分の言葉が、夫に届かないことを理解しているようだった。

「わかっているよ」

と、チョネ校長は無感情に答えた。

「でも、今日は祝賀会に出ると、オンゴの人たちと約束したんだ。商業的漁業計画の船ができて、最初の漁に出るお祝いなんだ。行くと約束した。約束してるんだよ。行かなくちゃならない」

そう言ってチョネ校長は会話を終わらせたが、最後の方は奥さんに向かって話してさえいなかった。すでに彼女に背を向けて、村の方へと向かって歩き出していた。そのまま村を抜けて海岸に行き、船に乗ったのだろう。

私は彼の姿を、昨日の午後、見たばかりなのだ。たしかに、彼は疲れているように見えた。肩を落としているような、少しうつむいているような、そんな様子ではあった。重そうではあるけれど、引き締まって見えていた彼の体が、昨日は太って見えたのも事実だ。でも、そうは言っても、昨日見たばかりなのだ。

私は、どうしていいのかわからなくなった。チョネ校長は、私たちを守ってくれていた。私たち家族がトヴに移り住むのを助けてくれて、畑の作物を分けてくれた。メレと私の研究を手助けしてくれて、いつでも質問に答えてくれた。そして彼は、友達だった。チョネ校長がいなくなってしまったという事実に、私は徐々に打ちのめされていった。

気が付くと私は、家族と共に、チョネ校長の家へ向かって歩いていた。何をしたらいいのかわからないまま、我々は校長の死を悼む葬儀の場へと入っていった。葬儀はすでに始まっている。家の中で、人々はヤンゴナを飲んでいた。チョネ校長の遺体が、部屋の上座に置かれている。棺に入れられているが、棺の蓋は開いている。美しい織物が、校長の体にかけられている。織物には様々な色のフリンジが付いているが、そのフリンジが校長の顎の下と頭の周りに詰め込まれているため、顔が様々な色で縁取られている形だ。棺の中のチョネ校長の体を抱き締めて、校長の妻は静かに泣いていた。彼女の大きな体は規則的に上下し、ときに痙攣するように震えた。村の女性たちが数名、彼女に付き添っており、彼女に水を渡したり、そっと彼女を扇いだりしていた。

壁に沿って、トヴの村人たちが座っていた。女性は女性だけで、男性は男性だけで、固まって座っている。女性たちは、低めの声で、ずっとおしゃべりをしていた。何度も、何度も、校長が亡くなったときのことを詳しく話している。中には、声をあげて泣いている人もいる。これが悲しみを表す際の特徴的な泣き方なのだと、私は理解した。泣きながら、空中に息を吐き、ときどきハンカチで顔を拭く。床を叩いている人や、座ったまま揺れている人もいる。男性たちは、ほとんどが黙っていた。彼らと一緒に座っていると、私は慰められ、力が湧いてくるように感じた。我々は、たまに短い会話を交わした。チョネ校長について、そして、残された家族について。

「なんてひどいことだろう。彼はあんなにいい人だったのに」

新たに人がやって来るたびに、誰かがこの意見を口にする。私も涙をこらえ切れなかった。我々は何度か、皆で泣いた。その間中ずっと、ヤンゴナが回ってきていた。とても強いヤンゴナだった。

そのようにして、何時間も過ぎた。つねに新しい人々が、弔問に訪れる。儀式として、ヤンゴナと贈り物を渡すと、彼らは座ってヤンゴナを飲み、皆と話をする。新しく来る人たちのために場所を空けようと、出ていく人たちもいた。人が多すぎて、部屋から溢れそうになる時間帯もあった。

真昼の太陽が部屋の空気を変えていく。家の中に人が増えてくるにつれて、空気が重く、息苦しくなっていった。ある年配の女性が言った。

「こんなに気温が上がると、遺体が傷んでしまう。私たちは皆、追い出されるよ」

年齢と地位があるため、彼女はこの場で冗談を言うことが許される。そしてこの冗談のあと、部屋の空気が明るくなった。人々が少し、肩の力を抜いたのがわかる。皆、ほっとしたのだ。会話が少しずつ、いつも通りの声の調子、いつも通りの声の大きさを取り戻していった。皆が落ち着いてきた。

午後になり、時間が経つにつれて、我々家族は儀式の中心に組み込まれていった。仕方のないことだとはわかっている。我々はここに属しているのだ。

「あなたたちが一緒にいてくれて、本当に嬉しいです。あなたたちは私たちの家族です」

チョネ校長の妻が、外に空気を吸いに出るときに、我々に声を掛けていった。

しばらくして、イノケと彼の家族が弔問にやって来た。正式な儀式の形でヤンゴナを渡したあと、イノケは私の隣に座った。

「どうにもわからない」

彼は困惑した様子だった。

「チョネは、昨日の午後遅くにオンゴに行ったのです。彼が到着したとき、オンゴではちょうど、商業的漁業計画の船の出港を祝う儀式が始まったところでした。儀式が終わると、パーティーが始まりました。皆、飲んで踊りました。それらは全て、あの年配の首長の家で行われていました。そしてチョネは、ずっと、首長のすぐ隣に座っていたのです。チョネも踊りました。何度も踊りに立ちました。でも、踊り終えると必ず元の席に戻り、オンゴの首長の隣に座りました。出席者は皆、チョネがとても楽しんでいるように見えたと言っています。そして、何の前触れもなく、チョネが突然崩れ落ちたのです。何の前触れもなく、です。チョネは座っていて、楽しそうに会話をして笑っていたのに、突然倒れて、直後にはもう死んでいたのです。皆、とても驚き、怖がりました。あまりにも突然で、全く前触れがなかったのですから。そのまま、パーティーは終わりになりました。ルシ、心臓発作のように聞こえますよね」

イノケは話を続けた。先ほどよりも深く考え込んでいるように見える。

「心臓発作のように聞こえるのです。でも、なぜ、オンゴなんだろう」

イノケの考えは、こうだ。チョネ校長はたしかに太っていたし疲れていた。そして一晩中、飲んで踊っていた。心臓発作が起きるには十分な条件がそろっている。だが、彼は若い。四〇歳になったばかりだ。そして、強く、活動的な男だ。

「ルシ、聞いてください。心臓発作以上の何かがあったのではないか。そう考えずにはいられないのです。考えがまとまりません」

医学的な訓練を受けているため、イノケは、心臓発作という一つの可能性を導き出した。しかし、フィジー人として、それでは納得がいかないのだと言う。

「この件については、ほかの力も働いているような気がしてならないのです」

イノケはそこで話をやめたが、まだ悩んでいるように見える。しかし、彼に言われたことについて、ゆっくり考えている時間はなかった。ある年配の男性が、私を横の部屋に呼んだのだ。そこでは、数名の男性たちがタノアを囲んでヤンゴナを飲んでいた。

「私たち数名で、夜の間中、ヤンゴナを飲み続けます。あなたも参加したいのではないかと思ったのですが」

と、彼は言った。私は、名誉なことだと思った。しかし、「参加します」と言ってしまったためにどんな目に遭うことになるのかは、次の日の朝、ようやくわかることだった。夜を徹して、何時間も、何時間も、私は眠気と闘った。会話を少しでも理解しようと必死で努力しながら、具合が悪くならないように気合いを入れつつ、何杯も、何杯も、回ってくるビロでヤンゴナを飲み続ける。その間中ずっと、寒く暗い夜が、私の精神力を奪い続けるのだ。翌朝、暖かい朝日を浴びながら夜のことを思い出すと、なんとかやり遂げられたことへの感謝の念に襲われた。

夜が明けて、しばらく経ってから知ったことだが、私は、チョネ校長の死に関わる儀式の重要な部分に招き入れられていたのだった。亡くなった最初の夜に徹夜でヤンゴナを飲み続けるのは、死者の傍で寝ずの番をするという、大きな意味のある儀式だったのである。何をどうしていいのかわからないまま、私は、儀式に備わった英知に導かれていたのだ。

弔いの儀式は続き、さらに多くの人々が訪れ、さらに多くの贈り物が届いた。チョネ校長の家族は、村の人々の助けを借りながら、客に振る舞う料理を用意した。私も、私の家族も、様々な手伝いをした。料理をし、チョネ校長の妻を慰め、ヤンゴナの儀式に参加した。

昼頃、私は、人々がヤンゴナを飲んでいるところに戻るために外を歩いていた。すると、校長の家の前で、イノケに会った。

「チョネのことで、皆がいろいろ言っていますよ」

イノケが、秘密を打ち明けるような調子で話し掛けてきた。

「皆、どうしてチョネが死んだのか、理解できないのです。皆、『彼はあんなにいい人だったのに』と言います。私は、説明がつくことはわかっています。彼は疲れ切っていた。健康管理もきちんとできない時期が続いた。心臓発作の条件は、そろっていました。心臓発作だろうと話している人たちもいます。でも、彼らは納得がいかないのです。心臓発作だったとしても、なぜ彼が。しかも、なぜオンゴで。そして、私も同じように感じています。もちろん私は、村の人たちよりも、心臓発作が起きる理由を詳しく知っているのですが」

イノケは少し間を置いて、続けた。今度はささやくような声だ。

「オンゴの年配の首長について、いろいろな話を聞きました」

突然、曖昧な話し方になった。

「あの年配の首長は、過去に良くないことをしているのです。ヤンゴナを正しくない方法で使ったのです。彼は、そういうヤンゴナの使い方を知っている人です。そして今、彼はオンゴの漁業計画をひどく妬んでいます。計画を破綻させようとしています。漁業計画の責任者たちは、彼を相手にせず、自分たちのやり方で進めています。私は彼らに賛成ですが。年配の首長は、ビジネスの方法をわかっていませんから。そうです、皆、あの年配の首長だと言っているのです。なぜなら、あの夜、チョネがずっと彼の隣に座っていたからです。チョネは、何も知らずに、あの首長の悪だくみの犠牲者になってしまったのです」

イノケは顔を近付けてきた。

「もう少し説明しましょう。私が今使った表現は、村の人たちの表現とは違います。彼らは『あの年配の首長』などと、誰だかわかるような言い方はしません。それとなく彼のことをほのめかすだけです。彼らは、ヤンゴナを良くない目的のために使った、というような言い方もしません。『彼ならやるね』と言うだけです。何の話なのか、誰のことなのか、皆知っていますが、それを人前で直接言う人はいません。もちろん、裏ではもっといろいろなことを言っています。名前も出して話しています」

「でも、その首長が漁業計画を狙っていたとして、なぜチョネ校長が死なくてはならないのですか」

「ルシ、それがフィジーのやり方ですよ。ヤンゴナを悪い企みのために使うときには、引き換えに何かを渡さなくてはならないのです。オンゴの首長がヤンゴナを使って、ヴに漁業計画を頓挫させてほしいと頼んだとすれば、首長はヴに何かを差し出さなくてはならないのです。ヴの手助けに対して、感謝の贈り物（マンドラリ）をしたわけです。普通、感謝の贈り物には、他の人間の命（ナイ・マンドラリ・ブラ）を差し出すことになっています。そして、チョネが犠牲になった。チョネは善良な人間で、首長と漁業計画の責任者たちとの争いに無関係だったにもかかわらず。でも、チョネのような、善良で罪のない人間の方が、生贄としては喜ばれるのです。チョネは首長の隣に座っていたので、首長が感謝の贈り物にするには好都合だったのでしょうね。皆、そんな風に話していますよ」

イノケは頭を振って言った。

「私にも、彼らの考えていることがわかるのです。私自身も、あの首長が原因だろうと感じています。そうでないなら、なぜチョネがオンゴで死んだのだろう、と思います。しかも首長のすぐ隣で倒れて死んだのですよ」

イノケ同様、私も、心臓発作という医学的な説明だけを信じたいと思っている。チョネ校長には肥満の問題があり、過労も重なった。頑張りすぎたのだ。したがって、彼が心臓発作で亡くなるという結果になったことは、自然なことと言える。しかし、だからといって、その結論だけを受け入れて、この問題を忘れるというわけにはいかなかった。トヴは今、この話題で持ち切りだ。人々は皆、心配そうな顔をしている。イノケが説明してくれた疑念が、皆の心の中にあるのだ。会話に新しい人が加わるたびに、この話題が繰り返される。その人がチョネ校長の死因について、何か新しい視点を持っているかもしれないと期待するためだ。人々は、チョネ校長が殺されたと言っているのだ。私は怖くなった。一部の人々が持っているとされる、人を殺すことのできる力を、恐ろしいと思った。そしてまた、これだけ疑念が膨らんできたからには、人々は、説明を求めていろいろな可能性について考えるだろうと思われる。そうなった場合、私自身、あるいは私の家族が責められることもあり得るのだ。結局のところ、我々はまだトヴに来て三か月なのだ。村の暮らしにとっては、新しい要素に違いない。我々がやって来たことで一連の出来事が動き出し、チョネ校長が亡くなるという結果につながったのだと、村の人々が考えることもあり得る。ここまで考えて、私はさらに恐怖を覚えた。私は今、自分が殺人の容疑者になる可能性があると感じているのだ。自分がどれほど深くトヴの生活に関わっているのかということを、改めて認識した。

立ち去り際に、イノケが付け加えた。

「ルシ、そういえば、別の話も聞いたのですが。テヴィタのところで、ある人が、オンゴの漁業計画の責任者たちが原因ではないかと言っていました。彼らが船の初出航を正しい方法で行わず、伝統的なタブーを犯したせいで、その罰としてチョネが死んだのではないか、と。テヴィタはその人に、そうではないと言っていましたが、私にはわかりません。別の人も、あのオンゴの人たちを疑っていました」

いくつもの説が浮上していることに、私は驚いた。そして同時に、ほっとした。疑われているのは私ではない。「あのオンゴの人たち」という言葉に、慰められるような気さえした。

イノケのあとを追って、チョネ校長の家に戻ろうとしたときに、向こうからヴォテアがやって来た。チョネ校長の友達だ。チョネ校長が学校の仕事で忙しかったために、ヴォテアがチョネ校長の家族に定期的に食べ物を運んでいた。校長はトヴでは珍しく毎月現金収入を得ていたので、ヴォテアを雇うことができたのだ。とはいえ、ヴォテアがその仕事を受けたのは、友達だからである。チョネ校長は、我々家族に、いつでも必要な食べ物をくれたが、それはヴォテアが運んできたものだった。

ヴォテアは震えていた。彼は、彼の世界の非常に大きな部分を失ったのだ。私を見ると、ヴォテアは泣き出した。その瞬間、私も泣いていた。ヴォテアと私は肩を抱き合い、何も言わずに泣いた。しばらくして、ヴォテアが話し始めた。感情が噴き出したような形だが、泣くのをこらえているので声は小さい。

「チョネは本当にいい奴だったのに。私たちを残して逝ってしまった。ルシアテ、私たちは助け合わなくてはならない。私はあなたを助けます。もうチョネはいないから、私はあなたのために食べ物を持ってきます。チョネにしたように、あなたのために食べ物を持ってきます。ルシアテ、心配しなくていい。大丈夫です。あなたの家族が食べ物に困ることはありません」

ヴォテアは、ささやくような声で言った。

「あのオンゴの人たちです。チョネは昨日の夜、あそこに行くべきではなかったのだ。あのオンゴの人たちは、良くないことをしています。あなたや私のような立場の人間は、気を付けなくてはなりません」

ヴォテアは私の肩に手を置いて言った。

「あなたたち家族が、私たちと一緒にトヴにいてくれて、よかった。あなたたちは、いい人たちです。あなたたちが困らないようにしますから。どうか、心配しないで」

ヴォテアの言葉で、私は気持ちが落ち着き、守られていると感じた。そしてとても悲しくなった。我々家族が疑われるかもしれないと考えるのはやめて、チョネ校長と彼の家族のために、心から悲しむことに決めた。彼は本当に、いい人だった。

その日の夜遅く、トヴに知らせが届いた。チョネ校長の親戚が、彼の故郷の島モモトからオンゴに到着したという知らせだった。彼らはオンゴに一晩泊まり、休息して、儀式の贈り物を調達してからやって来るという。チョネ校長の家族はオンゴの人々とも血縁関係にあり、その計画は自然なものであるように思われた。明日の午前中に、チョネ校長の親族がトヴにやって来る。その中には校長の二人の妹もいるという。

夜が明ける前から、女性たちは食事の準備を始めていた。学校の台所から借りてきたたくさんの鉄鍋が、大きな火にかけられている。鍋のお湯が煮立って、小さな泡が表面に浮かんでは消える。女性たちは鍋の側に座って、食器を洗ったり、磨いたり、材料の根菜を刻んだりしている。一年中食べられるキャッサバに加えて、貴重なタロイモがたくさん用意されている。暖かい火の側にいるためか、女性たちの会話には活気があった。まだ寒い早朝、我々はその火をうらやましく見つめていたが、料理をしない人たちが入れるほど広い部屋ではなかった。

それでも我々は、彼女たちの会話を少しだけ聞くことができた。いくつもの疑問が聞こえてくる。

「なぜ死んだのか」

「誰のせいなのか」

チョネ校長は疲れていて、きちんとした食事をしておらず、そのせいで弱っていたのだとわかっていても、それでも彼女たちは「なぜ」と言う。彼はまだ若かったし、活発な男性だった。それに、いい人だった。それなのに、「なぜ」彼が。

彼女たちの会話に、新しい視点が入ってきた。「私たちの島にこんなことが起きた、という点についてはどう思うか」という疑問を、ある女性が口にしたのだ。

「なぜこんなことが、トヴの先生に起きたのだろう。なぜ私たちの島に」

「なぜ私たちに」という部分を、別の女性たちが拾い上げた。そこを軸に様々な疑問が繰り返されたが、特定のことに焦点が定まる様子はなかった。彼女たちはただ、「なぜ私たちに」と繰り返した。

この疑問によって、新しい緊張が生まれた。「あのオンゴの人たち」が、最も疑わしいと思われていることに変わりはない。しかし、何本かの指が、とても注意深く、間接的にではあるものの、自分たちの島を指し始めたのだ。部屋の中に不安が漂い始めたことが、はっきりと感じられた。自分たちのいるこの場所に、危険があるのだろうか。

「私は関係ない」

彼女たちの声には、そんな響きが含まれている。

「でもきっと、私以外の誰か。このトヴにいる誰かは、関係があるのかもしれない」

第一一章　第二の死（トヴにて）

チョネ校長の遺体は、彼の家に置かれたままだった。顔が土色になってきているが、棺の窓は開けられたままで、そこから顔を見ることができる。亡くなってから二日目の朝だ。

モモトから来たチョネ校長の親族のうち、数名が先発隊としてやって来た。トヴの港に錨を下ろしているのを見たという報告が届いた。伝統的な方法に従って、校長の二人の妹を含めた親族全員がトヴに弔問に来る許可をもらうために、先発隊がオンゴからやって来たのだ。許可をもらうと、彼らはオンゴに戻って、親族全員をトヴに連れてくる。

我々は座ってヤンゴナを飲んでいた。冷たい液体が、体をさらに冷やしていく。年配の村人が数名、先発隊を正式に出迎えるために出かけていった。我々は彼らが戻ってくるのを待っていたが、間もなくモモトの伝令がやって来た。伝令の男性は表情がこわばり、うつむいている。何かがおかしいと、我々は感じた。

「このような方法で村に入ってきたことをお詫びします。でも、こうするしかなかったのです。私たちの役目は、辛いものになってしまいました。もう一人亡くなったのです。チョネの妹が死にました。オンゴの首長の家に滞在中に、突然亡くなったのです。昨夜遅く、オンゴの首長の家で座っているときに崩れ落ちたのです。倒れてすぐ、死んでいました」

伝令はそこで一度話すのをやめた。顔が歪み、肩を落としている。辛い役目を終えて、悲しみが体中に広がっていくようだった。必死で感情を抑え、彼は伝令としての最後の言葉を絞り出した。

「私たちは今、この二つ目の悲劇のためにとても悲しい思いでおります。でも、できるだけ早くトヴに来て、チョネの弔問を行いたいと思っています」

伝令の話を最後まで聞いて彼を送り返すという儀式が完了する前に、人々は自分の思いを口にした。どれほどの衝撃を受けたか、そして、どれほどの恐怖を感じたか。初めのうちは、会話というほどではなかった。最初に口を開いたのは、ある年配の女性で、それは独り言のようなつぶやきだった。

「今度はチョネの妹が。今度は妹が。……次は何が起きるの」

伝令が立ち去り、トヴの人々数名だけになると、会話が始まった。相手に聞こえるように話してはいるが、声はまだ小さい。

「どうして彼女は死んでしまったのだろう」

ある人が疑問を口にする。

「彼女はチョネよりも若い。たしか三五歳くらいで、健康な女性だった。それなのに、なぜこんなに突然。前触れもなく。しかもまた、オンゴで。あの首長の家で。一体なぜ」

「私も同じことを考えていた。なぜオンゴで。なぜ、チョネが死んだのと同じ家で」

別の人が付け加えた。

チョネ校長の妹が亡くなったという知らせは、すぐに村中に伝わった。人々は当惑し、信じられないことだと口々に言った。村中に恐怖が広がり、皆がおびえていることが彼らの言動から見てとれる。人々は二人の死の理由を必死で探しており、このままでは弔いの儀式自体が成立しないのではないかと思われた。しかし、儀式の力は強かった。人々は、二人の死についてそれぞれに話し続けていたが、儀式関連の作業をしている間は口をつぐむのだった。悪い企みが進められているのではないかという疑いにさいなまれて、人々は説明を探し回っているのだ。ある人々は、ヤンゴナ、タンブア（クジラの歯）等の神聖な品物、食べ物、その他の贈り物（敷物、布、ガソリン）を、チョネ校長の家族や親族に渡す役割を負っている。別の人々は、トヴの人々や訪問者のために、大量の食事を用意する役目を担う。

チョネ校長が亡くなってから四日目の夜までは、まだ二日も残されている。亡くなってすぐの四日間はとても重要な期間と考えられており、四日目の夜がその頂点となる。もっとも、そのあとにも弔いの期間は続き、十日目の夜に終わるのが普通である。今回の儀式は、チョネ校長の妹のために、さらに二日間延長されることに決まった。チョネ校長の家族に届けられた贈り物は、この特別な期間に、ほぼ全て分配される。弔問に訪れた人々や儀式の準備を手伝ってくれた人々に配るために小分けにされ、それぞれの家族がそれをもらって帰るのだ。

儀式に向かう途中や儀式から帰る途中の道で、また、それぞれの家庭において、噂話が広められていく。噂の中には、二人の死の理由についての「仮説」にまで発展したものもある。イノケと他の数名は、二人が亡くなったのは心臓発作、あるいは疲労とストレスのためだと言った。この説明は、多くの人々に受け入れられたものの、皆、おもしろくない説明だと感じていた。イノケ自身にとっても、おもしろくなかった。そのため、これが唯一の説明だとは見なされず、有力な説明だとも考えられなかった。亡くなった理由をある程度は説明できているかもしれないが、一番大きな疑問が解決されずに残っているのだ。つまり、なぜその死が起きたのか、そして特に、誰がその背景にいるのか（または、何がその背景にあるのか）、という疑問である。その答えを求めて、人々は、うまくいっていない人間関係がないか、宗教的な決まりが破られてはいないかと、探し回っていた。

校長の妹の死について、年配の女性たちが別の理由を持ち出した。

「昔は、私たちの時代には、そういうものだったよ」

と、彼女たちは言った。アセナティが詳しく説明してくれた。

「首長のような重要な人物が亡くなると、妻や姉妹、母親といった近親者が、亡くなった人に敬意を表すために自ら命を絶ったものです。チョネは首長です。チョネの妹は、チョネへの敬意のために亡くなったのかもしれません」

年配者を中心に、全ての人々がこの説明をある程度は受け入れた。しかし、これで完全に納得する人はほとんどいなかった。まだ疑問が残るのだ。

あのオンゴの年配の首長に、再び、人々の注目が集まった。

「二人も亡くなった。しかも二人とも、何の前触れもなく、特別な理由もなく死んだのだ。どちらも、あの首長の家で」

オンゴの漁業計画の責任者たちにも、疑惑の目が向けられた。彼らの漁船の初出港が、正しくない方法で行われたのではないか。彼らの船は、スヴァからオンゴへの初めての航海の際に、タブーとなる貨物を積んでいたのだ。それは空の棺桶で、オンゴのある家族が、死期が迫った身内のために注文したものだった。このタブーの貨物が、漁船の出港祝いと重なったことで、タブーを祝ったような形になってしまったのではないか。宗教的な決まりに従わなかったために、漁業計画の責任者たちは、代償を払わなくてはならなくなった。しかし、この責任者たちが受けるべき罰が、なぜかチョネ校長に向いてしまった。そしてチョネ校長は、尊敬される首長であり善良な人物であるために、素晴らしい生贄になってしまった。校長自身には罪がないのに、彼の命が代償として奪われる結果になったという説に、人々はさらに強い衝撃を受けた。

我々数名は、チョネ校長の家でヤンゴナを飲んでいた。するとそこに、校長のモモトの親族がトヴから到着したという知らせが届いた。我々は、彼らが正式な形で家にやって来るのを待った。ヤンゴナとタンブアを交換する正式な儀式で、我々は彼らを迎え入れることになっている。

突然、少年が部屋に飛び込んできたために、我々の会話は中断した。彼は、我々に敬意を払い、目立たないように気を付けているようだったが、うまく制御できているとは言い難かった。彼はまっすぐにイノケの傍に行き、前置きもなく、次のように言った。彼の言葉は、我々全員に聞こえている。

「急いで来てください。チョネのもう一人の妹が倒れました。死んでいます。倒れてすぐに死んだのです。モモトの親族たちと一緒に来て、船から降りたとたん、地面に倒れました。ナシが来てくれたのですが、あなたに来てほしいと言っています」

イノケは、ふらつきながら立ち上がった。長い間座っていたので、足にうまく力が入らない。イノケはまだ、その少年の言ったことを、完全には理解できていないようだった。が、すぐに足に力を取り戻し、戸口から飛び出していった。別の男性が、イノケのすぐあとに走っていった。

チョネ校長の弔いの儀式が続けられなくなるのではないかと思われる瞬間が、再びやって来た。しかし、私を含めた残りの数名は、座ったままヤンゴナを飲み続けた。儀式は続いているのだ。

あまりのことに、我々は会話を続けることができずにいた。黙って、ヤンゴナが注がれるのを見つめる。ヤンゴナが我々を守ってくれるはずだ。やがて我々は再び話し始めたが、それは、たった今起きた三人目の死についてではなかった。会話がうまく進まない。我々は、新たな悲劇についての次の知らせを受け止める用意をしているところなのだ。一連の出来事で、感覚が麻痺した状態にすでに慣れてしまっている。

一〇分後に、イノケが戻ってきた。

「今回は運が良かった」

彼は微笑みながら言った。

「チョネの妹は、もう大丈夫です。でも、危ないところだった。意識がなくなって、脈も止まっていた。テヴィタが来ていて、手当てをしていました。私は、ナシがアドレナリンの注射を打つのを手伝いました。妹はもう意識を取り戻していて、ずいぶん調子も良くなってきている。何が起きたのかよくわからないけれど、たぶん、気を失ったのだと思う。でも、倒れていたときは、脈がなかったんだ。本当に危ないと思いましたよ」

我々は再び、儀式に意識を集中させた。説明のつかない出来事が立て続けに起きる中で、儀式には新たな目的が加わった。さらなる悲劇を未然に防ぐこと。そして、人々がヴとのつながりを再確認する意義を感じ取れるようにすること。村の人たちはいたるところで噂話を続けていたが、もう、それが最優先事項ではなくなっていた。必要な物を入手するという義務に、労力を割かなくてはならないためだ。

この数日間、テヴィタはとても忙しかった。人々が、一連の出来事について、テヴィタの説明を聞きに来るからだ。テヴィタが、これらの出来事と関係していると思われているためではない。伝統についての知識を持っていることで、洞察力を期待されるためである。テヴィタの答えは、非常に控え目なものだった。

「このような悪い出来事が起きた理由を、はっきりと知ることはできない。私たちにわかるのは、自分たちが強くあるために何をすべきかということだけだ。それは、ヤンゴナの近くにいることです」

テヴィタはマナの大切さについて話した。人に害を及ぼすためにマナを使うこともできると認めた上で、マナは本来は人々を守るためのものなのだということを人々に伝えようとしていた。

チョネ校長のモモトの親族たちは、翌日、帰っていった。彼らがいなくなるのを待っていたかのように、人々は、ためらいがちに新しい説を唱え始めた。私は最初は、アセナティからそれを聞いた。

「亡くなった人たちのことを考えると、彼らの故郷のモモトで、何か間違いがあったのではないかと思います。モモトで、チョネの家族、たぶんチョネの両親に、何かが起きたのです。それで今、子どもたちがその代償を払っているのでしょう」

他の人々の話も似たような内容で、モモトで何か良くないことが行われたのだろうというものだった。そういった話はいつも曖昧で、明示的には語られない。細かい部分については誰も何も言わず、今後もこのまま語られないのかもしれない。

人々の強い疑念が向けられている場所は依然としてオンゴだった。そのような中で、オンゴの漁業計画の責任者たち三人がトヴにやって来たので、我々は本当に驚いた。今回もチェセを先頭に、彼らはヤンゴナを持ってテヴィタのところにやって来た。彼らの漁船を事故や諸問題から守ってほしいという依頼だ。

「このところの恐ろしい出来事で、漁業計画についても恐怖を感じています。どうか船を守ってください」

テヴィタは癒しの儀式を行うことで、彼らの漁業計画を初期から支援し、漁船を守ってきた。しかし今、トヴにはオンゴを恐れる空気が充満しており、この三人は特に恐れられている人々である。他の人間であれば、この依頼に対して慎重になったであろうが、テヴィタは全く動揺を見せなかった。彼は、漁業計画の責任者たちの依頼を受けることに同意した。そして、漁船を浄化し、漁船の周りに守りのための結界（ササンバイ）を張ると言った。

「ルシ、一緒に来ますね」

と、テヴィタが誘ってくれた。別のときであればいつでも、テヴィタの誘いは嬉しかった。テヴィタが私を癒しの仕事に参加させてくれるのは喜ばしいことである。しかも私は、まだ浄化の儀式には参加したことがない。しかし私は、一瞬躊躇した。村の人々は、私のことをどう思うだろう。彼らは私を、オンゴの漁業計画の人々の仲間だと思うだろうか。そして、私が彼らの罪を洗い流そうとしていると考えるだろうか。私も彼らの犯した罪に加担していると思われるのではないか。私はテヴィタの方を見た。彼の自信は揺らいでいない。私はテヴィタの知識と誠実さを信じて、一緒に行くことに決めた。

我々は癒しの儀式の場を、テヴィタの家からオンゴの漁船に移した。満ち潮だったので、漁船は海岸の近くに停めてあった。テヴィタは浄化のために、漁船の数か所にヤンゴナを注いだ。それから結界を張った。私は初めのうちは、少し落ち着かない気持ちだった。我々が港にいるのを誰かに見られるかもしれないと思い、最悪の展開ばかりを考えていた。しかし私は、そういった気持ちを一度脇に置いて、今行われている儀式に集中することにした。

テヴィタは、チェセと他の二人の責任者に助言をして、儀式を終えた。

「あなたたちは、注意深く動かなくてはなりません。トヴの人々は、あなたたちが悪い行いをしているのではないかと疑っています。つねに『まっすぐ』でいてください。行動も、考えることも、全てまっすぐにしてください。そうでないと、私には助けられなくなります」

第一二章　「たくさんの夢、たくさんの問題」（トヴにて）

レレ（恐れ）という語を、この二か月、トヴで頻繁に耳にした。ときに、この語は、非常に強い恐れを指して使われる。未知のものや、すさまじい力に遭遇したときに感じる強い恐怖心である。今、トヴの人々を捕らえているのは、まさにこの強い恐れだ。チョネ校長の死と、校長の妹の死とが、トヴの空気の中に今も渦巻いている。

　特にチョネ校長の死が、トヴにレレを引き起こしていた。校長が様々な人々の前に姿を現したからだ。夜だけでなく昼も、幽霊としてだけでなくはっきりとした人間の姿でも、そして、夢の中だけでなく起きているときにも、人々はチョネ校長を目撃していた。校長の悲しげな声を聞いたという者もいれば、長い会話をしているのを聞いたという者もいた。このようにして校長が姿を現すことが何を意味するのか、人々は理解していた。チョネ校長はまだ死に切れておらず、トヴを去る用意ができていないのだ。やり残したことがあるために、今もトヴに留まっているのである。チョネ校長は、自身の死をめぐる未解決の謎の中に今も生きている。村は徐々に疑念の網に覆われていった。トヴは、それほど強くはないものの慢性的な緊張感に包まれていた。チョネ校長を見たという証言が出るたびに、緊張感は少しずつ高まっていった。

　学校の子どもたちは、校庭の周りの丘の上にチョネ校長がいるのを見ることが多く、丘に近寄らないようにしていた。どうしてもそこに行く必要がある場合には集団で行き、できるだけ速く駆け抜けていたが、夜には、断固として行くことを拒否した。私の子どもたちもこのレレの感覚を持っていた。初めのうちは、「ほかの子どもたち」がチョネ校長を見た話をしていたが、そのうちに彼ら自身も校長の姿を見るようになった。妻と私は子どもたちを落ち着かせようとしたが、彼らが体験していることが事実ではないのだと否定することができなかった。なぜなら、我々自身もチョネ校長の気配を感じていたからである。我々も含めてトヴにいる全ての人々が、校長の恐怖の物語に巻き込まれているようだった。

　そしてそこに夢（タンドラ）が加わる。チョネ校長が今どこにいるのか、何を望んでいるのかを示す夢。さらに人々が最も気にして恐れている、校長の死の背景に何があったのかを示す夢。夢が表す状況は、夢に出てくる人が望むことやその人の実際の行為を描いたり、予言したりするものであるという。何か悪いことが起きるという夢を見た場合、人々は癒し手の元を訪れる。癒し手の力で流れを変え、夢で見た状況が実現しないように阻止してもらうためだ。チョネ校長が亡くなったあと、一か月ほどの間、テヴィタはその仕事で忙しかった。

　一人の六年生の少女が、チョネ校長の夢を見た。校長は普段通りの服装で、トヴを歩いていたという。校長はそのまま歩いて海岸へ行った。海岸ではスヴァからやってきた建築業者たちが新しい診療所を建てていた。校長はその少女に向かって、その診療所の場所が正しくないことを建築業者に伝えてほしいと言った。もう少し海に近い場所に移すべきだ、と校長は言った。さらに校長は、その業者のうちの一人と言葉を交わした。校長は、自身と同じモモト出身のその男性に向かって

「私はモモトには戻らない。今ではトヴの人間だから」

と言ったという。

　人々はこの夢の意味について、同じ意見を口にした。

「チョネは私たちと一緒にトヴにいる。少なくとも、彼の死をめぐる状況が明らかになるまでは」

そして一部の人々が、より深い解釈を付け加えた。

「少なくとも、彼を死に至らしめた人々が捕まるまでは」

トヴにいるテヴィタの二人の助手の一人、アリパテも、チョネ校長の夢を見た。チョネ校長が一人で校庭を歩いていたので、アリパテが声を掛けたという。

「あなたはなぜ亡くなったのですか」

その瞬間、背の高い恐ろしげな男が、アリパテを威嚇するように飛び出してきた。男の顔は陰になっていて見えない。

「そんな質問をする奴は誰だ」

と男に言われ、アリパテは槍を構えた。そしてその男を殺そうとしたところで目が覚めたという。

アリパテの夢について、トヴの人々はいろいろと話し合った。その背の高い男は、他の人々の夢にも現れていたのだ。男の顔が暗かったということを、彼らは皆、口々に言った。アリパテの夢は、チョネ校長の死の背景について知るのは簡単ではないということ、そして、この問題はすぐには解決しないということを示すものだと受け止められた。暗くて悪い力が働いているのだ、と、ある年配の男性が言った。その力がどの土地で働いているのかについては、彼は何も言わなかったが、オンゴとモモト、そしてトヴが念頭にあるのは明らかだった。

しかし、トヴに、より強烈なレレの感覚をもたらしていたのは、別の種類の夢だった。これらの夢は全て、テヴィタのところに相談が寄せられたもので、中にはカリの他の地域からヤンゴナを持ってやって来た人々もいる。彼らは皆、テヴィタに、これらの夢が現実にならないように阻止してほしいと頼みに来るのだ。これらの夢は全て、トヴにさらなる問題が、しかも非常に深刻な問題が起きるということを予言する夢だった。

ある朝、テヴィタと私は、テヴィタの家で座って釣りの準備をしていた。午後になって潮が満ちてきたら漁に出る予定だった。そこに、テヴィタの弟が二つのヤンゴナと手紙を持ってやって来た。彼は、ヴァイルシに頼まれて来たと言った。ヴァイルシは、カリ島のトヴとは反対側の村に住んでいる。彼の息子はトヴの学校に勤めており、チョネ校長の下で働いていたこともある。ヴァイルシとチョネ校長は、親戚関係にあると同時に、仲の良い友達だった。

テヴィタの弟は、ヴァイルシの代理としてヤンゴナを差し出した。ヴァイルシは家族の事情で忙しく、家を離れられないのだと、彼は言った。一つ目のヤンゴナは、スヴァの学校に通っているヴァイルシのもう一人の息子のためのもので、学校で無事に一年が終わるようにとの願いが込められていた。二つ目のヤンゴナは、ヴァイルシが見た夢のためのものだった。その夢の解釈をし、必要であれば、夢が実現しないようにしてほしいというのが、ヴァイルシの依頼であった。

テヴィタはヤンゴナを二つとも受け取り、いつも通り、自分のうしろの棚に置いた。ヤンゴナを混ぜることはしない。しかし、受け取ったということは、テヴィタが頼まれた癒しを行うことに同意したということである。今この場で、誰にも言わずに儀式を行うのかもしれないし、あるいは、あとで時間を取って行うのかもしれない。

テヴィタは、夢について書かれたヴァイルシの手紙を読んだ。

「困ったことだ」

と、テヴィタがため息を漏らした。

「たくさんの夢、たくさんの問題。たくさんの悪魔の企み。たくさんの癒しの儀式」

テヴィタは私の方を向いた。

「近いうちにスヴァに行こうと思っています。あまりに多くの依頼が来ていて、どうしていいのかわかりません。私がいない間、これらの依頼は全てあなたのところに持ち込むようにと、皆に言っておこうと思います」

テヴィタは微笑んでいる。半分は、冗談で言っているのだ。しかし、私を見つめている。私がどう反応するのか、見ているのだろう。私は、どう答えるべきか迷っていた。私にはまだ、そのような方法でテヴィタの手伝いをする準備はできていない。それとも、できているのだろうか。もし、テヴィタが本気で言っているのであれば、もう一度同じことを言うだろう。そのときに考えればいいと、私は思った。

テヴィタはもう一度読み直してから、ヴァイルシの手紙を私に手渡した。そして、私に向かって言った。

「どう思いますか。あなたにはこの夢の意味がわかると思います」

彼は本当に私の意見が欲しいのだろうか。フィジー式の夢の解釈について、私に何がわかるというのだろう。とはいえ、私は手紙を読んでみることにした。

「私はチョネと一緒に船に乗っている夢を見ました」

という書き出しで、手紙は始まっていた。

「私たちは川を下っています。両岸には木が生えています。川がだんだん狭くなってきました。チョネが舵をとっていて、私は船の前の方に、彼と向かい合う形で座っています。チョネがスピードを上げました。船はどんどん、どんどん速くなっていきます。私は彼にスピードを落とすように言おうと思って、立ち上がりました。すると、岸から伸びてきていた枝に、私は思い切り頭をぶつけました。そのまま勢いよく川に投げ出されて、私は溺れ死ぬのです」

手紙の最後には、

「この夢の意味を教えてもらえますか」

と書かれている。

「ルシ、どう思いますか」

「何と言っていいのかわかりません。そもそも、フィジー語で書かれているので、全て正しく理解できている自信もありません」

「難しいですよね、わかります」

と、テヴィタは同意してくれた。

「でも、あなたの意見が聞きたいのです」

「本当に何と言っていいのかわからないのです。西洋式の夢の解釈については多少の知識はあります。でも、フィジーのやり方では……」

私は下を向いて、テヴィタの質問をやり過ごそうとしたが、彼は黙って待っている。無言の重圧が増してくる状況に、私は耐えられなくなった。

「そうですね……。夢の細かい部分まで分析するのは難しいですが、夢全体としては間違いなく、問題が起きるという予知でしょう。川がどんどん狭くなること、船がどんどん速くなること、その辺りに問題が起きる前兆が感じられます。そして、悲劇的なことが起きるのです。突然の悲劇です。全ては、物事が正しく進められていないことが原因です。両岸に木の生えた狭い川で、船のスピードを上げるべきではありません」

「ルシ、その通りです。この夢は明らかに、問題が起きることを予言しています。それも、本当にひどい、悲劇的な問題です。なぜなら、この夢は、私が昨夜聞いた別の三つの夢と全く同じことを予言するものだからです。それらの夢は全て、トヴでまた誰かが死ぬということを予言しています。

ルシ、それらの夢では、必ず人が死にます。それも、決まって、木に激突するといった突然の死です。私の助手のエロニが、昨夜相談に来た夢も同様でした。エロニの夢の中では、チョネが学校へ向かう橋を渡っています。そして突然橋から落ちて、溺れ死にます。エロニはチョネのうしろを歩いていたのですが、エロニも同じように橋から落ちて、溺れて死ぬのです。これは本当に深刻な問題です。とても深刻です」

テヴィタは深刻という言葉を繰り返した。考え込んでいる様子で、私に向かって話しているものの、同時に自分自身に向けて話しているという風でもある。

「なぜ、ここトヴで、三人目の死者が出るのでしょう。ルシ、この件には、悪魔が大いに関係していると思うのです」

テヴィタは、それ以上のことは言わなかった。スリアナが外に出ていき、昼食のために学校から戻ってきた子どもたちを連れてきた。

「私たちと一緒に、お昼を食べましょう」

と、テヴィタが誘ってくれた。私は彼に礼を言った上で、その誘いを断った。自分の子どもたちも家に戻っているので、子どもと一緒に昼食をとろうと思っている、と私は言った。

「では、お昼が終わったら、また来てください。続きを話しましょう」

と、テヴィタが言った。

昼食後に行ってみると、状況が変わっていた。テヴィタが、癒しの儀式のためにオンゴに出掛けることになったのだ。オンゴのある年配の男性が夢を見て、その夢についてテヴィタの説明が聞きたいと依頼してきたのである。

「オンゴには一人で行きます」

テヴィタは言った。

「エロニがトヴに残ります。今日は、カリ島の遠くの地域から、ある男性が癒しを受けに来ることになっているのです。彼は非常に具合が悪く、エロニがここで癒しを行わなくてはならない。ルシ、今日はここで、エロニと一緒にヤンゴナを飲んでもらえませんか。私がオンゴから戻るまで、私の家でヤンゴナを飲み続けてほしいのです。帰りは夜になってしまうと思いますが」

「わかりました。やりましょう」

私は、テヴィタに手伝いを頼まれたことが嬉しかった。自分に何ができるのかを模索している最中なのだ。

テヴィタが戻ってきたのは、夜中過ぎだった。彼が戻るまでずっと、私たちはヤンゴナを飲んでいた。テヴィタも加わって、さらにタノア一杯分のヤンゴナを飲み、終了ということになった。もう遅い時間で、我々は皆、疲れていた。その夜の癒しの儀式が、ようやく終わった。

その二日後、私はテヴィタの家に行った。スヴァに行ってしまう前に、彼に会いたかった。トヴに第三の死が訪れるかもしれないという可能性が、私の中で現実的な恐怖になりつつあった。そんなときに、我々の守護者であるテヴィタがいなくなってしまう。私はテヴィタが出掛ける前に挨拶をしようと思ったのだが、同時に、村人たちと同じように、一連の出来事を理解するためにテヴィタの考えを聞き、自分の恐怖心を和らげてもらいたいと思っていた。私は、私自身、あるいは家族が死ぬ可能性があるかもしれないという恐怖に駆られていた。そこで、テヴィタにヤンゴナを渡し、助けてほしいと依頼した。

「我々に何ができるでしょう。第三の死について、何ができるでしょうか」

私はテヴィタに訊いた。

テヴィタに問い掛ける自分自身の声を聞いて、私は、自分がかなり強い恐怖感を抱いていることを自覚した。私の中には、たしかに、一定の距離を保とうとして戦っている自分がいる。「人々が互いにヴァカテヴォロを使って殺し合うなどというのは、フィジーの考え方に過ぎない。私はもっと合理的な考え方ができるはずだ」と、私は思う。そんな自分の立ち位置に自信がないわけではない。だが、絶対的な自信とは言えない。ヴァカテヴォロによって、私が殺されるかもしれない。私の家族が殺されるかもしれない。ここトヴにいる全ての人々に、ヴァカテヴォロで殺される可能性がある。フィジーの考え方は現実的ではないと言い張る自分がいるが、その声は決して大きくはない。つまり、それは今の私の本当の思いではないのだ。物事を合理的に見ることは、西洋社会で生きていくための要である。その合理性を、今もかろうじて自分の中に見出すことはできるものの、それはもはや私の中核ではなくなっていた。そうは言っても、私は、半狂乱になったり無秩序状態に陥ったりすることはない。自分を強く持ち、自分を守るために動くことができる人間であることは、心の奥底でわかっている。

「第三の死について、いったい私たちに何ができるでしょう」

テヴィタが黙って考え込んでしまったので、私はもう一度、問い掛けた。

テヴィタは静かに答えた。

「ルシ、あなたは心配しなくて大丈夫です。あなたは、西洋人（カイ・ヴァラギ）なんですから」

「でも、自分が西洋人だという気がしないのです。むしろ、自分はフィジー人（カイ・ヴィティ）であるように感じます。本当にそういう気がするのです」

間髪を容れずに、私はそう言った。自分をフィジー人だと認識することは、すなわち、目の前にあるこの大きな恐怖に正面から向き合わざるを得ないということだ。

「ええ、あなたが本当にフィジー人だと感じていることはわかっています」

テヴィタが頷いた。

「ルシ、あなたは自分がフィジー人だと思うのですよね。そうであれば、あなたも、私たちフィジー人がすべきことをするだけです。ヤンゴナの近くにいること。行いを『まっすぐ』にすること。そうすれば、あなたも家族も守られるでしょう」

第一三章　ラトゥ・ノアとの会話（スヴァにて）

「オンゴのあらゆることが、どこか狂っている」


この二か月間、立て続けに事件が起きているトヴを離れて、スヴァにやって来たことで、私は少なからずほっとしていた。トヴの人々は日常のリズムを取り戻していたものの、チョネ校長の死によって生まれた緊張感と恐怖感は、今も人々の心の奥底に潜んでいる。それが表面化することで、ときおり、日常生活が乱される。さらに、何人もの人々が、死を予言する夢を見た。トヴに第三の死が訪れるという予言が広まったことで、人々は非常に神経質になっていた。テヴィタの儀式によって、第三の死を防ぐことができるのだろうかと、我々は皆、不安になった。

私はラトゥ・ノアに、トヴでの最近の出来事を報告した。テヴィタに相談に来た人々が見た夢についても話し、テヴィタの解釈も伝えた。

「これらの夢について、私たちができることは何ですか」

と、私は尋ねた。

「ルシアテ、これは難しい状況です。テヴィタの解釈は当たっています。これらの夢は、たしかに第三の死を予言している。とはいえ、本当に第三の死が起きるかどうかは、それほど単純な話ではありません」

「第三の死が本当に起きるかどうかは、どうやったらわかりますか」

そう言ってしまってから、私は、自分の質問があることを暗に意味

していると気が付いた。少し考えて、

「もちろん、未来に何が起きるか言い当てるのが無理なことはわかっているのですが」

と付け足したが、私の声は徐々に小さくなっていった。

「ルシアテ、その通りです。未来に起きることは、様々な要因によって変わるのです」

ラトゥ・ノアが答えた。

「そうだとしても、これから起きることを変えるために、できることはないのでしょうか」

「それについても、テヴィタの意見が正しいのです。いつも私たちが言っている通り、『まっすぐ』であること、そして、ヤンゴナの近くにいることです。それがあなたを守ってくれます。絶対に守られるとは言えませんが、私たち人間にできることは、これだけです。それ以上のことは、ヴの領域です」

ラトゥ・ノアは静かにゆったりと座っている。これ以上、言うべきことがないのだ。彼がいつも言うように、知っている以上のことを話すのは正しくないということだ。

我々は、黙ってタノア一杯分のヤンゴナを飲んだ。静寂が心地よかった。

タノアが空いたところで、ラトゥ・ノアが体を少し前に傾けた。話を始める合図だ。ところが、ラトゥ・ノアは黙っている。しばらく黙ってその姿勢を保ったあとで、彼は私をからかい始めた。

「スヴァからわざわざ来たのに、何も言わないで座っているのですか。それでは私は、何を言ったらいいのかわかりませんよ。あなたが何を知りたいのか、何を知る必要があるのか、それがわからないと私は何も言えないのです。さあ、私に質問をしてください。私が話をすることができるように。何も話さないで二人でここに座っているだけなんて、頭が悪いのだと思われますよ」


ラトゥ・ノアと私が黙って座っているという状況は珍しくない。話さないことによって気持ちを伝え合うのだと、ラトゥ・ノアに教えられている。しかし、ラトゥ・ノアには、言葉によって知識を伝えたいという思いもある。彼は今、そちらを優先したいのだ。

「頭が悪いと思われるのは心外ですね。特に私は、それなりの学位まで持っているのです。話をしなくてはなりませんね」

と、私は言った。

「その言葉を待っていたのですよ」

ふざけた調子でラトゥ・ノアが答えた。

「依頼主から夢の相談を受けることについて、もっと話していただけますか」

私は本気で知りたいことを素直に尋ねたが、会話を始めた当初のような切羽詰まった響きは消えていた（会話を始めたときは、自分が死なないかどうかということが、私の一番の関心事だった）。

「自分の病気とは全く関係のない夢について相談に来る依頼主もいれば、自分の病気と関係のある夢について相談に来る依頼主もいます」

ラトゥ・ノアが話し始めた。

「そして、病気と関係のある夢にも、二つの種類があります。一つ目は、悪い夢。悪いところからやって来る夢、と言ってもいいでしょう。この夢を見た人の病気は、ヴァカテヴォロが原因です。その場合、病気の原因は夢の中で正反対の形で示されます。二つ目は良い夢で、この場合はヴァカテヴォロが病気の原因ではありません。良い夢の中では、治療法がはっきりと示されます。私は、これら全ての夢を見分けることができます」

ラトゥ・ノアは、最後の文を強調して言った。知識は、その使い方がわからなければ、無用の長物なのだ。使い方がわかって初めて、知識は英知となる。

「例を挙げましょう」

ラトゥ・ノアが話を続ける。

「病気の原因がヴァカテヴォロで、悪い夢を見た場合、その夢の中で『癒し手のところには行かずに、この薬草とこの薬草を、こういう方法で混ぜて服用するべきだ』といった指示が与えられます。もし患者が夢で言われた通りにすると、病気は悪化します。患者が癒し手のところに行き、癒し手に十分な知識がある場合、癒し手はただちにそれが悪いところから来た夢だと気付き、夢で言われたことと正反対のことをして、その患者を助けます。良い夢のときには、患者は夢の中で私と出会い、すぐに私のところに依頼に訪れます。そして私は適切な薬草を処方します。

これが違いです。ルシアテ、この違いは大きいですよ。なぜなら、悪いものは非常に素早くやって来て、人の心に簡単に入り込むのに対して、良いものは普通、とてもゆっくりとやって来るからです」

ラトゥ・ノアは、私の方に体を傾けた。

「だからこそ、あなたは、この違いを知らなくてはならないのです」

ラトゥ・ノアは体の位置を戻し、ゆったりと座り直した。

「もう一つ、別の違いについて話しましょう。夢には、本物と偽物があります。ある依頼主について、治療がうまくいかず、どうすべきか悩んだとします。そんなときに、ヤンゴナを飲んで眠りにつき、夢の中で正しい治療法を知らされ、五分で目が覚めることがあります。これは本物の夢です。その依頼主の治療についての正しい夢です。それに対して、たくさん食べたあとに長時間眠り続け、たくさん夢を見るような場合、その夢は偽物の夢です。

ルシアテ、ヤンゴナを用意して、それを飲みながら、病気や死の原因についてヴに尋ねる（ケレケレ）のです。すると、そのあとに見た夢の中で、原因や対処法を教えられます。ルシアテ、やってみなさい。

とにかく実践することです。実践、そして経験です。何度も何度も経験を積むことで、本物の夢と偽物の夢を見分けられるようになります。その違いを見分けるのは、とても大切なことです」

ラトゥ・ノアは、さらに話を続けた。

「私たち癒し手は、皆、違う方法で癒しを行います。初級の癒し手は、夢の中で治療法やその他のことを知ります。上級の癒し手は、直接ヴの指示を受けます。夢を通して聞く必要がなくなるのです。上級の癒し手は実際にヴの言葉を聞きますし、治療や癒しやその他のことについて、ほかの人々には見えないものを見ます。ルシアテ、初級の癒しは見習い期間です。その人が誠実で正直で、まっすぐな道に従う人であれば、上級の癒し手になれるのです。まっすぐで正直な人は、カロウの永遠の命に入っていくことができるのです。

ルシアテ、今私はあなたに向かって話していますが、実は今もヴの声が聞こえているのです。その声が私に、あなたの望みが何なのか、あなたの研究の目的が何なのかを告げています。ルシアテ、誠実さと正直さはとても大切ですよ。あなたの研究は難しいものですが、あなたがまっすぐな道に従い、誠実に正直に行動し、あなたの信念が深まっていけば、より簡単になっていくでしょう」

「ディナ（誠実・真実）」という語が、何度も会話に出てきた。「ドンドヌ（まっすぐな）」、「ヴァカンバウタ（信念・信仰）」という語も、繰り返し使われた。私は自信がなくなってきた。すべきことはわかっているが、つねにそれができているとは言えない。「とにかく実践すること、そして長い経験を積むことが必要です」と、ラトゥ・ノアは何度も私に言う。彼の言葉に励まされるものの、私は実は必要なことをすでに知っているはずだという思いが消えなかった。とはいえ、知っているとはいっても、頭で理解しているというだけで、自分のものとして身に付いているというわけではない。

「ラトゥ・ノア、よくわからないのですが、今夜はあまり質問が浮かんできません。初めて話した頃は、たくさん質問がありました。それはあのとき、ほとんど何もわかっていなかったからだと思います」

「ルシアテ、あなたには、もっとたくさん知ってほしいのですよ。もっともっと、たくさんです」

「私ももっとたくさん知りたいのですが、まだ、どこから訊いたらいいのかもわからない段階のようです」

「たしかに、そうなのでしょうね。でも、少しずつ進みますよ。癒しの業はゆっくりと身に付いていくものだということを、忘れないでください」

「どんな風に訊くのが正しいのかわからないのですが」

私は口ごもり、適切な言葉を探した。

「おそらく、広い質問にするのがいいように思います。チョネ校長の死について、もっと話してもらえますか。オンゴは、全体像のどこに位置するのでしょうか。トヴの人々はずっと、オンゴの人たちが良くないことをしたのだと言っています」

ラトゥ・ノアが姿勢を正した。彼は、オンゴについて、言うことがたくさんあるのだ。漁業計画の話が進むよりずっと前から、長年にわたって、オンゴの人々はしばしばラトゥ・ノアに癒しを依頼していた。オンゴの人々は、ラトゥ・ノアを癒し手として非常に尊敬している。のみならず、彼らの間には深い関係性が築かれていた。

「オンゴの漁業計画の裏に、何かがあるのです」

ラトゥ・ノアが話し始めた。

「テヴィタの知らない、邪悪な何かが潜んでいます。チョネの件でオンゴの人々が疑わしいと感じられるのは、おそらくそのせいでしょう。オンゴには古くからの墓所が三か所あります。漁業計画の中心人物たちがテヴィタのところにヤンゴナを持っていき、事業の成功を助けてほしいと頼んでいるときに、オンゴでは何か別のことが行われているのです。誰かが別のヴに対して、三つの墓所のうちのどこかで祈りを捧げているようです。この考えが当たっているかどうか、確かめてみましょう。テヴィタに、オンゴの漁業計画の人々からのヤンゴナを受け取るのをやめさせて、何が起きるか見てみましょう。

漁業計画を積極的に進めているのはオンゴの若者たちで、実際に主導権を握っているのも彼らです。しかし、オンゴの人々は皆、漁業計画に無関係というわけにはいかないのです。漁業計画の件についても、チョネの件についても、オンゴの全ての人々に何か問題があるのです。オンゴの社会構造全体に問題があると言ってもいい。そしてそれは、古くからの問題なのです。オンゴの人々は、オンゴの北にある島の人々と、同じ血筋（ヤヴサ）です。そして、その二つの島の長となるべきなのは、北の島の首長です。しかし、オンゴの人々はいつも、北の島の首長から離れて独立したがっているのです。それは正しいことではありません。

そこに今、新しい問題が加わりました。オンゴが二つに分裂しつつあるのです。漁業計画はオンゴの全ての人々のためのものであるはずなのですが、一つのグループが主導権を握っています。そして、そのグループの若者たちは、伝統的な村の構造をあまり尊重していない。年配の人々は、伝統的な村の構造を活かして、漁業の事業を行いたいのです。年配の長が、責任者になるべきだと思っています。この年配の人々のグループが、漁業計画に背を向けたのです。そして、事業が失敗するようにと、ヴに祈りを捧げているのです。

ルシアテ、これは良くない状況です。オンゴの人々は、自分たち同士で傷つけ合っている。この先、彼らが、首長の持つべき権限をないがしろにするようなことになれば、彼らはひどい目に遭うでしょう」

私は座ったまま、ずっと話を聞いていた。トヴで多くの人々を恐怖に陥れた一連の出来事について、詳細な説明が行われているのだ。

ラトゥ・ノアは、我々がヤンゴナを一杯ずつ飲み終わるまでの間、話し続けた。指で床をコツコツと叩いている。イライラしている様子ではなく、まるで自分のエンジンを回し続けているかのようだ。

「悪い目的のためにヴに祈る人々は、とても巧妙な手口を使うのです。彼らを見付け出すのは難しいことです。彼らはほかの人々に交じって、普通の人と同じようにヤンゴナを飲みます。少なくとも、そう見えるのです。なぜなら、悪い目的にヤンゴナを使うために彼らが行う動きは、とても小さいからです。指が一、二本ヤンゴナに入るようにビロを持つ。ビロの底に沈んだ小さなヤンゴナの欠片に触って、自分がヤンゴナを飲む前に、指にヤンゴナを付ける。自分が飲む前に指がヤンゴナに触れた場合、彼らよりも前に、彼らのヴがヤンゴナを飲んだと解釈されるのです。そのようにして彼らは、自分が悪い目的を達成する手助けをしてくれるようにと、ヴに祈るわけです」

私はだんだんと不安になってきた。どのようにしてヴァカテヴォロが行われたのか、詳しい説明を聞きたいのはもちろんのことである。オンゴの誰がそのような企みを抱いているのか、名前も知りたいくらいだ。それについてはトヴの人々と同じ気持ちである。しかし同時に、それを聞くのが怖い気持ちもあるのだ。エロニが以前に言っていた言葉を思い出す。

「私たちは皆、誰がこの死を引き起こしたのか、知りたいと思っている。だが、うまく言えないけれども……、それを知ってどうするのだろう。もし、自分の親戚が犯人だと言われたら、その人に何と言ったらいいのだろう」

「つまり、オンゴで次のようなことが起きたのです」

ラトゥ・ノアが話し続ける。急いで話しているという風ではないが、間を置かずに言葉を続けていく。

「年配の人々のグループが、自分たちのヴァカテヴォロを手助けしてくれたヴへのお礼として、感謝の儀式を行ったのです。ヴへの感謝の儀式では、誰かが死ぬことになっています。それが、ヴァカテヴォロを手助けしてくれたヴへのお礼なのです。この年配の人々は、感謝の儀式を行う場として、わざと、出港の祝いの会を選んだのでしょう。そうすることで、新しい船ができたこととその出港とが、二人の死の原因だと、人々に思い込ませることができると考えた。本当は、二人の死は、ヴへの感謝の儀式だったのです。そして二人が死んだことで、ヴァカテヴォロを手助けしたヴの力は、さらに強まりました。

このヴァカテヴォロを行ったのは、抜け目のない人々です。周囲の人々に気付かれることなく、皆とは異なる目的のために行動していたのです。彼らの計画通り、夜に皆でヤンゴナを飲んでいるときにチョネが亡くなり、また別の夜に皆でヤンゴナを飲んでいるときにチョネの妹が亡くなった。皆が酔っているときというのは、悪事を行うのに最も適したときなのです。

ルシアテ、さらに別の事実もあるのです。オンゴの漁業計画の中心人物たちが、船を出す前に私の母のもとを訪れているのです。彼らは私の母に、カードで未来を占ってほしいと言いました。カードを引くと、オンゴで誰かが死ぬという結果が出ました。その時点ですでに、悪事を企んでいたオンゴの人々の準備が完了していたということです。漁業事業の責任者たちは、死が差し迫っているということ、そしてそれが自分たちの船と密接な関わりがあるということを知って、母に依頼をしました。ヴに祈って、その死を自分たちと自分たちの船からそらせてくれと言ったのです。実際には彼らは、死を防いでほしいと言ったそうです。しかし、死がすでに決まっている以上、それを妨げることは不可能で、誰か別の人に移すことしかできないということを、おそらく彼らは知らなかった。チョネの死、またはチョネの妹の死は、彼らの依頼によって起きたものだと考えられます。

さて、今後についてですが。オンゴからヤンゴナを持ってテヴィタのところに依頼に来ることができるのは、一度に一人だけ、ということにしましょう。そしてその一人も、オンゴに住んでいるテヴィタの助手に限る、ということにします。漁業事業の責任者たちが複数でテヴィタのところに依頼に来た場合、フィジーのしきたりでは、テヴィタはその全員を尊重しなくてはならないことになっています。その中に、悪い目的、不適切な目的を持っている人がいたとしても、テヴィタはその人に対して厳しい言葉を言うわけにはいきません。ヤンゴナを悪い目的のために使いたい人がいるとすれば、グループに紛れて依頼に来ると、より簡単にできるのです。悪事は隠れてしまいます。でも、テヴィタの助手が一人で来るのであれば、その依頼内容が適切かそうでないかを、テヴィタも言うことができます。

テヴィタは寛大すぎるのです。だから人々に、何をすべきで何をすべきでないかを、はっきりと言わない」

ラトゥ・ノアは悲しそうな顔をした。

「自分が寛大すぎるせいで、どれだけ多くの問題や困難が引き起こされているかを、テヴィタはわかっていない。オンゴの漁業計画のために、彼のところに持ち込まれるヤンゴナにどんな意味が込められているのかについても、テヴィタは理解していない。私の方が、オンゴの人々について、よくわかっているのです」

ラトゥ・ノアの語調が強くなった。

「私は彼らのことを理解している。オンゴで以前にあったヴァカテヴォロのことも知っている。そのときも、一人、死んだのです。今回のチョネの死につながるようなほかの出来事も、いくつも知っています。例えば、数年前に、四人の男性がトヴからオンゴへと伝統的なフィジーのカヌーに乗って出掛けていきました。彼らのカヌーは転覆して、彼らは今も行方不明です。トヴとオンゴの関係は、あのときからずっと、正しくないのです」

チョネ校長たちの死にまつわる様々な要因を紐解きながら、ラトゥ・ノアが、重層的で深みのある解釈を聞かせてくれた。その一つ一つを組み合わせながら、私は全体像を理解しようとしたが、ややもすると矛盾する証拠を無視してしまいそうになる。それではいけない。「誰がチョネ校長たちを殺したのか」という疑問を、私は自分の中で再度明確化した。ラトゥ・ノアが話してくれた諸要因は、なかなかうまく一つにまとまらない。それぞれの要因が自説を声高に叫び、他の解釈を否定しているかのようだ。北の島から独立しようとして、オンゴの人々が犯した伝統への違反。オンゴの年配の人々によるヴァカテヴォロ。漁業事業の責任者たちが、予定されている死をそらせてほしいと、ラトゥ・ノアの母親に頼んだという事実。漁業事業の責任者たちの不適切な振る舞い。カヌーの不幸な航海。そしてラトゥ・ノアが知っているという「いくつものほかの出来事」。これら全てを統合することは難しい。全ての要素が絶えず再編成され、そのたびに新しい見方が生まれてくるように感じられる。ただ、これら全てがオンゴを指しているということだけは言える。ここにさらに、新しい要素が加わった。テヴィタの寛大さが弱点になるという事実である。そのためにトヴにいる我々全員が、危険にさらされることになる。突如として、オンゴとトヴの近さが脅威に感じられた。

まるでラトゥ・ノアが私の心を読んだように言った。

「私はここスヴァにいても、テヴィタがオンゴの人々から受け取ったヤンゴナの効力を、全て消すことができますよ。私がそれをすれば、オンゴの漁業計画は失敗することになります。私はオンゴのヴをよく知っていて、そのヴをここから制御することができます。

テヴィタはオンゴの助手としか会わないようにして、必要であればヤンゴナを受け取るのをやめましょう。そうすれば、悪事を企んでいる人々は、困ったことになる。今の状況で均衡を保っていられるのは、テヴィタの善良な力のお陰なのです。

この変更は、すぐに行わなくてはなりません。明日トヴに戻るときに持っていけるように、これから、テヴィタに渡すテープを作れますか。そのテープに、新しい計画についての詳しい説明を吹き込みたいのです」

ラトゥ・ノアは急いでいるようだった。

我々は、空のテープをテープレコーダーにセットした。ラトゥ・ノアは一〇分間以上にわたって、テヴィタへのメッセージを吹き込んだ。テープレコーダーに向かって、まるでテヴィタ本人に向かって話すように、話し掛けている。録音が終わり、私はそのテープをポケットに入れた。

「さあ、ルシアテ、トヴで起きているほかのことについても話してください。あなたも家族も、うまくやっていますか」

私は、我々家族のトヴでの日常について話した。私がどのようにして、漁などの村での日常生活と、研究と、癒しの実践を結び付けているかについても話した。

「その全てが混ぜ合わされているような感じです。でもときどき、どうしたら癒しと日常生活を混ぜ合わせることができるのだろう、と考えます」

「コツさえつかんでしまえば、難しいことではありませんよ」

ラトゥ・ノアは私を励ますように言った。指導者ぶった偉そうな響きは感じられない。

「癒しにかかる時間は、一五分程度でしょう。癒しを行う時刻を決めておけばいいのです。その時間が終わったら、その日の癒しはおしまいです。

ルシアテ、あなたがいろいろなことを知りたいのはわかっています。私に質問をすることで学ぼうとしているときもありますね。でも、あなたの研究には二つの側面があるはずです。質問をすることと、実践を積むことです。ルシアテ、さらに実践を積みなさい。そうすれば『これをしなさい』、『あれをしなさい』、『それは間違っている』、『それはこういうやり方でやりなさい』というヴの声が聞こえてくるでしょう。本当に癒しの業が身に付くと、こういった言葉が聞こえてくるのです。そしてその言葉にきちんと従うことができるようになれば、あらゆることが容易になります。私たちが仕えるヴは、汚い行い（ドゥカンドゥカリ）を嫌います。ヴがあなたに望むことは、『まっすぐであること』、それだけです。ルシアテ、あなたは正しい方向に向かっていますよ」

ラトゥ・ノアが見せてくれた知識も、与えてくれた指示も、ともに説得力のあるものだった。まっすぐな道を進む方法を学んだ今、自分がどこまで進んだかという点については、以前ほど気にならなくなった。もちろん、自分が「きちんとやれているのかどうか」を知りたいという気持ちはある。しかし、以前よりもはっきりと道が見えるようになった。トヴで起きていることを考えると、道が見えていることは不可欠だ。

「ヤンゴナの起源について、昔から伝わっている話があります」

ラトゥ・ノアの口調が変わったが、熱心に話してくれている様子は変わらない。

「実は、話は三つあるのです。一つ目の話では、ヤンゴナはトンガから渡ってきたとされています。二つ目では、ここフィジーの昔の指導者ヴァヌア・レヴの墓に生えてきたと言われています。しかし、正しいのは三つ目の話です。

本当は、私たちのヴが初めてフィジーにやって来たときに、ヤンゴナを持ってきたのです。その当時、世界には、マヌと呼ばれる民族だけが住んでいました。彼らは、カロウを知っている最初の人々だった。このマヌの人々は、高い山の上に住んでいた。そして、カロウと話したいときはいつも、山の頂上に行ってヤンゴナの根を引き抜いて、私たちがやっているように水に溶いて、それを飲んだ。ヤンゴナを飲むことで、カロウと話ができたのです。マヌの人々については『マヌの法典』という書物に書かれています。その本にはヤンゴナについても詳しく載っています。でも今では、マヌのような人々は、なかなか見付けることができません。

ノアの時代に洪水が起きて、地上は全て水で覆われました。ノアは陸地を探すため、鳩を三度飛ばします。一度目は、鳩は何も持たずに帰ってくる。二度目には、小さな枝をくわえて帰ってくる。そして三度目は、永遠に戻ってこなかった。それはつまり、陸地があるということだった」

ラトゥ・ノアは何のためらいもなく、フィジーの物語を聖書の物語へとつなげていった。異質なものと思われている二つの物語の隔たりを、事もなげに飛び越えていく。

「伝統的なヤンゴナの飲み方は、ここから生まれました。タノア三杯分、つまり三周するようにヤンゴナを飲むのです。私たちがヤンゴナを飲むときに使うタノアを、最初に作ったのはノアだと言われています。そのために『タノア』という名前に『ノア』が入っているのです。伝統的な飲み方では、一杯目のタノアと二杯目のタノア、つまり最初の二周分のヤンゴナは、支配的な立場の人々しか飲むことができません。この二周分のヤンゴナは、ヴと話すために使われるヤンゴナです。マヌの時代と同じように、カロウだけのためのヤンゴナなのです。そして三杯目のタノア、つまり三周目のヤンゴナは、皆が飲むためのヤンゴナです」

夜が更けてきた。町に戻るための最後のバスまで、あと一時間しかない。歩くには遠すぎるし、ラトゥ・ノアの家には私が泊まる部屋はない。いつものことだ。話すべきことはほとんど残っておらず、我々は焦ってはいなかったが、会話がそろそろ終わるということはお互いわかっていた。

「ラトゥ・ノア、私がトヴに戻る前に、新しく教えてくださることはありますか」

「前回私たちが話したあと、いろいろうまくいっていると感じていますか」

「はい」

「それはよかった。ルシアテ、気分がよくなって、ヤンゴナを飲みたいと感じるときが来ると思います。そのときは、すぐにヤンゴナを飲むことです。仕事の最中だったとしても、仕事を脇に置いて、ヤンゴナを飲んでいる人たちの仲間に入れてもらうか、誰かを誘ってヤンゴナを飲み始めるかしなさい。ヤンゴナを飲みたいと感じるときは、必ずヤンゴナを飲みなさい。あなたにヤンゴナを飲みたいと感じさせているのは、癒しの手助けをしてくれている存在なのです。その存在が、あなたと一緒にヤンゴナを飲むのです。そしてその存在は、私のような指導者よりもうまく、あなたを導いてくれるでしょう。ヤンゴナは、私たちとカロウとを結び付けてくれる要なのです。つねにヤンゴナに注目して研究を進めるようにとあなたに言っているのは、そのためです。これが今の段階での私からの助言です」

「癒しの手助けをしてくれる存在」とは、ヴのことである。ヴこそが本物の指導者であると、ラトゥ・ノアはいつも言っている。

「ルシアテ、あなたはここに二年間しかいない。長い間ここで訓練を積むことができる私たちとは違う。あなたには短い時間しかないのだから、一生懸命やらなくてはなりません。そうすれば、ここでの二年間を終えてアメリカに戻る頃には、精神的な病気についてのあなたの研究の答えが出ているでしょう。

ルシアテ、研究を続けなさい。できるだけたくさんの癒し手の話を聞きなさい。時間の無駄にしかならない場合もありますがね」

「おっしゃることはわかります。話を聞きに行った癒し手のうちの何人かは、本物の癒し手とは言えない人たちでした。皆をだましている人もいましたし、悪いことをしている人もいました。でも、癒しの力を失ってしまった人たちと話すことで、癒し手が力を失う過程について学べるのではないかと思ったのです」

「それでも、時間の無駄には違いないでしょう」

ラトゥ・ノアが同じ言葉を繰り返した。

「癒しの方法を知らない人に、癒しについて尋ねるのはなぜですか」

彼の言うことはもっともだった。実際私も、「良い」癒し手とも「悪い」癒し手とも話す、癒しを行える癒し手とも癒しと行えない癒し手とも話す、という研究手法をすでに改めていた。癒しを行えない癒し手に十分すぎるほど会ったということもあり、研究の実践部分においては、本当に癒しの能力を持った癒し手に焦点を当てることにしていた。

「ルシアテ、あなたはここスヴァで、たくさんの偽物の癒し手に会ったと思います。偽物の癒し手はたくさん現れるのですが、彼らは長続きしません。結婚した相手が仕事についていないために、彼らは経済的な必要に迫られて癒しの仕事をしているのです。そういった偽物の癒し手は、どんな病気でもすぐにヴァカテヴォロのせいだと言います。患者自身がタブーを犯したせいで病気になっているようなときでも、偽物の癒し手は、誰かに嫉妬されているために病気になったのだと言うのです。ヴァカテヴォロだと言えば、その患者は、癒し手の助けが必要になります。そこで癒し手はお金を要求するのです。

ルシアテ、癒しの対価としてお金を要求してはいけません。要求しなくても、正しい方法で癒しを行っていれば、お金は向こうからやって来ます。黙っていても報酬が与えられるのです。そのお金がどこからやって来たのかを尋ねるのはタブーです。必要なときに、お金はやって来ます」

ラトゥ・ノアが体の向きを変えながら言った。

「ルシアテ、二か月前に、あなたがスヴァに来ていたときのことですが。あなたがトヴに戻る直前に、私はあなたを見掛けました。北の丘の方からやって来て、港に沿って歩いて、市役所に向かって行きましたよね。話し掛けたのに、あなたは聞こえなかったようで、返事をしませんでした」

こんなラトゥ・ノアは見たことがなかった。私をからかって遊んでいるようだ。

「いえ、会っていないと思うのですけれど」

私は少し困りながら正直に答えた。もし彼の挨拶を無視したのだとしたら、それはひどく失礼なことだ。

「あなたはショートパンツとスポーツTシャツを着ていて、リュックサックを背負っていましたね」

私が困惑している様子を楽しみながら、ラトゥ・ノアは言葉を続けた。

「あなたが市役所の敷地に入るところを見掛けたのですよ」

「あなたはどこにいたのですか」

私がラトゥ・ノアに気付かなくても仕方がないと思えるような状況だったことを願いつつ、私は尋ねた。

「私はどこかにいたのですよ。どこかに、ね。車に乗っていたかもしれないし、バスに乗っていたかもしれない。飛行機かもしれないし、歩いていたのかもしれない。どこだとしても、大して違いはないでしょう。私はあなたが市役所の敷地に入っていくところを見たのです」

私が必死で理解しようとしているのを見て、ラトゥ・ノアはほほ笑んだ。

「私たち癒し手は、様々な方法で移動するのだと、話したことがありますよね」

私たちは二人とも笑い出した。そういうことなら問題はない。ラトゥ・ノアが霊的な領域を通って移動してきたり、私のヴィジョンを見たりしたときに、私がラトゥ・ノアに気付く方法については、まだ習っていないのだ。

「あなたがまだ知らない方法を使って、私たちが意思疎通できるようになるときが、いずれ来ますよ」

ラトゥ・ノアの言葉には自信が溢れていた。

「そんなときが、やって来ます」

帰る時間になった。ラトゥ・ノアが見送りに出てきてくれて、こう言った。

「ルシアテ、あなたに必要なものは、実践、それから、癒しを行う際の勇気です。フィジーにはこんな言葉があります。『海面下の岩礁が一番危険だ。なぜなら、船が座礁するのは、まさにそこだからだ。』私とあなたがこの研究に使える時間は限られています。でも、だからこそ私は、あなたのためにずっと扉を開いたままにすることはしません。深すぎる物事が、あまりにも急にやって来たとしたら、あなたはそれらを本当の意味で理解することができないからです。沈没してしまうでしょう。時間が限られている中でも、十分な時間を取らなくてはなりません。注意深く進むのです。一歩ずつ。もっとはっきりと物事が見えるようになったら、次に見るべきものを渡しましょう」

第一四章　月曜の夜の癒し（トヴにて）

十二月が終わり、新しい年がやって来た。私のヤンゴナへの挑戦は続いている。トヴに移ってきてからの六か月で、ヤンゴナに導かれる生活が定着してきた。

ヤンゴナを飲む機会は、いくらでもある。トヴではほぼ毎晩、誰かの家でヤンゴナを飲むための会合が開かれているのだ。日によっては、二軒の家で開かれていることもある。マナについて学びたい人間として知られているので、私はいつも皆にからかわれる。ヤンゴナを飲み始めてから時間が経つと、だんだんと酔いが回ってくる。すると、自分の番のビロを飲み干した人が、私にこんなことを言い始めるのだ。

「ルシ、こっちへ来い。私の目を見てみなさい。マナが溢れてくるのが見えるだろう」

別の人は、私がビロを空けたのを見て、こう言った。

「いいぞ、ルシ、いい飲みっぷりだ。本当にマナについて知りたいなら、そのまま飲み続けるといい。そのうち、マナで酔っ払うぞ」

この種のヤンゴナの飲み方は、ラトゥ・ノアに言わせると「普通の」飲み方である。人々との会話を楽しむために、ヤンゴナを飲む会だ。私は、毎晩、毎晩、こういった飲み会に参加して、村の生活に溶け込んでいった。連日の飲み会のお陰で、私のフィジー語は上達した。私がフィジーの正しい座り方で何時間も座っていられるのを見て、

「あなたは本物のフィジー人だね」

と言う人々もいる。一般的に、西洋人にとって、床に座ることは難しい。あぐらをかいて座るなど、とんでもない。私がフィジー人のように座れるお陰で、私と村人たちとの関係は深まった。座り方のことを言われると、私は、これ以上はないというくらいの真面目な顔を作って、こう言う。

「これ以外に正しい座り方なんてありません。これで私がトヴから追い出される理由はありませんね。出ていくつもりはないんですよ」

村の人々は、からかいながら私を受け入れていった。からかわれる、ということは、ある種の交換なのである。冗談を言うという行為に価値を認め、片方がそれを送り、もう片方がそれを受け取るのだ。初めのうちは居心地の悪さを感じていたものの、今ではその交換ができることを嬉しく思っている。

彼らが私のスルを下ろそうとするようになって、私はこの交換の新たな段階に至った。ヤンゴナを飲んでいるうちに夜が更けてゆくと、人々はより開放的になり冗談が増える。席を立って出ていこうとする男性に対して、別の男性がそっと手を伸ばし、スルを引っ張って脱が

せようとする。男性たちの間でよく見られるいたずらだ。このいたずらを見ると、私はいつも笑った。特に、席を立とうとした人が、何も起きていないふりをしながら必死にスルを押さえている様を見ると、笑わずにはいられなかった。しかし、自分のスルが引っ張られていることに気付いたとき、私は笑えなかった。スルを押さえるのに必死だった。スルを脱がされることなく無事に立ち上がることができて初めて、私は、皆よりも遅れて笑い始めた。私のスルも、ついに、他の男性たちのスルと同様に標的になったのだ。村の男性たちの中にも、パンツをはいている人々が数名いるが、私も今後は、スルの下に忘れずにパンツをはいておかなくてはならない。私は、自分がよりフィジー人になったという気分だった。とはいえ、スルを決して脱がされないようにしっかりと結ぶという能力に関して、他の男性たちほどの自信はなかった。

トヴの人々は皆、マナについて知っていた。が、テヴィタのような例外を除き、ほとんどの人たちはマナの力を実際に経験することはあまりなく、自らマナに働きかけることなど滅多にないようだった。私が本気でマナについて知ろうと取り組んでいることに対して、酔ったときに冗談を言うが、同時にマナとは一定の距離を保とうとしていた。冗談も、あまりきついものにはならない。マナについて敬意を欠いた発言をしないようにと、気を付けているためだ。私を冗談の標的にするが、決してマナ自体を冗談にすることはない。

ヤンゴナを「普通に」飲むことは、決して難しくない。それに対して、「ヤンゴナの近くにいる」こと、つまり、癒しのためにヤンゴナを用いることは、なかなか厄介だった。テヴィタの月曜日の夜の癒しの儀式は、相変わらず不定期だ。ほかの優先事項が現れるためである。重要な村の儀式であったり、予定外の訪問者であったり、遠方への漁であったり、あるいは単にテヴィタが疲れているといった理由だ。しかし私は、徐々にラトゥ・ノアの別の教えの意味を理解し始めていた。癒しにおいて重要なのは、特定の儀式を行うことではなく、ヤンゴナに対する癒し手の姿勢だ、という教えである。すなわち、癒し手の生き方が、どれだけドンドヌ（まっすぐ）であるかということだ。

トヴに戻ってすぐに、私は、ラトゥ・ノアの伝言が入ったテープをテヴィタに聞かせた。テヴィタはラトゥ・ノアの意図を理解したが、困惑しているように見えた。

「この新しい計画は、簡単にはいきません」

と言って、テヴィタは考え込んでしまった。

テヴィタが癒しの儀式を行うか否かにかかわらず、彼の癒しの効力は消えない。トヴで彼が人々の敬意を集めているのは、彼の知識の豊富さもさることながら、彼の正直で優しい人柄のためでもある。そのためにテヴィタの癒しは、より人々に受け入れられるようになるのだ。治療が必要なときはいつでもテヴィタに助けてもらえると、村の人々は感じている。

「テヴィタがいなかったら、私たちは皆、病気になってしまうよ」

と、アセナティも言っていた。

今日は月曜日である。太陽は空の高いところにあり、そこから我々の体に熱が注がれる。まるで濃いオレンジのペンキが入った缶を、空中でひっくり返したかのようだ。村の多くの男性たち、そして一部の女性たちが、松の木育成計画のための仕事に参加している。我々は山の上の方で、松の木の種を小さな黒いビニル製の苗床に蒔いている。種はここで発芽して苗になり、やがて移植されていく。テヴィタは、何をすべきかについて、あまり指示を出さない。むしろ自分が作業を行うことで、人々にやるべきことを示す。一つの作業を続けることが多く、複数の区画を歩き回ることはしない。結果としてテヴィタは、多くの人たちの作業を直接監督するという形にはならない。

苗床の傍で膝をついて作業をしていた人々が立ち上がった。昼食の時間だ。時間がはっきりと決まっているわけではないが、真昼の強い日差しが弱まった頃に、彼らは仕事に戻ってくる。そしてまた数時間、作業を続けるのだ。今夜は月曜の夜だが、定期的に行われるはずのテヴィタの癒しの儀式が行われないだろうことは、すでにわかっている。一日中働いたあとで、彼にその余力はない。

月曜日の夜の儀式。それがいかに大切なものであるか、ラトゥ・ノアが強調していたことを、私は何度も思い出していた。我々は月曜の夜の儀式を、極めて多様な方法で行った。テヴィタの家で行うことも、まれにある。それよりさらに頻度は下がるが、省略せずに正式な儀式を行うこともある。いずれにしても、月曜の夜は特別なのだ。私が癒しを実践していることを再確認する時間でもある。ラトゥ・ノアとテヴィタの言葉が私の指針だった。

「どこにいても、いつでも、最初の二杯のビロが『あなたの儀式』となる」

「ルシ、今夜はとても疲れました」

夜になってテヴィタの家に行くと、テヴィタが話し始めた。次に彼が何を言うかは、もうわかっている。

「ここで儀式をするのはやめましょう。ルケの家に行って、少しヤンゴナを飲みませんか。そこで私たちのヤンゴナの儀式をしましょう。一杯か二杯だけ飲んで家に帰る、ということでどうでしょうか」

「ええ、そうですね。それがいいと思います」

「それがいいわ」

スリアナも同意した。彼女は夫のテヴィタをよく理解している。彼の癒しについても理解している。彼のヤンゴナの飲み方も、もちろんわかっている。

「是非そうしてちょうだい」

スリアナは、テヴィタがおどおどしているのを見て楽しんでいる。

「ビロ一杯か二杯だけね。テヴィタがビロ二杯でやめたのを見たことがある？」

夫のテヴィタの方をいたずらっぽく見ながら、スリアナは私に話し掛けた。

スリアナの言う通りだった。テヴィタはビロ二杯で席を立つような人間ではない。実のところ、トヴで最も大量のヤンゴナを飲む人間の一人である。この点については、私も思うところがある。ラトゥ・ノアの言い方を借りれば、テヴィタは社交のためだけにたくさんのヤンゴナを飲んでいるのであって、そのヤンゴナは癒しとは無関係である。私の目から見ても、飲みすぎだと感じることがときどきある。この点においては、テヴィタも極めて普通の男だと言えよう。トヴの男性は、皆そうなのだ。ただ、私には真実が見えているのだろうか。テヴィタがヤンゴナを飲んでいるときに実際に何が起きているのか、私に理解できているという保証はない。テヴィタはとても静かだが社交的な人間だ。彼は村の人々と一緒にいることを楽しんでいる。そして、偉そうな態度も見せないため、皆に非常に好かれている。ヤンゴナを飲む会は、トヴの社交の場なのだ。

ルケの家では、すでに人々がヤンゴナを飲み始めていた。テヴィタと私が加わり、次の一周が始まる。テヴィタは私の隣に座っており、私よりも先にビロを渡された。彼がヤンゴナに意識を集中させているのが感じ取れる。私も同様に、渡されたビロに意識を集中させた。我々は互いに、それぞれのやり方で、互いのために祈った。静かに、自分の心の中だけで、癒しを手助けしてくれるヴに祈りを捧げた。

会話が盛り上がってきた。炎天下での大変な仕事を終えて、人々はリラックスしていた。テヴィタが皆と一緒に笑っている。私も一緒になって笑った。

次のヤンゴナが回ってきた。テヴィタと私にとっては、二杯目のビロだ。私は、それと気付かれるような動きを見せないように気を付けつつ、そっと会話から抜けた。テヴィタがヤンゴナを受け取るのと同時にテヴィタに意識を向け、彼と一緒に祈った。彼を通して、彼の行っている癒しのために祈るのだ。そして私にヤンゴナが回ってきた。私の番だ。心の中で祈りながら、表面的にはただヤンゴナを飲んでいる風を装う。ビロが空になった。私とテヴィタは、互いを結び付けていた目に見えないつながりを解き、意識を部屋全体へと戻した。そしてまた、会話の流れに加わっていく。「儀式」は終わった。

しかし、飲み会は終わらない。皆、喉が渇いているのだ。すぐに三杯目のビロが回ってきた。そして、四杯目、五杯目、と続いていく。そんな風にして、夜が更けていった。

テヴィタと私は、一緒にいることが多かった。私はだいたいいつも、テヴィタがどこで何をしているのか知っていた。密に連絡をとることで、共に癒しを行うことが可能になる。テヴィタが釣りに行くとき、または私が釣りに行きたいとき、我々はたいてい一緒に釣りに出掛けた。私が見当たらない場合には、テヴィタは連絡の人を送ってくれた。しかし、癒しを行う場合には、連絡をくれないことが多かった。私が彼を手伝いたいのなら、私は彼の近くにいなくてはならない。そして彼に言われなくても、癒しが始まる瞬間を感じ取らなくてはならないのだ。彼の傍にいることが、癒し手の助手（リンガ・ニ・ワイ、文字通りには「医療の手」）としての私の責任だった。

ナニセの治療の際は、私はテヴィタと連携して癒しを行った。ナニセは、テヴィタの兄の娘で、もう少しで三〇歳になる。彼女の結婚相手のヴィリは、骨太のがっちりとした男性だ。彼らの間には子どもが三人いるが、一番下の二歳になる子どもは、生まれつき下半身に障がいがある。

ナニセには不安発作の病歴があり、子どもの頃から発作に襲われ続けている。痩せていて体が弱く、顔つきにも不安が色濃く見てとれる。むしろ不安が彼女の普段の表情を作り上げていると言ってもいいほどで、彼女がほほ笑むと、もはや別人にしか見えない。水や木材を運ぶ体力がないので、彼女はずっと家にいて、家の外で簡単な料理をしたり、家の中にこもっていたりする。家の窓は閉め切られ、日の光は中まで届かない。その暗い部屋の中でナニセは、障がいのある子どもの世話をしている。子どもは一日中床の上に転がっている。骨盤から脚にかけての障がいのために、起き上がることができないのだ。ナニセは子どもの肩を持って、床に敷いた敷物の上を滑らせるように、子どもを優しく動かしている。ナニセは、子どもが動けないのは、自分の病気のせいに違いないと信じていた。

「私は病気です。物心ついたときからずっとこうでした。苦しむために生まれてきたのかしらと思います」

私にナニセを診てほしいと言ってきたのは、ナニセの父親だった。彼は、私がアメリカで精神的な問題を抱えた人々を治療するための訓練を積んできたことを知っている。トヴの人々に、私は、彼らが「医者」と呼ぶもの（免許を持った医師）ではないのだと説明するのは難しかった。私は、自分の専門は体ではなく心だと言ったが、身体と精神を分けるということ自体が彼らにとっては不可解なのだ。それでも私は、自分が怪我の治療などはできないのだということを、彼らに伝えたかった。

午後三時頃にナニセの家に着いたが、玄関の戸は閉められていた。フィジーでは普通のことではない。彼らは、夜にしか戸を閉めない。それも、外から人が入ってこないようにという目的で閉めるわけではない。闇夜が運んでくる様々なものから身を守るために、戸を閉めるのだ。

中に入ると、そこは暗闇だった。ナニセは蚊帳の中に置かれたベッドに横たわっていた。ナニセの父親が、彼女に、私が来たということを告げた。彼女は仰向けで寝ていた体を横向きにし、足を片方ずつベッドから下ろした。蚊帳の中でゆっくりと、辛そうに、動いているのが見える。彼女は長い時間ベッドの縁に座っていたが、ようやく床へと移動してきた。彼女はとても辛そうにゆっくりと動く。まるで、長年生きてきたために疲れ果ててしまった老女のようだった。

「ここ数日、動けないのです。というか、動きたくないのです」

ナニセの声はとても小さく、かろうじて聞き取ることができたが、私のフィジー語の能力では理解するのが容易ではなかった。私はナニセの方に体を伸ばして必死に聞き取ろうとしたが、同時に、近くに寄りすぎて彼女を怖がらせないようにと気を遣った。

「外に出るのが怖いのです。何が起きるかわかりません。トヴの人々は信用できないでしょう」

ナニセはそこで間を置いて息を吸ったが、彼女の肺に十分な空気が送られているようには見えなかった。

「きちんと息を吸うこともできません。たまに、息を止めるのです。これから死ぬんだ、というように。死ぬ準備をしている感じです。きちんと息を吸おうと思わないのです。息を吸うのをやめたら、死ねるかもしれない」

ナニセが自分の気持ちを話すが、言葉に勢いはない。彼女は同じことを何度も言う。強調しようとしているわけではない。恐怖に捕らわれているためだ。

私はゆっくりと話し始めた。言葉を選んで、自分の感じていることを正確に伝える努力をする。イノケは今トヴにいないので、通訳をしてもらえない。学校もまだ授業中で、先生たちに助けてもらうわけにもいかない。ナニセの一番上の子がトヴでは優秀な生徒の一人で、英語を少し話すことができるが、その子も今はいない。自分でなんとかしなくてはならない。とはいえ、この場合はその方がいいのかもしれない。私がナニセに伝えようとしているのは、臨床的、心理学的な助言以上に、私の心からの思いなのだ。

私はナニセと、彼女の症状について話した。その症状が気のせいではないということ、耐え難いつらさを伴うものであること、そして彼女が感じている不安そのもの、それらをまずは肯定する。それから私は、テヴィタに診てもらっているかと尋ねた。彼女は「はい」と答えた。彼女の声はなんとか聞き取れるが、やはりとても小さい。

「実は、テヴィタと私は、一緒に癒しを行っているのです。テヴィタがあなたを診ているのなら、よかったです。私があなたに提案することは全て、テヴィタがあなたに言ったことと一致していなくてはなりません。テヴィタが私に方針を示してくれて、私はテヴィタの下で動いているのです」

私は、自分がテヴィタの方針の下で働いているのだという基本的な点を、ナニセがきちんと理解してくれることを確認した。それが確認できないうちは、私がアメリカで学んできたことを基に何かを言うわけにはいかなかった。テヴィタの癒しを妨げたり、無視したりするわけにはいかない。私はテヴィタの癒しをそのくらい大切なものだと思っている。

次に私は、ナニセの感じている恐怖について、彼女と話をした。トヴの様々な場所、状況、村人に関して彼女と話し合い、何をきっかけに彼女の恐怖が始まるのかを探った。話をしているうちに、ナニセは、初めよりも口数が増えていった。気持ちが明るくなり、緊張が解け、自信が出てきたようだ。

「この状態から抜け出せるような気がします」

と、彼女は言った。

「でも、あまりの恐怖で死んでしまいそうになるのです。夜中に息ができなくなることがあります。どうやって息をするのか、思い出せないのです。どうしていいのかわからなくなって、パニックになります」

以前に感じたことのある不安を繰り返し訴えているが、彼女の声は先ほどよりも大きくなった。また、考えながら話しているということも伝わってくる。彼女を捕らえていた不安が、影響力を弱めていることが見てとれる。

ナニセの家を出る前に、深く静かに呼吸をする方法について話した。私は自分で深く静かに呼吸をして見せ、その際に私の胸郭がどのように動くかを見てもらった。ナニセは、私の話を理解した。そして、数分前に帰ってきたヴィリに、マッサージの方法を教えた。ナニセをリラックスさせ、通常の呼吸ができるようにするためのマッサージだ。

「これが命の呼吸です。この呼吸をしていれば、あなたは死にません。死ぬことは、ありません」

私は言った。

そこで初めて、ナニセがほほ笑んだ。

「やってみます……。やってみます」

彼女の顔の緊張が緩み、落ち着いた表情になった。体のこわばりも消えた。

「それから、テヴィタのところに行くのを忘れないでくださいね」

私は彼女に念押しした。

「私はテヴィタの下で動いているのです。テヴィタのところに通ってください」

次にテヴィタの家に行ったときに、私はナニセとのやり取りを全て報告した。聞いている間中、テヴィタは頷いていた。私のやり方に賛同してくれている。

「心の病気は、治すのが難しいですね」

テヴィタは言った。

「ナニセの病気は特に難しい。彼女は本当に長い間、患っているのです。子どものときに車にひかれたことがあるのですが、そのときに発症してからずっと、回復しません。あれ以来ずっと病弱で、恐怖を感じ続けています。私たちにできるのは、努力し続けることくらいです。完治は難しいけれど」

テヴィタは話を続けた。

「ルシ、手伝ってほしいことがあるのです。私は、今度の月曜日に出掛けます。デラナで松の木育成計画の責任者たちの会議があります。あなたには、私の助手として、ほかの助手たちと一緒に月曜の夜の癒しの儀式を取り仕切ってほしいのです」

テヴィタの言い方は、いまいち明快ではなかった。誰に「取り仕切って」ほしいと思っているのだろう。私にはまだ、儀式を取り仕切るほどの覚悟はできていない。が、とりあえず疑問は脇に置いておくことにした。

「テヴィタ、わかりました。やってみます。最善を尽くします」

月曜の夜になり、私は、アリパテとエロニと共に癒しの儀式を行った。誰かが中心になって取り仕切るという形ではなかった。エロニがヤンゴナを混ぜて、我々皆でそれを飲んだ。テヴィタが正式な形で儀式を行うときのような、儀式的な祈りは行われなかった。我々はそれぞれの方法で、各自で祈りを捧げた。それでも我々は、皆で一緒に儀式を行っていた。儀式のためのヤンゴナを飲み終えたあと、我々は新たにヤンゴナを混ぜ、おしゃべりをした。そしてそのタノアが空になると、別れの挨拶をしてそれぞれに家に帰った。我々は任務を終えた。次の月曜までの一週間、ヤンゴナの癒しの効力を保つための手伝いをしたのだ。

第一五章　ヴへの電話（デラナにて）

イノケが我々家族のために作ってくれていた船が完成した。ビトゥを回って他の癒し手たちから話を聞くという調査が、今後はやりやすくなる。五メートル近い長さの船で、設計から完成まで全てイノケが一人でこなした。頑丈で速いその船の仕上がりに、イノケが自信を持っているのも頷ける。現代的な道具は最低限しか使わずに、フィジーの昔ながらの技術を使って作った船だ。

私はこの船を実際に操りながら、操縦方法を学んでいくことになる。イノケは厳しい先生だった。この船で初めて港の外に出る日、ロラ、エリキ、メレ、私、という家族四人に、イノケとナシが同行してくれることになっていた。我々は、トマシという癒し手に会うためにデラナへ向かう予定だった。トマシは年配の癒し手で、他者にも聞こえる形で自分のヴと話をするのだという。当初の計画では、イノケが我々の船を操縦し、ナシがメレを乗せて自分たちの船を操縦する、という話だった。ナシが船のモーターを回して温めている間に、イノケが我々の船にやって来た。そして我々の船のエンジンをかけて錨を上げたあと、自分の船に跳び移って戻ると、ナシから操縦席を奪って船を出してしまったのだ。イノケたちの船はスピードを上げ、港を出て、トヴとデラナの間に広がる海原へと入っていった。

驚きのあまり、私の思考回路は停止した。数秒後に我に返り、私は急いで頭のギアを入れた。これは冗談なのだろうか。イノケは私の反応を見ようとしているのだろうか。そうではなかった。イノケの船はどんどん進んでいく。戻ってくる気がないことは明白だった。このままではあっという間に、追いつくこともできなくなってしまうだろう。デラナに行きたいのであれば、この先にある岩礁を抜けてデラナにたどり着くための正しい海路を知っている人についていかなくてはならない。

私の船も出港した。船を操縦するのは初めてのことで、実のところ怖かった。しかも同乗者は子ども二人だ。一人はまだ七歳であまりうまく泳げず、もう一人はフィジー育ちの女の子だが自分は全く泳げないと言っている。

しかし怖がっている時間はなかった。私はイノケの船に追いついて、あとをついていかなくてはならないのだ。何かに取り付かれたかのように、私は船を操った。見えない岩礁を回り込んで大海原に出ると、波を切り裂いて進んだ。波に逆らうのではなく、波に乗るようにして進むのだ。

デラナに着いたとき、私の船を置き去りにしたイノケに対して、私は憤慨していた。が、同時に、快活な気分にもなっていた。

「気分がよかったとはいえ、あれは船の操縦を教える方法とは言えない。危険すぎる」

私はぼそぼそと独り言を言った。そしてイノケに、思っていることを伝えた。

イノケはほほ笑んだ。

「ルシ、問題なかったと思いますよ。あなたに操縦できないかもしれないと思ったら、私は置いていったりしない。ちゃんと船を操っているのを見ていましたよ」

本当に見ていたのだろうか。怪しいものだと、私は思った。

翌日、イノケと私は海岸に沿いに船を進め、トマシの家へと向かった。トマシは年配で、とても強いマナの持ち主だと言われる人物である。我々は、彼の住む村からいくらか離れた石だらけの海岸に、船を停めた。散らばっている不安定な丸い石の上を、イノケがぴょんぴょんと跳んでいく。イノケに遅れて、私は、岩の上を注意深く歩いていった。イノケが一つの石に体重を乗せている時間はとても短いが、その短時間にも石が揺れているのが見える。そんな危ないところは通るまいと、私はさらに慎重に確かな足場を探しながら進んだ。イノケとの距離が、どんどん開いていく。イノケが振り返って叫んだ。

「そんな歩き方をしていては、たどり着けませんよ。そんなに慎重にならなくても、動き続ければ大丈夫。すぐに次の石に跳び移るようにすれば、石は揺れる暇がないですからね」

その説明も、ある意味では正しいのだろう。しかし私の頭はまだ、体に勝っていた。私は引き続き慎重に進んでいく。当然イノケとの距離が開き続ける。突然、体が頭よりも優位に立った。私はイノケと同じように、丸い石の上を跳び始めた。石が揺れるよりも前にその石を蹴って、次の石に移るのだ。

移動が終わったあとでこの体験を振り返ると、ラトゥ・ノアの言葉が思い出された。

「まっすぐな道では、決心がつかないということは許されない。何かをしなくてはならないとわかったら、それをすることです。とにかくやるのです。振り返ってはいけません。躊躇してはいけません」

この日の午後、我々はトマシと話をした。トマシは小柄で俊敏な男性だった。七〇代後半という年齢にもかかわらず、村の中でも特に活発で冒険心に満ちた人物の一人だという。彼は二箇所に畑を持っており、そのどちらに行く場合も、かなりの距離の歩きづらい道を辿らなくてはならない。ときには、収穫した作物が入った重い袋を背負って戻ってくる。

「あの人は本当に強い男だよ」

と、村の人々は彼のことを称賛していた。トマシはまた、村の重要人物でもあった。最年長で、儀式や伝統について誰よりもよく知っているためである。距離を感じさせることもあるが、非常に暖かい気持ちで村の皆のおじいさんとしての役割をこなす優しい人物である。普段は真面目な顔つきで、じっと考え込んでいることもあるが、にこっと笑うととても優しい顔になる。

トマシの行う癒しの方法については、意見が分かれる。農村部に住む他の癒し手たちと違って、彼は周りの人に聞こえる形でヴと会話をするのだ。

「ヴに電話をかけているのですよ。マナでつながるワイヤレスの電話です」

と、トマシは説明する。彼は声を出してヴに質問し、助言を求める。首をかしげてヴの話を聞き、理解した場合には頷く。ヴの言葉がわかりにくいときは困惑した表情を見せる。トマシがヴに話しかけ、ヴはトマシに向かって話す。ただ、我々にはトマシの声しか聞こえない。

我々が訪ねていってすぐに、トマシは、私の研究が適切なものかどうかをヴに確認した。

「こちらはトマシです。聞こえますか」

トマシがヴに話し掛ける。

そこで彼は間を置いた。目に見えない受話器に耳を澄ませているようだ。しばらくして彼がほほ笑んだ。ヴと電話がつながったらしい。

「この研究の手助けをしてもいいかどうか、訊きたかっただけなのです。これは良い研究ですか。私は、私たちの癒しについて、この人に話すべきでしょうか」

ここでまた、先ほどよりも長い間を置いた。トマシが眉間にしわを寄せた。彼の険しい表情を見る限り、我々の会話はここで終わりになるのではないかと思われた。が、そこでトマシが、再びほほ笑んだ。

「いい知らせですよ。私のヴが、あなたの研究についてじっくりと検討した上で、良い研究だという判断をしました。話を続けることができます」

トマシは言った。

ビトゥのような農村に住むフィジー人たちは、このような形でのヴとの会話を信用しない。都市部には、トマシのように周りに聞こえる形でヴと会話をする癒し手が少なくない。しかし、農村の人々は、そのような癒し手は「自分の力を誇張している」だけだと考える。ヴとの会話を他者に聞かせるのは、自分の力を見せびらかすためだ。ヴと非常に親密な関係にあるからこそ、人前でもヴと会話をすることができるのだと言いたいだけだ。そのように受け止めるのである。しかし同時に、癒し手が実際に強い力を持っているかもしれないという可能性に対して、恐怖心も抱いている。

ただし、トマシの場合は例外である。彼のことを知っている人々は、彼とヴとの会話が本物であると信じている。ラトゥ・ノアもトマシは本物だと言った。

「彼はヴと話す方法を知っています。経験を積んだ癒し手には、そういう人もいるのです。しかし、彼がやっているように、声を出して会話をすることができるようになるためには、大変な訓練が必要です。トマシは非常に強い力を操っています。彼が癒しに使っているマナはとても強く、同時にとても危険なものです。強い力を持つ者ほど、その力を間違った目的のために使いたくなるのです。まっすぐな道は険しさを増していきます。その厳しさと、トマシは闘っているのです」

私はトマシの家に数日間滞在した。彼と話をし、彼から学ぶ中で、我々の関係は深まっていった。質問が難しすぎるときや、自分が言いたかったことを忘れてしまったときなどは、トマシはヴに訊き直しながら、話を続けた。

ある午後、トマシはチョネ校長の死についての意見を聞かせてくれた。この説は、トヴではほとんど話題になっていないものだった。二、三人の年配者が口にするのを聞いたことがある程度だ。その説とは、チョネ校長の死が、校長の故郷モモトで以前に起きた問題に起因するというものだ。

トマシは言った。

「チョネの父親が問題だったのです」

「そうです、父親なのです。彼の父親は牧師でした。しかし牧師であったにもかかわらず、彼の行いは不適切だった。そして村の人々には、そのことを指摘する勇気がなかった。が、ついに人々は彼の行為を非難しました。するとチョネの父親は、教会で、自分がいつも説教をする説教壇に立って、その批判は間違っていると言いました。『もしその批判が正しいものだとしたら、私の子孫がその報いを受けるものとしよう』と、彼は言ったのです。彼はそれを、教会で言ったわけです。そのような公の形で言ってしまった以上、それが嘘であった場合には、当然報いを受けることになります。公の場で『まっすぐに生きる』と誓っておきながら、まっすぐである努力をしなかった場合、やはりその報いを受けるのです。自分が言った通りの報いがやって来ます。チョネの父親の場合は、息子の死という代償を払うことになりました」

トマシの話し方には、どこか説得力があった。チョネ校長の死についてのこの説明に、私は納得した。質問はせずに、この説についてあとでじっくり考えてみることにした。

四日目の夕食後、イノケはデラナに戻っていった。その夜は、私とトマシの二人きりだった。

我々は、日付が変わる前に床に就いた。ふと、木の床がきしむ音で目が覚めた。夜明け前で、まだ暗い。横になったままトマシを探すと、彼が歩いているのが見えた。頭を垂れて、静かにゆっくりと、向こうの方へと歩いていく。ときおり雲間から差す月の光で、トマシの様子がわかる。湾に面した窓の外に、たまに目をやっている。彼はそうして一時間以上、物思いにふけっていた。

日の出とともに、我々は目覚めた。私は、昨夜見たことが現実なのかどうか、自信がなかった。あれは夢だったのだろうか。それとも本当に起きたことだろうか。あの静寂に満ちた時間の鮮やかな記憶さえ残っていれば、それが夢であったか否かはどうでもいいような気もしていた。

朝食を食べながら、我々は少しだけ話をした。

「昨夜、起きていましたか」

と、私は尋ねた。

「ええ、最近夜中に目が覚めるのです」

トマシはため息をついた。

「年を取るとわかることですが、なかなか眠れないことがあるのですよ。夜中に目が覚めると、祈るのに適した時間だと感じます。そして祈ります。ひたすら祈ります。疲れたらまた、横になるのです」

まっすぐな道は、未明の暗闇の中の孤独を通る道なのだった。

トヴに戻ると、私は、トマシが話してくれたことについてテヴィタに質問をした。テヴィタもまた、チョネ校長の父親が、自らの不正について嘘を言うことで、人々の信頼を裏切り、教会の神聖さを汚したという話を聞いたことがあると言った。

「チョネの父親がどんな不正行為を行ったのかは知りません。でも、教会で、不適切なことはしていないと嘘をついたときに、彼はヴに反旗を翻すことになったのです。ヴはそれを受けて、彼が望んだ通りの罰を与えたわけです。そうして、息子であるチョネの命が奪われることになった」

このように端的にまとめると、なかなか恐ろしい説である。

「ルシ、ラトゥ・ノアに会いにスヴァに行くのですが、一緒に行きませんか」

突然、テヴィタが言った。

ラトゥ・ノアに会いに行く予定があったとは知らなかった。とっさに私は、どちらともつかない返事をしてしまった。スヴァまでは大変な長旅になるし、トヴでやらなければならないこともたくさんある。そこまで考えたところで、私は、はっとした。スヴァに行かないという選択肢はあるのだろうか。「躊躇してはいけません」というラトゥ・ノアの教えを、ここで再び思い出した。

テヴィタと私は、次の日にスヴァに向かうことにした。政府の船がトヴの港に停泊しており、午前中にヴィティ・レヴに戻るために出港する。その船に乗ることに決めた。

第一六章　ラトゥ・ノアとの会話（スヴァにて）

「あらゆる良いことの中に、敵が潜んでいる。悪いことの中には、敵はいない」

テヴィタと私は、ラトゥ・ノアと共に座ってヤンゴナを飲んでいる。テヴィタがトヴでの最近の出来事を説明し終わる頃に、ちょうど一周目のヤンゴナが終わった。オンゴ在住のテヴィタの助手一人に集めるという依頼を全て、オンゴの漁業計画の責任者たちは、テヴィタへの依頼を全て、オンゴ在住のテヴィタの助手一人に集めるというラトゥ・ノアの計画に納得しなかった。説明したのがテヴィタであったから反論した、という面もあるだろう。テヴィタは他者を傷付けたくないという気持ちが強く、ラトゥ・ノアが意図しているような断固とした態度で、漁業計画の責任者たちと向かい合えないのだ。ラトゥ・ノアの計画の理由について説明することは、特に難しかった。オンゴの人々が良くない行いをしている可能性があると言っているようなものだからだ。漁業計画の責任者たちは、ラトゥ・ノアから直接、明確な説明を聞きたいと言ってきた。そしてその説明の会にテヴィタが同席することになったのだ。

ラトゥ・ノアは目の前のタノアを指さした。

「ヤンゴナの正当な飲み方では、タノア二杯分しか飲みません。かつてはそのようにしていたものです。タノア二杯分を飲み終えたあとに、会話（ヴェイタラノア）のためにタノアもう一杯分を飲むことはある。が、それで終わりです。会話は、三杯目のタノアを飲み終えたところで終了です。それに比べて、今の人々は飲みすぎます。飲みすぎて酔っ払う」

　ラトゥ・ノアと話すとき、我々はいつも大量のヤンゴナを飲む。数えたことはないものの、タノア三杯分以上飲んでいることもあるはずだ。とはいえ、多く飲んだからといって酔っ払うわけではない。タノア何杯分飲もうとも、我々は重要な事柄について話し合っている。ヤンゴナによっていい会話が生まれ、いい会話を続けるためにヤンゴナを飲み続けることが必要になるのだ。おそらく月曜日の夜の癒しの儀式と同様に、タノア三杯という数字も、厳格に守るべき数字というよりも象徴的なものなのだろう。重要な交換のためにヤンゴナを飲んでいる限り、三杯を超えているとは見なされないようだ。

　ラトゥ・ノアはヤンゴナをとても丁寧に扱う。ビロを手渡し、順にヤンゴナを回していく動きは、まるで舞踊のようだ。彼の動きによって生まれる世界観に、我々は取り込まれていく。トヴの飲み会とは明らかに違う。これは、祈りの一形態なのだ。

「『ゆっくりした流れは深い』という表現を知っていますか」

　というラトゥ・ノアの言葉が、静寂を破った。

「はい」

「これは、癒し手についても言えることなのです。癒しをゆっくりと進めていくことで、強い力を持った癒し手になれる。人々に、全てのことを伝えようとしてはいけません。ゆっくりと、彼らが知るべきことだけを伝えるのです。真実以上のことを言ってはなりません。

　私はフィジーにいる全ての癒し手について、多くのことを知っています。彼らの行う癒しについても、彼らが持っている力についても知っています。どの地区に何人の癒し手がいるのかもわかります。誰の力が強いか、誰の力が弱いかも知っています。力の強い癒し手が、強いヴに支えられているとは限らないのです。癒しを手助けしてくれるヴの力が弱かったとしても、その癒し手がヴに忠実でまっすぐであれば、強い力を持てます。手助けしてくれるヴが強くても、癒し手がヴに忠実でない場合や、まっすぐな道からそれてしまっている場合、強い力は持てません。そのような癒し手は、もう役に立ちません」

　ラトゥ・ノアの話し方は先ほどよりも柔らかくなっていたが、声には、より力がこもっていた。

「道からそれると、癒しの力が削られます。それるたびに、削られていく。何度もそれているうちに、力は失われてしまう。力がなくなったときには、癒しはやめるべきです。癒しを続けようとすれば、誰かを殺してしまうことになります。もうマナが去ってしまっているからです。マナだけが、癒しを行うのです。

　私は、アポロシやナヴォサといった、昔の有名な癒し手についても知っています」

「アポロシは、良い人でしたか、悪い人でしたか」

　そう訊いてしまった瞬間に、私は質問を取り下げたくなった。あまりにも直接的な質問で、人前で他者のことを悪く言わないというフィジーの作法に抵触することに気付いたのだ。

「少し……」

　ラトゥ・ノアは言いよどんだ。そして、

「少しはいいところもある人でした」

　と言った。

「西洋的な質問をしてしまいました。すみません」

「ルシアテ、構いませんよ。まだ学んでいる途中なのですからね。ナヴォサは特別な癒し手でした。本物の奇跡をいくつも起こしています。キリストのように人々を生き返らせたりもしました。彼は初めから死ぬまでずっと、まっすぐでした。対照的にアポロシには、少し悪いところがありました」

「少し悪いのですか」

「彼はとても悪かったのです」

　ラトゥ・ノアが直接的な言い方をしたことに驚かされたが、自宅での我々だけの会話であるために気を許しているのだろう。
「そうです、アポロシはとても悪かったのです。彼は、フィジーからイギリス人を追い出したいと願っていたのですが、力を間違った方法で使ってしまい、悪い道に進んでしまいました。彼がもしまっすぐであったなら、イギリス人を追い出すことができたでしょう。

ルシアテ、私は力（カウカウワ）を持っていますが、それを隠すのが私のやり方です。私の妻も子どもたちも、私があなたに何を話しているのか知りません。あなたの研究のため、そして先の世代にこの知識を伝えたいという私の願いのために、私は話しているのです。そうでなかったら、話しません。それから、重要な点として、あなたにこれらのことを話す以上、私には真実を話さなくてはならないという義務があります。先の世代の人々に、嘘をついたと非難されるような事態は避けたい。きちんと真実を伝え、後世の人々に誇りに思ってもらえるようにしなくてはなりません。

ルシアテ、あなたがこれから学ぶべきことは、ヤンゴナを飲んでヴを呼ぶ方法です。どのヴを呼ぶかも、学ばなくてはなりません。その方法さえ知っていれば、世界のどこにいても、ヴがやって来ます。

もう少し詳しく説明しましょう。異なるヴを呼ぶときには、ヤンゴナを異なる方法で用います。ヴによってそれぞれに、好む方法があるのです。私は、ヴを呼ぶための独自の方法を持っています。タノアからヤンゴナをビロで汲むとき、私が普通のやり方をしているように見えるでしょうが、実は特別な方法で汲んでいるのです。その汲み方が、ヴを呼ぶための特別な方法です。特別だが、人目を引かない方法です。

ルシアテ、ヴを呼ぶのは、電話をかけるようなものです。決まった番号にかけると、自動的に決まった相手につながるのです」

テヴィタが聞きながら頷いている。テヴィタと目が合い、我々はお互いに軽くほほ笑んだ。

「ラトゥ・ノア、オンゴの人々への対応についてテヴィタに説明するために、テープを作りましたよね。あのテープについて話してもらえませんか。トヴに戻って、テヴィタに聞いてもらうために再生したのですが、イノケと私には、完全には理解できなかったのです」

テヴィタがまたほほ笑んだ。今回は、軽いほほ笑みというよりも完全な笑顔だ。

「あれは医者が書いた処方箋のようなものなので、一般の人々には意味がわからないでしょうね。そういう話し方で吹き込んだので、テヴィタには通じますが、あなたとイノケにはすぐにはわからないはずです。

私はテープで、オンゴの漁業計画の責任者たちが集団でテヴィタに会いに来るべきではないと言いました。理由は、彼らの訪問が人目を引くものであってはならないからです。カリの人々は皆、オンゴの人たちが何か良くないことをして、そのせいでチョネが死んだのではないかと考えています。そんなときに彼らが集団で動けば、さらなる疑惑を呼んでしまいます。その先の部分は理解できたと思いますが、集団でテヴィタに会いに来た場合、邪悪な意図を持った人がいても、それを隠しやすくなるのだと言いました。

ルシアテ、これであのテープの内容がよくわかったと思いますが。説明なしでは、あなたにもイノケにもわかりにくいでしょうね。

さて、これから、チョネの死の真相について話しましょう。チョネの死の原因は、彼の父親です。チョネの父親は牧師でしたが、正しくカロウに仕えていませんでした。むしろ反対側についてしまったのです。本当は、あなたが前回来たときに、この話をしたかった。誰もがチョネの死はオンゴの人々のせいであると思っているようでしたからね。チョネの故郷の村の人々は、チョネの父親が夜に悪魔に捧げる踊り（メケ・ニ・ヴラ）をしているのを目撃しました。それは、彼が悪魔を崇拝しているということです。翌朝、村の人々は、チョネの父親に、自分たちは踊りを見たと告げました。しかしチョネの父親は、自分は踊っていないと答えます。そして彼は、教会で特別な礼拝を行い、カロウに祈り、『もし自分が悪いことをしているのであれば、自分と自分の子どもたちがその報いを受けることになる』と言ってしまった。その結果、私たちも知っているように、それが実現してしまったのです。チョネの父親は亡くなり、去年、彼の子どものうちの二人が亡くなりました。そして今年、オンゴでまた二人の子どもが亡くなりました。

ただ、オンゴの漁業計画の責任者たちも認識が甘かったのです。船がスヴァからオンゴに着いたその日に、人々を招いて宴会をするべきではなかった。チョネを宴会に招いたことの責任は、彼らにあります。招待するのは、別の日にした方がよかったでしょう。宴会のような、皆が酔っ払っている席では、ヴは悪事を働きやすいのです」

ようやく、チョネ校長と校長の妹が亡くなった理由について、完全な説明を聞くことができた。以前にトマシから聞いた話も、さらにそれ以前にトヴの数名の年配の人々から聞いた話も、基本的に同じ説であるが、ラトゥ・ノアはそれを包括的にまとめ上げてくれた。オンゴの人々は、悪いことを企んでいたわけではない。状況判断が甘かっただけなのだ。ラトゥ・ノアの説明は、心理的な問題についても宗教的な問題についても、きちんと考えられたものだった。

チョネ校長の父親が犯した罪の詳細について、また、これらのことをラトゥ・ノアがどのようにして知ったのかについて、自分が質問をしようと考えてさえいないことに気付いた。おそらくこの情報は、「あちら側」からラトゥ・ノアに「与えられた」ものだろう。知識とは与えられるものであり、与えられたものを誇張したり、それに疑問を差し挟んだりするべきではないと、ラトゥ・ノアがいつも言っている。どこから来たものであるかはわからないが、彼の説明はとてもしっかりとしたものだった。

「私は、オンゴの漁業計画を最初期から手伝っています」

ラトゥ・ノアが言った。

「私が手伝うのは良い目的を持ったものに限ります。悪い目的のものを手伝えば、私が海底に沈むことになりますからね。私自身にも悪い結末がやって来るのです。ルシアテ、あなたの研究についても、同じことですよ。良い目的の研究だから手伝うのです」

玄関の戸を叩く音が聞こえた。

「どうぞお入りください」

向こうの部屋から、ナワメの声が聞こえてくる。オンゴの漁業計画の責任者四人が、こちらの部屋までやって来た。先頭は今回もチェセである。チェセがセヴセヴを依頼し、ラトゥ・ノアがヤンゴナを受け取った。いつも通り、時間をかけずに、ただ受け取って置くだけだ。ラトゥ・ノアは彼ら四人が来ることを知っていたようだ。そして、すぐにも話を始めようと思っているらしい。

ラトゥ・ノアは、入ってきた四人に対して改まった挨拶はせず、テヴィタへのテープについての話を繰り返した。テープの内容が、なぜテヴィタにだけ完全に理解できたのか、という話だ。

「チェセ、あなたに昨夜言ったことを、私はすでにテープでテヴィタに伝えてあったのです」

と、彼は言った。チェセが昨夜、一人でラトゥ・ノアに会いに来たことがわかる。

「でも、やり方を変えることについて、私一人しか知らないというのは嫌だったのです。他の責任者たちにも、その話を聞いておいてほしかった。だから、この三人を連れてきました」

チェセが口を挟んだ。

「あなたには、私と話したあとにオンゴの人たちに伝える伝令役になってほしいと、いつも思っているのですがね。とはいえ、この三人を今夜連れてきたことは、問題ありません」

と、ラトゥ・ノアが言った。

ラトゥ・ノアは、変更する点についての説明を繰り返した。しかし、テヴィタと私に話した、彼らの感情を害しそうな部分については、明言を避けた。集団でテヴィタに会いに来ることによって、その中の一人の良くない計画を隠すことができる、という部分だ。

「ラトゥ・ノア、私たちが今夜ここに来たのは、自分たちが今も忠実であることをあなたにわかってもらうためです」

と、チェセが言った。チェセの声が大きくなったが、不快感を与える話し方ではない。

「私たちは今でも忠実です。他の癒し手のところには行っていません」

「わかっています」

ラトゥ・ノアが答える。

「カリの人々は疑いの目で、あなたたちオンゴの人々を見ていますが、神はあなたたちを祝福してくれます。あなた方には、チョネたちの死の責任はないのだから。私たちフィジー人には、成功している人、抜きん出ている人をうらやむ習慣があります。皆同じがいいと思うのです。

チェセ、心配しなくて大丈夫です。私は何も変わっていません。私は簡単に方針を変えるような人間ではない。あなたたちの事業を手助けするという以前の約束を、違えるつもりはありません」

ラトゥ・ノアはそこで言葉を切って、床に目を落とした。チェセは頷いただけだった。それ以上、言うべきことはないのだ。

「チェセ、率直に言いますが、テヴィタはこれからもあなたたちの手助けをします。テヴィタも私も、あなたたちの仕事を成功させる責任を負っているのです。

オンゴの人たちが、政府に借りている漁船のローンを払い終わったら、政府はあなたたちのことを評価して、今回よりも高額のローンを組ませてくれるでしょう。そうすればあなたたちは、さらに大きくて性能の良い船を買うことができます。そのときは皆でお祝いをしましょう。ただしその船で、まずはヤンブ島に行かなくてはなりません」

ラトゥ・ノアが言った。

「そんな。やめてください。嫌です、私は行きたくありません」

チェセが頭を振った。

ラトゥ・ノアはチェセをからかっていた。オンゴの人は誰も、ヤンブ島へは行こうとしない。ヤンブ島はオンゴの近くの無人島で、力は強いが必ずしも恩恵をもたらすとは言えないヴが住むとされている。真面目な話の中に、チェセへの罠が仕掛けられていたのだ。部屋中に笑い声が響いた。少し遅れて、チェセも笑い出した。

ラトゥ・ノアが話を戻した。

「チェセ、政府は今、あなたたちの仕事を片目で見ているような状態です。もう一段階進めてやれば、政府は両目を開きます。今までよりも早くローンを払うようにしなさい。そうすれば、銀行に支払う利子も減ります。その次の段階では、乗客を乗せるようにします。そうなれば、ローンの返済もより早く進むでしょう。でも、その段階に進むまでは、船は漁だけに使うことです。今よりも大きな船を手に入れたら、乗客も乗せることにしなさい。早期にお金を貯めること、そしてヤンゴナを飲むことです。そうすればあなたたちの仕事は、早い時期に望ましい形で拡大していくでしょう。

キャッサバのようなものです。キャッサバを植えると、成長を見守るのが楽しいでしょう。私もそうなのです。あなたたちの仕事の手助けをして、それが育っていくのを見るのが楽しいのです。

チェセ、何かが事業に悪影響を及ぼすかもしれないという恐れは捨てなさい。ただし、村で暮らすのであれば、団結しなければうまくいかないということは覚えておきなさい。単独で行動したいと思うのならば、村にいるべきではありません」

チェセは、オンゴの人々に疑いの目が向けられていることに話を戻した。不安に思っているのだ。

「カリのほとんどの人たちが、チョネの死は私たちのせいだと言っているそうです。仕方がないので私は、オンゴにやって来た人々に『身に覚えのないことで非難されるなんて、俺たちはなんて運がいいんだろう』と冗談を言っているような状況です」

「そうは言っても、チョネの死のような出来事は、皆が酔っ払っているときに起きるものですね」

オンゴの人々は身に覚えがないというチェセの言い分に、ラトゥ・ノアがやんわりと反論する。

「たとえ誰かが亡くなっても、皆が酔っているときには、その人をそのまま放置することになる。皆、何が起きているのかも理解できないのです」

酔って責任を果たせなくなるということについての議論を、ラトゥ・ノアは一般論として提示したが、オンゴでの出来事を指しているのは明白だ。

「チェセ、テヴィタに会うのを一人だけにすると決めたのは、混乱を避けるためです。その一人に、テヴィタが言ったことをオンゴで正しく伝えてほしいのです。何人もが同時にテヴィタのところに来ると、それぞれの人から別の解釈が広まる恐れがあります」

ラトゥ・ノアが、変更に関するまた別の理由を説明した。それともこれは、オンゴの人々への疑念を、別の言い方で表現したものなのだろうか。

「以前にこんなことがありました。フィジーの公共事業局の役人がカリ島に駐在していました。その人は、様々なものを見る能力がとても強いことで有名な人物でした。彼はスヴァに戻ってくると、私の家にやって来て、大きなヤンゴナを差し出しました。『何のためのヤンゴナですか』と尋ねると、彼は『セヴセヴをお願いしたいのです』と答えました。セヴセヴが終わったあとで、彼はこう言ったのです。『スヴァを訪れた際に、テヴィタという人物がどのような人なのか、見てやろうと思いました。私はビロを持ったまま、ビロ越しに彼の力を調べることにしました。どれほど強い力を持っているか、どのくらいうまく癒しを行っているかを見ようと思ったのです。ところが、私の質問への答えは返ってきませんでした。私を助けてくれていたヴが、突然消えてしまったのです。私が考えていたよりも、テヴィタのヴが強かったということがわかりました。私のヴよりも強かったのです。』わかりますか、チェセ」

ラトゥ・ノアの話し方が、まるで講義のようになってきた。

「私が言いたいのはそういうことです。たとえあなたがタンブアを一〇個持って来たとしても、私はあなたに助言できないのですよ。まずはテヴィタのところに行くことです。テヴィタからの依頼がなければ、私は動きません。そして将来的には、テヴィタの助言を、私からの助言として受け取ってもらいます。あなたたちも知っている通り、私のことを助けてくれているヴが、テヴィタのことも手助けしているのです。

あなたはたまに、ここに来て嘘を言いますね。もうテヴィタと話したのかと訊くと、話していないのに『話した』と答える。気付いていないでしょうが、そういうときには、私もあなたに嘘を返しているのですよ。自分の嘘が自分に返ってくるのです。癒しにおける会話では、まっすぐでなくてはならない。聖書にも書かれている通り、どれほど小さなことについても、正直に真実を話すことが必要です。そうすれば天国へ行けるのです」

そこまで話すと、ラトゥ・ノアは、指示を出すためにテヴィタの方を向いた。しかし同時に、チェセと私のことも視界に入れている。我々が注意深く聞いていることを確認するためだ。

「テヴィタ、あなたはカロウにもヤンゴナにも忠実でなくてはなりません。カロウとヴの両方に忠実でなくてはならないのです。一番高いところにいるのはカロウです。そして全てのヴが、そのカロウの下にいます。仕える際には、カロウの前にヴに仕えなくてはなりません。ヴに忠実に仕えることができて初めて、その上のカロウに届くのです。多くの人々が、聖書の次の箇所を間違えて解釈している。『神の国をまず求めなさい。そうすれば、これらのものも与えられる。』たしかにカロウは、王の中の王であり、君主の中の君主です。しかし、その前にまずはヴ（カロウ・ヴ）を見付けなくてはならない。それが見付けられないとしたら、大きな問題です。私たちはカロウ・ヴを通してカロウとつながるのです。そのつながりを認識できない人は、渦巻く風の中にいるようなものです。

チェセ、オンゴの人々に、ヴとのつながりを認識するようにと伝えなさい。そしてそのつながりを見失わないようにすることです。そうすれば、皆で団結して働くことができます。

ルシアテ、あなたがフィジー語を理解できているのがわかりますよ」

突然のラトゥ・ノアの言葉に、私は驚いた。私は集中してラトゥ・ノアの話を理解しようと努力していたところだった。カロウとヴに関するこの議論についていくのは、簡単ではなかった。特にカロウという語が、神とヴ（カロウ・ヴ）の両方に使われる点が難しい。しかし私はたしかに、自力でおおよその意味を理解した上でイノケの通訳を待つようになっていた。もちろん、細かい部分はイノケの通訳で理解することになる。

「私の話を聞いて、何が正しく、何が正しくないのかを、理解できるようになってきているのがわかります。

ルシアテ、通訳が必要なときは、ここにいるイノケのような、きちんとした通訳者を頼まなくてはなりません。それから、テヴィタの傍にいて、彼の使う言葉に慣れることです。テヴィタがどの語をどの意味で使うのかを、しっかり学ぶことです。通訳者の中には、意味を取り違える人もいます。例えば、ジナという語は『光』を意味することもあるのに、『ランプ』とだけ訳す通訳者もいるのです。もう一つ例を挙げましょう」

ラトゥ・ノアの話し方は、もはや学者のようだった。

「フィジーの病気には、フィジー語でしか言い表せないものがたくさんあります。英語に通訳できないのです。そのような場合には、フィジー語を使うしかありません。フィジー語で正しい診断をすれば、治療のためにフィジーの薬草を探すことができる。そしてその薬草を新鮮なまま処方することができます。西洋の薬だと、服用したときにはすでに古いということがあります。使用期限が切れていることさえあります。ときには、アスピリンを飲んだのに頭痛が治らない、といったことも起こり得ます」

テヴィタが口を挟んだ。

「こういう話をするときには、私たちは言いたいことを隠しておいたりします。すぐに結論を言った方が会話は短くて済むのですが、そうはしないのです。例えば、ルシが質問をしたとする。ルシは短い答えが欲しいでしょうね。それでも私たちは長い答えを返します。そうすると、私たちが答えを言い終わる頃には、ルシはその答えの意味を理解できます。もし、短い答えを言ったとすると、あまりにも早く会話が終わってしまい、ルシが理解する時間がないのです。私たちの答えは、ルシの質問から遥か遠いところで始まります。そしてぐるぐると回ります。結論にたどり着く頃には、ルシは、この答えは本当に自分の質問について話しているのだろうかと疑っていることでしょう。それでも、その会話の『終わり』が、ルシの探究の終わりになるのです。フィジー人にとっては、質問に対して『イエス』、『ノー』といった短くて正確な答えを言うことは難しいのです」

「テヴィタ、ルシアテを手伝ってあげてください」

ラトゥ・ノアの言葉は、テヴィタに指示を出していると同時に、頼み込んでいるという風でもあった。

「ルシアテと一緒に癒しを行ってください。ルシアテのために、ゆっくり話してあげてください。彼はビトゥの方言をずいぶん理解しているようですから、次はゆっくりと実際の動きを見せてあげてください」

「それはちょっと、できません」

テヴィタが冗談を言う。

「ルシはそこまで頭がよくないのですよ。今言ったようなことは、あまりにも難しすぎます」

テヴィタが怖いくらいのしかめ面をして見せた。

「いい方法があります」

私は言った。

「私の子どもたちに通訳を頼んでみますよ」

ロラとエリキのフィジー語があまりに流暢なため、私は、自分のフィジー語習得がなかなか進まないことを恥ずかしく思ったほどだった。

「解決策が見付かりましたね」

テヴィタが、にこっと笑った。私たちは握手をして、冗談のやり取りを楽しんだ。

ラトゥ・ノアがテヴィタへの指示を続けた。

「ルシアテに話すときは、よりよく理解できるように、崩した口語ではなく、正しいフィジー語で話してあげてください。そして、できれば誰かが、あなたがフィジー語で言ったことを、ゆっくりと言い換えてくれるようにするといい。英語に言い換えるのではなく、フィジー語で言い換えるのです。そうすることでルシアテは、フィジー語で物事を理解するようになっていくでしょう」

ここでチェセが話題を変えた。

「皆で普通にヤンゴナを飲んでいるときに、その中の誰かが、ほかの人々に気付かれることなく、ヴやテヴォロ（悪魔）にヤンゴナを捧げることはできるのですか」

これについては、以前にラトゥ・ノアと話したことがある。フィジー人なら誰でも知っていることだと、私は思い込んでいた。ラトゥ・ノアがこの質問に答えたが、その答えの中には私の知らない内容も含まれていた。

「できます。悪いことをする人々は狡猾なのです。彼らはとても小さな声で独り言を言うことで、ヤンゴナを飲み終える前にテヴォロに捧げます。一つはっきりさせておきたいのですが、ヴが人々に害を与えるわけではありません。危害を加えるのは、骨や頭蓋骨に祈りを捧げ、テヴォロを崇拝する人々です。テヴォロはそのあたりをふらついているので、昔からのやり方で呼び出して供物を捧げることができます。しかしヴは違います。ヴは特別な存在ですから、ヴに仕えるには特別な方法が必要です。

それに、ヴは、愚かな行為に応えたりはしません。例えば誰かを殺してほしいといった邪悪な願いをヴに伝える場合、その人はその報いを覚悟しておかなくてはなりません。自分の息子や妻が死ぬという、大きな損失を受けることになるのです。ヴの報いとはそういったものです。その取引を行うか、願いを諦めるかの選択です。ヴは敢えて大きな代償を求めてきます。それによって、人間が邪悪な願いを抱くことをやめさせようとしているからです。それでも、貪欲な人々はヴとの取引を行うのです。そして子どもや妻を失います。代償として命を差し出すわけです」

ラトゥ・ノアがチェセの方を向いた。

「ヴは、オンゴの人々が団結することを願っています。全てはあなたたちが団結できるかどうかにかかっています。私たちの目標は、上へ上へと、ずっと高いところへ上ることですね。漁業計画は全体像の中の小さな一部分に過ぎません。その先に、もっと大きなものがあるのです。時期が来れば、あなたたちにも見えるようになるでしょう。ただし、全てを瞬時に成し遂げることはできません。長期的な、大変な努力が必要になります。私たちフィジー人は、長期間、一つのことを一生懸命に行うということが苦手です。すぐに気持ちが変わってしまうのです。信じる心が試されるとき、あるいは、信じたことの結果がすぐに出ないとき、私たちは諦めてしまう。先へ進もう、必ず進もうという強い意志が必要です。

オンゴという名前の意味を知っていますか」

ラトゥ・ノアが突然尋ねた。

「いいえ」

チェセが答える。

「オンゴで神聖だとされている動物が何だか知っていますか」

「いいえ」

「神聖な木は？」

「知りません」

ラトゥ・ノアが厳しい顔をした。いら立っているようにさえ見える。

「そのくらいのことは知っているべきです。自分の住んでいる土地については、知っているべきでしょう。私はオンゴ出身でもないのに、なぜか知っているのですよ」

ラトゥ・ノアの声が厳しい。

それからラトゥ・ノアは、チェセと、オンゴから来た他の三人に、長い時間をかけて話をした。オンゴで昔から神聖だと見なされるものについて、話して聞かせたのである。例えば、次のような話だ。

「オンゴのヴが海へ水浴びに行って、その足跡に灰が付いていた場合、村の家が火事になります。ヴが海から戻ったあとに体を温めるからです」

テヴィタがチェセの方を見てほほ笑んだ。

「チェセ、あなたの家では、そんなことは一度も起きていませんよね」

チェセがたじろいだ。つい最近、チェセの家が燃えたのだと、テヴィタが私にこっそり教えてくれた。しかもその火事の前に、オンゴの砂浜で灰の付いた足跡を見た人たちがいたのだという。

ラトゥ・ノアが話を続ける。

「海から来た人々（カイ・ワイ）と、陸から来た人々（カイ・ヴァヌア）とがいます。トヴとの関係で言うと、オンゴの人々は海出身ということになり、トヴの人々は陸出身ということになる。傍にヴがいて、水の民と陸の民とを束ねているのです。あなたたちが努力して団結していれば、ヴがマナを与えてくれます。聖書に、地上で結ばれているものは天でも必ず結ばれると書かれているのを思い出してください。地上で誰によって結ばれるのでしょう。もちろん、ヴです。

あなたたちオンゴの人々は、力を持っています。でも、その力をどのように使うべきかについて、助言が必要なようです。それから、あまり信じすぎるのもよくありません。よく聞いて考えなさい」

チェセの顔に当惑の色が浮かんだのを見て、ラトゥ・ノアは楽しそうに言った。

「そうです。私たちの言うことを全て信じてはいけませんよ。ヤンゴナを飲みすぎたときには、酔っ払って嘘ばかり言うことがあるかもしれません」

チェセは本当に困っていた。たしかに今夜は大量のヤンゴナを飲んでいた。我々皆が酔っ払っていても不思議はない量だ。しかし私は、ラトゥ・ノアが以前に言ったことを覚えている。

「私が本気で話をするためには、たくさんのヤンゴナが必要です。他の人であれば酔ってしまうかもしれません。でも私は、自分が言うべきことを言いやすくなるだけです。ヤンゴナを飲みすぎたからといって、真実以外を口にすることもありません」

チェセがすぐに信じてしまうので、ラトゥ・ノアはそれをからかっているのだ。チェセはそのことに気付いているのだろうかと、私は考えていた。

チェセの困惑が消えていくにつれて、その場の空気は和んだ。

テヴィタが考え込んでいた。そして、まるで空中に漂って流れていく考えをつかみ取ったかのように、先ほどの話題に戻った。

「問題なのは、イノケが私のフィジー語を、ルシのために英語に訳したときです。私は英語がわからないので、通訳が正しいかどうか判断できません」

「ちょっと待ってください」

私が反論する。

「あなたが英語がうまいことは、わかっているんですよ。この前、あなたの家の横をこっそり通ったときに、あなたとスリアナが話しているのが聞こえたのです。ずっと英語で話していたじゃないですか」

テヴィタが笑い出した。何も言い返せないようだ。

ラトゥ・ノアがまた、話し始めた。

「あらゆる良いことの中に、敵が潜んでいる。悪いことの中には、敵はいない。良いことをするのは難しいが、悪いことに手を出すのは簡単です。癒し手の中には説教者のような人たちもいます。彼らは聖書を解釈しようとしていますが、皆それぞれに異なる解釈をするのです。

ルシアテ、本を書くときが来たら、役に立つ大切な部分（カ・ビンビ）が目立つように書くことです。癒し手たちから聞いた話を基に、真実を描き出すのがあなたの仕事です。ある癒し手が、あなたに何かを話す。別の癒し手は、それとは少し違うことを言うでしょう。あなたに真実を話すのは、私たちの仕事です。一度あなたに真実を伝えておけば、間違ったことを聞いたときに、それが真実ではないと気付くでしょう。

例を挙げましょう。ある人が癒し手の元を訪れ、ヤンゴナを手渡して、いなくなった豚を見付けてほしいと頼みました。するとその癒し手は、こう答えました。『心配しなくて大丈夫です。あなたの豚がどこにいるか、私にははっきりとわかります。その豚は安全なところにいて、とても元気です。しかも幸運なことに一二匹の子豚を産んだところです。』それを聞いた依頼主は『何を言っているんだ。私の豚は雄ですよ』と言いました。すると癒し手が答えます。『そっちこそ何を言っているんだ。あなたが最初に雄だと言うべきだったんですよ。』

ルシ、まるで冗談のような話ですが、どれほど多くの癒し手たちが、真剣さも誠実さも持たずに癒しを行っているかがわかるでしょう。

ルシアテ、あなたはフィジーに来る前から、フィジーの癒しについて一般的なことは知っていたでしょうが、フィジーの細かい実情については知らなかったはずです。そしてそれを、今、学んでいるわけですね。

マナがあるのは、とても狭い場所です。忍耐強く努力し続ければ、見付けることは難しくありません」

ヤンゴナがまた新たに、タノアに注がれた。もう真夜中を過ぎているに違いない。話すべきことは、あまり残っていないようだった。静寂が広がっていく。

「私が話し続けられるように、あなたがたの方から質問をするなり話をするなり、してください」

ラトゥ・ノアが言った。以前にイノケから聞いたところによると、ラトゥ・ノアは話の中に、完了させない部分や不確かな部分を残すことが多々あるらしい。その部分を指摘されることで、自分の考えをまとめ上げていくという方法を好むようだ。

「ラトゥ・ノアは、自分が話し続けるのはおかしいと感じるようです。

一方的に話すのではなく、相手とやり取りをしたいと、つねに思っている。相手にも、質問をしたり話をしたりする形で参加してほしいのです」

と、イノケは言っていた。

「私が話すのをやめたら、そこで終了ですよ」

ラトゥ・ノアは言った。

「あなたたちの質問に答えているとき、背後に、ある種の力が働いているのです。私は蛇口のようなものです。あなたがたは、その蛇口から水を出し続けなくてはならない。水が止まると、詰まってしまう蛇口なのです。一度止まったら、もう永遠に流れませんよ」

「質問があります」

蛇口をひねりに行ったのはチェセだった。

「オンゴからスヴァに行くときも、スヴァからオンゴに戻るときも、漁船に乗り込んだら出港前に必ずヤンゴナの儀式を行って、ビロ二杯分のヤンゴナを飲まなくてはならないと、テヴィタに言われました。でももし二人しかいなかったら、どうしたらいいでしょう」

「それで構いません。二人しかいないなら、二人で儀式を行いなさい」

「でも、スヴァを発つときにそんな風にヤンゴナを飲むのは、難しいです。周りに人がたくさんいますし、彼らはすでに普通のやり方でヤンゴナを飲んでいるんです」

「普通のヤンゴナをやめて、これから出港のために特別なヤンゴナを飲むと皆に知らせるまでです。そうしてビロ二杯分のヤンゴナを飲めばいいのです」

「でも、そんな風にするのは少し恥ずかしいです。普通にヤンゴナを飲み続けながら、二杯分は特別だと考えるだけではいけませんか」

「チェセ、それではだめです」

ラトゥ・ノアは譲らなかった。

「普通のヤンゴナは、一度やめなくてはなりません。それに、出港前に船の中でヤンゴナを飲ませるべきではありませんね」

「でもそれは、船に乗ってくる人たちが飲んでいるのです。私たちではありません」

「チェセ、特別なヤンゴナを飲む理由を、きちんと知らなくてはなりません」

ラトゥ・ノアが答えた。チェセの反論に我慢強く対応している。

「その場にいる人々に、特別なヤンゴナを飲むということを知らせても構いません。しかし、オンゴの漁船の関係者しかいない状況を作れるなら、その方が望ましいです。私が今話していることは、トランプをするときのようなものです。カードゲームをしていて、あなたを負かしたいと思っている人々がいるとします。その人たちはあなたを出し抜こうとするでしょう。同じように、あなたの特別なヤンゴナを、彼ら自身の悪い目的のために使おうとする人々がいるということです」

「オンゴからスヴァに行く前にも、二人だけで特別なヤンゴナを飲んで大丈夫ですか」

「だめです。オンゴではもっと人数を集めるべきです。オンゴの人々は皆、この特別なヤンゴナの目的を知らなくてはなりません」

ラトゥ・ノアが話を続ける。

「私の場合には、特別なヤンゴナを飲むべき時刻が来たら、周りにたくさんの人がいたとしても気にしません。構わずに特別なヤンゴナを飲みます。そのヤンゴナが自分にとって役に立つものだとわかっているので、恥ずかしいという気持ちにはなりません。それが役に立たないものであれば、恥ずかしい気持ちになるでしょうが」

夜の時間がゆっくりと過ぎていった。ラトゥ・ノアとチェセは話し続けた。オンゴの氏族同士の昔からの関係について、そして、オンゴを治めるヴについて。それぞれの伝統について、ラトゥ・ノアがチェセに知っているかどうかを尋ねる。チェセは、知りませんと答える。そしてラトゥ・ノアが説明をする。このやりとりが繰り返された。それはまるで、フィジー人であるということの意味について、特に、オンゴ生まれのフィジー人であるということの意味についての、歴史と伝統の授業のようであった。

「また質問が止まりましたよ」

と、ラトゥ・ノアが言った。

「質問を続けてください。私が話すのをやめたら、そこで終わりですよ。質問されずに話し続けると、私がただ真実を並べていくだけになってしまいます。質問に答えることで、高いところから知識が降りてくるのです」

そう言われても、我々の方が弾切れだった。誰も蛇口をひねることができない。

「このタノアが空になったら、ヤンゴナは終わりにしますか」

ラトゥ・ノアが尋ねた。

「それとも、もう一杯混ぜますか」

我々は皆、もう帰りたかった。疲れていたし、ヤンゴナは十分に飲んでいた。むしろ飲みすぎだった。しかし同時に、帰りたくなかった。八時間近くを共に過ごしたあとで、皆と別れるのは妙な気分だった。

「では、少しだけ混ぜましょう。タノアにヤンゴナをあと少しだけ入れることにします」

ラトゥ・ノアは、最後に言いたいことがあるのだ。まずはテヴィタに、トヴでの癒しについて指示を出した。今後は二種類の活動に分けることとし、一つは癒しに、もう一つは仕事に関するものとする。それからチェセに、オンゴの人々が団結しなくてはならないということを、もう一度言った。

「薪の束と同じです。束ねてあれば強いのですが、その紐を切ってしまうと、バラバラに散らばってしまいます」

それからラトゥ・ノアは、テヴィタと私の方を向いた。

「ルシアテ、あなたの頭が混乱するような説明には気を付けなさい。あなたは真実だけを聞くべきです。フィジーにいられる時間が少なくなってきています。残りの時間は、テヴィタの近くにいてください。それによって、あなたの研究は価値のあるものになるでしょう。テヴィタ、ルシアテがアメリカに戻る準備ができたときに、彼に薬（ワイ）を渡しなさい。そうすればルシアテは、一度はアメリカに戻らなくてはならないとしても、またフィジーに帰ってきます」

この夜の会が終わること、そして私のフィジー滞在が終わることを思うと、悲しくなった。が、ラトゥ・ノアの次の言葉で気分が変わった。

「ルシアテ、アメリカに戻ったら、あなたの望む通りのことが起きますよ。アメリカにいても、フィジーの薬草は簡単に手に入ります。でも、病気の人が来たら、頭をマッサージしてあげるだけでも、彼らは回復するでしょう。

ルシアテ、一つだけ覚えておきなさい。あなたが目的を達成して、ここで学びたかったことを学び終えたとします。そのときに、自分が学んだことをほかの人々に説明しようとしても、簡単にはできないでしょう。ほかの人には、あなたが何を言っているのか理解できません。

それからオンゴの皆さん、私はテヴィタの言葉しか信じません。テヴィタだけが私の言いたいことを理解できるのです」

最後のヤンゴナがゆっくりと注がれていた。もうこれ以上飲めないと思いながらも、我々は最後のビロを飲み干した。夜は（正確にはすでに早朝であったが）、終わろうとしていた。

第一七章　第三の死（オンゴとトヴにて）

チョネ校長と妹の死の原因を、ラトゥ・ノアは、はっきりと示してくれた。他の人々は今も混乱しており、疑念の大部分はいまだにオンゴに向けられている。ラトゥ・ノアでさえ、オンゴで何か邪悪なことが行われているかもしれないという可能性を否定してはいない。おそらく過去に、オンゴでタブーを犯した人がいたのだろう。もしかしたら、このあとにもオンゴで良くないことが行われるのかもしれない。

オンゴ内部でも疑念が消えず、トヴのような近隣の村からも疑念を向けられ続けたことで、オンゴの年配者たちは不安を募らせた。そして、スヴァからチェメサ牧師を呼んで「問題を一掃してもらう」ことに決めた。求めに応じて、チェメサ牧師が二月半ばにやって来た。

オンゴの年配者たちは、自分たちがチョネ校長の死に関して無実であることを証明したいと願っていた。彼らはチェメサ牧師に、漠然とした表現で「問題の一掃」を依頼したものの、実際には牧師が漁業計画の責任者たちに非があると指摘してくれることを望んでいた。つまり、責任者たちが伝統に敬意を払っていないこと、首長と対立していること、そしてそれが結果としてチョネ校長の死を引き起こした可能性があることを、牧師に指摘してほしいと考えていたのだ。漁業計画の責任者たちも、チェメサ牧師に来てもらうことに賛成だった。彼らもまた、自分たちの無実をチェメサ牧師に証明してほしいと願っていたのだ。オンゴには、このどちらの集団にも与しない人々が少数ながら存在したが、彼らは、チェメサ牧師のような名声の高い人物が来てくれることを嬉しく思っていた。噂や非難がいつまでも続き、そのせいで島の人間関係が悪くなってしまっている現状を、牧師が解決してくれるだろうと期待した。

チェメサ牧師は、非常に評判の高い人物だった。フィジー土着の民族出身の、四〇歳になったばかりの男性で、福音主義の牧師としてフィジー全土に知られていた。彼は悪事が行われていると考えられる地域に福音主義を伝え、「古いやり方への迷信的な忠誠」を打ち壊していった。彼の意見によると、古いやり方に従っていることが問題の原因なのだ。

「フィジーの古い慣習が、悪魔の道具になっているのです」

と、彼は説教の中で大声を上げた。

「癒しのためのヤンゴナに、悪魔が入り込みます。フィジーの伝統的な薬にも、悪魔が入り込みます。そのうち悪魔はそれらの道具から飛び出して、道具を使っている人間に憑りつきます。そして彼らの魂を奪うのです。ヤンゴナを飲んでいたり、フィジーの薬を使っていたりするようでは、キリストのもとへは行けません」

彼の話し方は、徐々に脅迫的になっていく。

「悪魔の道具を置きなさい。そしてキリストのもとへ来なさい」

彼は拳を振り上げて、呼び掛けた。人々が少しずつ前へと歩み出る。ためらいがちな人がほとんどだ。その中の数名が勇敢にも前に出て、フィジーの薬が入った小さな瓶と、昔から神聖とされてきた品物を差し出した。チェメサ牧師の声が優しくなる。

「悪魔の道具をそこに置きなさい。そして我らの主イエスのもとに来なさい。子どもたちよ、主イエスのもとに来るのです」

彼が普段いるスヴァの教会は、大きな広々とした建物だったが、壁にはそれらの「悪魔の道具」がいくつも並んでいた。長い間神聖視されてきた品物が、今は命を奪われて、寂しそうに壁にぶら下がっている。それらは、チェメサ牧師の聖戦の戦利品であり、「イエスの勝利」の象徴であった。

オンゴとトヴに住む人々は、大部分がフィジー土着の民族で、メソジスト派の信者である。彼らは特に福音主義に傾倒しているわけではなかったが、非常に信心深い敬虔なキリスト教徒で、悪魔を崇めているわけでもなければ、フィジーの昔ながらの呪いといったものを実践しているわけでもない。しかし、情熱とカリスマ性に溢れたチェメサ牧師は、福音主義的なメソジスト信仰を掲げ、自らが信仰の「未開地」と見なした地域を「開放する」ためにやって来るのだ。

オンゴのほとんどの人が、チェメサ牧師の礼拝に出席した。トヴからも、多くの人々が礼拝に出席するために出掛けていった。トヴの人々もまた、浄化を求めていた。オンゴに対する非難がいつまでも消えず、第三の死が起きるだろうという噂が広まっているトヴの状況を、何とかしてほしいと願っていた。

いつもと同じように神に祈りを捧げようとしてチェメサ牧師の礼拝にやって来た人々は、知らない間に、彼に「聖戦」の場を提供し、さらには、彼に「勝利」をもたらすことになるのだ。祈りは追跡に変わり、人々は、悪事を企んだ者を探し出して連れてくるようにと求められる。愛と許しのカロウは、復讐のカロウとなる。そして、地獄の炎が、キリスト教に背いた者の「つま先をなめる」。

チェメサ牧師は、オンゴで数日間にわたって礼拝を行った。その間、彼は何度も人々に、自分の罪を紙に書いて持ってくるようにと言った。彼はその紙を破り捨てることで、人々の罪を浄化するのだ。ただし、彼が消してくれるのは、「迷信」を捨て去ると約束した人々の罪だけである。

初めは、誰も牧師の呼び掛けに応えなかった。そのため彼は、より厳しい言い方をするようになった。

「これが最後のチャンスです。神を愛しているのなら、邪悪な古臭い習慣を捨てることができるはずです。ただ、小さな紙切れを持ってくるだけのことです。あなたたちが書いたことは、誰も見ません。私も見ません。神だけが見るのです。そしてあなた方は許されます。あなた方は救われます」

チェメサ牧師の強い口調に、ほとんどの人が怖気づいた。彼らは恐怖のために、前に出ることができなかった。

「今までに私がした悪いことを全て書いたら、イエス様は何と思うでしょう。それに、私がいつもフィジーの薬を使っていることについても、何と思われることか」

ある年配の女性が悲しそうに言った。心配顔で、困り果てている。最終的に、何人かの人たちが紙を持って前に出た。チェメサ牧師は受け取った紙を破り、それを高く掲げたあと、火の中に投げ入れた。

とはいえ、全ての人々がチェメサ牧師の考えを受け入れたわけではない。フィジーに古くから伝わるものだという理由だけで、救済の妨げになるというのはおかしいだろうと考える人々もいた。トヴからやって来た人々の中にも、こう考えた人が二人いた。一人はテヴィタの助手のアリパテで、彼は、伝統的なものを何もかも否定するチェメサ牧師のやり方に反対した。もう一人は事実上の首長の役割を果たしているルケで、彼は判断を保留した。

アリパテは五〇代後半の男性だ。痩せていて虚弱体質で、潔癖症と言ってもいいほどのきれい好きである。肌は透き通るようで、強く引っ掻いたら裂けてしまうのではないかと思えた。彼くらいの年齢になれば、村において発言力を持つのが一般的であるが、アリパテの発言力はそれほど強くなかった。人々はアリパテに助言を求めようとしたが、彼は他の人々ほど社交的ではなく、夜も、村の男性たちとヤンゴナを飲むよりも、家で妻と過ごすことの方が多かった。それでも儀式においては、村の年配者としていつも重要な地位を占めていた。

アリパテは聖職者（ベテ）の家系に生まれている。しかし、フィジーの他の村でもそうであるように、トヴにおいても、聖職者の家系の者が伝統的な聖職者としての仕事をするわけではない。つまり、首長への助言や癒しは、今では、必ずしも聖職者の家系の人々の仕事ではないのだ。アリパテはヴに近しい人物だと見なされていたが、それも聖職者の家系の出身だという理由のみによるものではない。むしろ、テヴィタの助手であるという理由によって、人々は、アリパテがヴと特別な関係にあるのかもしれないと考えていた。

数年前にアリパテは大きく体調を崩し、スヴァに行ってラトゥ・ノアの癒しを受けた。その際にラトゥ・ノアが、テヴィタの助手となるための力をアリパテに授けたのだった。健康を取り戻してからは、テヴィタの手伝いをすることが、アリパテの責任となった。そして実際に数年間にわたって、アリパテはテヴィタの下で忠実に働いてきた。

チエメサ牧師が、再度、自分の罪を紙に書いて持ってくるようにと人々に言ったとき、アリパテは友達のルケの方を振り返って言った。

「いいことを思い付いた。私の罪を、あなたの罪と一緒に、あなたの紙に書いてくれませんか。そうすれば紙を一枚節約できるじゃないか」

このアリパテの冗談を聞いて、ルケは胸騒ぎがした。神への冒涜になりはしないかと、ルケは心配したのだ。アリパテは特に何も気にしていないようだった。

チエメサ牧師がオンゴを去って一週間後のことである。アリパテはトウヴの村の外にある森から、薪の束を担いで村へ戻ろうとしていた。昼を少し過ぎたところで、そのような重いものを担いで歩くには暑すぎる時間帯だ。アリパテは小川を渡るために水に入った。潮が満ち始めており、小川の水はアリパテのふくらはぎまで来ていた。小川を渡り終えたところで、アリパテは突然倒れた。そして数秒後には、亡くなっていた。

トヴに第三の死が訪れた。人々は今回も、身体的な原因を必死で探した。アリパテは普通の病気（タウヴィマテ・ディナ）によって亡くなったのだという説明が欲しかったのだ。たしかに、アリパテの健康状態は「良好ではなかった」。彼は「年齢よりもかなり老けて見えた」。森から薪を運んでくるという作業は、「彼には大変すぎた」のかもしれない。そのせいで「彼の心臓が止まってしまったに違いない」。

だが、心臓発作という説明は、人々を満足させるものではなかった。加えて、他の説明によって、アリパテの死はチョネ校長たちの死と結び付けられていった。アリパテとチョネ校長が二人で話をしている夢を見たと言う人が、何人か現れたのだ。夢の中で二人が一緒にいたという理由で、二人の死は結び付けられた。さらに、チエメサ牧師の滞在中にアリパテが牧師をあざ笑っていたという話が出ると、それは神を畏れない不敬な行為であると見なされた。紙の節約になるというアリパテの冗談が何度も話題になったが、笑う人は一人もいなかった。

アリパテはヴァカテヴォロに関わっていて、少なくともそれが彼の死の一因であると、多くの人が信じた。しかし、アリパテの妻のアテザ、アテザの妹夫婦、といった近しい家族は、そうは思っていなかった。ヴァカテヴォロに関わっていたのではないかという噂は、その種の他の噂と同様に、それぞれの人が自分の家でこっそりと話すもので、アリパテの妻や家族の耳には入らない。

アリパテが亡くなってから二週間後に、葬儀の始めの部分が完了した。そこで私は、六か月前に撮ったアリパテの写真を持って、アテザに会いに行った。とても近くから撮った写真で、写真の中のアリパテはまっすぐにこちらを向いている。純朴で無防備なその顔は、何も語ってはくれない。アリパテの顔は、罪を犯した人間の顔には見えなかった。しかし多くの人々は、そう思ってくれないだろう。私はその写真を、アテザに渡した。形見（ヴァカナヌミ）になるだろうと思ったからだ。

「神様……。ああ、神様……。ありがとう、ルシアテ先生、ありがとう。ありがとうございます」

アテザは深く息を吐き、涙を流した。

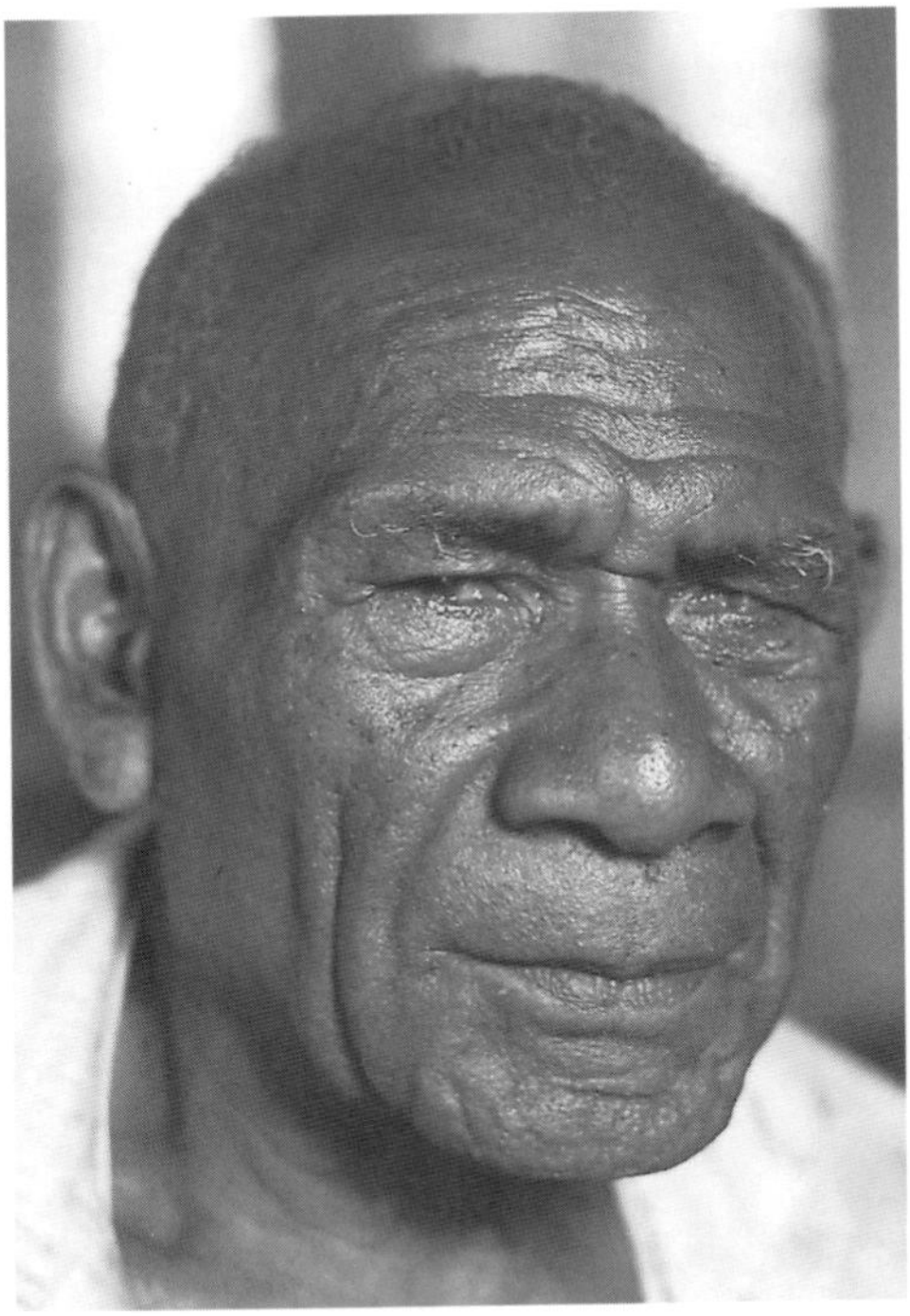

尊敬されている年配の癒し手

村の水浴場

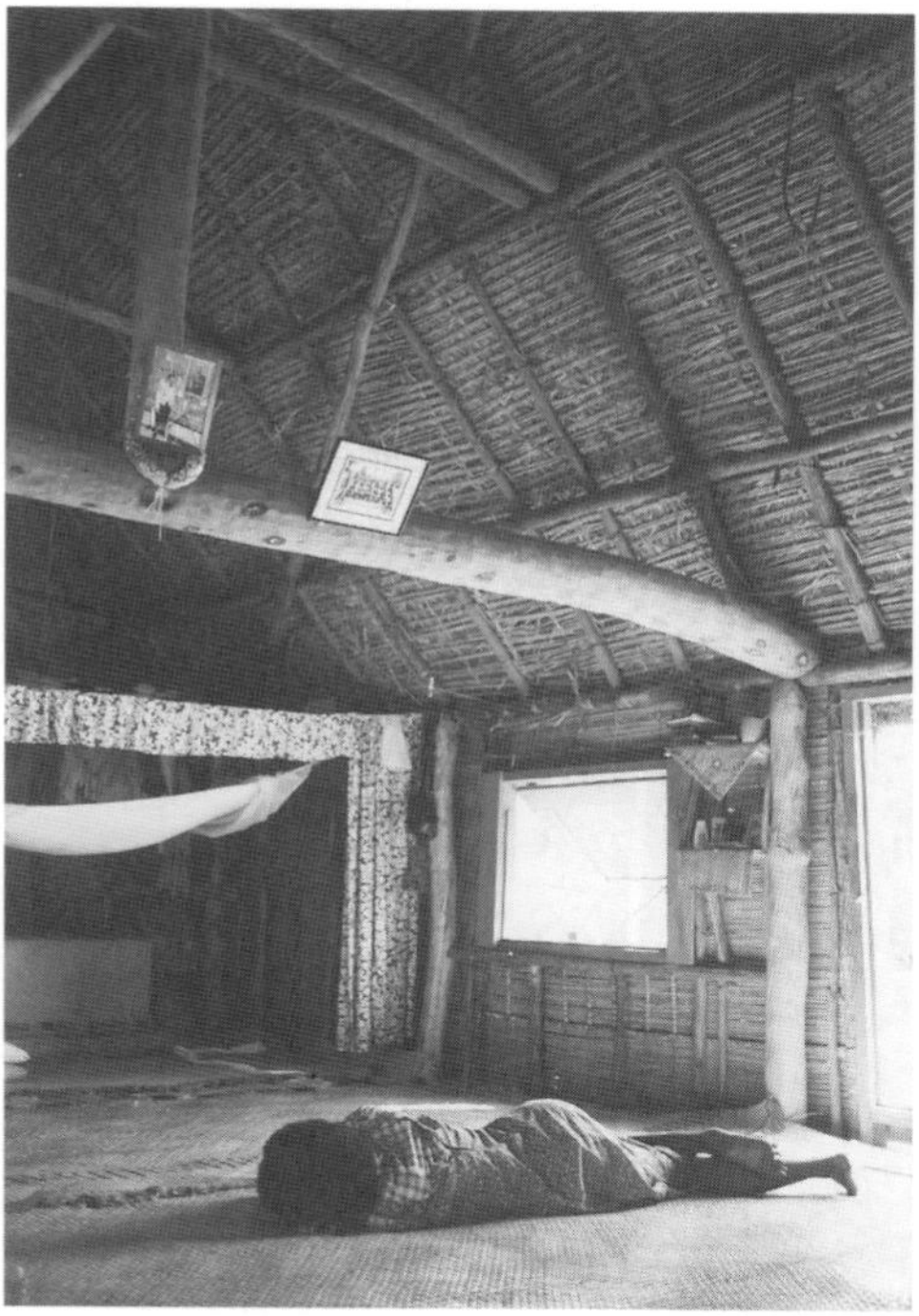

伝統的な草ぶき屋根の家（ブレ）の中で寝ている女性

農作物の手入れ

丸木舟（バヴェロ）を岸へと漕いでいる

森の奥での丸木舟の作製

敷物（インベ）を織るために葉（ヴォイヴォイ）を準備する女性

神聖な踊り（メケ）のための衣装を着た若い男性

儀式ではない集まりでヤンゴナを混ぜている

夜のヤンゴナの飲み会

儀式の交換の場面で品物（ヤウ）を差し出している：
敷物、布、神聖なクジラの歯（タンブア）

首長たちの儀式においてヤンゴナが出されている

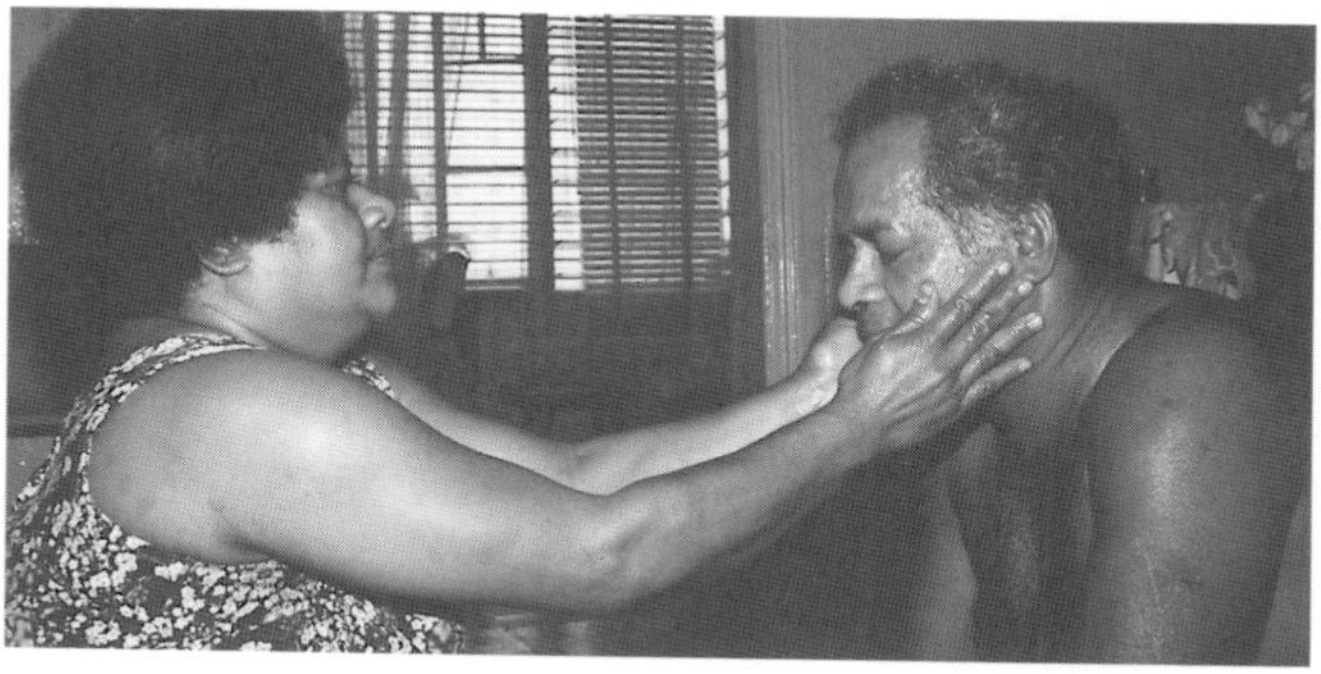

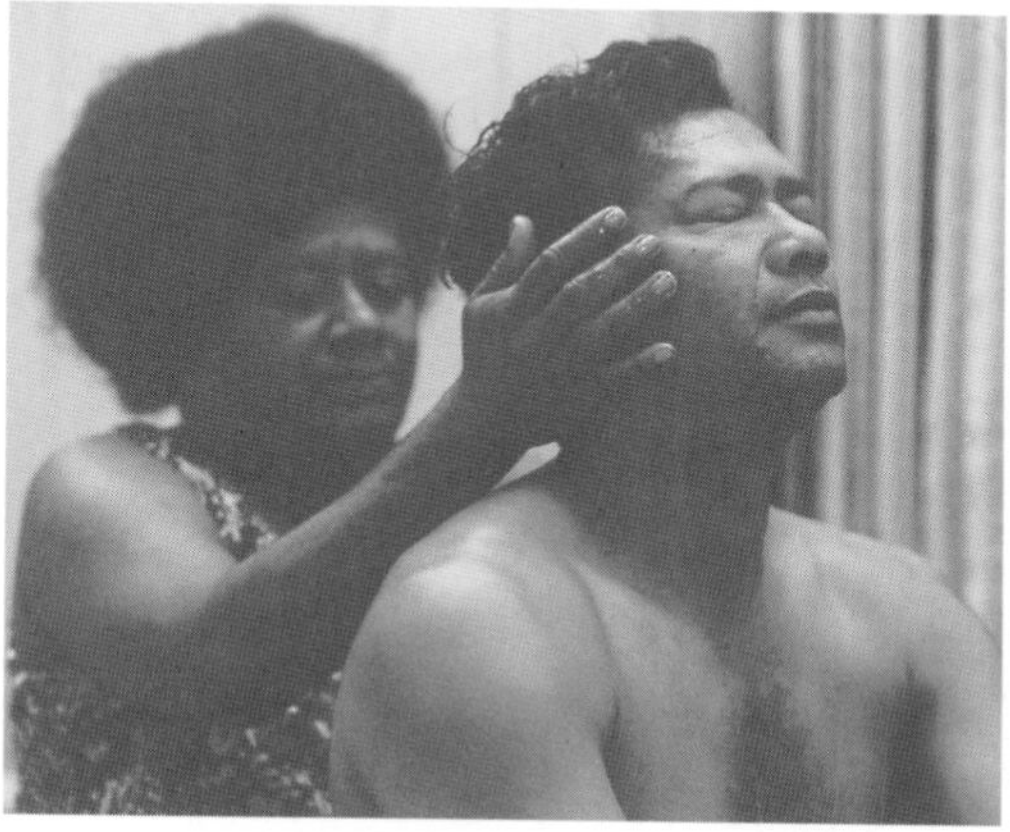

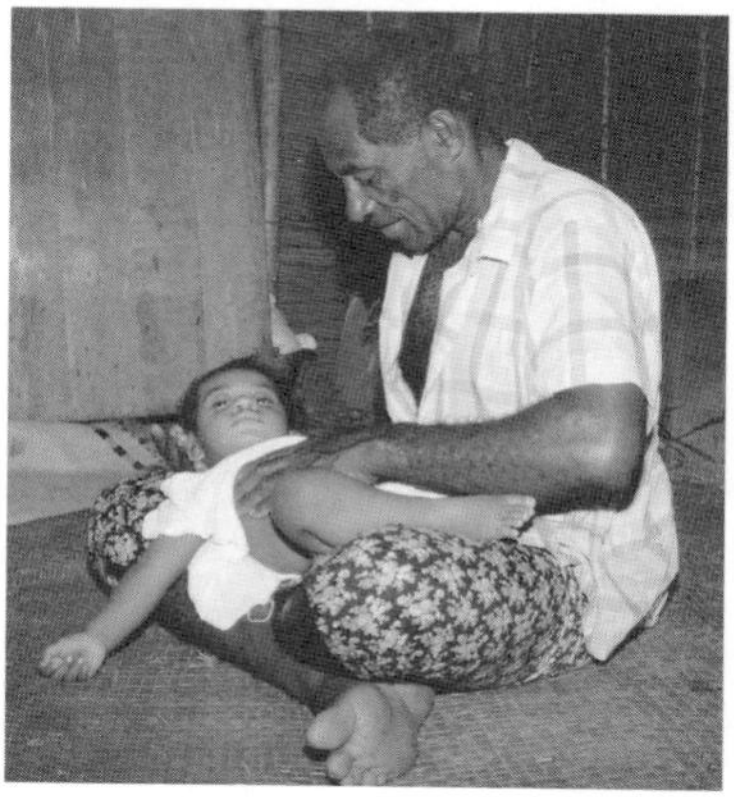

施術中の癒し手たち：ヤンゴナを受け取ったあとでマッサージを行っている

「私の夫が……、夫が、ここにいます」

彼女は大切そうに写真を胸に押し付けた。それから手を伸ばして、もう一度写真を見ると、また写真を抱き締めた。

アテザは、アリパテがヴァカテヴォロを行っていたとは思っていなかった。しかし、人々にそう思われていることで、心を痛めていた。彼女は写真を見て泣いていたが、しばらくしてようやく泣き止んだ。そして自分のスルの端で涙を拭くと、親しげな口調で話し始めた。

「息子の話を聞いてください。息子は、数か月前に交通事故に遭ったんですよ。バスを待っているときに、車にひかれたんです。息子はそのとき、少しだけ酔っていました。バスが走ってきて、バス停に止まろうとしていたときのことです。一台の車が急にバスの前に飛び出してきました。息子は背中を押されるのを感じました。でも、うしろには誰もいなかったと言ってるんです。息子はその車にひかれて、足を骨折して、ほかにも何箇所か怪我をしました。一か月入院しました。もう退院してきていますが、まだ足にギプスをしています。息子の事故はヴァカテヴォロのせいだったと思うんです」

「なぜですか」

と、私は尋ねた。

「ヴェラニというカリ出身の癒し手がいて、今はスヴァに住んでいるのですが、彼女がそう言ったんですよ」

アテザはそこで少し間を置いてから、私の方に体を近付けて言った。

「それに、そういう夢も見たんです。夢の中で、私はブレにいて、横になっていました。天井を見上げると、梁の上に悪魔がいます。体はとてもとても小さくて、小さな人形のようでした。腕も小さかった。肌の色は白でした。どんな服を着ているのかは、よく見えませんでした。体は見えたんですけれど。私は、とても怖くなりました。突然上から、道のようなものが伸びてきました。そしてその道に沿って、人形の腕が伸びてきたんです。天井から私の方へと伸びてきて、私を捕まえようとしました。とにかく怖くて、私は叫びました。息子を呼んで助けてもらおうと思ったんです。するとその人形が言いました。『お前の息子は、私と一緒にいる。私はお前の息子の中にいるのだ。』道がさらに伸びてきて、私の中に入ってきました。人形の腕も伸びてきます。そしてその手が今にも私を捕まえようとしたとき、恐怖のあまり、私はもう一度叫びました。そこで目が覚めたのです。

私たちのヴは蛇です。でも、ときどき姿を変えて、西洋人として現れます。夢の中の白い肌の人形のようになります。別のときには、バッタにもなります。ラトゥ・ノアが、夫のうしろを西洋人が歩いていると言っていたことがありました。でも夫は、西洋人がついてきているのなんて見ていないんです」

ラトゥ・ノアが使う「西洋人がついてくる」という言葉の意味を、私は知っていた。それは、アリパテがまっすぐな道からそれているということだ。悪い目的のためにヴに祈りを捧げているということだ。ヴが西洋人に姿を変えてアリパテのうしろをついてきたということは、アリパテがヴと不適切な取引を行おうとしていたということを意味する。このラトゥ・ノアの見立てが、アリパテの死の理由の説明なのだろう。アテザも私と同じように感じていることが伝わってきた。

「アリパテはヴに悪いお願いなんかしていません。ヴァカテヴォロなんてしていませんでした。あるとき、家の中にバッタがいたんです。夫はそれを見付けるとすぐに、殺してしまいました。ヴにはいっさい関わりたくないという風でした。私は夫と一緒に寝ていましたし、昼も夜も、夫を見ていました。ヴと悪い取引なんかしていませんでした」

アテザが強い口調で言った。

アテザが、いつになく親しい調子でヴの話をしてくれるのは、アリパテについての噂が広まっていることを彼女が知っているためであろう。彼女はその噂を否定したいのだ。自分の夫が、どのような形であれ、息子の事故の原因になっているとは思いたくないのだ。

「真の神様（カロウ・ディナ）が、私たち皆の主です。主は、何が起きたのか、全てをご存知です。私たちは主から力をいただき、主に助けてもらうのです」

彼女の言葉を聞いて、私は、トヴの人々の誠実さを再認識した。アテザは、一生懸命に祈ることと信仰が深いことで、トヴで尊敬を集めている。アリパテは聖職者の家系の生まれである。知識を身に付け、献身的にヴに仕えるために生まれてきたのだ。そうしてヴに仕えることで、人々を助ける役目を負っている。「まっすぐな道」はどこへ行ってしまったのだろう。私は自問した。もっとも、私はその答えをすでに知っている。聖職者の家系に生まれたからといって、まっすぐな道に沿って生きるという時代ではないと、ラトゥ・ノアが話してくれたのを覚えている。聖職者の家系に生まれたから、特別に、癒しの知識を身に付ける、という時代はすでに終わったのだ。彼らとヴとの関係は、もはや信頼できるものではない。今の時代に癒し手になろうとする者は、努力をして癒し手になるしかない。アリパテは聖職者の家系の出身であり、信心深い妻と暮らしていた。しかしその事実は、アリパテがまっすぐな道からそれる可能性が低いと信じる根拠にはならないのではないか。

第三の、突然で「説明できない」死が訪れた。しかしこれは、事前に起きると言われていたことが起きたに過ぎず、新たに何かが始まったというわけではない。テヴィタも第三の死を予言していたではないか。アリパテの死は、すでに描かれている大きな絵の一部分にすぎない。だが、不安と恐怖は消えなかった。たしかに、第四の死は予言されていない。しかし、悪事を企んでいる者が誰なのか特定されていない以上、いつ自分の身が危険にさらされることになるか、我々にはわからないのだ。

第一八章　月への踊り（トヴにて）

トヴの人々は、人目に付かないところでしかこの話をしなかったが、この話が広まっていくのは、どうしようもないことだった。このことについて話すのは危険だったし、聞くだけでも危険だった。そのため、人々はためらいながら、この話をするのだ。それでも彼らは話したかったし、話さないわけにはいかなかった。だが、堂々と話すことはできない。人々はこのことについて聞きたいと思い、何とかして聞こうとした。しかし同時に、聞くことを恐れてもいた。会話の中にときおり、この話の断片が現れるが、話題の中心になることはない。ときには信じられないという困惑の表情を浮かべ、またときには満足げな落ち着いた表情で、彼らはこの話に触れる。ただし、この話をするときには、人々は決まって押し殺した声で、曖昧な話し方をするのだった。

というのも、アリパテが亡くなった日の夜に、「月への踊り」（メケ・ニ・ヴラ）をしている男性が目撃されていたのだ。その人は一人きりで裸で、トヴの海岸で踊っていたのだという。彼は見られていることにも気付かず、熱狂的と言ってもいいほど激しく踊り、月を見上げ、月に向かってお辞儀をした。この踊りの持つ意味を、人々は皆、知っていた。これは、誰かを殺してほしいという願いをヴが叶えてくれた際に行う、昔からの感謝の踊りなのだ。一連の悪い行いを締めくくる儀式である。つまり、この男性はヴァカテヴォロを行っており、彼の望み通りに人を殺してくれたヴに感謝を捧げていたということだ。

その踊りが目撃されたのは、ソロモネとピタの家の近くだった。当然、この二人に疑念が向けられた。この二人のどちらかが、トヴで相次いだ死の犯人だろうと、人々は考えた。実際、彼らはどちらも疑われやすい立場にいた。彼らはもともと、良くないことをしているに違いないと考えられていたのだ。

ソロモネは、頻繁に怪しげなことに関わっていると見なされていた。

「彼は悪魔と仲間になったのだろう」

と、ある年配の男性は言った。ソロモネは、本来であれば敬意を示すべき相手である兄と、今も対立している。その上、村の資源を自分のためだけに使ったということでも非難されている。現在彼は病気になっているのだが、それは彼が**ヴァカテヴォロ**を行っていたことの証拠であると、人々は考えていた。

ピタは二〇年前に、トヴの女性と結婚して移り住んできたが、そのときからずっと信用できない人物と見なされている。彼はトヴに来るときに、**レワ**を持って来たと言われている。**レワ**とは、ヴとの交信を円滑化する目的で、特別に調合されたオイルである。ほかの人々も、身を守るためや健康維持のために**レワ**を使っているが、ピタが何のために**レワ**を使っているのかは、誰も知らなかった。そして何人もの人々が、**ヴァカテヴォロ**のためではないかと疑っていた。ピタは外から入ってきた人間であるため、彼への疑念は生まれやすい。しかも、トヴに来てすぐに彼は「正しくない場所を耕す」という失態を犯した。隣接する畑との境界を越えてしまい、その結果、他の家の人々が代々耕してきた土地を、許可を得ることなく使ってしまう形になったのだ。信用できないという気持ちは、怒りに、そして嫌悪に変わった。人々が彼に対して持っていた疑念が、より強くなった。今では人々の怒りも静まり、ピタはトヴの一員として受け入れられているものの、彼に対する不信感は消えていない。

月への踊りの目撃者は二人いたが、二人ともはっきりとは見ていなかった。したがって、踊っていた人物が、疑われている二人のうちのどちらであったのかはわかっていない。その夜は、月の周りに雲が多く出ていたために、月はあまり明るくなかった。加えて、海岸沿いにはココナッツの木が茂っていて、そのために視界が悪いということもある。しかしおそらくは、よく見えなかったという事実よりも、容疑者を特定することに対する恐れの方が強かったのではないだろうか。

人々は、二人の目撃者から何とかして情報を得ようとした。個別に尋ねたり、二人が一緒にいるときに尋ねたりと、いろいろ努力をしたものの、やはりはっきりしなかった。一つの噂が村中に広まったかと思うと、また新しい噂が流れ出す。様々な憶測が村中を巡るが、結論には至らない。

人々は、ソロモネとピタが最も疑わしいと考えていた。しかし、彼らの家族は違った。ソロモネの家族がピタについての噂話に加わることはあったし、ピタの家族がソロモネについての噂話に加わることもあった。が、少なくとも家の外では、彼らは自分の家族についての批判を口にすることは決してなかった。村の人々も、ソロモネやピタ、あるいはその家族のいる場所で、月への踊りについて話すことはしなかった。潮が満ちてきて、どんどん深さを増していく海に面した砂浜で、小さな砂地が二箇所だけ乾いたまま取り残されていくような、不思議な感覚だった。

真実を知りたいという気持ちが、人々の中で高まることがある。しかし同時に、知ることを恐れる気持ちからも逃れられず、そのために彼らは、不可解な行動に走る。ある夜、我々数名の男性たちが、ヤンゴナを飲んでいたときのことだった。その場にはピタもいた。夜が更けて、そろそろ飲み会も終わろうかという頃である。一人の年配の男性が、静寂を破った。

「やはりあれは、お前だったんじゃないのか」

と、彼はピタを見つめて言った。我々は最悪の事態を予測して、凍り付いた。しかしその年配の男性は、自分の発言を冗談に切り替えた。

「ピタ、やはりお前だろう。お前ほど激しく踊れる人はいない。お前がこっそり踊りの練習をしていることは、皆知っている」

飲み会が終わってから、私は少しだけテヴィタと話をした。彼も私と同様に、あの発言によって何かが起きるのではないかと身構えたという。二人の言い争いが起きるのではないかと、ひどく心配したそうだ。もしも、月に向かって踊っていたのが誰だったのかがはっきりして、その人が何らかの形で一連の死を引き起こしたのだとわかったら、何が起きるのだろうかと、私はテヴィタに訊いてみた。

「なかなか困ったことになりますね。人を殺すためにヴを利用したことについて、私たちは皆、強い怒りを感じるでしょう。そしてその人を、村から追い出したいと思うでしょう。でも、家の中に入ってその人と向かい合ったときに、それは不可能だと気付くことになると思います。目の前にいるその人を、罰することなどできないのです。私たちはその人とのつながりを感じて、優しい気持ちになってしまうでしょうから。自分の親戚を村から追い出すことなんて、できないでしょう。そんなことができると思いますか」

と、テヴィタは答えた。

月への踊りが目撃されて以降、テヴィタの癒しの儀式がより頻繁に行われるようになった。一連の出来事について示唆的な夢を見て、テヴィタのところに相談に来る人々がいた。助言や説明を求めて来る人々もいた。テヴィタは、自分の意見を強く打ち出すことはせず、トヴで起きている問題が話題になるといつも控え目な話し方をした。また、特定の人について批判めいた発言をすることもほとんどなく、村の中の均衡状態を取り戻すことが必要だと述べることが多かった。

「私たちは、殺そうとする力と癒しの力との均衡を取るようにしなくてはなりません。村から誰かを追い出すことはできません。それは無理です。そうではなく、悪いことをしようとしている人の力よりも、癒しの力が強くなるように努めるべきなのです」

と、彼は言った。

ここにきて我々は、再び自分たちの村に注意を向けることとなった。オンゴの人々やチョネ校長の父親が、相次いだ死と関係があったのではないかという話は、今ではとても遠いことのように感じられ、かつての鮮明な響きは失われていた。トヴの空気は張りつめ、村はまるで引きちぎられた電線のようだった。不快な音を立て、火花を散らし、いつ火を噴くかもわからない、そんな電線である。

第一九章 「全てを説明することは難しい」（トヴにて）

月への踊りのために生じた緊張が、トヴの集団的意識を支配していたが、それによって日常の活動が妨げられることはなかった。死にまつわる難問の解明よりも、日常生活が優先されるのだ。人々は漁に出掛け、畑を耕し、水や薪を運び、食事をして眠る。

同様に、儀式もいつものように行われた。客人の到着に際しての儀式、義務的な交換の儀式、そして時折、特別な行事のための儀式も行われる。今日は、松の木育成計画について話し合うために、政府の要人が三人、トヴにやって来た。四人の高官も彼らに付き添ってやって来た。

彼らを迎えるために、トヴではここ一週間ほど準備が続いていた。

マンギティとしての食べ物を用意し、贈り物の大部分となるヤウを集める。そして、客人をもてなすために踊るメケの練習をする。また、今回の客人が特に重要であることを示すために、もう一つの儀式が計画されていた。首長たちによる正式なヤンゴナの儀式である。

客人のもてなしが始まった。ルケのブレから、ヤンゴナの儀式に参加する五人が現れた。とても優雅に、儀式が行われる広い草地へと歩いていく。広場には、強い日差しから草を守るために、ココナッツの葉が敷かれている。慣習通りに、参加者は全員男性だ。首長のヤンゴナの儀式においてヤンゴナを混ぜて提供するのは、男性の仕事であると見なされている。五人のうちの二人は、まだ若い。彼らは皆、緑色のココナッツの葉のスカートをはき、その上に大きな美しいマシ（儀式用の樹皮布）を着ている。腕には鮮やかな色の花輪が巻かれており、体は特別なときにだけ使うオイルで輝いていた。

男性たちは自分の席へと向かう。一人はヤンゴナを混ぜるためにタノアのうしろに座る。次の一人はその隣に座り、儀式の進行状況を告げる役を担う。タノアの左右にそれぞれ一人ずつが座り、ヤンゴナを守る。最後の一人は客人にヤンゴナを運ぶ役で、タノアの数メートル前に座った。儀式を見るために集まってきた人々は、静まり返っていた。子どもたちは儀式の邪魔にならないように、広場から離れたところに座っている。あるいは、年下の兄弟と一緒に近所の家の中にいて、開いた玄関の戸口から儀式が進められる様子を見つめている。

儀式の参加者たちの動作や表情には、優雅な気品が漂っていた。ヤンゴナを混ぜているビロが高く掲げられた。ビロからタノアに注がれるヤンゴナが輝いている。注がれたヤンゴナがタノアの中で跳ねて、鎮まる。再びビロからヤンゴナが注がれ、跳ねて、鎮まる。ヤンゴナを守る二人は、身動きもせずに姿勢よく座っていた。その間、トヴの年配者数名が歌を歌っている。儀式でヤンゴナを混ぜる際に歌われる歌だ。ヤンゴナを混ぜ終えると同時に、その歌が終わる。まるでその歌が終わることで、ヤンゴナが完全に仕上がるかのようだ。いつの間にか、ヤンゴナを運ぶ役の男性が立ち上がっている。彼はタノアに向かって歩いてくると、ひざまずいてヤンゴナの入ったビロを受け取り、ゆっくりと最も地位の高い客人の方へと歩いていく。この客人は、ヴィティ・レヴの本島から来た要人である。彼はこの客人のビロにヤンゴナを注ぐと、静かに腰を下ろし、大きな音でゾンボ（儀式用の柏手）を打った。客人がヤンゴナを飲むことの合図である。

儀式は滞りなく進み、残りの六人の客人にもビロが回された。そしてそのあとに、トヴの代表者としてルケがビロを受け取る。ビロを回す順番については、トヴの年配者の間で何度も話し合いが行われた。客人の地位が如実に反映されるものだからだ。

一周目が終了し、二周目が始まった。動作や手順は全く同じであるのに、荘厳な儀式の中では全ての動きに新鮮さすら感じる。我々は皆、身動きせずに静かに座っていた。

二周目が終了した。ヤンゴナがなくなり、ヤンゴナを混ぜていた男性がタノアを拭いた。「ア！　マザ！」（タノアが「空」である、タノアが「乾いている」という意味）という声が響く。儀式の終了を告げる声だ。

最初の二周が特に重要であるということは、ラトゥ・ノアからつねづね聞かされている。その二周が終わるときにちょうどヤンゴナがなくなったので、私は少なからず驚いた。正式なヤンゴナの儀式では、ヤンゴナが「ヴの飲み物」としてとても大切に扱われており、それを見ていると、伝統的な癒しの儀式についての理解が深まる。

トヴの人々は満足した表情を見せていた。来客を正しい方法でもてなすことができたからだ。人々は安心し、リラックスした雰囲気さえ漂い始めた。と、そこで、タノアに再びヤンゴナが注がれ、儀式の場に来ているほかの人々にビロが回された。正式な儀式の際の緊張は消えている。

アリパテの死について、それから、月への踊りに関する噂について、テヴィタと話がしたいと、私はずっと思っていた。村人たちと同様に、私は、トヴに立ち込める邪悪な空気が心配だった。私自身と家族を守るために、すべきことはわかっている。テヴィタの癒しの儀式から離れないこと、そして、まっすぐな道からそれないことだ。しかし私は、やはり他の人々と同じように、「自分が知るのを恐れている真実」を知りたい衝動に駆られていた。邪悪なことを行ったのは誰だったのか。そしてより重要なことだが、それを今も行っているのは誰なのか。

私はテヴィタが暇なときに話をしようと待ち構えていたが、松の木育成計画の仕事をしていたり、誰かを訪問していたりと、彼はつねに忙しくしていた。加えて、ここ数日、テヴィタは体調を崩しており、この二日間は家で寝込んでいた。呼吸が「阻害」されて、夜、眠ることができないのだという。

午後になって、私はテヴィタの見舞いに行った。イノケと私が家に入ると、テヴィタは体を起こして座っており、具合がよさそうに見えた。

「今日は体調はどうですか」

「かなりよくなりました」

「何の病気なのですか」

「ヤテンバラヴです。呼吸がうまくできなくなるのです。カリのあちらの端の村から来てトヴに滞在している年配の女性が、施術をしてくれました。彼女はヤテンバラヴの治療が得意なのです。背中と胸部をマッサージしてもらいました。私の病気は、イノケの娘さんの病気と同じものですが、少しだけ違う点があります」

テヴィタが説明してくれた。

「イノケの娘さんの病気とは、どういうものなのですか」

私は尋ねた。イノケの娘は十歳で活発な子だが、今週はほとんど学校に行っておらず、家で寝ているのだと聞いていた。そしてぜいぜいと苦しそうに息をしているという。

「あの子の病気は、咳の病気の一つです」

と、テヴィタが言った。

「普通の病気ですか。それともヴァカテヴォロによって引き起こされた病気ですか」

私がしたこの質問は、人々が病気について理解しようとする際に口にするものである。病気が「なぜ」、「どのようにして」引き起こされたのかを、理解しようとするのだ。普通の病気とヴァカテヴォロによる病気は、どちらかが単体で生じる場合でも、同時に生じることもあれば、両方が生じるときと、一つずつ順番に生じるときがある。

「あの子の病気は、ヴァカテヴォロではありませんよ。最初にここに来たときに、ヴァカテヴォロの薬草を渡しましたが、四日たっても治っていなかった。また咳が出るようになっていました。これは、体のどこかに、たぶん肩の骨か胸の骨に古い傷か骨折の跡があって、それが今の病気を引き起こしているということです。ある女性のマッサージを受ける必要があります。そうすれば、もうここには来なくて大丈夫です」

「では、ヴィリソニの病気はどのようなものですか。トヴにいるあの年配の男性です」

「彼は二つの病気を抱えていました。一つ目は膿瘻といって、臀部に小さな穴が開いてそこから膿が出てくる病気です。これはヴァカテヴォロによるもので、薬草を処方したらすぐに治りました。二つ目は腕の裏側にできた膿瘍で、これについてもヴァカテヴォロの薬草を処方しました。もしこの膿瘍が私の専門分野のもので、私に治すことができるとしたら、あの薬草が効いて腫れ物が破れたはずです。が、そうはなりませんでした。つまり、その膿瘍は看護師に治してもらうべきものだということなので、私は彼に、看護師の治療を受けに行くようにと言いました」

テヴィタは、「自分のものではない」病気については、決して治療を行わない。逆に、「真に自分の病気」であるもの（ノング・マテ・ディナ）、つまり彼の専門分野の病気に対しては、一生懸命に治療を行う。これは、「まっすぐな癒し手」の特徴の一つであると、ラトゥ・ノアが話していた。私は様々な癒し手に話を聞きに行く際に、この点を観察するようにしていた。

のちに聞いたところによると、ナシは、イノケの勧めで、膿瘻の治療のためにヴィリソニを病院に行かせていた。何年も前にかかった結核が再発したことによる症状ではないかと心配したためである。しかし、ヴィリソニが病院に着いたときには膿瘻は治ってしまっていて、彼は膿瘍の治療だけを受けて帰ってきた。腫れ物の治療だけのために、わざわざ病院に行くような人は、普通はいない。

「病院に行かせた僕がバカみたいでしたよ。でも、テヴィタがヴィリソニに膿瘻の治療のための薬草を渡していたことを知らなかったんです」

と、イノケは私に言った。

ヴァカテヴォロについて話したことで、ほかの質問をしやすい雰囲気が生まれた。テヴィタはアリパテの死について話したがっていると、私は感じた。月への踊りに関しては、話したいのかどうかわからなかった。

「アリパテとチョネの死は関係していると、皆が言っています。それは正しいでしょうか」

「この件については、たくさんの噂話が聞こえてきます」

そう言うと、テヴィタは背筋を伸ばし、深く息を吸った。

「アリパテとチョネは似たような死因で、似たような死に方をした。どちらの場合も、死は突然やって来て、助けは間に合わなかった。

アリパテは重い薪を背負って長い距離を歩いたので、体が熱くなっていました。その状態で、潮が満ちている冷たい水に入った。川を渡ってから十メートルも行かないところで、彼は倒れていた。彼の血圧が高かったことは、私たちも知っています。彼はトヴの診療所で、血圧の薬をもらっていました。とはいえ、この情報だけでは、実際に起きたこと全てを説明することはできません」

テヴィタが話を続けた。

「全てを説明することは難しい。フィジー語で話しても英語で話しても、言葉はいろいろな意味を持ちます。そしてそれらの意味が絡み合う。ジグソーパズルのようです。アリパテはヴァカテヴォロのせいで死んだ可能性もありますし、普通の病気だった可能性もあります」

アリパテが亡くなり、月への踊りに関する噂が飛び交っていた頃、多くの人々が夢を見ていた。そのうちのいくつかについては、私も夢の全貌を聞いた。ほかの夢については、一部分だけを聞いていた。これらの夢全てが、アリパテの死や月への踊りと関係するものだとされていたが、中には特に強い結び付きを持つと考えられるものがあった。それらの夢を見てしまった人々は、テヴィタのところにヤンゴナを持ってきた。テヴィタに夢の解釈を頼み、夢の悪影響を受けないように助けてもらうためである。

「テヴィタ、皆があなたのところに夢の相談に来ていますよね」

「ええ。夢の相談が増えています。問題がたくさんあるのです」

「ラニアナの夢については、どう思いますか」

私は尋ねた。ラニアナはルケの妻で、チョネとアリパテがトヴを歩き回っている夢を見た。歩き回ったあとで、彼らはラニアナのところへやって来て、「ニュージーランドはどの方角ですか」と言ったという。彼女は自分が持っていた地図でニュージーランドの場所を教えた。

「この夢はどんな意味を持つのでしょう」

この夢については、私もラニアナ本人から内容を聞いていたので、ここで話題にしても問題にはならない。実際、重要な夢について他の人々と話し合うのは一般的なことで、それによって皆が夢のメッセージを受け取ることができる。気を遣わなくてはならないのは、誰かを非難するような夢や、悪い行いを示唆するような夢について話す場合だ。そして今回の一連の夢も、そのような気を遣う夢である。我々の話し合いは、悪い行いをしたと疑われている本人やその家族に聞かせるべきものではない。

「解釈は何通りもあります」

と、テヴィタは言った。

「一つは、ニュージーランドへの方角というのが、天国への方向を意味している、という解釈です。彼らが天国への道を探していて、しかし今なおトヴでさまよっている、ということです。死者は皆、全ての道を知っています。それなのにこの二人はいまだにニュージーランドへの道を探している。それはつまり、彼らが天国への道を探していて、見付けられずにいるということだと解釈できると思います。彼らには何か問題があるということでしょう。カロウの目には、彼ら二人が潔白（サヴァサヴァ）だとは映らない、ということです」

「アリパテとチョネには、何かつながりがあったのでしょうか」

私は疑問を口にした。

「毎晩、アリパテの夢の中で、チョネがアリパテを訪ねてきていました」

テヴィタの言葉に、私は驚いた。この話は、今までに聞いたことがなかった。

「毎晩来ていたのです」

テヴィタは話を続けた。

「そしてアリパテは、それを恐れるようになっていきました。アリパテは『普段寝ているこの小さな小屋ではなく、母屋で寝た方がいいと思う。毎晩チョネがやって来て、とても気になるんだ』と、アテザに言ったそうです。そしてそのあとで、死んでしまった」

「チョネ校長が毎晩夢の中で訪ねてきていたというのは、どういう意味を持つのでしょう」

「アリパテとチョネの死が、同じ原因によるものだということです。アリパテが亡くなる頃に、アリパテとチョネが一緒にラニアナの夢に出てきています。そしてアリパテが亡くなったあとは、チョネとアリパテはいつも一緒に夢に現れているのです」

「ほかに彼ら二人が一緒にいる夢を見た人はいるのですか」

「ラニアナだけです」

と、テヴィタは言った。ラニアナの夢が、それほど重要だということである。

「彼女の夢には、とても早いうちから二人が一緒に現れていたのです」

テヴィタがラニアナの夢から極めて短絡的に結論を導き出したように感じられ、私は驚いた。

「昔、チョネ校長の父親が悪い行いをしていて、それが校長の死の理由だと皆が言っていますが、そのこととアリパテの死の理由との間には、何か関係があるのでしょうか」

と、私は尋ねた。あらゆることが明確に説明されているようでいて、それほど明確になっていない。

「関係があります。チョネの父親のモモトでの話は、この物語の一つの側面に過ぎません。この物語にはもう一つの側面があって、それがここ、トヴでの話なのです。物語には二つの面があったのです」

私は落ち着かない気分になってきた。

「話が難しくなってきましたが、このまま続けていいのでしょうか」

私が尋ねると、テヴィタは頷いた。

少し休憩を取ろうということになり、テヴィタが外に出た。すると、イノケが私の方に体を寄せてささやいた。

「ルシ、このまま話して大丈夫ですよ。皆ヤンゴナを飲みながら、この件について冗談を言ったりしているじゃないですか。死の理由はトヴにだけあるのだと冗談を言っていた人だっていましたよね」

「でもそれは、冗談だったじゃないですか」

私は反論した。

「冗談ならば責任は生じません。あれは冗談だったと言ってしまえばいいわけですから。でも、今私たちは冗談を言っているのではないのです。状況が全く違いますよ」

「それでも、大丈夫だと思いますよ。テヴィタが、話していいというサインを出しているじゃないですか」

テヴィタが戻ってきて、腰を下ろした。私の方を見ている。私が話し始めるのを待っているのだ。

「月への踊りについてはどう思いますか」

私は質問をしたが、声に緊張が表れているのが自分でもわかった。テヴィタは眉を少し上に上げた。私の質問に驚いたためではなく、どう答えようかと悩んでいるのだ。テヴィタはしばらく考えたあとで、親しい相手に話し掛けるときの口調で言った。

「私の弟が、あの二人を見ているのですよ。誰も起きていないような夜遅くに、彼ら二人が裸でいるのを見たのです。ただ、弟は怖くなってそのまま逃げたので、踊りは見ていません」

ピタとソロモネが目撃されていた。物語にはさらに別の側面があったのだ。

「アリパテとチョネの死は、よく似ています。どちらも突然訪れました。最初、私たちは、チョネの死は彼の父親がモモトで邪悪な行いをしたためだと考えました。しかしそうだとすると、なぜアリパテが死ななくてはならなかったのか。アリパテはトヴの出身で、モモトとは何の関わりもありません。モモトからの力によって、アリパテが死ぬとは考えられない。そうだとすれば、二人の死に、何らかの関連性があるのでしょう。つまりどちらも、ここトヴに原因があるということです。夢が私たちに伝えようとしているのは、そういうことです」

テヴィタの説明には、はっきりしないところがあった。彼は二人の死について「トヴに原因がある」と言ったが、それは、「トヴだけに原因がある」ということなのか。それとも、「トヴにも部分的に原因がある」ということなのか。

「テヴィタ、二人が亡くなった原因は、トヴだけにあるのですか。それとも、トヴにも何かしらの原因があるという意味ですか」

私は確認したが、テヴィタは「ここトヴに原因がある」という先ほどと同じ言葉を繰り返しただけだった。この点については、曖昧なままである。

「月への踊りとアリパテの死との間には、何か関係がありますか」

「誰かが月への踊りを行ったとき、あるいは別の種類のヴァカテヴォロを行ったとき、フィジーでは人が死にます。想像できないでしょうが、月への踊りのせいで、アリパテとチョネの二人が死んだという可能性もあるのです。お金が欲しい、仕事が欲しい、といった理由で、月への踊りをする者はいません。月への踊りを行うのは、誰かの死を望むときだけです。ですから、ルシ、私たちはこの踊りを目にしたときには、誰かが死んだこと、あるいはこれから死ぬのだということが、すぐにわかるのです」

このテヴィタの言葉によって、私はまた、死に対する不安を感じた。それでも、テヴィタと一緒にいてヤンゴナを飲んでいれば大丈夫だという安心感があった。

「アリパテが見たチョネ校長とソロモネの夢についてはどう思いますか」

「その夢については、あまりうまく解釈できません。というのも、ルシ、その夢はいろいろな形で伝えられていて、それぞれに異なる意味が読み取れてしまうのです」

「私が聞いたのは、アリパテの夢の中で、チョネ校長がアリパテを訪ねてきた、というものです。そしてチョネ校長はアリパテに、ソロモネのことを話します。ソロモネは大嘘つきで話を作るのがうまい。どんなことについても、自分の好きなように、真実とは全く違うことを話すことができる。校長がこう言ったのだと聞きました」

「私も、そのパターンは聞きました」

「この夢はどう解釈しますか」

「あまり明確とは言えないのですが」

と言って、テヴィタは間を置いた。

「おそらく、ソロモネが月への踊りをした人物であって、チョネの死ともアリパテの死とも関係がある、ということでしょうか」

「なぜそうなるのですか」

「はっきりとはわかりません」

テヴィタはそう答えたが、言い訳をしようとしているという風ではなく、ただ当惑している様子だった。

「さっきも言った通り、このパターンはあまり明確ではないのです。私が聞いたほかのパターンも明確ではありませんし、しかもそれらについては、どのような内容だったか覚えておくことさえ難しいのです」

テヴィタが別の話題に移りたがっていることが伝わってくる。二人の死の理由を解明するのは、さらに難しくなったように思えた。ソロモネとピタは月への踊りを行ったとされており、それゆえにアリパテとチョネ校長の死に何らかの形で関わったと考えられている。しかしアリパテ自身にも悪行を働いた可能性があり、そのことがアリパテ自身とチョネ校長の死の一因であるとも考えられている。少なくとも現時点では、これ以上の説明はできそうにない。

「ヴィリソニの夢についてはどう思いますか」

この夢は、月への踊りを行ったのがソロモネだと示すもので、ソロモネがアリパテとチョネ校長の死を招いたということを最も強く示唆する夢だと聞いていた。

「その夢のことは、私も知っています。ヴィリソニがここに相談に来ました。その夢を見て怖くなったということで、ヤンゴナを持って、夢が暗示している死を防いでほしいと言ってきました。その夢の中でヴィリソニは、ソロモネと一緒にヴィリソニの船で漁に出ます。彼らは、村から離れたところで船を泊めました。近くに外国の漁船が見えます。船に乗っている人々は皆、裸でした。ヴィリソニが『あの船に行って、魚が欲しいと頼んでみよう』と言います。そして彼はその船まで行き、捕れたばかりの魚を数匹もらってきます。その魚は処理も調理もされておらず、まだ血が流れていない魚です。ヴィリソニとソロモネはその魚を分け合います。ヴィリソニは自分の分を村に持って帰り、村人たちに分け与えました。そして、自分の手元に残った魚を切ると、魚から血が流れ出るのです。その間ソロモネは、港につながれたヴィリソニの船に乗ったままでした。魚の血が流れたところで、ヴィリソニは目を覚まします。

ヴィリソニの夢は調理用に処理される前の魚についての夢でした。そういった夢で、魚を切って、あるいは何か別の理由で、魚から血が流れた場合、突然の死が訪れるという解釈がなされます。もともと病気だったわけでもなく、病気以外の前兆もない、全く突然の死です。夢の中で実際に血が流れるのを目にしていなくても、血が流れる可能性さえあれば、突然の死を予言する夢と見なされます。ヴィリソニが船の上で生の魚を手にしている夢を見た時点で、その魚の血はまだ流れておらず、これから流れる可能性があったということになります。そしてソロモネが自分の分の魚を持って船に残っていたということは、彼がその死に関係しているという意味になるのです」

「ルケの夢はどうでしょう」

「ルケの夢では、アリパテがルケのところにやって来て、聖書の一節を口にします。『ソロモンの詩篇』の一部のようです。『死が私を驚かせ、墓が私を捕らえている』というような内容でした。そしてそれから、アリパテがルケにこう言います。『まだ生きているトヴの人々よ。気を付けなさい。』」

「『気を付けなさい』という部分を私も聞きました。とても不安です。以前は研究をしに来ただけのつもりでしたが、今では私はこの村の一員です。皆にそう言われますし、私自身もそのように感じています。ですから、これらの夢が話題に上ったときは、よく聞くようにしています。我々は何をすべきなのでしょう。月への踊りによって、新しい問題が生じているのでしょうか。次は何が起きるのでしょう」

「私たちは皆、自分自身を守らなくてはなりません。そして『私たち』と言うとき、そこには、ルシ、あなたも含まれます。あなたがこういったことを信じるようになると、あなたにもその影響が及ぶようになるのです」

「月への踊りのようなことが起きた場合には、どうやってそれを止めるのですか。その影響を止める、と言うべきかもしれませんが」

「止めることは可能なのですよ」

「どうするのですか」

「私のところにヤンゴナを持ってくることです。トヴの人たちがしているように。ここの人たちは、自分に対して邪悪な力が向けられていると感じたときには、私のところにヤンゴナを持ってきます。そして私が癒しの儀式を行うのです。私たちは防御のための盾（ササンバイ）や壁（ヴィリンバイ）を、彼らの周りに作ります。

いずれにしても、ルシ、恐れる必要はありませんよ。カロウへの強い信仰があれば大丈夫です。唯一の神カロウこそが、あらゆる守りの要なのです」

ラトゥ・ノアと同じように、テヴィタはいつもこの原点に戻る。

もちろん私は、信仰を強く持つ努力をしている。さらに、その日のうちに、トヴの人々と同じように、私はテヴィタのところにヤンゴナを持っていって、私と家族周りに「防御のための盾」を作ってくれるようにと頼んだ。

テヴィタは疲れてきたようだった。あまり長居をしてはいけない。

つい先日、テヴィタは家の外にあるパンノキから落ちたのだ。熟れた実をとろうとして手を伸ばしたときに落ちたそうだ。落下は悪いことが起きる予兆であり、テヴィタも言っていたが、それは死である可能性もある。テヴィタのことが心配だった。

「あなたが落ちたことについては、何か意味があると思いますか」

「心配しなくて大丈夫ですよ、ルシ。何も起こりません」

「あなたのヴが守ってくれるのですか」

「私には、はっきりとはわかりませんが」

テヴィタはフィジーの伝統に従って、謙虚に答えた。

「テヴィタ、もう一つ訊きたいことがあります。自分でもよくわかっていないのですが」テヴィタが頷いた。話を続けていいという合図だ。

「最近、最初の二周のヤンゴナを飲むときに、ビロの中に何かが見えるようになりました。何が見えているのかは、よくわかりません。顔のような、頭のような気もしますが、はっきりしません。何か、雲のようなものなのです。あれは何だと思いますか」

「ルシ、それは難しい質問です。普通はマナはそういう風には見えません。マナはあなたへの秘密のメッセージのようなもので、隠されているのです。自分の内部に感じることはできますが、見ることはできません。マナは秘密の助言で、あなたの中（ラコ・マイ・ロマ）へとやって来るのです。その言葉が聞こえてきたときには、十分に注意を払わなくてはなりません」

「言葉は聞こえてきません。ビロの中に雲のようなものが見えるだけです」

「ルシ、マナはいろいろな形で現れることもあるのかもしれません。ですから、そのような形で現れるのはあなたが『まっすぐ』なときだけです」

「テヴィタ、トヴでは皆で集まって、ヴァカテヴォロをしている疑いのある人を非難して、ヴァカテヴォロをやめるように言う、というようなことはありますか」

「はっきりと目撃したわけでもないのに、誰かに向かってヴァカテヴォロをしているのではないかと言うのは、法律違反です」

テヴィタも私も、今回の月への踊りをしっかりと見た人がいないという事実を思い浮かべていた。「証人がいない以上、疑いを向けられた人は『悪いことは何もしていません』と言うに決まっています」

「でも、以前にある女性が悪い目的でヤンゴナを使っていて、あなたがその女性にそれをやめるように言ったことがあると聞きました」

テヴィタはほほ笑んだ。そして楽しそうに話してくれた。

「その女性はスヴァからやって来ました。彼女には盗みをして刑務所に入れられていたという過去があります。その女性は、トヴに来て、私の癒しの儀式をやめさせようとしていました。彼女はトヴに来ると、村を浄化すると言いました。皆はヤンゴナを持って彼女のところに行きました。でも私は、彼女がトヴに着いたときに、伝統的なセヴセヴすらしていないことに気付きました。それで、彼女の儀式が良くないものだとわかったのです。彼女が行っていたのは、本物の儀式ではありませんでした。

そのことがあったのは、五年前です。彼女はトヴに一泊する予定で来ていました。トヴの人々が、儀式をしてほしいと言って彼女を呼んだのです。トヴでは多くの人々が悪魔を崇拝している、と彼女は言いました。しかし私は、彼女を見て、彼女が嘘をついているとわかりました。

そこで私は彼女に言いました。『あなたは嘘をついている。全ては嘘だ。ここから出て行きなさい。』彼女はトヴを出て、スヴァに戻りました」

テヴィタの口調に、憎しみは感じられなかった。感じ取れたのは力強さだけだ。

私は立ち去り難くなっていた。もう一つだけ質問をすることにした。

「アリパテはあなたの助手ですよね。それなのにどうして彼が死んだのですか」

「それは、私にはわからないことです。もしアリパテが、私の助手をしている期間に悪い行いをしていたのであれば、死はそれに対する罰だったのでしょう。でもそれは、カロウだけが知っていることです」

アリパテがいなくなってしまった今、トヴにいるテヴィタの助手はエロニだけだ。そしてエロニは、毎週やって来るわけではない。むしろ、癒しの儀式にはあまり顔を出さない。私はそのことをずっと不思議に思っていた。

「エロニはどうして、この前の月曜日の儀式に来ていなかったのですか」

「来ていませんでしたか」

「いませんでしたよ。私たち二人だけでした」

「そうでしたか。きっと、何か用があったのでしょう。彼がいなくても、私たちは儀式を行わなくてはなりません。彼を待っているわけにはいかない。たくさんの人たちが助けを必要としています。彼がいなくても、儀式を始めなくてはなりません」

このとき私は、今まで目を背けてきた事実を受け入れることになる。テヴィタには、毎週儀式にやって来る助手が少なくとも一人いるのだ。私だ。癒しの儀式に関する特別な技術を持っているわけではないものの、私が毎週テヴィタの手伝いをする助手なのだ。

「ここトヴに、何か問題があるということですよね」

私は尋ねた。

「そうです」

と、テヴィタが頷く。

「全ての夢が、明らかにトヴと結び付いています。ここに原因があるはずだという結論になります」

「両方ということはないですかね」

私は、考えていたことを口にしてみた。

「チョネ校長の父親の村に古い原因があって、さらに新しい原因がここトヴにある、ということはあり得ませんか」

「ルシ、私も同じように考えていました」

「では、『ミックス・スープ』ですね」

と、私は冗談を言った。

トヴには、ミックス・スープについての冗談がある。ここトヴでは、あらゆるものを、いつでも手に入るデンプン質であるキャッサバと一緒にスープにしてしまう。ミックス・スープはトヴの特産品と言ってもいいくらいだ。どんなものでも入れるので、キャッサバ以外に何が入っているのかを全て言い当てるのが難しいこともある。

「ルシ、たしかに、これもミックス・スープと呼べますね」

第二〇章　ラトゥ・ノアとの会話（スヴァにて）

「癒しの業は長く辛いものだ」


私は再びスヴァに来ている。前回ラトゥ・ノアに会いに来てから、五か月が過ぎていた。

ラトゥ・ノアは私に、最近トヴで起きたことを話すようにと言った。私は、アリパテの死について、それから、テヴィタがチョネの死に関係があると言ったいくつかの夢について、話した。また、月への踊りについても話し、トヴの人々が皆、ピタとソロモネを疑っていることも話した。ラトゥ・ノアに驚いた様子はなく、私の話に特に興味を持っているようにも見えなかった。ただ黙って聞いている。話しながら私は、フィジー語で直接話せるようになったお陰で、伝えるのがとても楽になっていることに気付いた。ラトゥ・ノアにとっては、私の話の中に目新しい内容はなかったようだ。私には、自分がここで何を言っても、ラトゥ・ノアがそれを他の人に漏らす可能性は絶対にないという確信がある。

「それが私たちフィジー人の問題なのです」

と、ラトゥ・ノアがため息をつきながら言った。

「フィジー人は、誰かが死んだあとに見た夢を重要視しすぎる。死ぬより前に見た夢であれば、話は違います。その夢は、その死について説明してくれる夢だと言えるでしょう。しかし、死んだあとの夢は、本当のことなど教えてくれません。私自身は、物事が起きる前に、それを夢で知ることができます。あなたがここに来ることも、実際に来るよりはるか前に知ることができます」

ラトゥ・ノアが話を続ける。

「アリパテは聖職者の家系の生まれです。トヴの聖職者の家系には、彼らだけが信仰しているヴがいました。でも、そのヴとうまくやっていくことが難しくなってきたのです。私はアリパテに言いました。『昔の聖職者たちが信じていたヴを信仰するのはやめなさい。そうしないと命を失いますよ。』そしてその代わりに、テヴィタのところに行くように言いました。アリパテはテヴィタの助手で、テヴィタは私の下で働いています。アリパテはテヴィタを通してのみ、ヴを崇拝するべきだった。そうすれば、私の信仰しているヴが、必要なときはいつでもアリパテを守ってくれるはずだったのです。アリパテが何か悪いことをしたと言っているわけではありません。彼はただ、私が言ったことに従わなかっただけです。アリパテが自分の家に伝わるヴに祈りを捧げたときに、彼に死がやって来たのです。ルシアテ、私の言っていることが理解できていますか」

私は頷いた。それなりに理解できている。

「キリストの時代は終わりました」

と、ラトゥ・ノアが言った。

「今は精霊の時代です。精霊の時代には、行うこと全てがまっすぐで、誠実であること、そして、邪悪な心に基づくものでないことが求められます。お金持ちの男性がいたとして、私が彼のお金を手に入れるために彼の死を願ったとしたら、それは邪悪な心に基づいた行為です。自分がまっすぐであれば、いずれカロウがそのお金をくださいます。

死が暗示される夢を見たとき、私はその死を食い止めるためにヤンゴナの儀式を行います。誰かの邪悪な願いによって死が引き起こされるのを見たくないからです。しかしもしも、その死が天によって定められたものであるならば、私が何をしようと効果はありません。そこは、私たちがきちんと見極めなくてはならないところです。できること、そして、意味のあることをするのです。

ルシアテ、覚えておきなさい。誰かが助けを求めてヤンゴナを持ってきた場合には、その人が頼もうとしていることが本当は何なのかという点を理解することです。もしそれが良いことであるならば、例えば、子どものため、より良い教育や健康を得るためといった目的であるならば、問題はありません。儀式を行いなさい。しかしもしそれが価値のない願いであったり邪悪な目的であったりした場合には、儀式を行うべきではありません。

ヴァカテヴォロがどのように成立するかを説明しましょう。理解するのは難しいでしょうが、悪いこととはいえ、ヴァカテヴォロも厳格な規則に従って行われているのです。　昔ヨーロッパで行われていた婚姻制度を例にしましょう。私があなたの娘を妻に迎えたいとします。私はあなたに許可してもらえるように頼みます。もしあなたがいいと言えば、あなたの娘は私の妻になります。私の望みが可能になるわけです。でももしあなたが許可してくれなかった場合、私はあなたの娘を妻にすることはできない。不可能になるのです。この例をアリパテとチョネに当てはめてみます。私がヴァカテヴォロを行って、アリパテとチョネを殺そうとしているとしましょう。私がヤンゴナを使って頼むのは、殺すのを手伝ってほしいということだけではありません。アリパテのヴとチョネのヴにも、ヤンゴナの儀式によって許可を求めなくてはならないのです。もし両方のヴから許可が出れば、私は次にカロウに許可を求めます。そしてカロウからも許可をもらえた場合にのみ、私はアリパテとチョネを『手にかける』ことができる。そこでようやく、ヴァカテヴォロが可能になるわけです。ヴァカテヴォロの場合は、許可が出れば死を意味します。許可が出なければ、殺すことはできない。それがヴァカテヴォロの手順です。

別の例を挙げましょう。私がアリパテの死を願って、何らかの行為をしたとします。アリパテは、はじめのうちはそれを知らなかった。しかし最終的に、それを発見してしまう。その場合アリパテは、私と私のヴを法廷に訴えるでしょう。アリパテのヴは、私と私のヴに対して、カロウの見ている前で法的な手続きを行います。その結果として私に与えられた罰は、私の息子や娘、孫にまで効力を持ちます。ヴァカテヴォロは正しい行為だと言う人々もいます。他者に向かって『そんなことをするなんて、あなたは悪人だ』と言うのは簡単なことではないので、見逃すのです。しかし私は、この邪悪な行為を憎んでいます。あなたもそうですね。私たちは、『まっすぐな道に則したことしかしない』と、皆に断言すべきです。

ルシアテ、私は人々が他者を非難するのを聞きすぎて、うんざりしています。あんな風に非難ばかりしていると、さらに問題が増えてしまいます」

そう言ってラトゥ・ノアは、本当にうんざりだという顔をした。不機嫌な顔と言ってもいいくらいだ。

「その上、アリパテの夢についての話です。今見ても遅いのです。アリパテはもう死んでいる。しかも、もしアリパテの死とチョネの死に関連があるのだとしたら、なぜチョネはオンゴで死んだのです。アリパテと同じように、トヴで死ななかったのはなぜです」

それは新しい視点だった。

「では、二人の死には関連はないのでしょうか」

私は訊いてみた。

「それを解明するのは容易ではありません」

ラトゥ・ノアは言った。

「あなたはチョネの血筋が何の役割を持つ集団（ヤヴサ）かを知っていますか」

「知りません」

「私も知りません。アリパテについては知っているので、チョネがどんなヤヴサに属しているのかがわかれば、両方から見ることができるのですが。両方のヤヴサを知らなくては、正確な関係を理解することはできません。だからといって、チョネの家族に、彼らがどんな役割を負った一族なのかを訊くことは難しい。そんなことを訊いたら、不信感を持たれてしまうでしょう。チョネの妻や子どもたちは、チョネの父親が原因だとは信じたくない。彼らも、ほかの人々も、オンゴで行われているヴァカテヴォロが原因だと信じているのです。チョネの死には、様々なことが関係しています。深く知るほど、より多くの要因が見えてきます。でも、チョネの家族が、チョネの父親が原因であるという事実を受け入れなければ、また誰かが死ぬことになります。モモト出身のチョネの親戚がオンゴに住んでいますが、彼らも含め、オンゴにいる誰かがチョネの死を願ったというのは間違いです。チョネのような地域の役に立っている人間に、死んでほしいと思うような人はいないでしょう」

ラトゥ・ノアはわかりやすく説明しようとしてくれているが、結果的に、より複雑な話になってしまっている。トヴの人々が言っていたように、良い人ほど犠牲者に選ばれやすいものなのか。それともラトゥ・ノアが言うように、役に立っている人間は犠牲者には選ばれにくいものなのか。

「チョネ校長の件は、どうやったら解決するのですか」

私は尋ねた。

「生き残っている家族が牧師のところへ行って、カロウに祈ってくれるように頼まなくてはなりません。チョネの父親の昔の祈りを取り消してくれるように、そして家族を許してくれるように、祈ってもらうのです。癒し手ではなく、牧師のところに行かなくてはなりません」

ラトゥ・ノアの口調から、彼が自信を持って話していることが伺える。

「誰か特定の牧師さんですか」

「いえ、どの牧師でもいいのです。チョネの父親の言葉を思い出してください。『もし私が信仰に背き嘘をついているとしたら、私の子孫たちが皆、その報いを受けることになる』と彼は言ったのです。チョネの家族が、私が言ったようなことをしなければ、その効力はどこまでも続くことになる。チョネの父親は牧師で、カロウに誓いを立てました。ですから、家族は牧師のところに行かなくてはならないのです。たしかに、牧師も癒し手も同じカロウに向けて祈るのですが、この場合は牧師でなくてはなりません」

「月への踊りについてはどう思いますか」

ラトゥ・ノアは、少し間を置いた。

「証拠がない以上、何も言えません。法律と同じことです。ある人が悪いことをしているのを見たのであれば、その人を逮捕することができます。でも、実際に見ていないのであれば、その人を非難することはできません」

「誰かが月への踊りをしているのを、二人の人間が目撃しているようなのです」

私は言った。

「そうだとすれば、証拠があるということになります。それをどう扱うかは、テヴィタが決めることです。

ルシアテ、この件については、もう一つの側面があるのです」

ラトゥ・ノアが慎重に言葉を選びながら話す。

「私自身も、自分のやり方が完璧だとは言えません。自分はどうだろう、私の経歴は清廉潔白だと言えるのか、汚点は一つもないのか、そういったことを自問しなくてはなりません。だから、ほかの人の悪い行いを非難することは難しいのです」

ラトゥ・ノアはいつも、事実を明らかにすることに力を注ぐ。根拠のない噂話や後付けの説明などは「ゴシップ」と呼び、いっさい口にしない。ラトゥ・ノアのこの姿勢と、非難をせずに防御を固めようとするテヴィタの姿勢とは、補完関係にある。

「私は二人の死について、一貫した立場を取りたいのです。自分が知っていることだけを言います。知らないことを付け足したり、知っていることを隠したり、そういうことはしません」

と、ラトゥ・ノアは言った。

トヴでは、チョネ校長とアリパテの死についての話が、様々な憶測によって、爆発的にとまでは言わないとしても、絶え間なく膨張し続けている。ラトゥ・ノアは意識的にそれに加担することを避けているのだ。ラトゥ・ノアと仕事をしていくにあたって、彼らの死について

さらに質問する場合には、私が正直であることが不可欠なのだと再認識した。まっすぐでないことを理解しようとする際には、我々がまっすぐでなくてはならない。

「この話をしていて、思い出したことがあるのですが」

ラトゥ・ノアが新しい話題に移った。

「癒しと金儲けとは、別物です。癒しの儀式とは、与えるものです。見返りに何かを得ようとしてはなりません」

「でも、問題を抱えている人たちもいると聞いています。癒し手に助けを求めるためのヤンゴナを買うことができない人たちがいるのだと聞きました。それから、儀式を始める前に、少額の料金やタバコを要求する癒し手がいることも知っています」

私は言った。

「私もそういう人たちのことは知っています」

ラトゥ・ノアがため息をつく。

「それは間違ったことです。癒しと金儲けを混同してはなりません。そして、ヤンゴナについてですが。ヤンゴナは、癒しの儀式を頼むときに渡すものです。ロロマや『お礼の贈り物』とは違います。ロロマや贈り物は癒しが行われたあとで渡しますが、ヤンゴナは儀式の前に渡します。ただ、経済状況が厳しくて、ヤンゴナを持っておらず、ヤンゴナを買うお金もない場合には、ヤンゴナを渡さなくてもいいのです。もし本当に癒しの儀式が必要なのであれば、直接癒し手に頼みに行けばいいのです。そして、ヤンゴナを持っていないと告げることです。とはいえ、本当はヤンゴナの小枝でも十分なのです。小さな枝であれば、誰かが捨てたり、見落としたりしているかもしれません。大切なのは癒しを求める気持ちであって、お金ではありません。そして、ヤンゴナを渡せないときに、あとで何かを持ってくるという約束をしてはなりません。最も大切なのは、正直であることです。事実を告げるべきなのです。何も持っていないなら、何も持っていないと言う

べきです。どっちつかずなことを言って、ごまかすべきではありません。ルシアテ、私はそう教えられてきました。これが癒しについて私が学んできたことです」

　ラトゥ・ノアのこの話のお陰で、長い間訊きたいと思っていたことを訊くことができる雰囲気になった。

「ラトゥ・ノア、あなたがどんな風に成長してきたのか、どんな風に癒しの力を身に付けたのかについて、話してもらえますか」

　ラトゥ・ノアは緊張を緩めて、ほほ笑んだ。

「ルシアテ、このことについて話すのは難しいのですが。でも、そうですね、お話しましょう」

　そう言うとラトゥ・ノアはしばらく間を置いた。

「子どもの頃、私は、あまりほかの子どもたちと一緒に遊びませんでした。同世代の仲間たちと一緒にいることはめったになく、多くの時間を年配の人たちと一緒に過ごしていました。彼らがヤンゴナを飲む際の手伝いをし、彼らの会話を聞いていたのです。年配の人たちがヤンゴナを用意してほしいと言っていると聞けば、すぐに駆け付けて準備をしました。私以外の子どもが、ヤンゴナを用意するようにと言われているときでも、私が代わりに行きました。呼ばれた子どもが手伝いを断ったときにも、もちろん私が行きました。私は、年配の人たちに頼まれたことは何でも、文句を言わず、喜んでこなしました。私自身は一五歳か一六歳までヤンゴナを飲みませんでしたが、いざ私が飲み始めると、私以上にヤンゴナを飲める人は周りにいませんでした。

　思い出してみると、癒しの力は、とても小さい頃から持っていたようです。自分にその力があることを、感じることができました。そして、結婚したあとで、ヴが現れました。これについては妻が証言してくれますが、私がベッドで寝ているときに、突然現れたのです。ヴは私のところにやって来て言いました。『これを受け取りなさい。おまえのものです。』私は『いえ、欲しくありません』と答えました。ヴは私をベッドから持ち上げると、戸に叩き付けました。それを三度もやられたのです。それでも私は『欲しくありません。私は癒しには向いていません。その仕事をすべき人間ではありません』と言いました。ヴは私に三度同じことを言い、私は三度断りました。最後にヴは、『欲しいかどうかは関係ない。おまえはこれを受け取るのだ』と言いました。そのようにして私は、はっきりと癒しの力を与えられたのです。

　私はこの力を隠しました。自分だけの秘密にしたのです。私は誰かを癒すということが恐ろしかった。薬草を渡したことで、病気が治るのではなく、逆に悪化してしまったらどうしようかと考えました。力を与えられたことはわかっていましたが、それについて話すことはありませんでした。その力のことを皆に話して回る気にはなれずに、力を手にしても、私はひたすら隠していました。

　この力を持ったまま、私は半ば家に隠れるような生活を送っていました。そんなある日、ある家にヤンゴナを飲みに行くことがありました。その家では、男の子が病気にかかっていました。その子の病気は、手に症状が出ていました。病院に行って、注射や手術も受けたそうですが、病気は治らなかった。その子は、毎日、昼も夜も泣き続けていました。ずっと泣いていて、眠ることさえできないのです。苦しんでいる姿を見て、私はかわいそうに思いました。すると、その家の人が私に、治すことができるかと聞いてきました。自分にその力があることはわかっていましたが、本当に効き目があるのかどうか、自信がありませんでした。それまで、実際に癒しの力を使ったことはなかったのです。

　治してほしいと頼まれた直後に、私の中に力が流れ込んでくるのを感じました。そこで私は『出掛けましょう』と言いました。その家の男性と私は、二人で町の北側へと向かいました。通りに出て、港の横を通り、平らな土地に差し掛かったところで、私は言いました。『ゆっくり歩かなくてはなりません。ゆっくりです。』マングローブの生えている湿地が見えてきました。そこに私は、ある植物を見付けました。その植物の葉の何枚かが、光り輝いています。まるで葉の中から光が差しているかのようでした。私は男性に言いました。『待ってください。あそこに下ります。』

そこにたどり着くと、私は、光っている葉を指して『この葉を摘みましょう』と言いました。そして葉を持って、彼の家に戻りました。その木の葉が薬草だったのです。

家に着いたとき、男の子はベッドに横たわっていました。私が玄関に足を踏み入れた瞬間に、男の子は眠りに落ちました。まだ薬草を渡してもいないのに。その子はもう、痛みを感じていませんでした」

ラトゥ・ノアが何かを考える顔つきになった。

「癒しの業は、長く辛いものです。通過しなくてはならない三つの段階があるのです。三段階です。その全てを通過すると、知識が自然とあなたの中にやって来ます」

ラトゥ・ノアのまっすぐな視線が、私に向けられた。目には力がこもっていたが、表情は変わらず穏やかなままだ。

「ルシアテ、あなたは二段階目に入るところです。もう、この癒しの業がどれほど特別なものかを理解しているでしょう」

ラトゥ・ノアの言おうとしていることが、私にはわからなかった。

「ルシアテ、第一段階の試験は合格だと言っているのです。月曜の夜の癒しの儀式についての試験です。このあとさらに二つの段階があります。第二段階と第三段階も合格できるように努力しなさい。正しい道に従って進めば、目標に到達することができます。覚えておかなくてはならないのは、近道をしてはいけないということです。私が突然、『これとそれの間には何がありましたか』と、訊くかもしれません。近道をして、その部分をとばしていたとしたら、あなたは『わかりません』と答えるしかなくなります。あなたの通る道にある全てのものを、いつも細部まで把握するようにしなさい。一歩ずつ進むのです。適切なときに、適切な一歩を進むことです」

全てを細部まで把握する。ラトゥ・ノアの言葉を、私は心の中で繰り返した。これは決して、些末なことまで全て記憶しろという意味ではない。ラトゥ・ノアは、適切な方法で進むことが重要だと言っているのだ。

「癒しの業は、こうやって理解していくものなのです。少しずつ進むこと。近道をしないこと。途中でどこかをとばしたりしないこと。そうすれば、全ての段階が終わったときに何かを訊かれても、ただちに正しい答えが出てくるのです。例を挙げましょう。あなたがアメリカで仕事をしていて、どうやって治すべきかわからない患者がいたとします。どの薬草を処方すべきかわかりません。フィジーまで助言を受けに来ることもできません。そういうときは、自分を信じるしかないのです。林の中に、薬草を探しに行きなさい。そして、最初の木に助けてほしいと頼むのです。その木が助けてくれなかったら、二本目の木に頼みなさい。それでも駄目なら、三本目です。そうすると、三本目の木が助けてくれるでしょう。その木が、薬草となる葉を与えてくれます。しかしこのときに、木をとばしてはならないのです。全ての木に順番に頼まなければ、あなたの努力は無駄になってしまう」

ゆっくりと、一歩ずつ。正しいやり方で、近道をせずに進む。私は頭の中で復唱した。そうすれば、ただちに答えがやって来るようになる。最後の「答えがやって来る」という部分について、私はまだ理解ができずにいた。あまりにも機械的ではないか、という気がした。しかし、もし私が本当にまっすぐな道に沿って進むことができたとしたら、そんなことだって起こり得るかもしれないのだ。そう思ったら、自然と笑みがこぼれた。いや、むしろ笑い出しそうになっていた。

「私の言っていることが理解できましたね」

と、ラトゥ・ノアが言った。ラトゥ・ノアはまるで、私の心を読んでいるかのようだった。

「ルシアテ、私はあなたに、残りの二つの試験にも合格してほしいと思っています」

「私がトヴに戻ってからすべきことは何ですか。テヴィタが忙しくても、今後も、毎週月曜日に彼と一緒に癒しの儀式をするように努力すべきですか。他にやるべきことはありますか」

「月曜の夜の儀式は続けてください。それが第一段階なのですから。今は、第一段階が完了して、第二段階を始めようとしているところです。第二段階の試験は、癒しの儀式の別の部分です。それは、テヴィタがまだあなたに見せていない部分ですが、癒しの儀式において一番難しく、一番大切な部分です。テヴィタがやっているヤンゴナの儀式の一つ目は、月曜の夜の癒しの儀式です。実はヤンゴナの儀式には、二つ目があるのです。それは研究と学びです。あらゆることを研究し、あらゆることを学ぶのです。これは、ダウライライ、ダウキラキラと呼ばれています」

　ダウライライは、霊的な面を深く見ることができる人のことを指す。そしてダウキラキラは、霊的な意味で真実を知っていて、人の内面や未来の出来事を知ることができる人のことである。ここに来て、道は、今までよりもはっきりとしたものになった。同時に、この道の怖さもわかってきた。しかし私は、もう引き返せないと感じていた。それどころか、振り返ることさえできないと思った。

「ルシアテ、物事をしっかりと理解するようにしなさい。他人の言った言葉をそのまま使うことがないように。自分が正しいと思ったことを言うようにしていれば、間違ったことを言ってしまったときにも自分で気付くことができます。それ以上のことをする必要はないのです。扉はそこにあります。開ければ入ることができる。開けなければ入ることはできない。この第二段階に実際に入ってみれば、第一段階との違いがよくわかるでしょう」

　今はまだ、第三段階について訊くべきではないのだということが、私にはわかった。そこで私は、トヴでのナニセの件について話すことにした。我々の話題は、精神的な病気の癒しへと移っていった。

「ナニセについては知っていますか。彼女の病気の原因はわかりますか」

　私は尋ねた。

「ナニセの治療は難しいですよ。でも、原因はわかっています。女性器です。彼女の子宮に問題があるのです」

と、ラトゥ・ノアが言った。

ラトゥ・ノアは少しからかうような目つきで私を見た。

「ルシアテ、あなたは精神的な病気が専門の医者です。私が話すのは、私の見たこと、私の知っていることだけですよ」

「とても勉強になります。私が受けたメンタルヘルスについての訓練は、限定的なものなので」

「私は、ナニセがまだとても若い頃に、会ったことがあるのですよ。彼女がスヴァの学校に通っていたときのことです」

「何歳くらいのときですか」

「たしか一四歳だったと思います。当時、彼女はとても体が弱かった」

「ナニセのお父さんが、彼女がその頃に自動車事故に遭ったと言っていました。その事故のあと、長期間にわたって具合が悪く、体も弱くなったのだと聞きました。この点についてはどうでしょうか」

「それも一つの原因だと言えるかもしれません。しかし、彼女の病状は複雑です。この手の精神の病気は、複雑なのです。原因を一つだけ特定するということは不可能です。ナニセの場合、若い頃に体を酷使したことも原因でしょう。それから、神経の一部がねじれているか、ずれているか、あるいは切れてしまっている可能性もあります。子どもを産んだことのある女性にだけ、神経が切れるというこの症状が起こり得ます。私たちはこれをザヴカと呼んでいます。子どもを産んだあとにこのザヴカが起きて、適切な薬を服用しないままでいると、別の症状も現れます。髪が抜け落ちたり、耳が聞こえなくなったり、体が膨れてきたりすることがあります。そしてザヴカは、脳にまで到達します。そうすると、その人は精神的に不安定になって、いつまでも話し続けるようになったり、無表情に宙を見つめていたり、という症状が出ます。

ルシアテ、ナニセは今どんな状態でしたか。精神的な病気を抱えていると思いますか」

我々二人は、まさに、共同で治療にあたる医師だった。

「彼女はとても神経質になっています。一人になることや外に出ることを、とても怖がっていました。そしてあなたの言ったように、宙を見つめていることがあります」

私は言った。

「わかります。ザヴカにかかると、とても緊張感が強くなります。この病気にかかっている女性は、恐怖心を抱く傾向にあります。また、神経系が乱れているせいで、不眠に苦しみます。つねに何かを恐れていて、これから起きるであろう物事から身を守るために一晩中起きていなくてはならないと感じています。ただし、その『物事』が何なのかは、彼女たち自身にもわからないのです」

「ナニセは一晩中怯えていました。そして、呼吸がうまくできなくなるのです」

私は言った。

「その呼吸の問題は、恐怖心から来ています。こみあげてきた恐怖心が、呼吸をふさいでしまうのです」

と、ラトゥ・ノアが説明した。

私もナニセには、呼吸がうまくできないのは恐怖心のせいだと説明していた。自分がナニセに対してそれをどう伝えたかを、私はラトゥ・ノアに話した。また、ナニセに深く息をするようにと教えたこと、ナニセの旦那さんに彼女の呼吸を楽にするためのマッサージを教えたことも話した。ラトゥ・ノアは、ほほ笑みながら頷いた。

「それでいい。彼女の治療は、そのように進めるべきです」

「ナニセは、自分が死んでしまうのではないかと考えていました。私は彼女に、息を吸うことで生命力を吸い込むことができるのだと話しました。そして、恐怖で息が詰まることがないようにリラックスしなさいと言いました」

私は報告を付け加えた。

「そうです、それでいい。ルシアテ、あなたはこの方面に詳しい医者なのに、私があなたに説明するのはおかしいですね。でも、私は自分が真実だとわかっていることを話しているだけなのです」

「ありがたく思っています。たしかに私は、ある意味では、精神的な病気についての訓練を受けています。でも別の意味では、ほとんど何も知らないのです。そして私の知らない部分の方が、実は大切なことだとわかっています」

「私たちが今話しているような、精神的な病気についての真実を、知らない人がたくさんいます。私たちに見えているものを、ほかの人たちは理解できません。彼らは、精神的な病気というのは、悪魔に憑りつかれた結果として起きるのだと思っています。そういう人々は、ルシアテ先生はトヴに悪魔の研究をしに来たのだ、と言うでしょう。彼らは、正体のわからないものについて、ほとんど知識を持っていない。あなたは、人々を癒す研究をしていますね。大学で脳について調べ尽くして、その上で、精神的な病気を治すために、ほかにできることがあるはずだと信じているわけですよね。だからあなたはそれを探さなくてはならない。そして今探し求めているわけです。それがあなたのフィジーでの課題ですね。

ルシアテ、あなたは選ばれた子どもとしてアメリカに生まれたのです。カロウがあなたを、心の病気の医者になる者と定めたのです。癒しを待っている人は、たくさんいます。もしあなたがその務めを果たさなかったら、問題が起きるでしょう」

ラトゥ・ノアの声は変わらず優しかったが、口調に熱がこもってきた。

「一部の人々は、カロウからの恩恵として、探し求めるべきものを与えられます。それ以外の人々は、ただ座って待っているだけです。時間を無駄に過ごしているのです。それらの人々にカロウが与えたのは、自分たちは今いる場所にずっといるべきだと信じる心です。でも、あなたと私は、どこまでも探し求めることができる人間です。そして、それについて吹聴して回ったりはしないのです。私たちの間では自由に語り合うことができますが、ほかの人々に話すべきことではありません。

ルシアテ、あなたがしている研究は、白人のためだけのものではありません。私たちフィジー人のためにもなるものです。もし私が、自分と似た人に出会えたら、私はその人といろいろ話し合うことができます。その人が世界のどこにいても構いません。私とその人との間に、つながりができればいいのです。あなたの中に流れている電気（リヴァリヴァ）は、私の中に流れているのと同じものです。そしてその電気が、あなたと私の間を行き来しているのがわかります」

「私もその電気の流れを感じます」

我々は、自分たちが同じことを感じているのだと確認できて、嬉しかった。

「ルシアテ、私たちはお互いに通じ合っているということです。嬉しいことです。ただ、問題は、あなたが必要な知恵を身に付けるための時間が、短くなってきていることです。しかも私たちは、どちらも忙しい。あなたは今、お金をもらって癒しの研究をしているので、癒しの仕事をする際のプレッシャーを、それほど強く感じていないでしょう。しかし、もし、今の仕事をなくして、癒しの仕事だけをするようになったとしたら、これから私が話すことが、どれほど困難で重要なことかわかるようになるでしょう。

癒しの仕事をするときは、忍耐強く、強い責任感を持たなくてはなりません。癒し手は、自分のすべきことをできなかったとき、依頼主との約束を守れなかったときに、罰を受けることもあるのです。私が、まだ癒しについて学んでいた時代のことです。依頼主に頼まれた癒しの儀式を行うべき時間に、儀式を行えなかったことがありました。そのときに私が受けた罰は、タノア五杯分のヤンゴナを飲むというものでした。もう少しでお腹が破裂するところでしたが、私はなんとか、そのヤンゴナを飲み終えました。私は、約束を守りたかったし、責任を果たしたかったので、その罰をきちんと受けました。もしあなたが六時にヴと会うことになっているのであれば、あなたは普段の仕事を中断してでも、家に戻って入浴して準備を整え、ヴを待たなければなりません。親友にも『時間が空くまで待ってくれ』と言わなくてはならない。ヴと約束通りに会ったあとで、ほかのことをするしかないのです」

ラトゥ・ノアの家を出ようとする頃、ラトゥ・ノアが普段とは違う口調で話し始めた。この話し方を聞くのは、私が初めてラトゥ・ノアに会ったとき以来のことだ。次に会ってもらえるのかどうかもわからなかった、あのときのラトゥ・ノアの話し方である。

「カロウは真実を隠すので、私たちはそれを探し求めなくてはならない。ルシアテ先生、探さなければ、見付けられませんよ。しかし、あなたの研究のための残り時間が短くなってきていることについては、心配しなくていい。そのことを心配しているのはわかっています。私は癒しの学びに、一五年近くかけました。それに比べて、あなたに残された時間は、とても短い。それでも、そのことは心配しなくていい。

あなたには、きちんと段階を踏んでいってほしいのです。フィジーにいる間に終わらなかった分については、アメリカに戻ってからやればいい。然るべき時が来れば、全てを学び終えることができます。

ルシアテ、あなたのやり方は正しい。あなたはここにやってきて、探求を続けている。あなたのやり方が正しいからこそ、私は知っていることを全て、あなたに話しているのです。ただし、私は決して扱いやすい人間ではない。今、私たちは、一緒に仕事をしていて、うまくいっている。しかし時が来たら、私はあなたとの関係を絶ちます。あなたが私を探しても、もう見付けることはできない。そうなったら、私たちは二度と会うことはありません。あなたは、私が教えたことを思い出してやっていくしかないのです」

第二一章　チェメサ牧師の来訪（トヴにて）

トヴに戻ると、相変わらず、ピタとソロモネに対する不信感が村中に漂っていた。二人がチョネ校長とアリパテの死に関与したのではないかと、皆はまだ考えている。月への踊りを行った人物が特定されないため、二人への疑念は強まるばかりだ。オンゴでは今も、例の年配の首長と彼の支持者たちが、漁業計画の責任者たちが良くない行いをしたのではないかと疑っている。そしてその責任者たちは、自分たちに向けられた疑いを晴らすことができずに苦しんでいた。

自分たちの村に死の原因があるのかもしれないという思いに駆られたオンゴの人々は、チェメサ牧師を再び呼ぶことに決めた。


「オンゴはまだきれい（サヴァサヴァ）になっていない。まだ村に残っている汚れたものを取り除くために、助けが必要だ」

と、年配の首長は言った。

これを聞いて私は、ラトゥ・ノアの言葉を思い出した。

「今の人たちは、言葉の本当の意味を理解していない。例えばサヴァサヴァという語は、『きれい』、『悪いものがない』という意味だと思われているが、それだけではありません。サヴァサヴァという語は、私たちのあるべき姿を表している語なのです。『きれい』であることはもちろんですが、『純粋』、『正直』、『礼儀正しい』といった意味も持っています。サヴァサヴァは、とても深い語です。私たちの祖先が、私たちにどう生きるべきかを示してくれている、そんな言葉なのです」

チェメサ牧師が再びオンゴへとやって来た。彼の主張は、前回と同じだった。変わった点があるとすれば、より情熱的に、より声高になったことだけである。チェメサ牧師は、前回来たときにガンを取り切ることができなかった。そこで今回は、攻撃を強め、ガンを完全に取り除こうとしているのだ。牧師は人々に「原始的で異教的なやり方」を放棄するようにと要求し、伝統的な薬等の「フィジーの伝統的な物」は「悪魔の道具」だと決めつけた。牧師が行ったこの非難には効果があり、何人かの村人たちが伝統的な物とレワを手放した。レワとは、健康を維持するためや身を守るために使われるフィジーの薬である。チェメサ牧師はレワを「人殺しの薬」と呼んでいた。

チェメサ牧師は、ガンを取り除くだけでは満足しなかった。今回はさらに、フィジーの伝統的な宗教に携わる人々と対決するつもりであるらしかった。

チェメサ牧師がオンゴの人々の生活の個人的な部分にまで公然と干渉しているという事実を我々が知ったのは、テヴィタの助手についての話を聞いたときだった。オンゴに住んでいるその助手のことを、テヴィタは信頼していた。その助手は、ラトゥ・ノアに癒しの力を与えられ、オンゴからの伝言を全てまとめてテヴィタに伝える役割を負っていた。その助手が、チェメサ牧師にレワを渡したのだという。そのレワはテヴィタが彼に与えたもので、その助手がテヴィタとラトゥ・ノアに忠誠を誓っていることの象徴であり、ひいてはあらゆる癒しの業を支えるヴへの忠誠の証でもあった。チェメサ牧師がオンゴの人々の前で次のような演説をするのを聞いて、この助手はヴへの信仰を捨てたのだという。

「あなたたちの中にレワを持っている人がいるとしたら、その人は悪魔の業を行っているということです。悪魔を退けなさい。さもなければ、悪魔につぶされてしまいます。レワを捨てて、イエスのもとに来なさい」

テヴィタの助手のレワは、今頃、牧師が「悪魔を宿す」、「原始的な」物と呼ぶ多数の「戦利品」に混じって、チェメサ牧師の「清浄の部屋」に置かれていることだろう。

オンゴで行われたチェメサ牧師の礼拝に、トヴからも数名が出掛けていった。そして彼らは、トヴでも「浄化」を行ってほしいと、牧師をトヴに招いた。

チェメサ牧師がトヴにやって来たのは、満潮のときだった。海はまるでいっさいの波が止まってしまったかのように静かだった。牧師をトヴの海岸に送り届けたのは、オンゴの首長の親戚の船だった。古い船で、ペンキがはがれている。チェメサ牧師は、スヴァの住人たちのような装いだった。体の線にぴったりの真っ白な長袖のシャツを着て、パリッとした正装のスルを巻いている。このような都会的な服装は、清潔さ、礼節、そして権力を表すものだと言えるだろう。船から降りて浅瀬を歩く牧師の足が砂に沈み、足首の周りで海水が小さな渦を作っていたが、彼はそれをあえて無視しているように見えた。自分を待ちわびている村に、颯爽と入っていく瞬間を演出しているかのようにも感じられた。

チェメサ牧師は、非常に威厳のある人物だった。背が高く、がっしりとしていて、力が強く、顔つきは怖いと言っても差し支えないほどだ。ほほ笑むことはほとんどなく、冗談を言うことなど、まずないだろう。牧師は村の年配者たちにセヴセヴのためのヤンゴナを差し出したが、明らかに形だけのものだった。決してヤンゴナの儀式を軽んじているというわけではないのだが、トヴの人々が通例見せるような配慮や敬意を持ち合わせていないのも事実だ。

セヴセヴが終わると、チェメサ牧師はその場でしばらくヤンゴナを飲み、人々と話をしていたが、彼が口にすることの大半は、「浄化」という福音伝道のための自分の活動についてだった。彼の話は自慢話に近いものであったが、村の人々は気にかけていない様子だった。彼らは牧師の話の壮大さや、牧師によって「救われた」とされる人の人数の多さに、度肝を抜かれていた。特に、牧師がどのようにしてそれほど多くの人々を、彼らを待ち受ける悲劇や死から救ったのかという話に、トヴの人々は我を忘れて聞き入っていた。

話を終えたチェメサ牧師は、ロパテの家へと引き上げていった。ロパテは、トヴの地元の教会を任されている人物だ。牧師は彼の家に滞在し、礼拝もそこで行うことに決めていた。この牧師の行動は、トヴの人々が伝統的に守ってきた首長を中心とする人間関係に対して、また、トヴの宗教の中心となっているメソジスト派に対して、彼が関心を持っていないことの表れである。

チェメサ牧師が夕方近くに礼拝を行うという知らせが、村中に伝えられた。村の人々は、行くかどうかについて悩んではいなかった。彼らの悩みは、何を着ていけばいいのかということだった。この礼拝は、教会で定期的に行われている礼拝と同種のものなのか。それとも、癒しの儀式に似たものと分類されるのか。あるいは、福音主義の信仰復興集会なのか。日曜日の教会の礼拝に行くときのように、正装のスルを着ていくべきだろうか。普段着のスルで大丈夫だろうか。実際のところ、多くの人々がすでに答えを知っているのだ。彼らはオンゴでの礼拝に参加しており、チェメサ牧師の礼拝はその三つを組み合わせたものだとわかっている。それでも彼らがこういった疑問を口にするのは、これから起きることに対して不安を抱いているからにほかならない。

村人たちはすぐにロパテの家に集まった。そのため、あっという間に家は人で溢れた。家に入れなかった人々は家の周りに立って、戸口や窓から中の様子を覗いている。家の中に入れなかった一人の若い男性が、冗談を思い付いた。彼は、日曜日に教会で行われる長い礼拝が終わり、教会の外に出たときに、人々が「教会での顔」を脱ぎ捨てていつものように冗談を言い始めることを思い出していた。自分たちがロパテの家の中に入れていない状況について、彼は言った。

「ここは教会の中みたいなものだと思うか。それとも、中に入っていないのだから、いつもみたいにしゃべっていてもいいのかな」

この冗談を聞いて、笑う人はいなかった。この日の皆の雰囲気は、それくらいまじめなものだったのだ。厳粛と言っても言いすぎではないだろう。

トヴの教会で普段行われている礼拝では、村人たちが進行を分担するが、チェメサ牧師の礼拝では、チェメサ牧師が全てを決める。礼拝が始まると、牧師は讃美歌を数曲選んだ。そして指揮棒ではなく自らの歌声で「指揮」を行った。彼の声は力強く、歌詞も聞き取りやすかった。牧師の歌声は人々の頭上を越え、戸口から外へと流れ出て、村中に響き渡った。人々は大きな声で讃美歌を歌ったが、それ以外のときは固く口を閉ざしていた。これから起きるであろうことについて考えると、おしゃべりをする気にはならないようだ。

先ほどとは別の若い男性が、友人の方を向いて言った。

「皆の讃美歌の声が大きすぎて、自分のお祈りの声が聞こえないよ」

この男性も、先ほどの男性と同様に、その場の雰囲気を和らげようとしていたのだが、友人は彼の方を一瞥しただけで、表情も変えなかった。アリパテのことを思い出しているのだ。アリパテがルケに、二人分の罪を一枚の紙に書いて紙を節約しようと冗談を言ったことを思い出し、若い二人は黙ってしまった。

チェメサ牧師が説教を始めた。牧師の声は非常に大きく、反対意見などかき消してしまいそうだった。

「フィジーに古くから伝わっている悪魔の道具を手放しなさい。そしてこちらに、イエスのもとに来なさい」

牧師はレワを「邪悪な悪魔の道具」と呼ぶ。

「悪魔が私たちに、レワは癒しのためのオイルであると、薬であると思い込ませているのです。しかし本当は、レワは悪魔が私たちの魂に入ってくるための通り道です。レワで身を守ることなどできません。レワを塗ると、悪魔が魂の中に入ってくるのです」

レワを持っている全ての人々に向けられた言葉ではあったが、特にテヴィタとエロニとピタが標的とされていた。

とはいえ、チェメサ牧師もその場で特定の人の名前を挙げることはしなかった。結局その日の礼拝では、自分の罪を認めて、その罪を贖いたいという人は現れなかった。しかしこの説教によって、村人たちの無言の糾弾が始まったのである。彼らはただ黙って、レワを持っている人々から目をそらした。混み合った家の中に、気まずい張りつめた空気が充満していた。説教のあと、人々はあからさまにエロニを避けており、エロニは一人で寂しそうにしていた。そして礼拝の翌日、エロニは自分の持っていたレワをチェメサ牧師に渡しに行ったのだった。

礼拝からの帰り道、テヴィタは家族と普段通りに会話をしていたが、思い悩んでいるようにも見えた。礼拝の場で、チェメサ牧師はテヴィタと直接顔を合わせるのを避けていた。それは、テヴィタに対して、また、テヴィタがトヴで行っている活動に対して、敬意を表するためであるかのように思われた。ところがチェメサ牧師は、翌朝、テヴィタの家を訪れたのである。そして遠回しに、次のように尋ねたのだという。

「あなたは『フィジーの伝統的な宗教』と呼ばれるものに関わっているのですか」

テヴィタは簡潔な返答以外はしなかったということだが、チェメサ牧師は自分の仕事をやり終えたと満足して、スヴァへと戻っていったことだろう。

毒はゆっくりと回るものだ。テヴィタは、多くの人々がレワを手放したことについて悩み始めた。テヴィタが彼らにレワを渡したのは、彼らを癒し守るためであって、決して殺すためではない。また、オンゴの助手とエロニがレワを手放したという事実は、テヴィタにとって理解し難いことであった。

「私たちの癒しは、良いものではなかったのだろうか」

当惑しきった状態で、テヴィタは自問を繰り返していた。疑念の募る中、この問いを発することで自らを支える力を得ようとしていたものの、実際には考えるたびに混乱が深まる一方だった。

チェメサ牧師の来訪から一週間がたったが、牧師の残していった火は今もトヴで燃え続けていた。何軒かの家では、数名の村人たちが集まって、牧師の教えに従って祈りを捧げている。フィジーの伝統的な宗教に対して、そして特に癒しに対して、否定的な見方が形成されつつあった。とはいえ、表立って攻撃する者はいない。テヴィタも他の癒し手たちも、身内だからだ。親戚であり、ずっと信頼してきた仲間なのだ。身内の人間を非難するわけにはいかない。

それでも、トヴの雰囲気は確実に変化していた。ナシが一か月の休暇をとっていたため、トヴの診療所には代理の看護師が来ていたが、彼女はテヴィタの仕事に対してもフィジーの伝統的な癒しに対しても、敬意を抱いていなかった。

「伝統的な癒し手のところになんか行ったら、病気が悪化します。すぐに診療所に来るべきです」

と、彼女は言った。テヴィタを名指しで非難することはなかったものの、「現代的なやり方」、「科学的医療」を重視する姿勢を貫いた。お陰でトヴには、テヴィタの癒しへの不信感が芽生え、テヴィタは仕事がしにくくなっていった。

私は、海岸に向かう途中でテヴィタの家の前を通った。人々はまだ自宅にいて、朝のお茶を飲んでいたり、朝ごはんのキャッサバを食べたりしている時間だ。テヴィタは家の外に座っていた。ココナッツの殻を削って滑らかな形に整えているが、心ここにあらずといった表情だ。

我々は挨拶を交わした。テヴィタは、うわの空でココナッツの殻を削り続けている。テヴィタに呼ばれたので、私は傍に行って座った。数分間、黙って座っていたが、時間が長く感じられた。テヴィタは辛そうに見える。突然、テヴィタが私の方を向いて話し始めた。落ち着いた声で話すのでわかりにくいが、とても強い感情を抱いているのが感じ取れる。

「チェメサ牧師が『フィジーの様々なもの』について言ったことを、ずっと考えていました。よくわからなくて。とにかく混乱しているのです」

テヴィタは再び黙ってココナッツを削り始めたが、しばらくしてからまた話し出した。

「このまま癒しの仕事を続けられるのかどうか、わからなくなりました。村の人たちは、癒しの力を疑っているようです。誰も来なくなりました。癒しが良いものなのかどうかと、皆が疑っているのでしょう」

テヴィタは感情を抑えようとするのをやめたようだったが、どう表現すべきかと悩んでいる。できることなら避けたい決断をはっきりと言葉にしなくてはならないという、辛い状況だったのだ。

「私はこの仕事を続けていくことができるのか、自信がなくなりました。皆は癒しを疑っているようですし、カロウの使いであるあの男が、癒しを続けるべきではないと言ったのです。彼が皆にレワを差し出すようにと言ったとき、私は差し出さなかった。私にはできなかった。あのレワを手放すかどうかを決めるのは、私ではないからです。あれはラトゥ・ノアが私にくれたものですから、決めるのはラトゥ・ノアです。私には、どうするべきかわかりません。でも、もしかしたら、癒しの仕事はやめなくてはならないのではないかと思うのです。私は引退（ヴァカセング）すべきなのではないかと考えています」

チェメサ牧師の件でテヴィタがひどく悩んでいることは、私にもわかっていた。しかしそれでも、彼が出したこの結論に、わたしは少なからず衝撃を受けた。こんな善良な人間が、人々のために働いてきた人間が、癒しの業を手放さなくてはならないほど追い詰められるだなんて、そんなことがあっていいのだろうか。私は何と答えていいのかわからなかった。が、言葉が自然と口から出てきた。

「それでもあなたは、癒しの仕事をやめるわけにはいきません。私たちは皆、あなたの癒しを必要としているのです」

そう言いながら私は、テヴィタの腕をつかんだ。実のところ、私は自分の発した言葉の力強さに驚いていた。自分自身から出てきた言葉とは思えないくらいだった。テヴィタも私の腕をつかんだ。そして私たちは、互いに肩を抱き合った。

「テヴィタ、私は村の人たちと、彼らの家で話をしてきたからわかるのですが。あなたも彼らの家で話をしてみてください。そうすれば、彼らは、あなたが癒しを続けるべきだと言いますよ」

テヴィタが、自分の下した結論について考え直すべき理由はいくらでもある。そうは思っていても、私は落ち着かない気持ちになった。テヴィタが悩み抜いた末に至った結論であることは事実なのだ。

「あなた方が処方している薬や薬草には大変な価値があると考える医師が、西洋にも増えてきています。彼らはその薬草について研究して、どうやって使うのかを学びたいと思っているのです」

この事実を伝えたところで、それがテヴィタにとって大きな意味を持つかどうかはわからなかった。それでも私は、彼の癒しの業には価値があるのだということを示すために、思い付く限りの根拠を、テヴィタの目の前に並べて見せたかった。

「それに、チェメサ牧師の言うことが何もかも正しいとは言えないかもしれません。彼がフィジーの癒しについて、あらゆることを知っているという確証はありません。結局のところ、彼は一人の人間にすぎないのです。彼が言ったことは、ただの一人の人間の意見です。彼は、あなたのように、実際にフィジーの伝統的な癒しが行われている現場を知っているというわけではないのです」

私は付け足した。

テヴィタにこう言ったものの、私自身も、チェメサ牧師の権威のお陰で、トヴにおいて癒しに対する疑念が生じていることは理解している。トヴは今、福音主義の信仰復興のただなかにある。チェメサ牧師について、私が今口にした言葉は、反キリスト教的なものと見なされるだろうか。私の頭の中には、アリパテのことがあった。彼は、紙に自分の罪を書いてチェメサ牧師に渡す際に軽はずみな冗談を言ったということで、反キリスト教的だと言われていたが、それが、彼が亡くなった原因だったのだろうか。私のチェメサ牧師への批判は、決して反キリスト教的なものではないという自信がある。それでもなお、反キリスト教的だと見なされることがどれほど恐ろしいことなのかを、私は今、身をもって感じていた。

「ルシアテ、あなたの言っていることはわかります。私も同じように思っています。でも、正直に言います。こうやって、あなたと二人だけで話しているときは、正直に話しやすいですからね」

テヴィタはココナッツを削るのをやめた。もう先ほどから、ココナッツを削る作業に心はこもっていなかった。

「ルシアテ、私もあなたと同じ考えです。でも、自信がないのです。自信がない以上、この仕事をやめるのが一番いい選択だと思いました」

「あなたが癒しをやめてしまうのは、一緒にいる私たちにとっては辛いことです。でも、あなたは、自分が正しいと感じることをすべきだと思います」

私はテヴィタの意思を尊重したいと思う。それでもやはり、テヴィタが癒しをやめなくて済むような道はないのかと、考えずにはいられない。

「一つ提案があるのですが」

私は言った。

「近いうちにスヴァに行きます。この件についてのラトゥ・ノアへの伝言を、私に預けてはくれませんか。そして、ラトゥ・ノアがどんな助言をくれるか待ってみるのはどうでしょう。ラトゥ・ノアはきっと、今回のチェメサ牧師の布教活動について、私たちよりも深く理解することができるはずです。もしよければ、あなたの伝言をテープレコーダーに録音します。以前にラトゥ・ノアがあなたに伝言を送ってきたときと同じやり方です。そうすれば、ラトゥ・ノアはあなたの考えているいることや心配に思っていることを、直接あなたの声で聞くことができます。あなたがどうすべきか決めるのを、手助けしてくれるかもしれません」

「ルシアテ、それはいい考えです。あのときのようなテープを作れるのなら、やってみたいです。あのときは、オンゴの人々のための癒しの儀式のことについてラトゥ・ノアからテープをもらいましたが、本当に役に立ちました。では、ラトゥ・ノアの返事をもらうまでの間は、癒しの儀式はやらないと、皆に知らせることにします」

四日後に、テヴィタに、テープレコーダーを持ってきてほしいと頼まれた。私が彼の家に到着して録音のスイッチを入れると、テヴィタはラトゥ・ノアに向けて話し始めた。テープレコーダーに吹き込んでいるという意識はほとんどないようで、彼は自分の師に向かって直接話しかけているかのようだった。

「こんにちは、ラトゥ・ノア。私はトヴでとても忙しく、スヴァまで行くことができないので、ルシアテ先生にこの伝言をお願いしています。

こちらでは、福音派の布教活動のお陰で、大きな問題が起きています。例えば、トヴの助手とオンゴの助手が、レワを手放してしまいました。ほかにも多くの人たちが、レワを放棄しました。これは全て、チェメサ牧師がやって来たためです。スヴァの大きな教会で福音派の布教活動をしている牧師です。彼の説教を聞いて、トヴの人々は、フィジーの伝統的な宗教で使ってきた物を全て、手放してしまいました。

チェメサ牧師がトヴで布教を行ったことで、私は気まずい立場に立たされました。そしてチェメサ牧師がスヴァに帰ってしまっても、村の人たちはもう誰も、私のところに病気を治してほしいと言いに来なくなりました。

私が知りたいのは、私たちが守ってきたフィジーの伝統的な宗教が、チェメサ牧師の布教活動では、そこまで問題視されるような邪魔なものなのかということです。私は、自分たちの宗教が、キリスト教と敵対する異教だとは思いません。それに癒しについても、良いこと、必要なことであると信じてやってきました。でも、自信がなくなりました。

チェメサ牧師が、先日、私の家にやって来て、トヴでよく起きる問題について知りたいとおっしゃいました。そしてその話のあとで、私がフィジーの伝統的な宗教に関わっているのかどうかをお尋ねになりました。私は、この質問に正直に答えることができませんでした。そのため、こうして助言をお願いしています。

つまり問題は、ここトヴで福音主義の布教活動がとても活発になってきていること、そして彼らがフィジーの伝統的な宗教を敵対視していることです。

どうか助けてください。私は決断をしなくてはならないのです。断固とした姿勢で癒しを続けるべきなのでしょうか。それとも別の道を選ぶべきでしょうか。

トヴの状況をわかりやすく具体的に伝えるように努力しました。そうすれば、わかりやすい具体的な助言をいただけるかと思いましたので。ルシアテがトヴに戻ってきて、あなたの助言を聞かせてくれるのを、心待ちにしています。それまでは癒しの仕事はしないことにします」

ラトゥ・ノアに伝えるべきことを話し終えると、テヴィタは、まるで目の前にラトゥ・ノアがいるかのように別れの挨拶をした。テープレコーダーの録音スイッチはすでに切ってしまっていたのだが、気付いていない。テヴィタは、今すぐにもラトゥ・ノアからの返事を受け取りたいと願っているようだった。

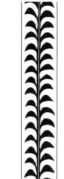

第二二章　疑惑の重み（トヴにて）

七月になり、トヴにも冬が訪れた。日が暮れると気温は一〇度まで下がり、空気がとても冷たい。つい先日まで、毎晩のように誰かの家に集まっていた村人たちも、早めに寝床に入って毛布にくるまり寝てしまう。

テヴィタは、まだラトゥ・ノアからの返事を受け取っていないため、癒しの仕事を中断したままである。とはいえ、完全に引退したわけではない。たしかに月曜日の癒しの儀式は行われず、テヴィタに助けを求めて来る村人の人数も減っている。それでも、すぐに癒しが必要な状況になった場合には、テヴィタはいつでも癒しを行っていた。テヴィタが正式な形での癒しの儀式を行わなくなったというこの変化は、チェメサ牧師が引き起こした、より大きな変革の一部であると考えられる。牧師はトヴにおいて、伝統的な宗教を「浄化」したのみならず、福音主義を活発に推進する団体を生み出していったのだ。

月への踊りを行った可能性がある二人に対しては、今も疑惑の目が向けられている。しかもその二人は、ここ最近、体調を崩している。ソロモネはスヴァに滞在しているときに、激しい頭痛に襲われ、もう少しで意識を失って倒れるところだった。すぐに病院に運ばれ回復したものの、医者は原因を突き止めることができなかった。フィジーの伝統的な癒し手の一人が、ソロモネに対してヴァカテヴォロが行われていると判断し、ソロモネを防御するための儀式を行ったという。ピタは数週間にわたって、首の腫れと痛みに苦しんでいた。彼が初めに調子を崩したのは五月で、六月にチェメサ牧師が来たときにも同じ症状が出た。そしてその後、悪化の一途をたどっている。この二週間のうちに数回、テヴィタがピタの治療を試みたが、原因を特定することはできなかった。

この二人の病気は、彼らがチョネ校長とアリパテの死に関係している証拠であると、多くの人たちが信じている。「不可思議な」原因による病気は、彼ら二人が「悪魔の近くで生きている」ことの証であると、人々は考えるのだ。

それがどのようなものであれ、チョネ校長たちの死について納得のいくような説明が出てくれば、人々はそれに引き付けられる。彼らがそういった説に魅力を感じてしまうであろうことは、想像に難くない。村人たちは皆、情報の欠片を集めて、つじつまの合う物語を作り上げようと必死なのだ。あたかも我々全員で、一つの巨大なパズルを組み立てようとしているかのようである。

ある夜のこと、イノケと私はテヴィタの家を訪れ、おしゃべりをしていた。するとイノケが、ピタについて自分が聞いてきたことを話し始めた。テヴィタと私は口をつぐみ、イノケの話に聞き入った。部屋の中が急に静かになった。

「ピタがチェメサ牧師のところへ行ったことは知っていますか」

イノケが言った。我々は黙って頷き、イノケの次の言葉を待った。

「ピタがオンゴへ行ったのは、チェメサ牧師が二度目にオンゴを訪れたときのことだったようです。ピタは、罪の告白をしに行ったらしいのです。牧師の礼拝が終わったあとで、個人的に牧師のところに話しに行ったそうです。

そこでピタは、ここトヴで二人が亡くなったときに、自分がそれにどう関わったのかを告白したのだと聞きました」

イノケは、たいしたことのない内容を伝えるかのような口調で、そう言った。

テヴィタと私は一心に耳を傾けていたが、これを聞いて一瞬身を引いた。まるで、この話から自分自身を引き離そうとしているかのような動きだった。しかし、すぐにまたイノケの方に体を傾けた。新しい情報が、しかもひょっとすると決定的な情報が聞けるかもしれない。我々は固唾を飲んでイノケの言葉を待った。

イノケが話を続ける。

「ピタの妻と、もう一人の女性が付き添ったそうですが、その女性というのが、私のいとこなのです」

この流れでいけば、次はより深い言葉が期待できる。我々は黙って待った。

「なので、訊いてみようかな、と」

イノケはためらいがちに言った。

「オンゴで、ピタとチェメサ牧師の間に何があったのか、いとこに訊いてみてもいいかなと、考えているのです。もしかしたら、ピタが何を告白したのか、教えてもらえるかもしれない」

もしかしたらそうかもしれない、と、テヴィタと私も思ったが、二人とも口には出さなかった。

我々三人は、翌日の夜も集まった。今回はイノケの家だ。約束をしたわけではなかったが、自然と集まっていた。そして我々三人は、特に急いで話したいことなどないかのような顔をして、いつものように会話を楽しんでいた。

「いとこと話してみたのですが」

イノケが言った。会話が途切れた瞬間に、とても自然に切り出したので、会話を遮った印象はない。

「いとこは、オンゴでピタとチェメサ牧師の間に何が起きたのかを、私に話したかったそうです」

イノケの声の調子から、彼がなかなか大変なことを成し遂げたと思っているのが伝わってくる。もちろん、そうだろう。当人にとって重大な意味を持つ告白について、情報をもらおうとすることが、簡単なわけはない。イノケはそこで一息ついたが、すぐに気を取り直して、また話し始めた。

「私のいとこは、ピタと彼の妻と一緒にオンゴにいたそうです。するとピタが、チェメサ牧師に会いたいと言い出した。そこで彼ら三人は、チェメサ牧師が泊っている家に歩いていったそうです。その家の戸口まで来ると、ピタは二人の女性に向かって、『一人で入ります』と言ったのだそうです。それだけだということでした。ピタが『一人で入ります』と言った。それ以上のことは何も知らないと、いとこは言っていました。ピタが一人で入っていったので、彼が告白した内容を知っているのは、本人とチェメサ牧師だけだということです」

テヴィタと私は、それを聞いてもあまりがっかりしなかった。むしろ、ほっとしたくらいだった。我々はすぐに、自分たちが告白の内容を知ろうとしたこと、そして答えを得られなかったことについて冗談を言い始めた。

「告白というのは、本人とカロウとの間の会話なので、私たちがそれに加わろうと思うことがおかしいのですよね」

と、私は言った。テヴィタとイノケもそう思うと言った。私はさらに続ける。

「実は明日、ピタと会わなくてはならないのです。ピタにあげようと思っている布があるのですが。あげようと思い付いてから、もう一週間近くたってしまいました。でも、ピタのところに行くのは、少し気まずいですね。特に今夜、こんな話をしたあとでは」

「ルシアテ、そんなに悩まなくていいんですよ」

イノケの口調から、冗談を言おうとしていることがわかる。

「簡単なことです。これで、あの日オンゴで何があったのかが、わかるじゃないですか。ピタに訊けばいいんです。『何について告白したのですか』と、ピタに訊けばいいだけのことですよ」

イノケは私をからかっている。しかし、半分は本気なのだ。私は落ち着かない気持ちになった。

「イノケの言う通りですね」

テヴィタが言った。彼も半分は冗談で、半分は本気だった。

「明日がいいと思います。ピタに会ったら、訊いてみてくださいよ」

イノケの家から帰るとき、私はあまり愉快な気持ちではなかった。私の中にも、彼らと同じ気持ちがあったのだ。実際は何が起きたのかを、知りたいと思っている自分がいた。

翌朝、ピタの家に向かいながら、私は気が重かった。ピタとどういう会話をすべきかも、まだ決めていない。

ピタの家に着き、私は中に入った。ピタの妻が迎えてくれた。

「ピタはここ数日、少し疲れているんです。病気がなかなか治らなくて」

と、彼女は言った。

「起こしてきますね」

と言うとすぐに、彼女はカーテンの向こうにピタを起こしに行ってしまった。私は、「起こさなくていいです、あとでまた来ますから」と言いたかったが、間に合わなかった。

ピタが部屋の中央部にやって来て、私の隣に座った。我々は挨拶を交わしたあと、最近の気候について少し話をした。特に夜が寒いことなどについて話した。

ピタと目が合ったので、彼の目の中を覗いてみた。そこにいるのは、一人の人間だった。顔に色濃く疲労がにじみ出ている一人の人間、それ以外の何物でもない。その瞬間、告白や疑惑といったものが全て、色あせて見えた。そして、この一連の出来事の中でピタが味わってきた深い悲しみが、私の中に一気に流れ込んでくるのを感じた。自分が抱いていた好奇心を思い出し、私は一人静かに恥じた。

ピタと私は、しばらく他愛のない会話を続けた。それから私は布を渡して、ピタに別れを告げた。

第二三章　「この土地は病んでいる」（トヴにて）

七月から八月にかけて、トヴにはほぼつねに病人がいた。一四軒あるうちの少なくとも一軒に、重篤な病人がいるような状況だった。ひどい時期には、数週間にわたって、四軒の家から病院の臭いがしていた。その家のベッドには病人が寝ており、人々が代わる代わる見舞いに訪れる。一日中、暗くなるまで、大きな声を出さないようにと気を遣いながら、村の人々が様子を見に来ていた。早朝だけは誰もお見舞いに来ない。病人の家族は、その時間帯に、見舞客を迎える準備をする。そして病人の世話をして、病人を元気付け、慰める。朝の静かな空気の中、病人のいない家の人々は、いつもの生活を開始する。彼らは間もなく、病人のいる家にお見舞いに出掛けて行く。するとまた、病人を中心とした憂鬱な雰囲気が形成されていくのだ。

ピタの首は腫れたままだった。ソロモネの体調もよくならない。頭痛は治まったものの、疲労がひどく鬱状態に陥っていた。冬のまぶしい太陽の光も、ソロモネの心までは差し込まないようだ。彼の家のシャッターは、一日中、閉ざされたままだった。トヴにいる年配の女性たちのうちの一人も、急に調子を崩した。その女性はとても元気な人で、並外れて力持ちなことで知られていた。そんな彼女が一日中ベッドで横になっているのである。高齢であるため、彼女の病気について話す際には、皆、気を遣う。とはいえ、高齢なのだから仕方がないと納得している人はいなかった。

「あの人に限って、年のせいで弱っているということはあり得ません。だって、つい先日まで、いつも通りの量の薪を担いで歩いていたのですよ」

と、その女性の姪も言っていた。そしてこの女性の「いつも通りの量」というのは、トヴでも一番を争う重さなのである。

最も重篤な病気にかかったのはチョエリだった。彼はルケとラリアナの息子で、まだ結婚していない。二〇歳になるくらいだが、まだ思春期と言ってもいいような若々しい青年だ。始まりは転倒だった。森からココナッツを運んでくる途中で転んだのだ。背中を強く打ってしまったという程度の認識だったが、その後、腰から下に麻痺が出てきた。今では歩くことができなくなって、一日中ベッドで横になっている。チョエリのために癒しの儀式を行ってほしいという依頼のヤンゴナを、テヴィタは受け取った。テヴィタがチョエリのために集中的に治療を行っているということではないが、マッサージをしに行ったり、薬草を処方したりしている。

「癒しの仕事に完全に復帰することはできませんが、チョエリのような苦しんでいる人がいるときに、依頼を断ったりはしません」

と、テヴィタは言った。

ナシが休暇から戻ってきた。それでも病気の原因はわからなかった。やがて、「この土地は病んでいる」という言い回しを、トヴでよく聞くようになる。中にはより強い表現を使う人々もいて、ある年配の女性は、

「テヴィタが癒しをやめてしまってから、病気が勢いを増した」

と言っていた。

その一方で、病気に対して全く別の動きを見せる人々もいた。チェメサ牧師がトヴに来たとき以来、福音主義の復興運動に注力している人々である。ナニセの夫のヴィリがその中心で、彼の家で夜の礼拝が行われていた。だいたいいつも三、四人の村人が集まり、聖書を読んで祈りを捧げる。ナニセの病状が悪化したときには、癒しのための礼拝を彼女のベッドの傍で行ったこともある。

この人たちがときどき、村の病人を訪問するようになったのだ。ヴィリが癒しのための儀式を行い、病人のために祈るのだ。その間ヴィリは、「癒しの手」を病人の体に当てている。多くの村人がこの礼拝を見に来た。中には参加するためにやって来る人々もいたが、多くは好奇心からやって来た。新しく、まだ見慣れない儀式を、覗いてみたいのである。

ヴィリの行う癒しは、テヴィタの行う伝統的な癒しとは大きく異なっていた。テヴィタは、人目につかないところでひっそりと儀式を行うが、ヴィリは、大きな声で熱心に祈る。感情が高まるとさらに声が大きくなるため、数軒先からでも彼の声が聞こえるほどだ。テンポのいいヴィリの祈りに、人々のブツブツと祈る声やため息、「アーメン」という声が混ざって聞こえてくる。ヴィリは祈りながら大きな動作を行う。病人の頭の周りや体の周りで、大きく手を揺り動かしている。礼拝が進み、人々の感情が高まってくると、今度は自分の体全体を揺り動かす。人々は揺れているヴィリの周りを行ったり来たりしている。ヴィリが気絶して倒れたら、支えようと思って構えているのだ。もっとも、ヴィリが気絶したことは、今のところない。

ある夜、ルケと一緒に歩いているときに、ヴィリが癒しのための礼拝を行っている家の近くを通りかかった。私はルケに、ヴィリの福音主義伝道の活動について尋ねてみた。ルケの答えは、とても冷静なものだった。

「私たちは皆、ヴィリが小さな子どもの頃から知っています。この村で育ったのですから。それまでの人生で、癒しの力を与えられるような出来事が何もなかった人間が、突然癒し手になるということはありません。癒しの力を手にしても、努力してその力を高めていかなくてはならないのです。今ヴィリがやっていることについては、特に問題はありません。人々の助けになるかもしれない。でも私たちは、あれが本物の癒しだとは思っていません。ヴィリのことはよく知っていますから。彼は私たちの仲間です。癒しの知識についても、実践についても、彼に特別な能力はありませんよ。それでも、彼が自分でできることだけをしているうちは、それ以上のことをしようとしないうちは、問題はないと思っています」

「病」は個人の病気にとどまらず、トヴという村全体が「病」に脅かされつつあるように感じられた。新しい道路の建設が計画されていたが、その道路の予定地がトヴの神聖な地域に一部重なっているのだ。

その道路は、国の農村部開発プロジェクトの一環で、トヴと、カリ島のあちら側の村とを結ぶ予定になっている。現在、トヴとその村の間には歩道があるが、通行困難な場所もあるため、新しい道路が作られることになったのだ。最初の計画は、大部分が中央政府によって立てられた。その後、立案者たちがトヴを訪れて、現地の視察を行い、政府に雇われた労働者を手伝うボランティアを募集するという段になってようやく、トヴの人々に計画の中身が見えてきた。そこで明らかになったのが、その道路がヴが住んでいると言われている神聖な地域を通るという事実だった。トヴの人々は突如として、道徳的な危機に直面することとなる。

年配の村人たちは、動揺を隠せなかった。

「あの道路は、私たちの神聖な場所を壊すものです。私たちの伝統的な生活が奪われてしまいます」

と、彼らは嘆いた。

「私たちは、神聖な場所に敬意を払うようにと教えられてきました。特別な儀式のとき以外は、決して神聖な地域に立ち入らないことになっています」

アセナティは、そう言いながらうつむいた。その体の動きから、彼女が本気で心配していることが伝わってくる。

「神聖な地域は、避けて通るものです。近付いてはなりません。そこにはヴが住んでいます。私たちは境界を越えてヴの領域に入ってはならないのです」

若者たちのヴに対する態度には、年配者たちほどの厳格さはない。

「そうです、私たちは近付きません。森の中で、ああいうものに出会いたくはないですから。特に暗い時間帯には」

冗談めかしているものの、若者たちも彼らなりに敬意を払っている。「ヴ」という言葉を口にすることさえ恐れているのだ。そのため、「ああいうもの」という表現を使っている。

しかし、そういった面もある一方で、この道路でつながれる二つの村に住む大部分の人たち、特に若い大人たちにとっては、この道路は「進歩」を象徴するものである。そしてまた、僻地に位置するカリが「公平に扱われる」機会でもある。政府のお金の使い方は不平等で、都会にばかり資金を回していると、彼らは信じている。この道路を作ることで、政府のお金の一部がカリのために使われることになるのだ。

年配の村人たちは、政府から派遣されてトヴに駐在している視察団の団長に、道路が通る場所を変えてほしいと話しに行った。団長は彼らの望みを叶えたいと思ったが、神聖な地域を完全に避ける形でこの道路を作ることは不可能だった。できる限り避けても、年配者たちが神聖な地域と見なす区域にかかってしまう。

政府から派遣された視察団の人々自身も、田舎の伝統的な価値観の中で育った背景を持つ。そのため、神聖な地域を完全に避けられないことを気に病んでいた。

「ヤンゴナを持っていって、何かしらの儀式をお願いしないことには、これ以上進められません」

と、視察団の団長は言った。とはいえ彼には、どのような種類の儀式を頼めばいいのかまではわかっていない。しかし、視察団の中でそのようなレレを感じていたのは、彼だけではなかった。レレとは、藪の中を歩いていて、偶然、神聖な地域に立ち入ってしまった人が感じる、抑えがたい恐怖のことである。

板挟みになっている彼らを救おうと、村の年配者たちが助けに入り、ヴにヤンゴナを捧げて儀式を行った。進歩的な村人たちの意見を受けて、儀式の責任者たちはヴとの和解を試みることにした。神聖な地域の一部に道路がかかってしまうことに関して、ヴの許しを請うことにしたのだ。しかし年配者の中には、この儀式のやり方自体が伝統に反するものだと考え、心配する人々もいた。彼らは、仲間以外には聞かれないような場所で、その心配を口にした。ある男性はこう言った。

「ヴは取り引きなどしない。それに、儀式をやった人たちは、道路が欲しいばかりに、いくつかの手順を無視した。道路なんかのために、ヴへの敬意を捨て去ってはならないのに」

それに付け足す形で、ある女性が言った。

「彼らの言ったことを聞いていましたか。あれがヤンゴナを捧げる正しいやり方でしたか。あれが正しい祈りの言葉でしたか」

儀式の最後に、儀式の責任者たちが、修正案の通りに作るのであれば、その道路は神聖な地域を侵すものではなく、ヴを軽んじることにもならないと宣言した。それでもなお、年配者の多くは納得していなかった。

「宗教上の義務に、妥協は許されません」

と、ある女性が言った。彼女の夫が頷いた。彼らは、儀式によってこの問題が解決したとは考えていない。それどころか、状況はさらに悪化していた。伝統を体現するものである儀式が正しくない形で用いられたことで、道路をめぐる問題はいっそう深いものになってしまったと、彼らは考えている。

「道がまっすぐでないのに、どうやったら私たちがまっすぐでいられるというのでしょう」

と、また別の年配の村人が言った。

妥協によって完全な解決が得られることはない。トヴの「根底部の病」はもう癒えたと考える人々もいたが、まだトヴの病は続いていると考える人々もいた。

トヴの人々の病も、部分的には治まりつつあるように見えた。なぜあれほど多くの人たちが一斉に病気になったのか、彼らの病気は何を意味するのか、その点に関する明確な解釈は得られなかったが、七月から八月にかけて体調を崩していた人々は、おおむね回復していた。

ただしチョエリは例外だった。彼の病は癒えず、むしろ悪化していった。

第二四章　チョエリの病（トヴにて）

「どうしてこんなことになったのでしょう。なぜうちの息子が、こんなに大変な病気になったのですか」

ラニアナがイノケと私に尋ねた。

ラニアナの辛そうな表情に、非難の色はない。彼女はただ、自分の理解できる説明を求めているだけだ。説明を聞くことで、気が休まるのではないかと期待しているのだ。イノケと私も、彼女と同じ気持ちだった。

この二週間、チョエリの病状は悪化の一途をたどっていた。しかも誰にも説明ができない症状だった。チョエリだけが、いつその病気が始まったのかを知っていた。誰にも気付かれることなく、その病気は始まっていたのだ。チョエリは自分の病気がどのように始まったのかを、何度か説明していた。そしてその話に、ナシとチョエリの両親が詳細を加えていった。チョエリの病気についての話は、今では皆の知るところとなっている。

始まりは三週間前のことである。チョエリはかかとに痛みがあることに気付いた。気にならない程度の痛みであったため一度は忘れてしまったが、二日後に転倒したせいで思い出すこととなる。家族の菜園からキャッサバの入った重い袋を運んでいる最中に、露で濡れた木の根で滑って、転んだのである。木の根の膨らんだ部分に腰を強く打ち、気を失いそうになった。転んだ瞬間に強烈な痛みを感じたものの、その後はズキズキする痛みが残っただけだった。そのため、一、二分休んだだけで起き上がり、キャッサバを持って村に戻った。

それから五日間は、転倒については考えず、いつも通りの生活をしようと心がけた。しかし、ズキズキする痛みが消えず、その痛みは再びかかとに集中した。そのため、普段通りに動くことができなくなった。七日目には痛みがひどくなり、チョエリは診療所を訪れる。ナシがペニシリンの注射を打ち、翌日にも同じ注射を打った。ナシは、かかとの傷からの感染による痛みと診断したのだ。

しかし注射を打ったあとも、チョエリは症状が改善されたとは感じていなかった。むしろ痛みが強くなり、痛みの中心は腰に移った。その翌日、チョエリの両親は、チョエリの祖母のアセナティを呼び、マッサージを頼んだ。するとチョエリの痛みは軽くなり、それから四日間、彼は意識的に体を動かした。特に足と腰を動かそうとしていた。多少の硬さはあったものの、歩くこともできた。しかしときどき痛みに襲われ、休まざるを得なくなる。

そして今から四日前に、新しい症状が現れた。右脚の感覚がなくなったのだ。そのため歩行が困難になり、ほとんどの時間をベッドの中で過ごすようになった。さらに翌日、左脚の感覚も失われ、トイレに行くとき以外は歩かず、ほぼ一日ベッドの中で過ごした。

彼の両脚が麻痺したその日に、チョエリを助けるために三人の人々がやって来た。まず家族が呼んだのはリリエタだった。リリエタはトヴの伝統的な癒し手の一人で、チョエリにマッサージを行った。太ももからふくらはぎにかけては強く押しながらマッサージをしていたが、足首から下の部分はとても優しく、触れていないと言ってもいいくらい弱くなでていた。

次にやって来たのはトヴのデレナという村に駐在している医師だった。研修のためにトヴに来ている医師である。チョエリの痛みが治まらないこと、しかも悪化していることを心配したナシが、この医師に診察に行ってくれるようにと頼んであったのだ。

村の人々は、この医師の前に出ると普段通りに振る舞えなくなる。彼が高慢な態度をとるために、人々は自分が愚かな人間であるかのような気分になり、病気になったのも自分に非があったためだと感じてしまうのだ。医師がやって来るとチョエリは口数が減り、医師の質問に最低限しか答えなかった。背中の痛みについては話したものの、足の麻痺については何一つ話さないまま診察を終えてしまったのだ。その結果医師が導き出した診断は「背中の筋肉の痛み」であった。そして、アスピリンを処方して、十分に休息を取るようにと指示して帰っていった。

夕方になってから、チョエリの家族はテヴィタに来てほしいと頼むために使いを送った。テヴィタは村の人々に休業中だと言ってあるものの、助けてほしいと言われたときに断ることはしない。テヴィタが呼ばれたのは、チョエリに新たな症状が現れ、家族が心配したためだった。腹部が腫れ始め、中でガスが音を立て、痛みを伴う。しかしテヴィタが呼ばれた最大の理由は、それまでのどの治療も効果がなかったためである。

ラニアナがイノケと私に言った。

「チョエリの病は、ヴァカテヴォロのせいだと思います。患部が動き回っているからです。チョエリの祖母がマッサージをすると、痛みは足から背中に移りました。リリエタがマッサージをすると、今度は背中の痛みがなくなって、お腹が膨れてきました。悪魔が癒し手から逃げ回って、別のところに移っていくのです」

「トヴには悪魔が多い。今回はうちの息子が犠牲になりました」

と、ルケが付け足した。

彼らは深く考えずにヴァカテヴォロの可能性を口にしているわけではない。ここトヴでも、多くの病気は、然るべき原因があって生じる普通の病気として扱われる。痛み、切り傷、感染の多くは、通常、診療所で治療する普通の病気であり、それよりも深刻な高血圧、疲労と食欲減退、不安と睡眠障害といった症状も、（診療所に行くこともあればテヴィタのところに行くこともあり、その両方に行くこともあるが、）多くはタウヴィマテ・ディナとして治療される。それに対して、ヴァカテヴォロと見なされた病気は、比較にならないほどの注目と心配を集める。なぜならヴァカテヴォロと見なされたということは、「制御不能」だと暗に言われているようなものだからだ。

「ヴァカテヴォロは危険です。いつ、どこからやって来るのかわからないのですから」

と、ルケが言った。病気に関して、説明のつかない大きな問題が生じた場合（例えば、治るべき時期になっても治らない、患部が「動き回る」といったとき）、ヴァカテヴォロが一つの説明となる。

チョエリの場合、ナシと医師によって施された西洋医療に関して、それが失敗であったと言う人はいなかった。西洋医療に効き目がないのは仕方がないと、皆が思っていた。皆の頭にあったのは、ヴァカテヴォロだった。そうなれば、それを治せるのはテヴィタしかいない。

テヴィタがやって来てチョエリの診察を行った。チョエリの膨れた腹部を注意深く触る。チョエリの上に身をかがめて、いくつか質問もした。

「問題は腸ですね。チョエリはしばらくの間、便が出せていない。そのせいで腹部が膨れてきてしまったのです」

そう言って、テヴィタはチョエリの腹部をマッサージした。膨れた部分を両手で優しくなでるようにマッサージしている。さらにそのあとで、チョエリに飲ませる薬を家から持ってきた。

「このワイを飲ませれば、原因についてわかるでしょう。チョエリがどう反応するかで、ヴァカテヴォロが関わっているかどうかがわかります」

テヴィタがラニアナとルケに向かって言った。

薬を飲んで二時間もしないうちに、チョエリは嘔吐した。チョエリ本人は楽になったと言ったが、まだ弱っているのが見てとれる。

「もうしばらく、横になっていたい」

と言って、チョエリは眠ってしまった。

チョエリが嘔吐したことで、テヴィタは診断を決めた。チョエリに飲ませた薬は、嘔吐させることを目的としたものだった。チョエリの中に溜まった不要なものを取り除くためだったという。チョエリが実際に嘔吐したことで、この病気にはヴァカテヴォロが関わっていると、テヴィタは結論付けた。翌日、テヴィタは再びチョエリにヴァカテヴォロのための薬を持ってきた。そして、その日のうちに三度、マッサージのためにチョエリのもとを訪れた。

しかしチョエリの痛みは悪化した。痛みを感じる部位は、背骨の付近に集中してきた。彼は一日中ベッドに横になっていて、ほとんど起き上がることはない。もう歩くこともできず、誰かの支えなしに立ち上がることもできなかった。

夜になって、テヴィタがまたヴァカテヴォロの薬を飲ませ、チョエリは嘔吐した。腹部の膨らみはなくなり、その部分の痛みは消えた。ところが、夜が更けるにつれて、チョエリは寒さを訴えるようになる。特に太ももから足にかけてが、寒くてたまらないと言う。

「足がとても寒い」

と、彼は辛そうに言った。体全体が震えている。ラニアナとルケはタオルをお湯で絞って、チョエリの脚に当ててやった。

「これで少しはよくなった？　タオルが温かいのはわかる？」

と声を掛けるが、チョエリは

「わからない。だめだ。まだ寒い。とても寒い」

と言い続ける。さらに熱くしたタオルを何度も何度も当ててやると、やがてチョエリは眠りに落ちた。

朝になって見ると、太ももから足にかけて、ひどい火傷をしていることがわかった。見た人が皆、息を飲むほどひどい火傷だ。チョエリの脚の麻痺は、皆が思っていたよりも深刻なものだったのだ。タオルが熱すぎても気付かないほど、彼の脚の感覚は失われていた。

夕方になり、影が徐々に伸びていく。イノケと私は、チョエリのベッドの傍に座っていた。ラニアナが息子を見つめながら、タオルで顔を抑え、声を殺して泣いている。ルケはチョエリの額に浮かんだ汗を拭いた。チョエリのふくらはぎから足にかけては、火傷で真っ赤になっており、白い水膨れもできていた。皮膚がオイルで光っているために、火傷のひどさがさらに目立つ。チョエリはほとんどしゃべらなかったが、彼のうめき声から相当な痛みであることは容易に想像できる。

チョエリの両親はひどく混乱していた。どういった症状がどういう順番で現れたのかは、はっきり説明できるものの、病気の正体はいまだにつかめていない。

「なぜチョエリが」

「なぜ痛みは移動するのか」

「なぜ回復しないのか」

チョエリの家族はお互いに、そして見舞いに来た友人たちに対しても、これらの疑問を口にした。これらの疑問がチョエリ本人をも苦しめていることは、彼の表情を見れば明らかだった。そしてこれらの疑問に対する答えが見付かりそうな気配は、全くないのだ。さらにはチョエリを助けようとする家族の行動までもが、裏目に出ているような状況だ。

チョエリの病が表面化してからずっと、私はチョエリ本人とも家族とも対話を続けてきた。彼らの恐れていること、困っていることに耳を傾け、彼らのためにできることは何でもした。今日は特に辛い日だった。ラニアナとルケは二人とも、チョエリの火傷について強い罪悪感を抱いていた。チョエリの痛みに対して自身が抱いている罪悪感を、二人がどのように理解し受容していくべきか、私は二人と話し合った。二人の感情を縛り付けていた鎖が少し緩んだようだった。テヴィタがチョエリのところに来たときは、私は傍で手伝いをした。薬を塗るのを手伝い、マッサージをしている間にチョエリを支え、私自身もチョエリにマッサージを行った。そして最も重要なのがヤンゴナだ。月曜の夜の癒しの儀式は行わなかったが、テヴィタも私も、誰かの家でヤンゴナを飲む機会があるときはいつも、例の特別な飲み方をすることで祈りを捧げた。テヴィタがチョエリのベッドの傍で癒しの儀式を行ったときには、私だけでなくラニアナとルケも参加した。

チョエリは不気味なほど静かになった。もともとが静かな青年で、恥ずかしがり屋と言ってもいいほどだったが、今では完全に無口になっていた。この四日間、チョエリの家には絶えず見舞客が訪れていた。フィジーにはヴェイシコという慣習があり、誰かが病気になると、人々が集団で見舞いに来て（家族全員、友人同士、教会でのクラブ活動の仲間、診療所の人々等）、病人とその家族に贈り物を渡し、彼らとともに時を過ごす。トヴの村人の中には、いくつかの集団に所属しているために何度もチョエリの家を訪れる人もいた。見舞客が来ると、家の中は話し声で賑やかになる。しかし、その中にあっても、チョエリは会話に参加せず、静かに横になっているのだった。ただし、村の若者たちが見舞いに来るときだけは別だった。仲間たちに対して、チョエリは冗談を言ってみせたりもした。それでも彼の笑顔は弱々しく、見ている者は辛い気持ちになった。家族はその笑顔を思い出し、涙を流した。

ラニアナとルケは、チョエリの病気の原因を突き止めようとしていた。テヴィタがヴァカテヴォロだという診断を下したことで、彼らは、誰がどのようにしてヴァカテヴォロを行っているのかを突き止めなくてはならないと思った。

「それがわかれば、病気をなんとかできるかもしれない」

と、ルケは言った。

ルケが再び、テヴィタのもとを訪れた。今回は自分が見た夢についての相談だった。ルケは自分が行った夢の解釈に自信があり、テヴィタの同意を取り付けに来たのだ。ルケの夢の話が進んでいくにつれて、チョエリの病の原因と思われるものが明確に示されていく。

「私は自分のブレに着いたところでした」

ルケが話し始めた。

「ブレの中を見ると、左側の戸の近くで、一人の男が、木でできた台の上に置かれた船外機に向かって何かをしていました」

ルケはゆっくりと話を進めていく。

「そこは私のブレの中なのですが、数人の男たちが、その船外機を取り囲むようにして座っているのが見えます。先ほどの男が、紐を引いて船外機を回しました。すると、火花が散り始めました。船外機から火花が出て、周りに散っているのです。私は急いで船外機のところまで走っていき、自分の上着を船外機にかぶせて、火花を消そうとしました」

ここでルケは一息ついた。そして、話を続けた。

「私は火花が全て消えたと思ったのですが、いくつかが消えずに、ブレの屋根まで飛んでいってしまったのです。船外機を動かしていた男が誰なのかは、わかりませんでした。でも、何か良くないことが起きるということはわかりました。そして実際、飛んでいった火花から、屋根に火がつきました。私は急いでブレの真ん中にある柱を登り、梁の上に乗って、屋根の火を消そうとしました。屋根の数箇所に、火がついています。私は毛布を手に、梁の上を行ったり来たりして、火を消して回りました。しかし火は広がっていきます」

テヴィタはしばらく黙っていたが、やがてこう言った。

「家の中の火、というのは、とても悪い夢です。大きな危険を表しています。ヴァカテヴォロですね」

テヴィタは、船外機を動かしていた男が誰なのかについて、何も言わなかった。屋根に火がつく原因を作った男である。ルケは、はっきりそうとは言わなかったものの、夢の中のその男がピタであると信じていた。それはつまり、実際に、ルケの家の危機を引き起こしたのがピタであるということだ。

「その男は、あの人ですよね。あの人がヴァカテヴォロをやっていたのですよね」

ルケの話し方は、質問というよりも断定に近かった。ルケは、ピタの名前を出さずに、「その男」と呼び続けている。「その男」は、数日前にルケの家の近くにやって来たという。「その男」がルケの家を見つめている様子は明らかに怪しげで、家の中で寝ているチョエリに対して、「自分が行ったヴァカテヴォロが効いていることを確かめようとしているかのようだった」と、ルケは言った。ルケは、もう一つ証拠を持っていると言う。

「その男は、村の人たちがほとんど皆、見舞いを終えた頃になってようやくやって来ました。しかも、うしろの方に座って、一言も口をきかず、すぐに帰っていったのです。あれでは何のために来たのかわかりません。悪いことをしている自覚があるから、ちゃんとした見舞いができなかったということでしょう。やはりあの人がヴァカテヴォロをやっているのだと思います」

ルケの話が終わったが、テヴィタは、明確に賛同はしなかった。しかし反論もしなかったので、結果としてルケは、自分の考えに確信を持つこととなった。

テヴィタと話したことで、ルケのヴァカテヴォロと闘う決意は強固なものとなった。

「家の中の火を消さなくては」

と、彼は言った。同時に彼は、敵の強さを今まで以上に意識していた。

「ヴァカテヴォロというのは、いくつもの方角から襲い掛かってくるのだということがわかりましたよ」

と、彼は言った。

ルケはまず、ブルブルを行うことにした。ブルブルとは、トヴの人々に謝罪し、許しを請うための儀式である。ここ数年、ルケはトヴの首長の任に就いていた。前任者が亡くなったときに、次の首長が決まるまでのつなぎのつもりで引き受けたのだ。ルケは、首長という役割をこなす中で生じてしまった誤解を解き、また、罪を犯していたとすれば、その許しを得たいと思った。

「私の行いがヴァヌアとヴを怒らせ、その怒りのせいで家族に、そして息子のチョエリに不幸が降りかかっているわけではない、ということを確認したいのです」

と、ルケは言った。

ルケはトヴの年配者たちを集め、彼らに対して、自分の過去の過ちを詫びた。自分は、十分な敬意を込めて丁寧な言葉遣いをしなかったことがあり、また、村に届けられたヤウを公平に分配しないこともあった。それらのことを許してほしいと、ルケは言い、今後は過ちを正していくと約束した。

ヴァヌアの側として、ソロモネが、年配者を代表してルケのブルブルを受け入れた。

「あなたに悪い行いがあったとしても、それは今、全て許されました」

と、ソロモネは言った。

儀式のあとで、ルケが私に、自分は間違っていた、そして不適切な振る舞いをした、と言った。

「あまりに多くのことが、私の頭の中にありました。今は息子の病気のことも頭から離れません。そのせいで私は、適切に振る舞うことを忘れてしまっていたのです。ブルブルを行うことで、自分の過ちについて正しい方法で謝罪をしました。これで、人々の私に対する怒りが消えて、チョエリがよくなるといいのですが」

ブルブルが終わって謝罪が受け入れられたものの、疑問は残っていた。むしろ増大していたと言ってもいい。

テヴィタは言った。

「私はルケに、ブルブルを行うようにという助言はしていません。私のところに来て火の夢の話をしたあとで、ルケ自身がブルブルをやると言い出したのです。彼のブルブルが本心からのものかどうかを、これから、見極めなくてはなりません。たしかに、年配者たちは、ルケのブルブルを受け入れました。でも、年配者の中にも、ルケの誠実さを疑っている人はいます。彼らは、ルケが実際に行動を変えるのだろうかと、見守っています。儀式が終わったにもかかわらず、チョエリの病気はよくなっていません。これはつまり、ブルブルによって全てが清算されたわけではないかもしれない、ということです」

ある年配者の意見は、テヴィタとは少し違っていた。

「ブルブルのあとすぐにチョエリの病気が治らなかったということは、ヴァヌアの側から見て、もともとルケに非がなかったということだと思います。ルケの行動に問題があったのだとすれば、彼の謝罪が受け入れられた時点で、チョエリの病気がよくなるはずなのです。ブルブルによって、病気の原因が取り除かれたことになるのですから」

イノケの解釈はまた、異なっていた。

「ブルブルが受け入れられたのだから、ヴァヌアに関しての問題は清算されています。ルケは償ったのです。それでもチョエリが回復しないということは、必然的に、ヴァカテヴォロが原因だということになるでしょう。チョエリの病気がヴァカテヴォロのせいだと考えられる理由が、もう一つあります。病気の進行が、単純な、直線的な形ではないという点です。何度も形を変え、場所を変えている。初めはかかとに症状が出たものが、背中に、そして脚へと移りました。その後、お腹が膨れて、今は麻痺が出ている。チョエリの病気は、あちこち、飛び回っているのです」

チョエリの病状は悪化していた。今では彼は、自分の脚を持ち上げることもできない。脚の火傷の水膨れはいまだに痛々しく、全く動かない脚は、まるで体とのつながりを失ってしまったかのようだった。チョエリは、腰から下を動かせなくなっていた。テヴィタが再びやって来て、マッサージをした。夕方になると、ヴィリが仲間たちと共に、癒しの儀式を行うために訪れた。今回は、いつもよりも控え目な儀式だった。

少し前から私は、チョエリをスヴァの病院に入院させるべきだと思っていた。チョエリの病気の原因が何であるにせよ、病院にいれば効果のある治療を受けられるだろう。優れた癒し手は、効果が見込めると思えばどのような治療でも取り入れるのだと、私は教えられていた。それが適切であると判断したときは、病院に入院することも勧めるのだ。テヴィタは当然、そのような癒し手の一人である。テヴィタと私は、チョエリをスヴァの病院に送る必要性についても、すでに話し合っていた。

イノケとナシも、チョエリを入院させるべきだと考えていた。彼らは二人とも、チョエリの病状を、最初期から近くで見守ってきた。チョエリの現在の麻痺から判断すると、脊髄が圧迫されているのだろうというのがイノケの意見だ。イノケは以前は感染が原因だと考えていたが、ここにきて意見を変えていた。ナシは念のために準備をしようと、次にスヴァから来る船がチョエリを乗せてくれることを確認していた。

しかし、ほかの村人たちは、病院というものをひどく恐れていた。チョエリと彼の家族、そして友人たちは、特に恐怖心を抱いている。彼らは、チョエリの入院について話すことさえ嫌がった。

「うちの息子を、そんなところに行かせるつもりはない。病院でなんて、暮らせると思うのですか」

と、ルケが言った。

家族の望みは尊重されるべきであり、我々が入院を無理強いすることはできない。ラニアナとルケの気持ちを落ち着け、恐怖心を取り除いてやらなければ、彼らは決断できないだろう。ここで彼らを手助けするのが、テヴィタの仕事だ。チョエリを入院させることができるように、家族と話をしなくてはならない。

テヴィタはチョエリと家族に向かって言った。

「私の仕事は終わりました。霊的な世界の問題は全て解決しましたし、通常の原因の病気だったとしても、私にできる範囲で手を尽くしました。それでもチョエリの病気は治りません。もう、西洋医学の医者に診てもらうしかないと思います。西洋医学がきちんと効くように、道は作っておきました。これ以上できることはありません。ここが私の仕事の限界です。チョエリをスヴァの病院に送るしかないでしょう」

家族はしぶしぶ、賛成した。チョエリは何も言わなかった。恐怖のあまり、意見を口にすることもできないのだ。

しかし、まだ障害があった。ビトゥとスヴァをつなぐ船に、急に修理が必要となり、我々はそこからさらに、四日間待たなくてはならなくなった。

チョエリがかかとに痛みを感じてから、二二日が経過していた。現在、チョエリの病状は、とても深刻である。私と二人きりのときに、チョエリは恐怖心を口にしていた。自分に何が起きているのか、これから何が起きるのか、彼はとても怖がっていた。そして、

「スヴァの病院は、あそこは人が死ぬ場所でしょう」

と、小声でつぶやいた。チョエリが恐怖心を打ち明けている間、私は彼の手を握っていた。チョエリは少しずつ、落ち着きを取り戻していった。

三日後に、船がやって来た。湾に停められている小舟で、チョエリをその船まで運ぶ。二本の長い棒に毛布を数枚かけて作られた即席の担架に乗せられたチョエリの体は、とても弱々しく見えた。村で一番力の強い若い男性四人が、担架を担いでいる。潮が満ち、風を受けて波立つ海に、体を半分浸しながら、彼らはとても注意深くチョエリを運んだ。

チョエリは恐怖で凍り付いていた。恐怖のために見開いた目は、まるで、猟師に追われ、猟師が持つ電灯に照らし出された野生動物の目のようだった。とはいえ、チョエリには、もはや戦う余力は残っていない。体を動かす力さえ失われている。誰もそんな想像はしたくなかったが、多くの人の目に、チョエリは、毛布の棺に横たわる遺体のように映っていた。

第二五章　ラトゥ・ノアとの会話（スヴァにて）

「彼らが私たちの土地にやって来るよりもずっと前から、私たちはカロウを知っていた。カロウは唯一の生きている神である」

チョエリを乗せた船に乗って、私もスヴァへ向かった。ラトゥ・ノアに会いに行くのだ。チェメサ牧師の浄化のための布教活動のせいで、テヴィタが癒しの仕事をやめてしまってから二か月近くがたっていた。あのとき以来、スヴァに来る船がなかったので、テヴィタのテープを預かったままになっている。今後どうするべきかに関して、テヴィタがラトゥ・ノアに助言を求めるために作ったテープだ。八月の半ばになってようやく、スヴァに向かうことができる。

しかし、今回のスヴァ訪問は、チョエリの病気によって、重苦しい雰囲気に包まれた。スヴァに到着すると、チョエリは、二人の看護師によって病院の担架に乗せられ、船から下ろされた。チョエリが知っている人間はルケと私だけだったが、我々二人は、港で待っていた救急車の乗組員の指示でチョエリから離され、黙ってうしろをついていくしかなかった。

チョエリは具合が悪そうだった。そして、ひどく怖がっていた。現代的な医療機器を見て、チョエリもルケも怯えていた。てきぱきと船から担架で運ばれて救急車に乗せられる間、チョエリは体を固くしていた。何か慣れ親しんだ物を見付けようと、キョロキョロと辺りを見回している。しかし彼を取り巻くものと言えば、看護師たちの白衣、ピカピカに磨かれた金属のベッド、救急車の屋根の上の自己主張の強い赤色灯、そして心を逆撫でするけたたましいサイレンだった。それらは、チョエリがこれから受ける治療の高い専門性を示すものであったが、むしろチョエリを恐怖のどん底に突き落とす結果となった。チョエリはもう、我々と話すことさえできなかった。

病院に到着してからも、事態はほとんど好転しなかった。チョエリに対して様々な処置がとられたが、病院側はチョエリに何の説明もしなかった。初めて受けるそれらの処置を、チョエリは侵略と見なした。彼の中で恐怖心が警戒レベルまで高まり、野生の本能がよみがえった。しかし、白い患者衣をまとったチョエリは、白い布に包まれた死者のように見えた。父親のルケと私しか見舞客がおらず、しかも我々も短時間しか病室にいることができない状況の中、チョエリは不慣れな恐ろしい世界で一人ぼっちだった。たまに我々とちょっとした冗談を交わすことはあるものの、チョエリはほとんど何もしゃべらず、混乱の中にいた。チョエリの麻痺の原因については、いまだに明確な診断は出されていない。チョエリの件に関しては、西洋医学も手を焼いているようだった。そして西洋医学は、フィジーの癒し手たち以上に、そのことを認めたくないのである。

ラトゥ・ノアの家を訪ねる前に、私は、ラトゥ・ノアの息子の死を知った。もうすぐ二八歳になる息子が、四週間前に亡くなったのだということを、スヴァに来てから聞いたのだ。彼は友人たちと真夜中まで酒を飲んでいたという。そこで喧嘩が始まり、数名がナイフを持ち出した。周囲の人々が悲鳴を上げる。ラトゥ・ノアの息子は、頭部をひどく殴られ、腹部を数箇所刺された。なんとか家に帰ろうと、どうにかして血を止めようと、人通りのない道端で、彼は一人であがいた。しかし、家まであと一キロを切ったところで力尽きたのだった。もう一歩も進むことができなくなり、冬の寒い朝早く、彼は路上に倒れた。

ラトゥ・ノアと家族は、打ちのめされていた。あの子の将来は明るいものだったのに、こんなところで死ぬ必要はなかったのに、と、皆が口々に言った。ナワメは
「なぜあの子が死ななくてはならなかったのでしょう」

と問い掛けてきたが、その口調には怒りが感じ取れた。自分とラトゥ・ノアが、親として十分なことをしてきたのかどうかを、彼女は問うているのだ。

「私たちはあの子に、正しい道を教えただろうか。私たちはあの子に、酒について教えただろうか。酒のせいで死ぬことがあるのだと、私たちはあの子に教えただろうか」

彼女の問い掛けは、自分自身の行いを裁くものであり、同時にラトゥ・ノアの行いを裁くものでもあった。

葬儀はすでに終わっていた。事件直後の、恐怖に包まれ、家族の死を受け止められなかった時期は過ぎ、彼らは事実を受け入れていた。悲しみが、今では家族の生活の一部となったのだ。

このような状況の中で、私はラトゥ・ノアの家を訪れていた。家族が亡くなったので、弔いのためのタンブアを持参した。テヴィタから預かったメッセージについては、渡していいものかどうか、いまだに決めかねている。タンブアの儀式の雰囲気によって、それ以上に、家族がどのような感情でいるのかを見定めてから決めるべきだろう。

家は以前と変わらないように見えた。日常生活が、変わらずに続いている。ラトゥ・ノアが、私の座る場所を作ってくれている間に、ナワメは看護師の白衣に着替えた。彼女はこれから夜勤なのだ。年長の娘が、小さな子どもたち二人を布団に連れていった。全てが以前と同じように見えるが、空気は沈んでいる。

私がタンブアを差し出し、ラトゥ・ノアが家族を代表して受け取った。ナワメと年長の娘が、ラトゥ・ノアの左右に座った。儀式における我々の会話は、簡潔なものだった。私が悲しみと共感とを伝え、それに対してラトゥ・ノアたちが、自分たちの感じている悲しみについて話し、私の気持ちを受け取ったと言った。

「それでも私たちは、やるべきことをやらなくては」

そう言って、ナワメが立ち上がった。夜勤に出掛ける準備に戻るのだ。これがタンブアの儀式の終わりの合図となった。

「私たちはやるべきことをやる。あなたとラトゥ・ノアも、仕事を続けてください。大切な仕事です。どうぞ、始めてください」

と、ナワメが言った。

私はラトゥ・ノアの方を向いて言った。

「今日でなくてもいいのです。また別の日に、話をしに来ることもできます。私はそれでも構わないのです。あなたの都合に合わせます。また改めて来ることにしましょうか」

「ルシアテ、今日は来てくれてありがとう。あなたが私たちと一緒に悲しんでくれて、私たちは嬉しいのです。それに、妻の言う通りです。私たちの仕事を続けなくてはなりません。今夜このまま、話をしましょう。トヴで何があったか、話してください」

私は、チェメサ牧師が浄化のための布教をトヴで行ったこと、トヴの人々がレワを手放したこと、テヴィタが癒しの仕事をやめる決心をしたことを伝えた。それから、テヴィタが録音したテープを再生して聞かせた。チェメサ牧師が人々のレワやフィジーの伝統的な道具を集める様子、トヴの人々がテヴィタのところに来なくなっていく過程、そして、村人たちがテヴィタを信じなくなってしまったせいで、癒しの仕事を続けようというテヴィタの決意が揺らいでいく様が、テヴィタの声で語られる。テープを聞いていて、私は悲しくなり、同時に怒りを覚えた。このような形で、テヴィタが癒しをやめなくてはならないなんて、納得できない。

「もう一度聞きますか」

と、私は尋ねた。ラトゥ・ノアは首を振った。

「一度で十分です。テヴィタが苦しい思いをしているのが、よくわかりました。トヴでは、多くの人たちがテヴィタを頼っていました。これは、ほかの村では見られないことです。問題が起きたり、誰かが病気になったりすると、トヴの人たちはすぐにテヴィタのところに相談に行きます。でも、トヴの人々のテヴィタに対する信頼が、崩れてきているようですね」

「そうなのです、以前ほど信頼されなくなってきているのです」

「ルシアテ、この仕事では、信じてもらえることが重要なのです。信じてもらえれば、あらゆることが可能になります。しかし、信じてもらえない場合、うまくいくこともありますが、うまくいかないことも出てきます」

ラトゥ・ノアの声に悲しみの色が混じっていた。が、話を続けるうちに、堂々として落ち着いたいつもの口調に戻っていった。

「カロウは、それぞれの人に、その人自身の信仰の形を与えています。その形は、人によって異なる。私は、白人たちの信仰とは違う、私自身の信仰を見付け出すのに、長い時間をかけました。そして、フィジー人としての信仰の在り方にたどり着いたのです。しかし、フィジー人の多くは、そこまで意志が強くありません。彼らはすぐに自分のやり方を捨てて、他者のやり方に従ってしまう。真理、誠実さ、といったものを理解していないためです」

「テヴィタの仕事はどうなるのでしょう」

と、私は訊いた。

「テヴィタがすべきことは、どんなときも、人々を癒すことです。しかし、チェメサ牧師はトヴまで説教をしに行って、今はここスヴァに戻ってきているのですね」

ラトゥ・ノアにしては珍しく、他者を非難するような話し方だ。

「私たちは皆、異なっています。カロウについての考え方も、それぞれに違っています。そのことは、問題ではありません。しかし、覚えておきなさい。カロウは一人しかいません。今も生きている、唯一の至上の神です。そのカロウについて、よくわかっていない人たちがいて、彼らが問題を引き起こしているのです。

チェメサ牧師は、今も伝統的なフィジーの儀式が行われていることが悪いと言っていますが、それは誤解です。悪いのは、伝統的な儀式を正しいやり方で行わないことです。正しく行わないと、悪い結果につながります。

フィジー人の多くは、フィジーの生活様式から抜け出したいと思っています。その結果、フィジーの伝統的な儀式もやめることになれば、チェメサ牧師の狙い通りです。しかし、これらの伝統も儀式も、全てカロウから与えられたものなのです。カロウが私たちに、正しく、間違わずに使うようにと、与えてくれたものなのです」

ラトゥ・ノアの怒りが収まってきた。

「今ではほとんどの人たちが、伝統について、その意味について、理解していません。キリストが現れたときも、同じ状況でした。キリストが最初に神殿に行ったときも、聖職者たちは彼がキリストであることを信じなかった。聖職者たちは恐怖心から、キリストを否定したのです。キリストによって秘密が暴かれる、特に癒しに関する秘密が暴かれると感じて、恐怖を覚えたのです。キリストが癒しを行っていたために、聖職者たちはキリストを憎んだわけです。ただそれだけの理由です。キリストが癒しによって国中に名前を知られる存在になることを恐れた、というだけなのです。そのため、聖職者たちは、キリストはカロウの息子ではないと言いました。しかし、キリストはマナを用いて癒しを行いました。そして今では、聖職者たちが間違っていたということを、皆が知っています。キリストはカロウの息子でした。

私たちフィジー人は、自分たちの伝統的なやり方を続けていくべきです。効き目がないのではないか、間違っているのではないか、と恐れる必要はないのです。ところが実際には、多くのフィジー人が、伝統的な儀式や生活様式の本当の意味を理解していません。例えば、キリスト教の伝道者たちの多くは、自分たちがフィジーにカロウの存在を伝えたのだと勘違いしています。彼らが私たちの土地にやって来るよりもずっと前に、私たちがこの土地に最初の民族として暮らし始めたときに、私たちはすでに、その唯一の最強の神を知っていた。私たちはカロウを知っていて、唯一の生きている神、フィジーの全ての神々を治める神、と呼んでいたのです」

「邪悪な行いをやめる証拠として、トヴの人々に癒しのためのレワを手放すようにと、チェメサ牧師が言ったことについては、どう思いますか」

と、私は尋ねた。

「それが正しいことだとは信じられないのです。私はテヴィタにもそう言ったのですが、教会を非難するようなことを公言するのは難しいようでした」

ラトゥ・ノアは、テヴィタがトヴで直面している困難について理解していたが、だからといって彼は、テヴィタのように黙り込むことはしない。

「チェメサ牧師のしていることは、カロウの意思に反することです。牧師は、自分の評判を上げて名士として認められたいだけなのです。彼は自分が何をしているのかを理解していない。彼は私たちの生活様式の根幹を破壊し、フィジーの伝統と社会構造を滅ぼそうとしているのです。チェメサ牧師はトヴに行って、短時間の祈りを捧げ、スヴァに戻ってきた。もし彼が意味のあることを成し遂げようとしているのであれば、それでは不十分なのです。彼は、トヴに住んでトヴの人々と共に働き、日々の生活の中で生じる問題を解決する手助けをしなくてはなりません。

私は自分が何を言っているのか理解しています。私は、フィジーの伝統と伝統的宗教に関わっている人間の中でも、その中核に位置している者だと自負しています。私は極限まで来ているのです。極限とは、カロウを見ることができるレベルです。私は宇宙の本当の姿を理解しているのに、その私に向かって、チェメサ牧師のような人がくだらない話を聞かせようとする、そういう状況は、実に気分が悪くなります。ほとんどの人には、真実が見えていないし、理解できていない。カロウとヴとテヴォロの違いも分かっていないのです」

ラトゥ・ノアの言葉からは、強い感情が伝わってくる。我々は、しばらく間を置いた。

少したってから、私は言った。

「テヴィタに、仕事を続けるべきだと言ったのです。彼の癒しは本物で正しいものなのだから、恐れることはない、と。テヴィタも、自分の仕事は真実に従うものだと思うと言いましたが、それでも、あなたと話し合いたいのだそうです」

「極限まで到達し、極限を理解している人間は、真実を見ることができるのです」

ラトゥ・ノアが再び話し始めた。

「しかし、道半ばの者は、事実を完全に把握することができない。テヴィタの行っている癒しの仕事について真実を理解していれば、彼が人を殺しているのではなく、病気を癒しているのだということがわかります。でも、先ほど言ったように、キリストの時代の聖職者たちがキリストを憎んだのは、キリストが有名な癒し手になることを恐れたからです。

ルシアテ、この世にはカロウについて知っている人間がいるのです。私もその中の一人です。カロウとヴの世界こそが、私の仕事の領域です。私はすでにカロウを見ているので、カロウについて理解しています。それに、聖書も読み、何が書かれているのか学んでいます。

ルシアテ、一番悲しいのは、無知なキリスト教徒が私たちの伝統的な宗教を変えてしまい、そのせいで私たちの宗教が悪魔崇拝だと見なされるようになってしまったことです。私たちの宗教がキリスト教化された結果、私たちは、生きづらくなりました。キリスト教化されたこの宗教は、抜け穴だらけで、間違いもいくつもあります」

ラトゥ・ノアは大きく息を吐いた。彼の態度から真剣さが伝わってくる。

「フィジーの癒し手が守るべき真実は、癒し手のすべきことは『癒し』である、という一点のみです。癒し手はその真実を直視しなくてはなりません。行きつくところは、この一点です。でもそれは、その癒し手が癒しを続けたいと願う場合です。もうやめたいと思うのであれば、それはその癒し手の弱さです」

ラトゥ・ノアがもう一杯、ヤンゴナを注いでくれた。私たちの声が、ヤンゴナに吸い込まれていくかのようだ。

沈黙が数分間続いたあと、ラトゥ・ノアが再び話し始めた。

「この点については、別の見方もできます。私は自分が完璧だと言うつもりはありません。誰かがヴァカテヴォロを行って、そのせいで息子が死んだと断言することもできません。つまり、私自身に非はないのか、ということです。私は完全に正しいのか。過ちをいっさい犯していないのか。息子の死を誰かのせいにするのは間違いです。息子の死には、カロウの意志も働いていたということを認めなくてはなりません。カロウの意志は実現されなくてはならず、実際に実現されるのです。

息子が刺されたあと、ある牧師がうちにやって来て、祈りを捧げていきました。あの牧師は、自分が何をしているのか、理解していません。私に見えるものが、彼には見えていない。必要なのは、まっすぐな心です。私は、他者に対して怒りを感じるべきではない。私はひたすら祈るべきなのです。本当の祈りを捧げるのです。口では祈りの言葉を唱えていても、魂がこもっていなければ、それは本当の祈りではありません。

ルシアテ、もし、カロウの言うことが聞こえないのだとしたら、ヴに近付く方法が間違っています。誤った道にいるのです。聖書を読むことです。カロウが話をしたとき、神に選ばれた民は、その声を聞くことができました。白人によってフィジーに持ち込まれたキリスト教は、私たちの伝統的な生活様式を破壊しました。白人がフィジーにやって来たとき、彼らは私たちを未開人と見なしましたが、私たちは未開人ではありません。私たちは独自の宗教を持っていて、ヴを通して全能の神を崇拝していました。そのために使ってきたのがヤンゴナです」

ラトゥ・ノアの声に親密さが増した。彼が自信を持って話しているのが伝わってくる。

「私の子どもたちが知っていますが、私は六回、カロウに会っています。ここで寝ているときに、カロウがやって来たのです。今私が座っているまさにこの場所で、カロウを見ました。チェメサ牧師はカロウに会っていません。では、なぜ私がカロウと会えたのか。私は牧師ではないし、教会にも通っていない。フィジーでは、教会に行かないと、未開人だと見なされます。教会に行くべき理由が見付からない場合でも、行かなくてはならないとされています。

カロウが人々に求めているのは、まっすぐで清らかな心を持つことです。あなたの家の中に、邪悪な思想があってはならないのです。もしあるのなら、その状況を変えなくてはなりません」

最後のタノアのヤンゴナがなくなり、我々の会話は終わろうとしていた。

「ルシアテ、私は酒を飲みません。飲むのはヤンゴナだけです。ヤンゴナを飲むと意識が研ぎ澄まされ、頭の働きがよくなります。酒を飲むことには、大きな危険が伴います。うちの息子が殺されたのが、よい例でしょう。息子は酒を飲みすぎていました。酔っ払って、あんな目に遭ったのです。息子は、金を貸してほしいと言われたのに、持っていないと言って断ったそうです。それで、殴られて刺されて、死んだのです。もし酒を飲んでいなければ、まっすぐ家に帰ってくることができたはずです。

ルシアテ、白人は酒について、適度に飲むとか、健康のために飲むとか、言っていますね。フィジー人は、自分の行動を制御できないところまで飲んでしまうのです。それに、家族を顧みず、酒に大金を費やしてしまいます。白人はそういうことは言いませんが、彼らも同じ問題を抱えているはずだと、私は思っています」

我々の会話は、ここで終わった。ラトゥ・ノアは、いつものような、会話を締めくくる言葉を口にしなかった。明らかに、息子の死のショックから立ち直っていない。

私がラトゥ・ノアの家を出る前に、トヴに持っていくことができるように、ラトゥ・ノアが、テヴィタへの伝言を吹き込んでくれた。短いものではあるが、テヴィタが待ちわびている助言である。

「トヴに戻ったらすぐに、二人きりになれる機会を見付けて、テヴィタに聞かせます」

と、私は言った。

「それがいいです。ほかの人がいない方が、テヴィタも、私の伝言を正しく受け取れるでしょう」

ラトゥ・ノアが同意してくれた。

第二六章　ラトゥ・ノアからテヴィタへの伝言

「こんにちは、テヴィタ。チェメサ牧師がトヴに来たことについて、そして、どのようないきさつであなたが癒しの仕事から手を引いたのかについて、伝言を受け取りました。私に知らせてくれて、ありがとう。

あなたはどうしていいのかわからなくなり、私の助言が欲しいとのことですから、あなたが迷っていることについて、真実をお話しします。

この地球上の全てのものは、カロウから与えられたものです。人間が創り出したものなど、一つもありません。私たちが行っている癒しも、カロウからの贈り物です。チェメサ牧師も、それ以外の人も、教会関係者も、教会とは無関係な人も、どんな人であっても、あなたから癒しを取り上げることはできません。

私たち人間がカロウの意思を理解できないために、その愚かさゆえに、問題が生じてしまうのです。私たちフィジー人が、カロウを崇拝し、カロウに仕えるために行う儀式も、カロウから与えられたものです。もし私たちがそれを失うとすれば、それは、私たち自身が手放したときです。誰かに取り上げられる、ということはあり得ません。私たちの敵は唯一、悪魔だけで、悪魔についてはあなたも理解しているはずです。悪魔以外は敵にはなり得ません。あなたが癒しの仕事を続けるかどうかを決める際に、知っておくべきことは、これだけです。

キリストの時代の聖職者について考えてみなさい。キリストは、癒しの奇跡を起こしました。そしてそれゆえに、聖職者たちはキリストを非難しました。キリストはカロウの息子ではない、悪魔が乗り移っているのだと、彼らは言いました。彼らがキリストを非難したのは、彼ら自身にはできないことを、キリストが行っていたためです。

テヴィタ、私は今、あなたが癒しの仕事をする際に基盤として使える真実を伝えています。チェメサ牧師の説教に惑わされてはなりません。誰かがあなたに助けを求めて来たときに、隣の家でチェメサ牧師が説教をしているとしましょう。その人を助けるかどうかを決めるのは、あなたなのですよ。あなたの癒しの才能がカロウに与えられたものだと信じているのなら、その人を助けることです。

今、誰もあなたのところに来なかったとしても、気に病む必要はありません。それは彼らの決断です。今は仕事を休むことができる時期だと思うことです。村の人たちはまた、あなたのところにやって来ます。そのときはまた、彼らのために儀式をしなくてはならなくなります。あなたはヴァヌアに仕える人間として、自分の役割について、つねに覚悟を決めていなくてはなりません。

テヴィタ、希望を失ってはいけません。カロウが真実を教えてくれます。トウで広まっている噂話や、人々の意地悪な言葉のせいで、自信を失ってはいけません。チェメサ牧師があなたを見下すのであれば、好きにさせておきなさい。そして、聖書には、一部の人間がカロウにより近いところにいるのだと書かれていることを、村の人々にもチェメサ牧師にも教えてやりなさい。その際には、口先だけではなく、心を込めて話すことです。

もう一度言います。あなたから癒しの仕事を取り上げることは、誰にもできません。あなた自身が、もう、まっすぐな道の上にいないのであれば、まっすぐな道に沿って生きる努力を放棄するのであれば、そこが癒しの仕事の終わるときです。癒しの力があなたから去っていきます。

テヴィタ、よく聞きなさい。ここで希望を失ってはいけません。私が今話したことが、真実なのです。もし、私たちのしていることが正しくないのであれば、邪悪な儀式を行っているのであれば、私たちは恐れるべきでしょう。しかし、あなたが行っているのは癒しです。恐れることは何もありません。

テヴィタ、カロウに与えられた仕事を続けなさい。

私が言いたいことは、これだけです。聞いてくれてありがとう」

第二七章　テヴィタの復帰（トウにて）

テヴィタと私は、私の家で二人きりで座っていた。ラトゥ・ノアからの伝言のテープを、テヴィタに聞かせるためだ。こんな昼間に、我々二人が家の中で座っていることは珍しい。テヴィタはテープレコーダーに向かって首を伸ばし、耳のうしろに手を当てて、一言も聞き漏らすまいとしている。たしかに音は小さめだが、ラトゥ・ノアの声は十分に聞き取れる。

ラトゥ・ノアの声には力がこもっていて、聞く側にもその力が届く。ラトゥ・ノアが伝えようとした希望も、伝わってくる。ラトゥ・ノアに、真実と向き合うことを求められれば、真実と向き合えるような気持になる。また、カロウの前で首を垂れるラトゥ・ノアの姿勢は、カロウへの祈りとして響いてくる。

テヴィタは、もう一度テープを聞かせてほしいと言い、再びレコーダーの方に首を伸ばして、ラトゥ・ノアの声だけの世界に入り込んだ。

「もう少したってから、もう一度聞きたいのですが、聞けますか」

と、テヴィタが言った。

「もちろんです。テープとテープレコーダーを持っていっていいですよ」

私はテヴィタに、レコーダーの使い方を簡単に説明した。テヴィタの息子の一人がスヴァで数年間働いていた経験があり、こういった機械についてもよく知っているので、テヴィタがわからなくても手助けしてくれるだろう。

数日後に、テヴィタが癒しの儀式を行った。短い儀式で、参加者は我々二人だけだった。八月の、ある月曜日の夜のことである。テヴィタが一時的に仕事をやめてから、ほぼ三か月がたっていた。この儀式をもって、テヴィタは、癒しの仕事の再開を宣言する。もちろん、今までも完全に仕事をやめていたわけではなく、求めがあればつねにそれに応じていた。しかし今後は、訊かれた場合には「もう仕事に復帰しています」と答えることになる。

翌日、テヴィタと私は、ラトゥ・ノアの助言について話し合った。

「ラトゥ・ノアのテープを聞いて、私はラトゥ・ノアが正しいと思いました」

テヴィタは迷いのない様子で言った。

「チェメサ牧師の行動は、適切ではなかったと思います。彼は、自分の力を誇示したかったのでしょう。私たちを怖がらせるようなことばかりしていました。彼のしたことは、有害なことの方が多かったと思います。トヴの人々を悩ませてばかりでした。それに比べて、ラトゥ・ノアの伝言は、完璧に的を射たものです。ラトゥ・ノアの言葉は、私に自信を与えてくれました。彼が私にくれたレワも、カロウから贈られたものだとラトゥ・ノアは言っていました。チェメサ牧師が捧げている祈りも、同様にカロウから贈られたものです。人間が創り出したものは、一つもないのです」

私は同意した。

「薬も儀式も、あらゆるものが、人間の創ったものではないのですね」

「チェメサ牧師が行った説教や聖書の解釈も、もともとはカロウから与えられたものなのです」

テヴィタが付け加えた。

「ルシアテ、村の人が一人、ヤンゴナを持ってやって来ました。私が彼にあげたレワを手放してしまった過ちを償いたいということでした。そのレワがどこにあるのかと訊いたところ、チェメサ牧師が持っていってしまったと言っていました。その人は、後日またヤンゴナを持ってやって来て、レワを取り戻す手伝いをしてほしいと言いました」

「それであなたは、どうしたのですか」

「彼にマッサージをして、新しいレワをあげました。彼は、正しい方法で、私のところに頼みに来ました。ですから、彼は、ここから再び始めることができます。レワは彼を守ってくれるでしょう。

別の人も、ヤンゴナを持って、新しいレワが欲しいと頼みに来たのですが、この人の頼みは断りました」

テヴィタが言った。

「断ったのですか」

私は、テヴィタがそんなことを言うのを初めて聞いた。

「断りました。なぜなら彼は、チェメサ牧師にレワを渡したことを始めに償わなくてはならなかったのに、それをしなかったからです。あのような形でチェメサ牧師にレワを渡したということは、私に対して、そして癒しの儀式に対して、好意的ではない態度をとったということです」

「テヴィタ、私は、村の人々がまた癒しの儀式を求めて来ると思います。ラトゥ・ノアもそう言っていましたね」

「ルシアテ、私もそう思います。私が癒しをやめている間に病気になった人々には、申し訳なく感じています。オンゴで、年配の女性が一人、亡くなったと聞きました。私が癒しを行っていれば、彼女は死ななかったかもしれません。彼女の親戚の誰かが、私のところに助けを求めに来たはずですから。

　オンゴの漁船の人たちに対しても、申し訳ないことをしたと思っています。彼らは毎週月曜日に、ヤンゴナを持って来ていました。仕事に関して、自分たちを守ってほしいと頼みに来ていたのですが、今は来ません。そして彼らは今、裁判所の命令を待っています。船に客を乗せすぎたということで、問題になってしまったのです。もし彼らが、あのままずっとヤンゴナを持って来ていれば、裁判沙汰にはならなかっただろうと思います」

　私は、スヴァの病院にいるチョエリのことを考えていた。癒しをやめていたとはいえ、テヴィタはチョエリに対して癒しを行った。テヴィタと私は、一緒に癒しの仕事をしたのだ。

「チョエリについては、どう思っていますか。スヴァの病院に見舞いに行きましたが、まだとても具合が悪そうでした」

「チョエリの病気は、進行がとても速かったですね。ときどき、体調がよさそうに見えましたが、それは一時的なものでした。チョエリの病気は、私たちの神聖な伝統が侵されたことで生じた、タウヴィマテ・ヴァカヴァヌアです。ルケが首長という役割を果たす中で行った行為が、この病気を引き起こしたのです。ルケは、村が所有する物資を個人的に使っていて、そのことについて村の人々の了解を取っていませんでした。ルケが行ったブルブルが皆に完全に受け入れられた場合にのみ、チョエリの運命から、この危険が取り除かれるのです。ブルブルに参加していた村人の中には、口ではブルブルを受け入れたと言っていても、実際には受け入れていない人たちがいると思います。そういう、腹の中で違うことを思っている人たちがいる限り、ブルブルは意味がなくなります。

　チョエリの病気は、手ごわいものです。チョエリは、体には問題がないように見えるのに、歩くことができない。チョエリは、半年、あるいは一年、寝たきりになっている病人のように見えます。彼が起き上がれなくなってから、まだ数日しかたっていないのに、まるで死者のように見えます。数日間起き上がれなかっただけで歩けなくなるなんて、ひどい状況です。チョエリはまだ若いのに、とても年老いて見えます。何年も何年も、寒いところで厳しい仕事をしてきた人のようです」

　と、テヴィタが言った。

「チョエリの病気は、我々皆を悩ませていますよね。突然襲ってきたので、誰も準備ができていませんでした。チョエリの病気と、チョネ校長の死との間には、何か関係があると思いますか」

　私は尋ねた。

「同じ原因だと思っています。チョエリの病気もチョネの死も、ヴァカヴァヌアによるものです。つまり、宗教的なタブーを犯したことが原因です。これはフィジーの伝統に関わるもので、問題はここトヴにあるのです」

　テヴィタは今、トヴでの問題を説明しようとして、「ヴァカヴァヌア」という語を、この土地の伝統的宗教におけるタブーを犯すことを指して使った。他者を傷付ける目的で行う行為を指す「ヴァカテヴォロ」の代わりに、「ヴァカヴァヌア」という語を使えるということだろうか。しかし、チョエリの病気とチョネ校長の死の原因が、根っこの部分でつながっているのだとしたら、「ヴァカテヴォロという語の代わりにヴァカヴァヌアという語を使う」と言うよりも、「ヴァカヴァヌアという語がヴァカテヴォロという語を内包している」と言った方が、より正確であるかもしれない。

　原因が何であるにしても、少なくともテヴィタの意見では、問題は今も、我々トヴに暮らす者たちの中に存在し続けているということだ。

第二八章　終わりではない（トヴ、そしてスヴァ）

フィジーには、帰っていく客人を見送る際に心を込めて歌う、よく知られた歌がある。イサレイ（悲しみと願い）が、この歌の主題だ。客人との別れの悲しみと、客人が再び戻ってきてくれることへの願いが込められている。客人がいなくなることで、どれほど寂しくなるかが切々と歌われたあと、次の歌詞が続く。

「あなたが戻ってくるまで、私たちはずっと待っています」

この部分で村人たちは、ハンカチーフを振る。これは別れの挨拶だけではなく、

「戻ってきてください。私たちはあなたを待っています」

という気持ちの表現でもある。この歌が今、我々家族に対するトヴの人々の気持ちと見事に重なっていた。

フィールドワークの終わりが近付いてきたため、我々はトヴから引き揚げる準備をしている。もうすぐ、我々がフィジーに来てから二回目の十月がやってくる。トヴに来てから一六か月がたつことになる。我々との別れは、トヴの人々にとっては、もちろん、一つの出来事に過ぎず、彼らの生活の大部分は終わりなく続いていく。我々との別れも、終わりではなく、ある種の続きがあるものと見なされた。我々は、今では家族同様となったトヴの友人たちに、

「また戻ってきます」

と言った。もともとは我々の願いであったその言葉は、繰り返し口にしているうちに、約束になっていった。

チョネ校長の死と、それに関する謎や疑念については、今では関心が薄れてきている。解決したわけではないものの、時間がたち、人々は平和な日常生活に戻りつつあった。

チョネ校長の追悼のために作られたメケを演ずることで、人々は校長の死を取り巻く出来事を思い出すことになるだろう。メケとは、頭や手や体を優雅に動かし、それに合わせて歌で物語を紡いでいくフィジーの伝統的な踊りで、例えば、ある地域の歴史的な出来事等を題材に作られる。メケの振り付けや歌詞は神聖なもので、メケの作り手（ダウニヴス）に対して、ヴからの特別な贈り物として与えられる。このような形で記録された物語は、特別な意味を持っている。ある年配者は、

「メケというのは、私たちフィジー人の歴史的な新聞のようなものです」

と言っていた。

それぞれの村には独自のメケがあり、それによって、過去の重要な出来事を詳述し、記録し、記念として残す。古いものは忘れ去られ、新しいものが作られるため、演じるメケは時代とともに変化していく。メケが進化していくにつれて、その土地の人々の歴史に新たな命が吹き込まれる。

近くの村に、メケの作り手が住んでいる。彼は、今もこの神聖な芸術を作り続けており、ビトゥ北部では数少ない作り手の一人だ。彼は頻繁にトヴを訪れるため、チョネ校長の死に関係する出来事のほとんどを目撃していた。また、村人たちがその件について話し合っている席にも、しばしば参加していた。ある日の夜遅く、彼はヴィジョンに包まれた。そこから夜明けまでかけて、彼はヴィジョンの中で、トヴ

で相次いだ死についてのメケを作り上げた。

メケによって語られる物語は、公式のものではない。とはいえ、メケという神聖な形式を用いている以上は、一定の権威を帯びる。今回新しく作られたメケでは、トヴで起きた死についての概略が語られている。村人たちが「疑わしい」と見ていた出来事等は含まれず、端的な説明と解釈のみが添えられた。トヴの年配者たちは、

「これがメケのやり方なのです」

と言っていた。通常、実際に何が起きたのかは語られず、事実は行間に隠されるのだという。チョネ校長についてのメケでは、次の部分が最も真実に踏み込んだ箇所だと、彼らは言った。


多くの人々が言っている。強く主張している。

「彼の死の原因は、はっきりとはわかっていない」と。

しかし、私がここで名前を挙げることはタブーだ。


メケの作り手が人名を挙げることはできないものの、この部分が「全てを語っている」と、その年配者たちは言った。

メケは大きな儀式の際に演じられるので、チョネ校長の死に関する物語も、今後何度も演じられていくことになるだろう。校長の死は、解決しないまま、トヴの生きた歴史の一部となっていくのだ。このメケによって、チョネ校長の死に関連する一連の出来事は可視化され、人々の記憶に刻まれていくこととなるが、校長の家族はずいぶん前にトヴをあとにしていた。校長の葬儀の数週間後に、校長の妻と二人の子どもたちは、スヴァに戻っていったのである。トヴを去るときに、校長の妻は涙を流していたが、それは悲しみと安心の涙だった。彼女はもう、トヴに住むことはできないのだ。もともと彼女の故郷でない上に、トヴにいれば夫の死にまつわる辛い出来事を、何度も細部まで思い出すことになる。チョネ校長の次に校長職に就いた人物は、チョネ校長ほど社交的ではなく、チョネ校長のように深く村の人々の生活に関わっていくことはしなかった。学校は日常を取り戻し、校庭の隅にチョネ校長の幽霊が出ることもなくなった。

我々家族は、トヴの人々に別れを告げた。そして、「また戻ってきます」と述べ、それまでずっと彼らのことを忘れずにいると言った。しかし、年配の人々に対しては、この約束を果たすのは難しいかもしれない。我々が戻ってきたときに、彼らはまだここにいるだろうか。テヴィタと彼の家族との別れは、特に辛かった。また戻ってくると約束したものの、我々家族もテヴィタたちも心が張り裂けそうだった。

正式な告別式も用意されていた。メレと私は、村の人々に対して、最後のお別れの言葉を言うことになっている。特別な客人がトヴを去るときには、いつも、この告別式を行う。しかし、我々は自分たちのことを、特別な客人とは思っていなかった。むしろ、近しい隣人、さらには家族のように感じていた。そのため、教会で、村の人々全員に対して別れの挨拶をすることは、メレと私にとっては簡単なことではなかった。まるで自分の家を出て行くような気分ですと、叫ぶわけにもいかず、我々は懸命に、自分の思いを伝える言葉を探した。悲しみを抑え込もうと、あるいはせめて、態度に出してしまうことを防ごうと、私は何度か息を止めた。しかしそれでもこらえ切れなくなり、私は言葉に詰まった。感情が理性を上回ったのだ。村の人々は皆、黙って座って待っている。我々が落ち着くようにと、力を送ってくれているのがわかる。メレと私は、なんとか挨拶を終えることができたが、かすれて聞き取りづらい部分が多くなってしまった。我々二人も、村の人々も、ハンカチーフでは足りないほどの涙を流した。

我々家族が出発する朝、友人たちが海岸でハンカチーフを振ってくれた。「すぐに戻っておいで」、「ここで待っているよ」という気持ちを込めてくれている。数名の友人が、海岸に来ていなかった。テヴィタの姿がないことが、とても寂しかった。しかし、テヴィタにはこの

別れが辛すぎるのだということは、私にもわかる。

スヴァへの船旅が始まった。海岸に立っている人々の姿が、長い間、見えていたが、やがて彼らの振っているハンカチーフしか見えなくなった。トヴの港の深い緑の中で、白いハンカチーフがはためいている。トヴが、とてもゆっくり、消えていった。

スヴァでは、都会のせわしなさが、悲しみを忘れさせてくれた。アメリカに帰る前に、やるべきことがたくさんある。

私は病院にいるチョエリのところに、見舞いに行った。チョエリは、背中の手術を受けたばかりだ。前ガン性の腫瘍が脊髄を圧迫しているとのことで、それを取り除いたのだ。チョエリは以前よりくつろいでいたが、痩せて疲れていて、家族や友達に会いたがっていた。トヴでは、具合が悪くなると見舞客が途切れることなくやって来て、食べ物を置いていったり、ヤンゴナを飲んでいったり、会話をしていったりする。しかしスヴァの病院には、面会時間という規制がある。その時間内しか見舞いはできず、しかも同時に入れるのは大人二人までだ。チョエリは、孤独感にさいなまれていた。

私はルケと話をした。彼は可能な限り見舞いに通っている。

「この病院が理解できません。病院は、息子が家族の愛を感じることができないようにしています」

と、ルケは言った。

私はチョエリの手術について考えてみた。腫瘍だけで、彼の病気について説明することができるだろうか。腫瘍自体も原因ではあっただろうが、同時に、別の力が腫瘍を利用していたようにも思う、とラトゥ・ノアが言っていた。私もその意見に賛成だった。ただ、その「別の力」が何なのかは、トヴの人々同様、私にもわからない。

スヴァはトヴよりも遥かに大きい。スヴァに住んでいる七万人の中に、私が知っている人は数えるほどしかいない。そのため、トヴに対して抱いたような名残惜しさは感じない。お陰で、市場で買い物をしたり、アメリカに帰るための荷造りをしたりしている間、私は悲しさを忘れていることも多かった。

そうは言っても、スヴァにいる友人たちに別れを告げるときには、心が引き裂かれる思いをした。イノケとは、一緒に調査に出掛けるといった付き合い方がほとんどだったが、それでも親しい関係だった。別れの握手を交わしながら、我々は二人とも涙をこらえられなかった。シティヴェニに別れを告げるのも本当に辛かった。が、私には、彼と再び会えることがわかっていた。

「また戻ってきます」

と、私は言った。スヴァ滞在の最後の数日間、私はラトゥ・ノアの家に通っていたが、そのときも、ラトゥ・ノアと将来再会できることを確信していた。

第二九章　ラトゥ・ノアとの会話（スヴァにて）

「あなたの研究が偽りのないものであれば、マナがあなたのところにやって来る」

アメリカに帰るまで、あと二週間ちょっとだった。私はラトゥ・ノアに

「この最後の二週間ほどで、我々の研究を深めるために、何か私にできることはありますか」

と尋ねた。

ラトゥ・ノアは、嬉しそうな、驚いたような表情で言った。

「できるだけ頻繁に、ここに来てください。ヤンゴナの近くにいることができるように」

一一月の半ばだった。私は日暮れ時に四回、ラトゥ・ノアの家を訪ねた。我々は、ほとんどの時間を、静かにヤンゴナを飲んで過ごした。話はあまりしない。ラトゥ・ノアと私は、いつもこのようなやり方で、会話を簡潔に、そして「まっすぐ」に保ってきた。

「ルシアテ、多くの人々は、何かが耳に入っていても、実際に何が言われているのかをきちんと聞いていません。しっかりと教育を受けた人は、物事を真剣に考えます。でも、中途半端に教育を受けている人々というのが、厄介なのです。何に関しても、彼らを納得させるのは容易ではありません。彼らに比べれば、教育を受けていない人々の方が、ずっとよいでしょう。そして牧師たちの多くは、中途半端に教育を受けた人々に分類されるのです。彼らは口がうまく、議論も得意ですが、物事を真に理解することがなく、本当の信仰を持っていません。私は本物の信仰を持っています。フィジーの宗教とヤンゴナだけを信仰しています。

ヤンゴナを飲むと、頭がよく働くようになります。それに、ヤンゴナはマナの箱を開けてくれますから、マナがあなたのところにやって来ます」

ヤンゴナについてのラトゥ・ノアの言葉を、私は理解することができた。ヤンゴナを飲み始めた頃よりも、深いレベルでの理解だ。ヤンゴナを飲みながら、何時間も一緒に座っていると、我々は特別な空間に入っていく。そこには、真実が存在している。自然と、お互いに敬意を払うようになる。注意深く話し、自分の知っていることだけを口にする。それ以上でもそれ以下でもない。もちろん、我々の知識は異なっている。私は主に聞いて学ぶ立場だ。そうは言っても、私の「聞く」と、ラトゥ・ノアの「話す」は、釣り合っている必要がある。ラトゥ・ノアは、私の聞き方に合わせて話すのだ。つまり、私が受け取ることのできる分だけを与えてくれる。私が理解することができるように、ラトゥ・ノアは適切な言葉を探して話してくれる。

もし、我々二人が真実に則して話をしていないとすれば、我々のやろうとしている仕事は成立しない。だが、今までのところ、問題なく進んできている。我々は、ヤンゴナを間に挟んで、互いの中の最良の部分を見つめ合っているのだ。夜を徹して、我々は互いの知識を交換した。ラトゥ・ノアが以前に話していた、電気が通う感覚を、今日も体感する。座って、ヤンゴナを注ぎ、話し始めた時点で、火花が散る。そして電流が流れ始める。その電流によって、我々はつながるのだ。この状態で我々が話すことができるのは、真実だけである。

ラトゥ・ノアと私の、夜を徹してのこの会話が、第三者には単なる飲み会にしか見えないことは、私にもわかっている。ただ、ヤンゴナを飲めば飲むほど、意識が影響を受けるのだ。影響を受けて、自分が誠実であるかのような気分になっていく。この感覚を説明するには、これも決してわかりやすい説明にはなっていないのだが、正しい言い方は一つしかないだろう。つまり、ラトゥ・ノアのような先生と共にヤンゴナを飲むという経験をすると、この感覚を得られる、ということだ。真実の周りに広がる独特な空気を理解することができるようになるのである。

私は、ラトゥ・ノアと私の会話が、全てにおいて完璧だと言っているわけではない。我々も人間だ。我々の会話も、退屈なものになることもあれば、途切れることもある。ラトゥ・ノアの英知が、つねに私を刺激し続けるわけでもなければ、私の質問がつねにラトゥ・ノアを刺激し続けるわけでもない。それでも、ラトゥ・ノアが言ったように、ヤンゴナによって我々の意識は明瞭になる。ヤンゴナによってマナの箱が開けられる。マナは真実を要求し、我々が真実で応えなければマナは消え去っていく。

△△△

今回のスヴァ滞在で、最初にラトゥ・ノアを訪ねた夜、私はトヴでの告別式について報告した。その中で、人々がくれた別れの贈り物について話した。

「トヴの人々はとても気前がいいのです。自分たちが裕福というわけでもないのに、我々にたくさん与えてくれました。敷物やタパ布だけでなく、自分たちの生活を分け与えてくれました」

「ルシアテ、それがあるべき姿なのですよ」

と、ラトゥ・ノアが言う。

「あなたも彼らにたくさんのものを与えたのです。そして彼らもあなたに、たくさんのものを与えた。フィジー人は昔から、十分に満ち足りています。分け合うことで、豊かさが生み出されるのです。

例えば、最初の収穫を捧げる儀式について考えてみてください。果物も根菜も魚も、その年の最初の収穫は、とても重要です。この特別な食べ物は、自分の土地の首長に持っていくものです。ところが最近では、人々は、農作物や魚を全て売ることでお金を得て、より多くの食べ物を買おうとします。そんな中で、食べ物の生産量は、実は減ってきているのです。以前よりも少ない量しか、手に入らなくなっています。最初の収穫を首長に差し出すことで、首長からの祝福を受けることができ、畑から、より多く、よりよい作物が採れるようになります。最初の収穫を捧げることによって、マナが注がれるためです。マナを得られなければ、生産量は激減します。昔は、とても小さな村に非常に多くの人々がいても、食べていくことができました。多くの客人が来ても大丈夫でした。それが今では、食糧危機に直面する村が増えてきています。現代社会の経済においては、伝統的なやり方は意味がないと考えている人々が多いせいです。

ルシアテ、フィジー人は昔は物々交換をしていました。物を与え、物を受け取るわけです。ところが、貨幣が導入されたことで、この慣習は壊されました。お金が、血のつながった一族の健全な関係を破壊したのです。衣服を買ったり教育を受けたりする際には、お金が役に立ちます。でも、食べ物にはお金は必要ありません。食べ物は、海にも川にも山にも、たくさんあります。食べていくために、お金は必要ないのです。キリストは彼の前で人々は皆平等だと言っているのに、お金によって、裕福な人々と貧しい人々の間に境界線ができてしまいました。

私たちフィジー人は、西洋の物質に支配されすぎています。家もそうです。西洋式の家を建てるのに、多額のお金を使っています。設計に、材料に、大工に、たくさんのお金を払います。家賃を払って住むという場合もあるでしょう。本来は、私たちはブレに住むべきなのです。そうすれば自分たちで建てることができますし、材料も地元のものを使えます。お金がかかりません。しかも、伝統的な草ぶきの家は、冬に温かく夏に涼しい。トタン屋根の西洋式の家はどうでしょうか。冬は寒く、夏は汗だくになるほど暑いではありませんか。その快適とは言えない家のために、多額のお金を払っているわけです。

ほとんどの人たちは、伝統的なやり方を、もはや信用していません」

ラトゥ・ノアの声に悲しみの色はなく、ただ事実を述べているという風だ。

「多くの人々は、伝統的なやり方は、悪魔の業だと言っています。しかし実際は、伝統こそ私たちの力なのです。敬意、あらゆるものへの愛、謙虚さ、正直さ、奉仕。これらのことを、私たちは年長者から教えられてきました。これらを学ぶことで、私たちはまっすぐさを身に付け、正しく他者に与えることができるようになるのです。

ルシアテ、そういった伝統的なやり方に立ち戻るには、まず、自分の国における生き方の歴史を知らなくてはなりません。あなた自身のヴも知らなくてはなりません。現在の社会構造を勉強しても、古いやり方について学ぶことはできません。現在の社会構造は、古い様式とつながっていないのです」

「私自身のヴ」について言われたのは初めてだった。ラトゥ・ノアが言おうとしていることが、よくわからなかった。

「私の国のヴは、フィジーのヴとつながっているのですか」

と、私は尋ねた。

「全てのヴが、お互いを知っています。国によってヴはそれぞれ異なっていますが、彼らは協力関係にあります。ルシアテ、あなたは、フィジーのヴの指導の下で、あなたの国のヴと一緒に仕事をすることになります。

ルシアテ、私にはわかるのですが、もし、今のフィジー人たちが昔のやり方に戻ろうと思ったとしても、ほとんどの人は成し遂げられないでしょう。それはまるで、大海を泳いで、遠くの島までたどり着く競技のようなものです。ゴールの島まで泳ぎ着く人は、ごく少数です。同様に、私たちの未来がどうなるかを知っている人は、ほとんどいません。過去をきちんと理解できている人が、ほとんどいないためです」

ラトゥ・ノアは、現在のフィジーでは、昔から行われてきた交換が、正当な評価を受けていないと言う。ラトゥ・ノアと私の最後の会話で重要になったのは、まさにその交換という概念であった。その交換について話したことで、私はようやく、アメリカに戻る準備ができたと言っていい。

「アメリカに戻ると、こういった話をできる相手がいなくなります。一人でやっていかなくてはなりません」

「私も同じです」

と、ラトゥ・ノアが言った。

「私はいつも、物事を自分一人で理解していかなくてはならないのです。誰かが私に何かを言っても、私はまず疑います。そして何年も何年もかけて、自分で進みます。私は祈りを捧げてきましたが、自分が誰に祈りを捧げているのか、確信が持てませんでした。そこで昨夜、カロウに、何か印を見せてほしいと頼みました。そう祈ってから布団に入ったのです。すると、横になってすぐに、天から光が降りてくるのが見えました。私は何事も、自分の目で見るまで信じません。何をするときも、信ずるに足る事実を積み上げていく。それが私のやり方です。

ルシアテ、次の段階に進んだら、あなたもそうすべきです。あなた一人で、物事を理解していかなくてはなりません。あなたの研究が偽りのないものであれば、マナがあなたのところにやって来ます。そうするとあなたは、霊的な目で物事を見ることができる人たちと同じように、遥か昔のことや遠い未来のことを見ることができるようになるのです。また、霊的に物事を感じ取ることができる人たちと同じように、物事を感じ取ることができるようになります。それは、大学で学んだことを超越する体験でしょう。でも、これらのことは、見せびらかすためのものではありません。あなたの癒しの力を強め、あなたが他者に奉仕するための力を強めるものです。私のように、やろうと思えば、コンクリートの壁を通り抜けることもできるようになります。マナの力によるものです。ただ、私はそれを、見せびらかさない。ルシアテ、あなたは特に気を付けなくてはなりません。西洋人は、あなたの力の証拠を見せろと要求するでしょう」

私には、一つ、どうしても解けない疑問があった。おそらくこれが、私の最後の質問になるだろう。

「ヤンゴナを飲むときに、ビロの中に顔が見えるようになったら、今あなたが話しているような段階に入ったということですか」

「そうです、ルシアテ、その段階になると、人々に将来何が起きるのかを見ることができるようになります」

「でも、そうやって知った未来についての知識を、どのように使うのですか。特に、悪いことが起きるとわかった場合は、どうすればいいのでしょう」

「あなたがその段階に入ったら、改めてその話をしましょう。今のところは、あなたの仕事が他者に奉仕するものであること、他者を癒すものであることを覚えておきなさい。自分の名声を高めたり、自分の力を誇示したりする仕事ではないのです。

ルシアテ、あなたの心と魂がきれいでまっすぐであれば、ヴはあなたの願いを叶えてくれます。それを信じて、あなたの仕事を進めなさい。癒しの仕事も、本を書く仕事も、両方です」

タノアが空になった。最後の夜の会話が終わってしまう。

「あなたが戻って来たときに、また会いましょう」

私の先生は言った。言葉は少ないが、微笑みから温かさが伝わってくる。

ラトゥ・ノアが私を見送ってくれた。一人きりの道に送り出されたのだ。彼は私をまっすぐな道まで案内してくれた。これからすべきことは、この道からはずれないことだ。一生の課題としても十分すぎるほどの難題である。

スヴァの中心部のホテルの部屋に戻ってから、私は一人で泣いた。

第三〇章　フィジーに戻る（スヴァにて）

アメリカに帰国して六年以上がたっているが、私にとってフィジーは今も「家」である。私はフィジーに住んだ二年間のことを、しばしば思い出した。テヴィタや他のトヴの人々、シティヴェニ、イノケ、そして特にラトゥ・ノアのことを思った。ラトゥ・ノアの助言、指導、警告の言葉を忘れたことはなかったが、私はつねにそれを忠実に守っていたとは言い難い。まっすぐな道からはずれないように努力はしていたものの、つねにそのことに最大限の注意を払って生きていたわけではない。アメリカでの生活においては、そこに焦点を置くことは難しかった。

癒しの仕事は続けていた。とはいえ、ラトゥ・ノアに言われたように、ラトゥ・ノアの教えと心理学の分野における私自身の経験とを融合させることは、まだできていない。私の仕事の大半は今も、型にはまらない、精神的な面でのカウンセリングであり、そこにときおり、精神面の癒しを加えている。ラトゥ・ノアに「あなたの人生はもはや、あなただけのものではない」と言われたが、癒しの仕事についてのその責任を、私はまだ十分に果たしていない。月曜の夜の癒しの儀式は、ラトゥ・ノアに教えられた通り、今も行っている。ただ、あまり頻繁には行えておらず、また、日常生活のそれ以外の部分において、それを補うほど信心深い行動をしていると言い切る自信もない。

年が明けて一九八五年になった瞬間、私は、フィジーに戻らなくてはならないと感じた。フィジーに戻って、癒しの仕事を再開し、あの頃のように本気で取り組まなくてはならない。さもなければ、私は、徐々に癒しの仕事から遠ざかってしまうだろう。そんなことを考えているときに、オーストラリアで講義をしてほしいという依頼が舞い込んだ。旅費も負担してくれるという。これは明らかに、フィジーに呼ばれているのだ。今回は私は、一人で行くことになる。メレと私は、離婚の準備をしている。

フィジーに戻りたいと思ったもう一つの理由は、本書の第一稿が完成に近づいたことだった。フィジーにおける癒しについて、ラトゥ・ノアとの会話について、トヴでの死について書いた本だ。私はもう一度、ラトゥ・ノア、シティヴェニ、そして他の人々と話をする必要性を感じていた。

フィジーに向けて出発する数か月前に、私は、友人のマリカに電話をかけた。マリカはスヴァ在住の年配のフィジー人で、前回フィジーに行った際に、癒し手を訪問する手はずを整えてくれたり、通訳をしてくれたりした。マリカはフィジーの伝統やフィジーの癒しについて、とても深く理解していた。ラトゥ・ノアと話す際に、彼に同席してもらうことも可能だった。彼は間違いなく、私を大いに助けてくれたことだろう。だが私はあのとき、イノケを選んだのだった。イノケは今、ビトゥのデレナという彼の故郷の村に住んでいるということで、今回は彼に手助けを頼めなかった。

今回、私は、ほぼ全ての時間をスヴァで過ごすことになりそうだった。トヴに行く船は不定期でどうなるかわからないため、日程的に、トヴに行くほどの余裕はないかもしれない。

「もしもし。もしもし、マリカ。マリカ、聞こえますか」

何千キロも離れたフィジーにいるマリカの声は遠く、かろうじて聞き取れる程度だ。実際、電話はなかなかうまくつながらず、マリカと話せるところまでたどり着くのに、五日ほどを要した。

雑音が聞こえ、無音になり、途切れ途切れの単語が聞こえてくる。ようやくマリカが話しているのが聞き取れたが、彼はなんとフィジー語で話し掛けてきていた。

挨拶の部分は問題なかった。挨拶をして会話を始めるのに必要な程度のフィジー語は覚えていた。マリカの声を聞くことができたのは、本当に素晴らしいことだった。私は喜びすぎと言ってもいいほど喜んだ。そして心配になった。彼はフィジー語で話し続けている。私が元気でいたかどうか、家族はどうしているか、私の仕事はうまくいっているか、私はいつフィジーに戻るのか、マリカは次々に質問を投げ掛けてくる。

「こちらでは皆、あなたのことを恋しく思っていますよ」

と言われて、私は心配な気持ちを忘れるほど嬉しくなった。

「マリカ、私は六月にフィジーに戻ります。あと数か月です」

私は英語で答えた。

「マリカ、申し訳ないのですが、英語で話させてください。そんなにフィジー語を覚えていないのです」

「構いませんよ」

と英語で答えたあと、マリカは再びフィジー語で話し始めた。私にさらにいくつかの質問をして、それから自分の家族について報告してくれた。彼の話が細かくなっていくにつれて、私の理解が追い付かなくなってきた。

「ご家族についての話を聞けて、とても嬉しいです」

私は、英語で彼の話を遮った。何について話しているのかが、全くわからなくなってしまう前に。

「フィジー語で会話ができなくて、本当にすみません。たぶんそちらに戻れば、フィジー語も思い出すと思うのですが」

「その通りです、ルシアテ。こちらに戻ってくれれば、あのときのように、私たちフィジー人と同じように、またフィジー語を使えますよ」

マリカは英語でそう言ってくれたが、またフィジー語で話し始めた。

我々の会話はそれほど長いものではなかったが、その中でマリカは何度も英語からフィジー語に切り替えた。六年前の会話に戻っていくかのように、自然にフィジー語に切り替える。私はためらいながら、少しだけフィジー語を話した。マリカは私のことを迎えに、空港まで来てくれることになった。ラトゥ・ノアと話す際にも、同席することに同意してくれた。

私たちは別れの挨拶を交わした。私はフィジー語で挨拶をすることができた。この小さな成功体験で、私は胸をなでおろした。しかし同時に、落ち着かない気分になった。フィジーの人々は、私と再会したときに、私が以前のようにフィジー語を話すと思うだろう。でも私は、あのときのようにフィジー語を話すことはできなくなっている。六年前のレベルを維持しておくことは、不可能ではなかったとしても、現実的とは言えないだろう。それはわかっているのだが、それでも私は、自分がどれほどフィジー語を忘れてしまっているかに気付いて辛い気持ちになった。それはまるで、彼らの信用を裏切っているような気分だった。

フィジー再訪が見えてきた今、私は、なぜ自分が六年も待っていたのかが不思議に思えた。費用の問題だろうか。たしかにフィジーへの旅費は安くはない。しかし、人生においてやるべきことが生じたとき、我々は何とかして道を見付ける、あるいは道の方が我々を見付けてくれるものだろう。おそらく私は、今やっと準備ができたのだ。ラトゥ・ノアの教えに従って生きることができなかったという事実を認めるための準備、そしてもしラトゥ・ノアが再び指導をしてくれるのなら、今度こそ、その責任を果たすための準備である。オーストラリアでの講義に呼ばれたことで、私は、自分がどれほどフィジーに戻りたかったのかを自覚した。

フィジーへのフライトは二四時間以上かかるため、その間、私は自分の気持ちを吟味することができた。友人たちにまた会えること、そしてあの土地の匂い、木々の匂いを再びかげるということを考えると、胸が高鳴る。ただ、大きな不安につぶされそうになっているのも事実だ。私自身の期待、そしてフィジーの人々の期待を、裏切るようなことにはならないだろうか。もしラトゥ・ノアがいなくなっていたらどうしよう。あるいは、私の研究に真剣さが足りないという理由で、ラトゥ・ノアに見捨てられるという、もっと悲しい結末になってしまったら、どうしたらいいだろう。

朝の四時少し前に飛行機が着陸し、私はナンディの空港の喫茶店に入った。年配のフィジー人の女性と私以外に、店に客はいない。フィジー人女性の店員が三人、近くのテーブルでくつろいでいた。彼女たちは冗談を言い合って楽しんでいる。話題のほとんどは私についてだ。初めのうちは、私がどこから来たのか、大きな荷物を持ってどこに行くのか、といったことを話していた。そこから徐々に、性的な話題に進んでいく。彼女たちは私をじろじろ見ながら、どうやったら私を誘惑できるかについて論じている。フィジー語で話しているので、この西洋人には、何の話をしているのかわからないと思っているのだろう。私の隣の隣のテーブルで、彼女たちは大きな声で誘惑の方法について話し合っている。ところが、私にはその会話が理解できたのだ。私はとても気持ちが楽になった。自信が湧き上がってきた。

私は立ち上がった。

スヴァに向かう飛行機に乗らなくてはならないので、私はその女性たちに別れを告げた。そして、誘惑の対象として見てくれたことに対して、お礼を言った。もちろん、フィジー語で、だ。彼女たちは恥ずかしがりつつも、予想もしていなかった展開を大いに楽しんでいた。

「フィジーを楽しんでいってください。そしてまた、ここに来てくださいね。また会いたいわ」

と、彼女たちは言った。

マリカがスヴァ空港で出迎えてくれた。私たちは抱き合った。初めの簡単な会話程度なら、私もフィジー語でなんとかできるのだが、マリカは手加減してくれていた。彼は初めは英語だけで会話を進め、その後、二、三日かけて、少しずつフィジー語に切り替えていってくれたのだった。

マリカは、ラトゥ・ノアと連絡が取れていないと言った。ラトゥ・ノアの家には今も電話がなく、マリカは彼の家を知らない。マリカは、親戚や友達に何度か伝言を頼んでくれていたが、ラトゥ・ノアからの返事はもらえていなかった。

空港からスヴァの中心部に向かう車の中で、私はラトゥ・ノアの家がどこにあるのかを思い出そうとしていた。このルートで行けば、途中でラトゥ・ノアの家の辺りを通るということは覚えている。ふと、道沿いのいくつかの物に、見覚えのあることに気が付いた。ラトゥ・ノアの家がこの近くにあることは間違いない。緊張が走った。ほかにも覚えている物がないだろうかと、私は目を凝らした。突然、丘の向こうの大きな建物が目に飛び込んできた。

「あれです。あそこに間違いありません。あそこで右に曲がると、ラトゥ・ノアの家があります。政府の広い宅地があるあたりです。思い出しました」

私は叫んだ。

翌日、マリカと私は、ラトゥ・ノアを探しに出掛けた。ラトゥ・ノアの家に着いたら、私はまず、儀式を行わなくてはならない。そのため私は、大きなヤンゴナとタンブアを持ってきていた。伝統的なやり方に従って、私はラトゥ・ノアに許しを請わなくてはならない。フィジーにいない間に、ラトゥ・ノアの家庭で起きた出来事（誕生、結婚、死）にいっさい立ち会えなかったことを詫びるのだ。ラトゥ・ノアに再び受け入れてもらうためには、これが正しい頼み方である。ヤンゴナとタンブアを持ってきた以上、話をするのは我々人間同士ではなくなる。私のヴと、ラトゥ・ノアのヴとが話し合い、正式な手順に則って、もう一度関係を築くこととなる。さらに、マリカの勧めに従って、私はラトゥ・ノアに、私の著作活動に引き続き力を送ってもらえるように頼もうと思っていた。私がまっすぐでいられるように、真実を書くことができるように、手助けしてほしいと頼むつもりだった。

我々は車で、空港へと続く大通りにやって来た。そして、前日に見付けた大きな建物のある角から、脇道に入った。そこからさらに、いくつかの角を曲がる。あたりには団地が立ち並んでいた。次の角を曲がっても、その次の角を曲がっても、全く同じように見える団地が並んでいる。私は、六年以上前に通ったラトゥ・ノアの家への道順を、なんとかして思い出そうとしていた。ただ、あのときはいつも暗い時間帯に来ていたし、しかも徒歩だった。それでも私は、大通りのあの大きな建物のところで曲がること、そこからいくつかの角を曲がると最後にL字型の角があって、ラトゥ・ノアの家の前に出ることを、明瞭に覚えていた。

ところが、私の記憶の通りに進んできたにもかかわらず、我々はラトゥ・ノアの家にたどり着かなかった。大通りから折れて、左へ、右へ、左へ、そしてすぐに右へ。ここまでは私の記憶と全く同じなのだが、その次に来るはずのL字型の曲がり角がないのだ。その先の道は、私の記憶とは全く異なる曲がり方をしている。私は、自分が今どこにいるのか、わからなくなった。

我々はしばらく、ぐるぐると歩き回り、出会った人々に「古い道」はどこにあるのかと訊いてみた。しかし、誰も「古い道」を知らなかった。彼らには、我々が何の話をしているのかすら理解できなかった。彼らは、今目の前にあるこの道以外、知らないのだ。

「ラトゥ・ノアの家をご存知ですか」

と尋ねても、彼らは肩をすくめるだけだった。しばらくして我々は、自分たちがいかに馬鹿げた質問をしているかに気付く。頻繁に出入りのある、この巨大な団地群の中で、こんな質問をしても無駄なのだ。今回の旅で、私はラトゥ・ノアを見付け出すことはできるのだろうかと、不安になってきた。

ふと私は、L字型の角の近くに、ヒンドゥー教の寺院があったことを思い出した。そこで我々は

「寺院はどこにありますか」

と、人々に訊いてみたが、この地区にはいくつかの寺院があることがわかった。まず一つ目の寺院に行ってみた。そして二つ目にも行ってみた。三つ目の寺院への道を教えてもらい、その寺院に着いた瞬間、私は叫んだ。

「これです。この道です」

以前はL字型だった道が、今ではT字路になっていたのだ。ようやく我々は、ラトゥ・ノアの家の前の道に出た。その道には、家が四軒しかなかった。

四軒のうちの一軒の前に、インド人の男性がいた。

「ラトゥ・ノアの家をご存知ですか」

と、私は尋ねた。ラトゥ・ノアと近所付き合いがあるはずだ。

「誰の家だって？」

と、その男性が訊き返してきた。私の質問が聞き取れなかったようだ。私は暗い気持ちになった。まだたどり着けそうにない。

「建設現場で働いている、フィジー人の男性です」

私は答えた。

「ああ、その人なら知っているよ」

と、その男性は言った。

「その家だよ」

そう言って彼が指さした家は、すぐ隣の家だった。

我々は、その家に向かって歩いていった。ちょうどラトゥ・ノアの娘が窓の外を見ているところだった。彼女は私を見て叫んだ。

「ルシアテ？　ルシアテだわ。そこにルシアテが来てる。ルシアテだわ」

我々は、ラトゥ・ノアの家の中に入った。このときの経験は、私の人生の中で最も鮮烈なものの一つである。

「久しぶりですね、ルシアテ。本当に久しぶりです」

ラトゥ・ノアは、それ以上、何も言わなかった。我々は握手を交わし、ただ涙を流した。お互い、相手に対して深い愛情を抱いていることがよくわかる。その後、我々は皆、静かに腰を下ろした。ヤンゴナとタンブアを差し出す、正式な儀式が行われる。我々は久しぶりの再会を喜び合いたかったが、その前に正式な儀式を行わなくてはならない。マリカが私のマタ・ニ・ヴァヌアを務めてくれて、セヴセヴの儀式が進められた。ラトゥ・ノアに、まずヤンゴナを渡し、続いてタンブアを渡す。ラトゥ・ノアが、ヤンゴナ、タンブアを順に受け取る。ラトゥ・ノアの振る舞いは、正式な儀式にふさわしいものであったが、それ以上の真剣さが伝わってきた。部屋は静まり返っている。しかしその静けさは、重苦しいものではない。

儀式が終わった。我々は、義務を果たした。ラトゥ・ノアが笑顔になり、また私に握手を求めてきた。

「戻ってきてくれてよかったです。ずっと待っていましたよ」

我々は冗談を言い合い、何度も笑った。自分の家だと感じられる場所に戻ってくることができて嬉しかった。我々は六年間に起きたことを報告し合った。海のこちら側とあちら側の出来事だ。誕生、死、結婚、別離等の変化があった。変わらないことは、やはり、仕事だった。今回は、ラトゥ・ノアは、いつでも仕事の話を始められる状態だった。今回は、ラトゥ・ノアに「どうぞ話し始めてください」と言ってもらうまでもない。

私の方から、原稿を出して話し始めた。

「本の原稿を持ってきました。まだ完成していないのです。最初の原稿の段階です。この本のことで、意見をいただきたいことがあります」

私は本の全体的な構造を少し詳しく説明し、トヴでの出来事とラトゥ・ノアの話とをどう結び付けたかを報告した。

「このような書き方で大丈夫だと思いますか」

「ええ。それでいいです。ルシアテ、私はこの件については、あなたの判断を信用しています。私はあなたに本当のことを話した。そしてあなたは、正しい組み立て方をしています。次の質問に移ってください」

「わかりました。トヴでの出来事に関して、訊きたいことがあるのです。チョネ校長とほかの二人の死について、特に、どのようにして人々がヴァカテヴォロが関わっていると考えるようになったのかについて、の部分です」

実は私は、ヴァカテヴォロ（一般的には「呪術」と訳される）が原因だったとは思っていない。不安に駆られた人々が、理解し難い出来事をなんとか理解しようとした結果、ヴァカテヴォロという解釈を行ったのだと、私は考えている。彼らは、自分たちの共同体の活動を回復させるために、難解な出来事に対して深い霊的な解釈を与えたのだ。私は、本にもそのように書いた。しかし、こういった事柄がどれほど誤解を生みやすいものであるかは、私も承知している。

「ヴァカテヴォロという概念は、読者に誤解を与えるでしょうか。読者は、フィジーが遅れているとか、原始的だとか、そういった印象を抱いてしまうでしょうか。この本では、ヴァカテヴォロではなくまっすぐな道の方を強調したのですが、それでもそういった誤解が生まれてしまうと思いますか」

私は、原稿の何箇所かを読み上げ、この懸念を、表現を変えつつ何度か繰り返して伝えた。フィジーには、本人が決めた方法で物事を進める権利を尊重するという文化がある。そのため、ラトゥ・ノアは、私のやり方に異を唱えづらいのではないかと、私は心配だった。しかし、我々は互いをよく知っている。ラトゥ・ノアは、私がどれほど彼の意見を重視しているかを理解している。彼が私のやり方を支持してくれてもくれなくても、私が彼の意見をありがたく受け取ることは、ラトゥ・ノアもわかっている。だからきっと、ラトゥ・ノアは率直な意見をくれるだろうと、私は期待した。ここで、ヴァカテヴォロについての議論を外すべきだと言われれば、この本を書き上げることは不可能になるだろう。そのことに気付いていながら、私はあえてこの質問をした。

「ルシアテ、ヴァカテヴォロについて書くことは重要です。それによって人々が、ヴの力に気付くのです。ヴァカテヴォロの力を知ることで、まっすぐな道の持つ力がどれほど強いかを理解できるのです。なぜなら、ヴァカテヴォロに対抗し得る力を持つのは、まっすぐな道だけだからです。物語全体を伝えようとするならば、まっすぐな道とヴァカテヴォロとの両方について書かなくてはなりません。

それに、あなたのヴァカテヴォロの説明を読めば、人々は、フィジー人としてこのようなことをしてはならないのだと理解できます。人々がまっすぐな道からそれたときに、この呪術とも呼ばれるようなことが実際に起きるのだと、あなたの本を読めばわかります。人々がヴァヌアを尊重せず、その土地の伝統的な決まり事に従わずに生きる様が、よく描かれています」

ラトゥ・ノアは話し続ける。

「もう少し説明しましょう。これらの物事には、秩序があります。もし誰かが私を殺したいと思った場合、その人はまず、私のヴの許可を得なくてはなりません。正確に言うと、その人のヴが、私のヴに対して許可を求めるのです。すると私のヴが、天上の神カロウに伺いを立てます。そこでカロウの許可が出れば、私のヴは最初のヴにそれを伝えます。ここでようやく、その人は私を殺すことができるのです。

子どもが生まれたときに、その子の人生は全て決まっています。将来、誰かがその子を殺す許可を求めて来るとすれば、天上の唯一の神はそのことも初めから知っています。カロウは天から全てを見ることができます。その人が善良であるか否かを判断し、その人を殺す許可を与えるか否かを決めるのは、カロウです。

フィジーには、ある問題があります。それは、フィジー人があまりにもすぐに、『それはヴァカテヴォロだ』と結論づけてしまうことです。『悪魔崇拝によって引き起こされたのだ』と、彼らは言います。本当は、もっと細かい点についてよく考えて、物事をきちんと評価し、なぜそれが起きたのかをよく見なければなりません。伝統（ヴァカヴァヌア）の道からそれたために、問題が起きるということもあるのです。チョネに起きたことも、まさにそういうことなのです。ヴァカテヴォロではありません。

誰かがヴァカテヴォロを行っているのではないかと人々が疑い始め、その出来事の真の意味について本気で理解しようとしない場合に、こういうことが起きます。人々は、なぜ人が死んだのかを、実際のところ理解できないのです。『あの人はどうして死んだのだろう』と、彼らは言い続けるでしょう。あの人は迷惑ばかりかけている人だっただろうか。いや、むしろいい人だったのではないか。ではなぜ、彼が死んだのか。きっと、表向きはいい人だったが、悪意を隠し持っていたのだろう。あるいは、神聖な場所に植物を植えるなど、その土地のタブーを犯したのかもしれない。宗教的な伝統に反する行為によって、死ぬこともあるのです。それはその土地との関係であって、悪魔の仕業などではありません。この二つは、全く異なるものです」

私の心配は消えた。チョネ校長の死にまつわる問題は、それ自体を描くことで十分に雄弁であるとラトゥ・ノアは言ってくれている。読者が誤解するかどうかは二の次でいいということだ。

「ルシアテ、土地が決まり事を決めるのです。私たちは皆、初めから、何が正しくて何が正しくないのか、何が許されて何がタブーなのかがわかっています。禁を犯して秩序を乱してしまった場合、罰せられることになります。死ぬことさえあるのです。

物事は整然としています。全てが、万能のカロウのところに届くのです。そして万能の神が死の命令を下します。チョネの父親は、万能のカロウに歯向かったわけです。あなたの本を読めば、万能の神の力についてよくわかります」

ラトゥ・ノアは考えながら話し続ける。

「あなたの本の読者は、三つのグループに分けられるでしょう。それぞれのグループが、それぞれの反応を見せるはずです。一つ目のグループは、フィジー人の首長や、フィジーの伝統的な生活に馴染みのある人々です。彼らはあなたが書いたようなことをよく知っていますから、あなたの本を理解し、高く評価するでしょう。二つ目のグループは村に住んでいて、あなたの本で描かれているような生活をしている人々です。彼らは自分たちも同じような生活をしているわけですから、あなたの本には本当のことが書かれているとわかるでしょうし、やはり高く評価してくれるでしょう。最後の三つ目のグループは、フィジーでの暮らしについて、少しだけ知識を持っている人々です。その中途半端な知識ゆえに、彼らの一部は非常に危険だと言えます。この三つ目のグループの人々は、この本を理解できないでしょう。とはいえ、彼らについて心配しても、仕方がありません」

「唯一の問題は、読者の大半が、その三つ目のグループに分類されるだろうということです。ただ、そのグループの中にも、自分の知識を間違った方向に使ったりせず、もっと知識を得ようとする人たちもいると思います」

と、私は言った。

「そうですね。そういう人もいるでしょう。しかし、だからといって、あなたが本に手を加えて、知識を誤用する可能性の高い人たちにも理解できるようにするべきだ、ということにはなりません。そんなことをすれば、あなたは面倒ごとに巻き込まれます。それに、そんなことをしなくても、知識不足で本を正しく理解できなかった人々も、いつかは理解するようになるでしょう」

ラトゥ・ノアが警告を口にした。

「ルシアテ、本について、これ以上話し合うことはありません。問題になるようなことはありません。唯一、問題になりそうなこととい えば、先ほどあなたが自分で話していたことくらいです。でも、それについても、心配する必要はありません。

是非この本を出版してください。ヴァカテヴォロの部分も全て含めて、です」

ラトゥ・ノアのこの言葉が、話題転換の合図だった。

「次のヤンゴナに入りますよ。もっと会話を続けましょう」

ラトゥ・ノアが言った。

ヤンゴナのお陰で、我々の会話が重くなりすぎることはない。とはいえ、真剣さが減じられるという意味ではない。厳格な雰囲気になりすぎずに済むのである。我々は皆、再会できたことがとても嬉しかった。

「ルシアテ、いつアメリカに戻る予定ですか」

「三週間後です」

「ではその前に、祝福を受けられるでしょう」

私はラトゥ・ノアが何を言おうとしているのか、わからなかった。理解できていないことが、私の顔に出たようだ。

「帰国する前に、私が、あなたの本に祝福を授けますよ」

今回のラトゥ・ノア訪問は、これ以上なく充実したものだった。私は再びラトゥ・ノアから教えを受けることができた。もっとも、教えを受けるのをやめたつもりはないので、「再び」と言うのはおかしいかもしれない。

翌日私は、シティヴェニを訪ねた。伝統的な手法に則って、交換と挨拶をしなくてはならないのだが、その前に二人とも感情が溢れ出してしまった。私はセヴセヴの儀式のために、シティヴェニにヤンゴナを手渡した。それからタンブアを渡して、私がいない間にシティヴェニの家庭で行われた葬儀やその他の大切な行事に参加できなかったことを詫びた。それから私は、自分が書いている本に対する助言を頼んだ。その後我々は、様々な話をした。また会えたことを喜び、互いにいろいろなことを尋ね合った。

その次の日、私は再びシティヴェニのところに話をしに行った。今回は本の細部についてだ。我々は、最初から最後まで、原稿に目を通した。シティヴェニは数箇所に関して、提案をしてくれた。心から応援してくれていることがわかる。七年前に、まだこの本について私が考え始めたばかりの頃に、彼は私の考えに同意し、本についての案を支持し、肯定してくれた。あのときと同じ言葉を、今も、心を込めて言ってくれる。

「この本は、私たちフィジー人のためにも、完成させなくてはなりません」

と、彼は言った。この物語は真実である。問題となるのは、どう書くかという点だけだ。形式や書き方の細部について決めるのは著者の仕事だ。間違いを犯してはならない、と、シティヴェニは言った。その通りである。

「ルシアテ、あなたはとても難しい仕事をしています。目に見えるものと見えないものとを扱っていて、その二つがどうつながっているのかを人々に説明しようとしているのです。人々は、目に見えないものは理解しません。その見えない部分こそ、私たちの生における真実なのですが、人々はその力に気付いていない。人々は、目に見えるものだけを見ています。それは本当は幻覚にすぎないのですが。そのような状態ですから、彼らは暗闇にいるようなものです。触ることのできる物質を所有することだけに夢中になっている。あなたはそのような人々に、目に見えないものの真実を知らせようとしているのです。それは本当に難しい仕事です。しかし、やらなければならない仕事です」

シティヴェニの言葉は、実際に私がしていることというよりも、私がしたいと思っていることを言い当ててくれている。まっすぐな道というのは、絶えざる挑戦なのだ。自分はまっすぐな道の上にいると安心してしまうと、次の日に目覚めたときには、もう道からはずれてしまっている。

「ルシアテ、目に見えない力は、ここフィジーにあるのだということを、世界に知らせてください。人々は見えない力を求めて、世界中を探し回っています。天にあるのではないかと思って探してみたり、ほかの場所もいろいろと探してみたりしています。でも、ここフィジーにあるとは、誰も思っていません。あなたの本は、彼らが目に見えない力を見る手助けをすることになるでしょう」

シティヴェニが本に祝福を与えてくれた。私は何度か、トヴに行く必要があるかどうかと尋ねた。トヴの人々と、この本について話し合い、彼らからも提案をしてもらうべきではないかと思ったからだ。しかしシティヴェニは、これ以上何もする必要はないと言った。

「私たちの伝統的なやり方に従ってくれればいいのです。私は、トヴの人々を代表して、あなたと話しています。この本について、トヴの人々の全面的な支持と支援を、私があなたに与えます。私は、この本について、トヴの年配者たちとすでに話し合いました。したがって、私は今、ヴァヌアを代表して話しているのです。私の意見がヴァヌアの意見です。もし私の判断が間違っていれば、私が償わなくてはならなくなる、というだけのことです。

私たちフィジー人が従っている、伝統的な正しいやり方は、あなたが昨日行った通りです。あなたは正しい作法で私のところにやって来た。あれでいいのです。ほかのトヴの人々と話す必要はありません」

日程的にも、トヴに行くのは無理だということがわかった。船の予定を調べたところ、トヴに着いて船から降りても、すぐにまた船に乗り込んでスヴァに戻らなければならなくなることが判明したのだ。テヴィタやほかのトヴの人々に会えないのは残念だった。とても悲しかったが、「また次の機会に」と思うしかない。

ラトゥ・ノアとの再会の四日後に、再びラトゥ・ノアの家を訪ねた。ラトゥ・ノアは、我々が初めて会った頃の話をした。今から八年以上前の、ラトゥ・ノアとなかなか会ってもらえなかった時期の話だ。

「ルシアテ、私は最初の二か月は、あなたを避けていたのですよ。あなたが何を考えているのかを知りたくて、あなたを試していました。でも、二か月たって、あなたが古い予言に当てはまることに気付きました。それで、あなたと仕事をすることに決めたのです」

「本当に、あなたにはなかなか会えませんでした」

私は答えた。

「一度会えても、もう次は会えないのではないかと思うことが何度もありました。あなたの奥さんが同情してくれたのが救いでした。ある雨の夜、私は約束通りの時間にあなたの家に来たのに、あなたはいませんでした。奥さんが家の中に入れてくれて、濡れた服を乾かしてくれました。そして、また来るようにと励ましてくれたのです。『遠くから来てくださったのに申し訳ありません。ラトゥ・ノアはいないのです。でも、あなたに会いたいと思っているはずです』と、奥さんは言ってくれました。この励ましが、本当に嬉しかったのを覚えています。

それから、出会って間もない頃、話の最後にあなたに言われたことも、しっかり覚えていますよ。『ルシアテ、あなたはもう二度と私と会うことはないかもしれない。また会えるという確約はできません』と言われました。あのときは本当に、もう二度と会えないのではないかと思いましたよ。ようやくあなたと一緒に仕事ができることになって、大喜びしていた瞬間に、そう言われたのですよ」

我々は二人とも、手を叩いて大笑いした。あの瞬間は、本当に辛かった。でも今となっては、我々は強い絆で結ばれていることがわかっている。

私は、ずっと訊きたいことがあった。

「テヴィタはどうしていますか。癒しの仕事をがんばっていますか」

「テヴィタは元気でやっていますよ。でも、癒しの仕事はやめました」

ラトゥ・ノアは、単なる事実を述べるような淡々とした口調で、そう言った。

「癒しの仕事をやめたのですか」

私はショックを隠せなかった。

「そうです。やめたのです。テヴィタは、決意が弱かった。癒しの仕事を続けていくには、理解が十分ではありませんでした」

「どのようないきさつで、やめることになったのですか」

私はまだ信じたくなかった。

「例の教会の活動のせいです。あなたがいたときにも、チェメサ牧師が来ていましたよね」

「ええ、でも、あなたからの伝言を聞いて、テヴィタは癒しの仕事を再開しました。『癒しの仕事はカロウに与えられたものだから、迷う必要はない。誰一人、牧師でさえも、テヴィタから癒しの仕事を取り上げることはできない』と、あなたが言ったのを覚えていますか」

私は、テープの内容を繰り返すことで、あのときのラトゥ・ノアの言葉の効力が今も続いていることを確認しているかのようだった。

「それでテヴィタは癒しの仕事を再開したのです。それなのになぜ、またやめることになったのですか」

「あれから一年ほどあとのことです。チェメサ牧師が仲間を引き連れて、再びトヴを訪れたのです」

ラトゥ・ノアの声に、悲しみの色が混じった。

「村の人々はほぼ全員、教会側に取り込まれ、癒しの儀式から離れていきました。テヴィタに改宗を迫る人々も出てきたそうです。そして気が付くと、テヴィタは一人ぼっちになっていました。それが問題でした。テヴィタは自分が一人だと気付くと、弱気になりました。精神的な強さが十分ではなかったため、それによって力を失ってしまったのです。こうなると、癒しの仕事をやめるしかありません」

「ただ、テヴィタは、仕事をやめる前に、直接私のところに言いに来なかったのですよ」

ラトゥ・ノアの声から、失望感が感じ取れた。

「癒しの力は、ヴから私を経由してテヴィタに与えられたものです。したがって、テヴィタが癒しの仕事をやめようとする場合には、私にまずそれを申し出て、私から、最初に力を与えてくれたヴに伝える、というのが、唯一の正しい方法でした。それなのにテヴィタは、私に伝言を送ってきたのです。伝言によると、テヴィタは、癒しの仕事をやめて、教会の仕事に専念したいのだそうです。執事になる予定だと言っていました。私は返事を送り、癒しの仕事をやめるのは構わないが、今後いっさい私に助けを求めてこないようにと言ってやりました。

テヴィタは、この仕事がカロウから与えられたものであることを、もっと理解すべきでした。癒し手は、助けを求めてきた全ての人を助けられるように、愛に満ちていなくてはなりません。やって来た人が誰であっても、たとえ真夜中にやって来たとしても、どんな場合でも、愛をもって対応するのです。癒しの仕事は宗教的なものです。それによってお金をもらうことのない、真に宗教的なものなのです。牧師の仕事とは違います。牧師は、村に住み込みで布教を行う場合、月に少なくとも七〇ドルが支払われるそうです。祈りを捧げ、人々を助けることで、お金を受け取るのです」

ラトゥ・ノアにとって、テヴィタの件はすでに終わったことなのだろう。たしかに、癒しの仕事をやりたいと望まず、しかもその資格がないような人が、癒しの仕事をすべきではない。だが、我々が話しているのは、ほかならぬテヴィタについてだ。それでもラトゥ・ノアは、この件については一人で感情の整理をつけたのだ。悲しみはもう消えているようだった。

ラトゥ・ノアは、癒しの仕事におけるお金の話に焦点を当てた。

「この仕事では、お金をもらうことができません。ところが、ある時期に、毎朝、百ドルの現金が手元に現れるようになったことがあります。妻が強い不信感を抱きました。私が、法律に反するやり方で、どこかからお金を盗んできているのではないかと疑ったのです。妻はとても悩んだようです。そこで私は、彼女に言いました。『これは違法なお金などではない。このお金がどこから来るのかを知りたいのであれば、私が祈りを捧げ癒しの仕事の準備を行う特別な部屋に連れていってあげよう。そこで、ヴに、このお金を送るのをやめるように頼みましょう。』私たちは二人でその部屋に行き、私はヴに、お金を送らないようにと頼みました。するとヴは、『私があなたにお金を送ったのは、あなたが自分の癒しの仕事でお金を受け取っておらず、何かしらの支援が必要だろうと思ったからだ。私からの贈り物だった。でも、送らないでほしいと言うのであれば、もう送るのはやめよう』と答えました。妻は、毎朝現れるお金が、ヴからの贈り物であったことを理解しました。しかし、あのときに断ってしまったために、それ以降お金は届かなくなりました。

　ルシアテ先生、そのようなわけで、お金については心配しなくて大丈夫です。必要であればヴが届けてくれます。それに、人々があなたに感謝の贈り物を持ってきます。まっすぐな道は、私たちに三つのことを教えてくれます。一つ目は、ディナ。誠実であること、そして、忠実であることです。二つ目は、サヴァサヴァ。清廉潔白であることです。三つめはドンドヌ。まっすぐに、正しくあることです。まっすぐな道に従っている限り、お金について心配する必要は全くありません。

　ルシアテ、何か質問はありませんか。ほかに訊きたいことがあるのならば、今ですよ。もしないのなら、それで構いませんが」

「訊きたいことはほとんど、六年前にここで答えてもらったように思います。教えてもらったことについて、あれからずっと考えていました。でも、つねに教えてもらった通りに行動できたとは言えない気がします。あなたは、私が心理学の分野で訓練を積んできたこと、それから、豊かなアメリカに住んでいることは、とても幸運なことだと言いましたね。フィジーで学んだあと、人々に奉仕する仕事をすることで、与えられた幸運を皆に分け与えるべきだと言いましたよね。私はそうできるように努めてきました。そして今後は、今まで以上に、そうしていこうと思っています」

　ラトゥ・ノアは言った。

「そうです、アメリカに住むというのは、幸運なことです」

「アメリカでは、人々に施術をすればお金がもらえますね。でもここでは、癒しの仕事をしてもお金はもらえません。問題は、あなたがどうやって、今アメリカでやっている方法をフィジーのやり方に変えるかです」

「変えられると思います」

　私は自信を持って答えた。

「私はアメリカでは教員の仕事でお金をもらっています。時間のあるときに、その仕事の一部として、カウンセリングも行っています。カウンセリングは、癒しの仕事と共通点が多く、今後は、あなたに教えてもらった癒しを、今までよりも多く取り入れていこうと考えています。これを無料でやろうかと思っているのです。アメリカでは極めて珍しいことですが」

「ルシアテ、一つ、いいですか。あなたの質問と、あなたの話し方からわかるのですが、何か望んでいることがありますね。何が欲しいのかを、はっきり言ってみてもらえますか」

　ラトゥ・ノアの直球に、私はひるんだ。こう言われて、かわすことができないのはわかっているが、自分が欲しいものを正確に説明できるようにも思えなかった。

「説明するのが難しいのです。私に必要なことは全て、六年前に、あなたから聞いていますし」

「たしかに、私は同じことは一度しか言わないようにしています」

ラトゥ・ノアが言った。

「その一度で、言うべきことを全て言うのです。もう一度同じことを言おうとすると、矛盾が生じて嘘が生まれるかもしれません。

ルシアテ、あなたはフィジーに戻ってくると約束して、実際に戻ってきました。アメリカにいる間も鍛錬を積んで、いくらか前進しましたね」

「ほんの少しだけです」

これは決して、謙遜ではなかった。

「そうかもしれません。それでもあなたは、努力を続けなくてはなりません。あなたが目指しているのは、マナを使って仕事をし、マナを高めることです。マナは、あなたのところにやって来るでしょうが、それを少しずつ高めていかなくてはならないのです。マナを一度に全て、あなたに渡すことはできないのです」

ラトゥ・ノアが、私の感じていたことを言葉にしてくれた。

「そうです、私はそういう仕事がしたいのです。そのための訓練の次の段階に進みたいのです」

私は勢い込んで言った。

「次は、三年間の契約という形になります。その三年間は、私の仕事についてさらに学んでもらいます。簡単なところから始めて、徐々にレベルを上げていきます。テストも難しくなっていきます。全てのテストに合格したという知らせが私のもとに届いたら、私は、あなたが使えるマナの量を増やしましょう。三年後にあなたは、癒しの仕事の中で、マナの量が増えたことによる効果を感じるようになるでしょう。そしてこのマナは、あなたの子どもたちに受け継がれるのです。ルシアテ、このテスト全てに合格すると、あなたは、神の祝福を受けられる段階に到達します。しかしそのためには、つねに、まっすぐな道からそれないように生きなくてはなりません。

ルシアテ、マナを使ったあなたの仕事は、アメリカでとても重要なものとなるでしょう。それに、お金をもらわないという点で、新しいものになる。癒しを受けに来た依頼主が、感謝の贈り物を持ってくるという形になるでしょう。ただし、それは感謝の気持ちのこもった贈り物でなくてはなりません。癒しに対する支払いではなく、贈り物です。あなたがこの決まりに従って、そのような贈り物だけを受け取っていれば、あなたはさらに大きな力を与えられるでしょう」

「ラトゥ・ノア、アメリカで、ヤンゴナを用いずに癒しの仕事をすることは可能でしょうか。アメリカではヤンゴナがなかなか手に入りません」

「ヤンゴナがなくても大丈夫です。アメリカでどのようにして癒しの儀式を行うべきかについては、アメリカに帰る直前に細かく話しましょう。ヴは全ての国にいるということを、忘れないでください。ヴは様々な場所に送られていて、それぞれの役割を持っているのです。自分のいる場所でヴを見付ける方法は、聖書に書かれている通りです。つまり、『カロウの国を探す』ことです。世界中のヴは、全員で集会を開きます。集会のあと、彼らはそれぞれに自分の持ち場に戻っていきます。ヴの力は、それぞれのヴが住んでいる土地の力に比例しています。マナはそれぞれの国に、少しずつ注意深く分配されます。そのようにすることで、悪用を防ぐのです。かつてドイツで、二つの大戦の際に悪用が起きたためです。ドイツはマナを手に入れて悪用したのです。

それから、ルシアテ、癒しの仕事においては、決して誇張をしてはなりませんよ」

「それはなかなか難しいですね。アメリカは誇張の国です。アメリカでは、まるであらゆる人々が誇張をしているように見えます。アメリカ人は皆、何かを売ろうとしているのです」

と、私は冗談を言った。

「聞いていた通りですね」

ラトゥ・ノアが首を振りながら言った。

「そのような中で、あなたが真実だけを語るようにすれば、あなたは中核部に位置することになるでしょう。人々の魂に訴えかけられるようになります。あなたは、あなたのところにやって来る依頼主と話すだけでいいのです。『あなたの依頼に関して尽力します』とだけ言えばいい。それ以上は不要です。そうすれば、あなたに助けられた人々が、あなたの仕事についての評判を広めてくれます。

ルシアテ、アメリカに帰国する前に、特別な時間を持ちましょう。あなたに言うべきことがあります。どの薬草を使うかとか、ヤンゴナをどうするかとか、そういう話ではありません。あなたの信仰についての話です。あなたに信仰があれば、マナはあなたのところにやって来ます。マナがあれば、薬草のとれる木もわかります。自分の住んでいる地域の木から薬草がとれるようになります。どの葉を使うべきか、どの枝を使うべきか、どの樹皮を使うべきかがわかります。それを水に溶けば、薬を作ることができるのです。私はあなたに、基本的な部分だけを教えます。あなたに本物の信仰、魂のこもった信仰があれば、その先の部分を理解できるようになります。人々を助けようとしたときに、知識があなたのところにやって来るでしょう」

三度目にラトゥ・ノアの家を訪問した夜、ラトゥ・ノアはまずこう言った。

「ルシアテ、またフィジーに戻ってきますか」

「戻ってきたいと、心から思っています」

「次にフィジーに来るときは、まっすぐ私の家に来てください。私もそのうち、アメリカに行って、あなたの家に行こうかと思います。

ルシアテ、あなたの国は美しいところでしょうね。いつかアメリカに行って、あなたに会いたいですね。そしてあなたはまたフィジーに戻ってくる。私たちは、あなたが遠いところにいるのは嫌なのです」

我々は同じ気持ちを共有していた。我々は笑顔を交わしたが、二人とも少し寂しい笑顔だった。

「ルシアテ、今のフィジー人は、自分たちの伝統を理解していません」

と、ラトゥ・ノアが静かに言った。

「フィジーでは、昔から、子どもが生まれるとマンギティというお祝いをします。家族に子どもを授けてくれたことに対するお礼を、ヴに捧げるのです。人が死んだときにも、同じことをします。ヴがその人の魂を、私たちのところに連れ戻してくれたことに感謝するお祝いです。死んだ人の魂は、私たちと共にこの地上にとどまり、私たちを助けてくれます」

ラトゥ・ノアは頭の中でたくさんの情報を整理しているらしく、次の言葉を口にするまでに少し時間をかけた。

「ところが宣教師たちがやって来て、人が死ぬとその人の魂は天に昇っていくのだと教えたのです。今のフィジー人の多くはそれを信じていて、かつて信じられていたことは忘れ去られています。それに、多くのフィジー人は、こういったお祝いを何も考えずに行っています。自分たちが行っている儀式の意味も知らないのです。どのような儀式でも、例えば、お祝いの四日目の夜についてです。四日目の夜は一番重要なのです。聖書にも書かれていますが、四〇日もそうですし、四つで一組になっているものもそうです」

「アメリカにいる間も、四という数字を大事にするように気を付けていました。何かの記念の四日後も祝うようにしました」

私は言った。

「ルシアテ、それはいいことです。四という数字はとても重要なのです。最初に薬を処方してから四日目の夜もそうですね。私たちは四日目の夜に、薬が効いているかどうか、患者を診察します。東西南北という四つの方位も大切です。力はこの四方位からやって来て、四日目の夜に一番強くなるのです」

「四方位は、ほかの民族でも大事にされていますね。北アメリカの先住民もそうです」

私が口を挟む。

「それはいい情報ですね」

とラトゥ・ノアは言ったが、新しいことを聞いて驚いているというよりも、自分のすでに知っていることを再確認したように見えた。

「数字について、もう少し話しましょう」

そう言って、ラトゥ・ノアが話を続ける。

「あなたはこの癒しの仕事を、基礎から学んできました。第一段階は、四という数字を使いましたね。あらゆることに数字の四が関係づけてあったはずです。今後、あなたが学びを進め、癒しの仕事の次の段階に進む用意ができたら、四以外の数字を使って構いません。あなたの好きな数字でいいのです。癒し手たちはそれぞれ、自分の数字を持っています。その数字を使って、癒し手たちは自分の力の性質や強さを高めていきます。その数字は、あらゆる戸を開けることができるマスターキーのようなものです。私はその数字の意味を知っているので、癒し手たちの仕事の性質を見極めることができるのです。

ルシアテ、あなたは、今までの人生で学んできた全ての知識を、今後使っていくことになるわけですが、それに、フィジーで得た新しい力を結び付けなさい。あなたの知識とこの力を、一緒に使うのです。誠実に仕事をすれば、結果は自然とついてきます。

それから、しっかりとした決意を持つことが必要です。心が揺れてしまう人が多すぎます。どの道を進めばいいかわからず、心を決められないのです。私はこれをすべきだろうか、すべきではないのだろうか、と、彼らは迷います。そのように決意が揺れてしまうと、癒しの力を与えてくれている神は、あなたのもとから去っていきます」

「それはわかる気がします。私もフィジーを出てから、決意をするまでに六年かかりました。六年たってようやく、あなたに教えてもらったことを実践する覚悟が決まりました」

ラトゥ・ノアは笑顔を見せた。

「いいことです。ルシアテ、それはいいことです。あなたに信仰があったから、あなたはここまでたどり着いたのです。信仰と忍耐力です。これからは毎日、癒しを行ってください。月曜日も、火曜日も、水曜日も、木曜日も、金曜日も、土曜日も、日曜日もです。特に日曜日は、祈りを捧げるのに適した日です。門が開き、道が通じる日です。

ルシアテ、癒しの仕事が終わったら、毎回、この仕事の力の源である天上の神に感謝を捧げなさい。

あなたの仕事がまっすぐなものであれば、仕事に必要なものは何でも、目に見えない波によって運ばれてきます。その波は、あらゆる方角からあなたのところへやって来ます。あなたが鍵を持っている限り、その波が絶えることはありません。あなたは、その波をよく見て、その意味するところを理解しなくてはなりません。また、この仕事をしていると、先を見通す力が与えられます。物事が実際に起きる前に、予見することができるようになります。

ルシアテ、あなたは六年間、この知識を得るために支払いを続けてきたようなものです。そして今、ついに、それを手に入れたのです。この話は、今まで私の下で働いていた人にも、一度もしたことはありません。

さあ、ルシアテ先生、ヤンゴナをどうぞ」

ラトゥ・ノアがそう言って、私にビロを差し出した。これから新たな一周が始まる、最初のビロである。立場上、私はラトゥ・ノアよりも前に飲むべきではない。ラトゥ・ノアは首長であるし、私の師なのだ。当然、私は断った。しかしラトゥ・ノアは、私に勧めるのをやめない。初めはやや冗談めかしていたが、徐々に勧め方が強くなってきた。ただし、態度は終始丁寧だ。

「さあ、ルシアテ、先に飲んでください。あなたのあとに、私が飲みます」

私はもう一度断ったが、ラトゥ・ノアは引かない。

「あなたから飲んでください。あなたに先に飲んでほしいのです」

断り切れず、私はビロを受け取った。私がヤンゴナを飲み、続いて、ラトゥ・ノアが飲んだ。

ヤンゴナが一周した。今夜もすでに何周分も飲んでおり、夜が更けるにつれて、さらに何周も回るだろう。この一周も、それらの中に溶け込んでいくのだ。

ラトゥ・ノアが再び話し始める。

「フィジー人の多くに共通する問題点は、彼らが助けを求める際に、助けてくれる天上の神に感謝をしないということです。ほとんどの人はマナを使えるようになると、マナを失わないようにと必死になります。マナを使うことを控え、マナについて自慢をします。彼らは、マナが彼らに与えられた贈り物であることに気付いていないのです。マナは、彼らの所有物ではありません。マナは贈り物なのですから、マナを使って仕事をして、支払いを求めるのは間違っています。マナは世界中にあります。アメリカにもあります。ただ、マナを癒しの仕事に使うための正しい道を知っているのは、フィジー人だけです」

ラトゥ・ノアは、決して自慢をしているわけではない。ただ、事実を述べているのだ。ラトゥ・ノアが、私の次の質問を待っていることが感じ取れた。

私は、シティヴェニから、ルケがラトゥ・ノアの手伝いをするようになったと聞いていた。

「ルケはいつから、あなたの手伝いをしているのですか」

と、私は尋ねた。

「ルケがチョエリをスヴァの病院に連れてきたことを覚えていますね。あのときに、ルケは、チョエリを私の家にも連れてきたのです。私はチョエリのどこが悪いのかを診ました。そしてルケに、私の首飾りから、玉をいくつか渡しました。マナの力が、彼と共にあることを証明するものです」

「では、ルケは今、トヴで癒しを行っているのですか」

「そうです。トヴで癒しの仕事をしています」

「月曜日の夜の儀式もやっているのですか」

「そうです。月曜の夜には、世界中の医師たちが癒しの仕事（ヴェインガラヴィ）をするのです。

テヴィタは、助手を置きすぎていました」

ラトゥ・ノアが、考え込むようにして言った。マリカと私に話しているという風ではない。

「私はテヴィタに、助手の数を減らすようにと言ったのです。私は彼の助手たちのことを、直接知りません。知っているのはテヴィタ本人だけでした。テヴィタと私の関係は、直接的なものでした。私がテヴィタに癒しを行ったあとで結んだ関係です。私は、トヴに力を届けるために、ここからテヴィタに向かって力を送っていたのです。テヴィタの助手たちには、私は関わっていません。テヴィタが自分で選んだ人たちです。私はテヴィタに、病気の人たちのところに癒しを行いに行くときは、テヴィタ一人で行くようにと、助手に行かせるようなことはしないようにと言い聞かせていました。テヴィタの選んだ助手たちは、よく、癒しの仕事を冗談の種に使っていたのですよ」

「アリパテもそうだったのですか」

と、私は尋ねた。アリパテはラトゥ・ノアの癒しを受けたことがある。その癒しのあとで、ラトゥ・ノアから力を与えられ、テヴィタの助手になった人物だ。

「アリパテは癒しの仕事に真剣に取り組んでいなかったのです。いつまでも、彼自身のヴと交信しようとしていました」

「エロニはどうでしたか」

「エロニは死にましたよ」

「亡くなったのですか。一体何があったのですか」

「糖尿病です。彼は、通常の病死です」

「オンゴに住んでいたテヴィタの助手はどうなりましたか」

「彼ももう、癒しは行っていません。テヴィタと同じように、レワを手放しました」

私は再び、テヴィタのことを思った。テヴィタがもう癒しを行っていないという事実は、やはり受け入れがたい。テヴィタがどうやって助手を選んだのかについて考えてみた。誰かが助手にしてほしいと言いに来た場合、テヴィタはおそらく、なかなか断れなかっただろう。彼が、多くの癒しの依頼を受けて、それに応じようと努力していたことを私は覚えている。加えて彼は、つねにいろいろな場所を飛び回るような状態は好んでいなかった。さらに、彼は自分に十分な自信がなかったのだろう。自分一人で人々を癒すことができるという自信が足りなかったのだと思われる。ラトゥ・ノアに言わせれば、それは、完全な自信、つまり信仰が足りない、ということだ。ここまで考えたところで、私は、ラトゥ・ノアが私のことをテヴィタの助手に選んだという事実を思い出した。私はテヴィタの助手だったが、同時に、直接ラトゥ・ノアの下でも働いていた。その点において、私はテヴィタの他の助手たちとは異なっている。

ラトゥ・ノアは、私の方に向けて身を乗り出してきた。

「ルシアテ、あなたに私の祝福を与えましょう。しかし、覚えておいてください。もしあなたが私の信頼を裏切った場合、私の祝福を裏切って、誘惑に負けてしまった場合、それは私と天上の神に跳ね返ってくるのです。誘惑に負けて道からはずれる前に、私のことを考えてください。あなたが道からはずれてしまうと、私がその報いを受けることになります。

ルシアテ、私たちがこの数日間話し合ってきたことは、癒しの仕事の法則と原理です。あなたがすでにまっすぐな道の上にいるので、私はあなたにこれらの原理を教えているのです」

ラトゥ・ノアが話をまとめた。次に会う日を決めれば、今夜の会はもう終わりになる。

「いつアメリカに戻るのですか」

と、ラトゥ・ノアが尋ねてきた。

「一週間後です」

「では、帰国の二日前に、もう一度ここに来てください。最後の話し合いをしましょう。そしてもう一度ヤンゴナを飲みましょう。特別なヤンゴナです。一緒に飲んで、たくさん話をしましょう。そのときに、アメリカに戻ってからすべきことをお話しします。フィジーであなたに起きたこと全てに、そしてあなたが受け取った全ての祝福に、どうやって感謝すべきかをお話しします。それが終われば、あなたは自分のしたいことを何でもできるようになります」

最後の約束の日に、私はいつもよりも早く、ラトゥ・ノアの家に着いた。東の空が暗くなり始めたばかりだ。

私は心を込めてセヴセヴを行った。ラトゥ・ノアは、静かに、とても丁寧に、それを受け取って、それから、ヤンゴナを混ぜた。ヤンゴナを扱うラトゥ・ノアの動きが、周りに磁場を作り出していく。我々は今、自然な流れの中で、癒しの仕事の背景にある力に対して共に祈りを捧げているのである。

ヤンゴナが一周したところで、ラトゥ・ノアが私に指示を出し始めた。アメリカに戻った直後の二日間で何をすべきか、アメリカでどのように癒しの仕事を続けていくべきかといった指示だ。とても細かい説明だったため、私は何度か、もう一度繰り返してもらえるように頼まなくてはならなかった。

「ルシアテ、心配しなくて大丈夫です」

ラトゥ・ノアが、私の不安を和らげようとしてくれる。

「あなたに信仰があれば、あなたは何をすべきか思い出すことができます。信仰を持っていることと、まっすぐであること。この二つが、私が出した具体的な指示よりも重要なのです。

さあ、これで、私にできる提案は終わりです。あなたがフィジーからアメリカに戻ったあとは、あなたのやり方を尊重します。本当に、あなたのやりたいようにやっていいのですよ。

ルシアテ、これからも一緒にやっていきましょう」

ラトゥ・ノアは未来の話をしているものの、彼の声はやや低くなり、私は、終わりが近付いていることを感じずにはいられなかった。

「このタノアにヤンゴナが残っているうちは、私たちは話を続けることができます。もし質問があるならば、今のうちに言ってください。このタノアが空になったら、私は次のヤンゴナを混ぜます。それが最後のヤンゴナです。最後のヤンゴナを飲む間は、私たちはいっさい話をしません。ただ黙って、ヤンゴナを飲みます。そして最後のタノアが空になったら、今日の会は終わりです。私たちはそこで、握手をします。その握手のときに、私はあなたの本に祝福を送ります。そして、あなたに力を送ります。握手が終わったら、あなたはこの家を出て行くのです」

気持ちが重くなった。我々の会話に終わりが来ることは避けられない。しかもその終わりは、もうすぐやって来る。私はこれからもラトゥ・ノアと共にありたい、一緒に癒しの仕事をしていきたいと思ったとき、いくつか質問をしなければならないことに思い当たった。

「私がどのくらい進歩したかを伝えたいときや、困難に直面したときに、どうやってあなたに知らせたらいいのでしょうか。私は、ここに戻ってこられないと思うので。少なくとも、すぐには戻ってこられないでしょうから」

「ルシアテ、どんな方法でも構いませんよ。手紙で知らせてくれることもできるでしょうし、テレパシーを使ってもいいでしょう。あなたはどちらも使えると思いますよ。好きな方で構いません。

覚えておいてほしいのですが、誰かを助けようとしているときにあなたが自信をなくした場合、あなたについている神は手を引いてしまいます。しかし、そこで希望を失うことはありません。あなたのうしろについている神は、とてもとても古くからいる神で、非常に強い力を持っています」

ラトゥ・ノアが私の方を見ている。彼の目は、私を通り越して私のうしろを見つめている。それから、私の上方にも目をやった。私は、「あなたのうしろにいる神」という彼の表現を理解している。彼がこう言う場合、その神は今まさに、この部屋で、私のうしろに来ているのである。

「この神は、いつもあなたのことを近くで見守っています」

ラトゥ・ノアの言葉には、驚きも込められていなければ、芝居がかった響きもない。

我々はしばらくの間、黙って座っていた。私のすぐ近くに、強い力が存在しているのが感じ取れる。

「ルシアテ、キリストの言葉を心に留めておきなさい。キリストは、奉仕されるためではなく、自ら奉仕するためにやって来た、と言ったのです」

ラトゥ・ノアが言った。

「それから、癒しの儀式の際に、ヤンゴナを使わなくてはならないということはありません。ただの水でもいいのです」

ラトゥ・ノアは、ヤンゴナについての助言を繰り返した。

「ほかに何か話したいことはありますか」

ラトゥ・ノアがこの質問に戻った。いつも通りだ。

「ほかに質問はありませんか。ルシアテ、忘れないでください、この会話が終われば、私たちはもう会えないのですよ。質問があるなら、今です」

そう言われて、もう一つ、訊きたいことを思い付いた。

「私はアメリカにビロを持っていくべきでしょうか」

「持っていくべきです。私が一つプレゼントしましょう。二つの方がいいですね。一つは人にヤンゴナを出すときのために、もう一つはあなた自身が飲むために」

ラトゥ・ノアは立ち上がり、ガラスの扉がついた小さな食器棚の方へ歩いていった。食器棚はラトゥ・ノアのうしろの壁に沿って置いてある。食器棚の中には、タンブアと折りたたまれた数枚の古いタパ布が、きれいに並べられている。彼はガラスの扉を開き、二つのビロを取り出した。一つのビロの中に、もう一つが入れられている。戻ってくると、彼はそれらのビロを拭いた。拭いているというよりも、いつくしんでいると言った方が適切であるかもしれない。それから彼は、それらのビロを私の方に差し出した。私はビロを受け取ろうとしたが、ラトゥ・ノアもまだ、そのビロから手を放さない。一瞬、ビロが我々二人をつないでいるような形になった。その後、彼はビロを少し押すようにして、私の手に持たせた。まるでビロを、私の仕事に、そして私の人生に、送り出すかのようだった。

あらゆることに特別な意味が込められているように感じられる。その全てをここで分析するつもりはない。ただ私は、その重みを感じていた。

タノアにはもう、あまりヤンゴナが残っていなかった。もう少しで、最後のヤンゴナの時間になってしまう。家の外で、新鮮なヤンゴナを粉にしている音がする。普段は工場で粉にされたヤンゴナを飲むが、最後のヤンゴナには、新鮮なヤンゴナを出してくれるようだ。都会ではこれは、特別なヤンゴナだ。

「ルシアテ、あなたはもう、アメリカに戻る準備ができていますね。あなたは心理学者として、自分の研究分野を持っています。その分野に関して、十分に経験を積んできています。そして、フィジーに癒しを学びにやって来ました。この二つを結び付けることができれば、とても大きな力になります。あなたの教育の仕事も、癒しの仕事と同じ種類のものだと言えます。したがって、教育の仕事をしているときも、癒しの仕事をしていると言えるのです。

あなたは、今回フィジーに戻ってくる前にすでに、癒しの仕事の原理と法則をよく理解していました。前回、初めてフィジーに来たときに、きちんと学んでいたのですね。今回は、私たちは、いくつかの事柄を確認したにすぎません。そしてあなたに力を渡しただけです。

あなたがこの癒しの仕事を深めていくと、良くない意図を持った人々が近付いてきて、あなたがどこでこの力を手に入れたのかを知ろうとするでしょう。そういうときは、気持ちを落ち着けて、ただ成り行きに任せなさい。そうすれば、彼らは、あなたの知識について探ることができなくなります。人々に、あなたの力がどこから来るのかを、詳しく話してはなりません。

ルシアテ、そろそろ終わりが見えてきました。でも、あなたはまたフィジーに戻ってくることになります。この癒しの仕事には、電池のような性質があるのです。電池を充電しないでいると、力がなくなり、仕事ができなくなります。ですから、どんな形になるにせよ、あなたは再びフィジーに戻ってくるのです。あなたの電池の残量を確認して、充電するためです」

タノアが空になった。ラトゥ・ノアは、タノアの中の水分を拭き取った。そして、粉にされたばかりの新鮮なヤンゴナを混ぜた。我々の最後のヤンゴナが用意された。

一周目。我々は、体の動きを控えめにしつつ、ヤンゴナを飲む。話はしない。視線は下に落としている。ほんの数回、我々は視線を合わせた。二周目。タノアが空になった。ラトゥ・ノアは、タノアの縁まで全て、きれいに拭き取った。タノアには水一滴も入っていない。完全に空になった。ラトゥ・ノアが私の方に手を伸ばし、我々は握手を交わした。

第三部　まっすぐな道

第三章　生き方

「私たちの伝統が意味するところは、その伝統に従って生きている人たちにしかわかりません。でも、伝統に従って生きるためには、その意味を知る必要があるのです」

と、ラトゥ・ノアは言っていた。経験と考察とは、人間として生きていく上で、切り離すことのできない二つの側面である。フィジーの癒しについて、これまで私が述べてきた物語は、経験に重きを置いているが、以下の章では、その経験について考察し、解釈や提案を行っていくこととする。

物語とこのあとの考察との間には、断ち切ることのできない連続性が存在する。共に癒しの仕事を行ったフィジーの人々は、今も私の先生であり、我々を導いてくれるのは、彼らの物語である。フィジーにおいて癒しに関わった経験を何よりも大切にしたいという思いから、私は、フィジーの人々へのインタビューと彼らの語りとを本書の中心とした。フィジーでの経験を「解釈」することよりも「記述」し「記録」することを心掛け、フィジーでの経験を既存の心理学や文化人類学の学説の中に位置づけることを避けたのも、同様の理由からだ。

本書の一貫したテーマは、「まっすぐな道」である。フィジーの癒し手たちにとって、さらにはフィジーの一般の人々にとっても、まっすぐな道に沿って生きることこそが、あるべき姿とされている。つまり、「まっすぐな道」とは、癒しの実践であり、同時に、生き方でもあるのだ。まっすぐな道を最も忠実にたどり最大限尊重しているのは癒し手たちであるが、まっすぐな道は全てのフィジー人の理想の生き方だと言っていい。

まっすぐな道の本質

まっすぐな道は生涯をかけてたどる旅路である。その道をどこまで理解することができるかは、その人がどれだけ誠実に、信心深く、道を追い求めたかによって変わってくる。まっすぐな道の本質や段階は、道を進むにつれて見えてくるものだ。そしてこの道は、進めば進むほど困難な道となる。この道は直線にはならない。なぜなら、この道を歩くのは人間であり、人間というものは、まっすぐに歩こうと絶えず努力したとしても、想像もしていないようなときに道を踏み外してしまうものだからだ。そのため、道そのものは直線にはならないが、そこを歩く人間の振る舞いやあり方は、まっすぐであるように努めなくてはならない。

その結果、曲がりくねった人生の道を歩みながらも、なんとかまっすぐでいようと必死に生きることになる。まっすぐであるためには、真実を語り、真実に則して生き、全ての人々を愛し、正しい振る舞いをしなくてはならない。謙虚さ、敬意、専心、そして他者への奉仕も必要だ。しかも、今ここに挙げたことを全て行えばいいというわけでもない。まっすぐな道とは理想的な生き方であって、明確な手本を示して説明できるようなものではないのだ。自分で進むことによって、どのような道なのかを理解するしかない。

まっすぐな道を進むということは、「未知のもの」、「あちら側の世界」、「霊的なもの」を探究するということだ。それはつまり、マナを探し求めるということである。マナは癒しを可能にしてくれるものであり、癒しの背後に存在するヴから与えられるものだ。しかし、実際の癒しの実践においてマナを活かすことができるかどうかは、癒し手の信仰にかかっている。ラトゥ・ノアの言葉によれば、

「ある人のヴが強かったとしても、その人の信仰が弱ければ、癒しの力は弱くなる。ある人のヴが弱かったとしても、その人の信仰が強ければ、癒しの力は依頼主に届く」

ということだ。

癒しの力はマナに由来するものであるとはいえ、まっすぐな道がどのようなものになるかを決めるのは、癒し手や癒し手を目指す者の性格と行動だ。癒し手を目指す人々にとって重要なことは、癒し手たちにとっても重要だ。癒し手はつねに学び続けなくてはならないからだ。癒しの場でマナを活かせるかどうか、また、どのように活かすか、を決定づけるのは、癒し手が自分の役割を果たすかどうか、また、どのようにして果たすか、という部分なのだ。マナの探究に身を捧げ、人々に奉仕するためにマナを使うということが、きわめて重要となる。癒し手が献身の心を忘れたり、彼らの信仰がふらついたりする場合には、彼らの癒しの力は弱まったり、失われたりする。まっすぐな道は、癒し手たちに、絶えず変わらぬ努力を続けるようにと要求する。

しかし、道半ばの者たちに、早い段階であまりに多くのものを与えることはできない。多すぎる知識、力、マナを、与えるわけにはいかないのである。実際ラトゥ・ノアは、教え子たちに「少しずつ」マナを与えていた。徐々に強いマナを扱えるようになるためには、教え子たちの人格が成長していかなくてはならない。人格に備わる力がマナを育む土壌であり、それと同時に、人格もマナによって高められていく。まっすぐな道についての学びも、まっすぐな道に沿った歩みも、ゆっくりと、少しずつ、注意深く進めなくてはならないのである。未熟な癒し手が、焦って強力なマナに手を出してしまうと、癒し手と依頼者の双方に危険が及ぶ恐れがある。この道に、近道はない。一歩ずつ着実に進むしかないのだ。しかも、ラトゥ・ノアの言っていたように、その一歩がどのような意味を持つのかを、つねに自分で理解していなくてはならない。

まっすぐな道は、黙って謙虚に進むべき道だ。癒し手は、自分の仕事について自慢をしたり、多くを語ったりするものではない。依頼主が、癒し手の仕事について他者に話したり、噂を広めたりすることはあるだろう。それでも、癒し手自身は、自分の癒しの方法について、自分の癒しの力について、そして何よりもその力の源について、人々に詳しく話すべきではない。癒し手たちは、自分が話すべき内容以上のことを話したいという誘惑に駆られることがある。人々に感銘を与えて、新しい依頼主を獲得するためだ。しかし、彼らの力の源については、信頼できる少数の弟子には話してもいいが、基本的には自分だけの秘密にすべきである。癒し手が依頼主に話すべき内容は、自分の知っている真実のみだ。それ以上でも、それ以下でもない。真実を誇張して話してしまうと、真実が損なわれるのだと、ラトゥ・ノアも言っていた。

まっすぐな道は、「すべきこと」や「しなくてはならないこと」ばかりの厳しい道に見えるだろう。その道を進むことができるのは、癒し手に誠実さや信仰といった力があるからにほかならない。そのような中でも、特に避けなくてはならない種類の振る舞いや行為がある。それらを行ってしまうと、誠実さや信仰が汚され、マナが弱まる恐れがある。最も厳しい禁止事項は次の二つである。癒しに対する対価として、お金を要求したり受け取ったりすること、そして、力を使って依頼主と性的な関係を持つことだ。依頼主から感謝の贈り物をもらうことは適切な行為であり、贈り物としてお金を受け取ることも問題ない。しかしそれは、あくまでも感謝の印としての贈り物でなくてはならず、癒しという奉仕に対する支払いであってはならない。性的な面に関する禁止事項は、一般的には男性の癒し手に向けられたものと考えられている。男性の癒し手が、力を使って女性の依頼主と性的な関係を持ちたいという誘惑に駆られるかもしれないという可能性を念頭に置いてのことだ。しかしこの項目自体は、もともとは、男性だけに

癒し手

向けられたものではなく、力を用いて人を操る、脅す、力を乱用する、といった行為を広く指している。癒しを行う際に、支払いを要求したり、性的な行為を行ったりした場合には、癒しの力は失われる。そのような癒し手たちが癒しを続けることもあるが、彼らの行為はもはや有害なものでしかない。彼らはまっすぐな道からはずれてしまっているからだ。

癒し手たちは、まっすぐな道を見付け、その道の上を進むという困難な課題に取り組んでいる。そのために、彼らは、高い理想に沿って生き、清廉潔白であろうと努力しなくてはならない。ただし、まっすぐな道には特別な力があり、その力は癒し手たちの奮闘を手助けしてくれる。癒し手たちはその力に引き付けられ、魅了され、元気づけられ、同時に圧倒されるのだ。ヤンゴナはマナの鍵と見なされ、癒し手たちをマナへと引き寄せる磁石のような働きをしていると考えられている。ラトゥ・ノアは、癒し手を目指す者たちのところに力と知識を運んでくる「波」について話していた。また、師と弟子との間や、道の上にいる癒し手同士の間に流れる「電気」についても話していた。このような力は、道を求める者が誠実で強い信仰を持っている場合に、非常に強いものとなる。これらの力は、海の波や稲妻といった自然の力に似たものであるため、癒し手が道からはずれないようにと真剣に努力をしなければ、危険なものとなり得る。

道の上で体験するヴィジョン

まっすぐな道は、癒しのヴィジョンを見るところから始まる。一度きりの劇的な夢のようなヴィジョンを見る場合もあれば、日常生活の中に紛れ込んで現実との境目がはっきりしない曖昧なヴィジョンをいくつも続けて見る場合もある。このようなヴィジョンによって、人は癒しの仕事へと導かれる。つまり、ヴィジョンが、ヴと共に働くという新しい生き方の可能性を提示してくるのだ。そのようにして新しい道が開かれ、実際に癒し手が誕生して癒しの仕事が始まるという、この過程を、「ヴィジョンの顕現」と呼ぶことができるだろう。初めの癒しのヴィジョンが実現し、癒しの結果に結び付いたとき、つまり、ヴィジョンがその人の人生において現実のものとなったときに、ヴィジョンの顕現が起きたと考える。

ビトゥ南部に住むロティは、私がフィジーに滞在していた当時、六五歳近い癒し手だった。そのロティの初めの癒しのヴィジョンは、とても劇的なものだったという。彼は二〇年ほど前に体験したヴィジョンについて、そして、そのときの驚きと衝撃について、語ってくれた。

私は眠っていたか、あるいは少しまどろんでいたのでしょう。私たちの村のヴが、女性の姿で私の前に現れました。海岸近くにある崖に登って、そこから、下の湾にあるフィジーの昔ながらの小舟に飛び降りるようにと、彼女が私に言いました。私は崖の上に行きました。小舟が、遥か下に見えます。飛び降りるのは怖いと思いました。とても怖かった。でも結局、私は飛び降り、うまく小舟に乗りました。小舟が湾から海へと進んでいきます。突然目の前に、海蛇が現れました。海蛇の首に金の鎖がかかっていて、その鎖の先にはマナの箱が見えます。ヴは私に、その箱を取るようにと言いました。その箱は私のものだと言うのです。しかし私は、恐怖を感じました。蛇に噛まれるかもしれないと思ったのです。私は恐る恐る近づき、舟の帆を立ててあった棒を使って、蛇の首からマナの箱を取ろうとしました。何度もためらったあとで、慎重に手を伸ばしました。棒が金の鎖に届きましたが、うまく箱を取ることはできません。もう一度試みるべきか迷った末に、また手を伸ばしましたが、また失敗しました。するとヴが、村に帰るようにと言うのです。

「マナは、今日はお前のものにならない」

と言われました。翌日、彼女が再び、私の前に現れて
「もう一度チャンスをやろう。小舟に飛び乗り、小舟とマナの箱を手に入れるがよい」

と言いました。私が再び崖に登り、船に飛び降りると、すぐに例の海蛇が現れました。首からマナの箱を下げています。今回は、私は躊躇しませんでした。棒も使わずに、蛇の首からマナの箱を取りました。するとヴが私に、これでマナを癒しに使えるようになったと、癒しの仕事ができるようになったのだと言いました。翌朝、私は、何とも不思議な気分で目を覚ましました。癒しの儀式のやり方も知らないのに、どうやって癒しを始めればいいというのでしょう。すると、ヴの声が再び聞こえてきました。

「心配することはない。マナがあなたと共にあります。マナを使って癒しを行いなさい。癒しの方法は、自然とわかるでしょう」(Katz, 1981, p. 68)

初めのヴィジョンに現れるヴは、癒しのためのマナを与えるので、ヴに代わって癒しの仕事を行ってほしいと要求する。ヴは、まっすぐな道を示し、その道をたどるためには何が必要なのかをはっきりと教えてくれる。例えばロティは、迷いを捨てて一心に立ち向かうことの重要性を教えられた。初めのヴィジョンは、マナを癒しの仕事のみに使うという誓約を求めるものだと言えるだろう。

こうした癒しのヴィジョンは総じて意識の高揚を伴うが、その細部や鮮烈さは、人によって異なる。眠りに落ちる前や目が覚める前など、夢うつつのときにヴィジョンがやって来たと言う人もいれば、目が覚めているとき、特に一人でいるときにヴィジョンを見たと言う人もい

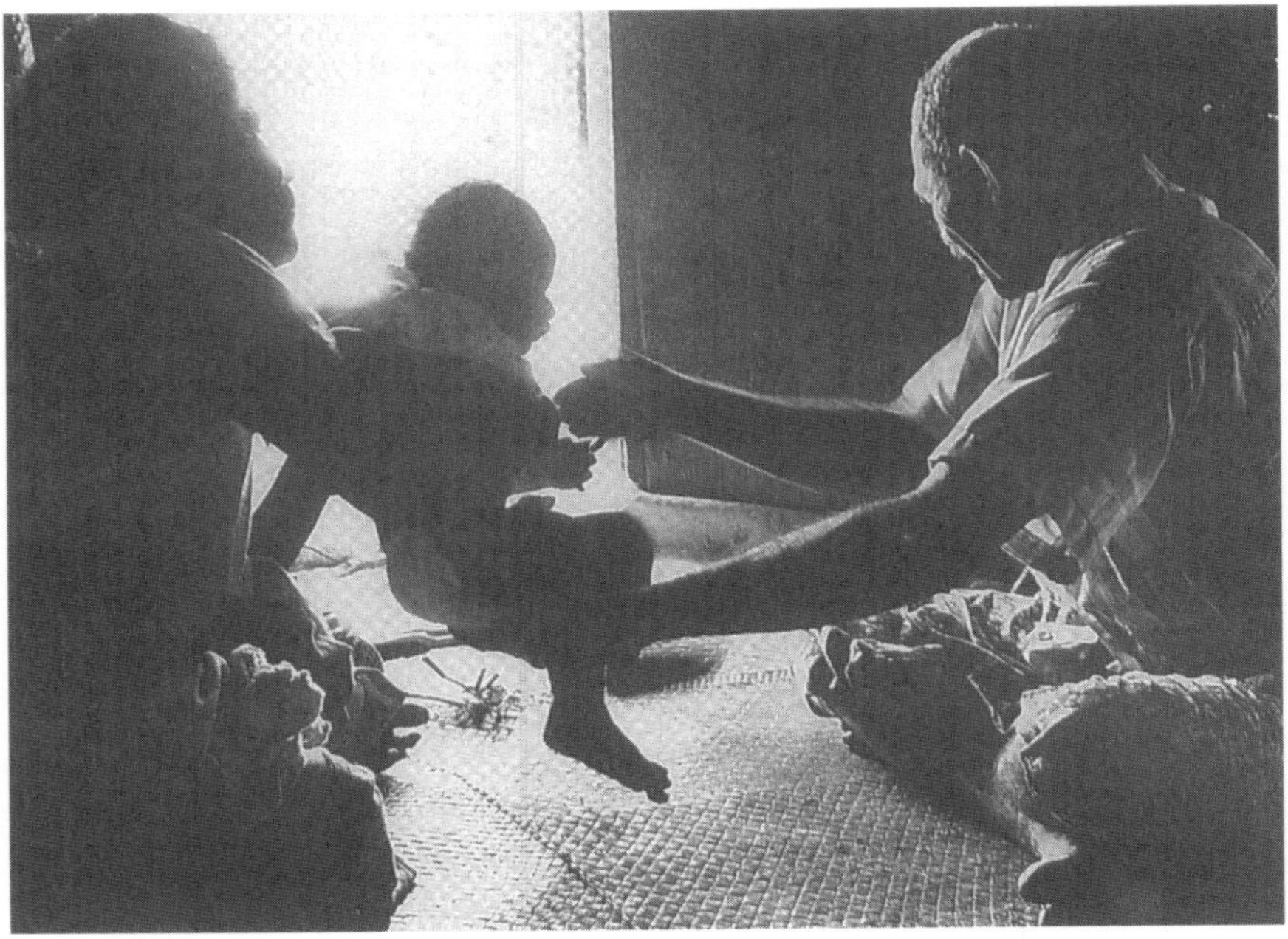

病気の子どもを癒し手に手渡す母親

る。癒し手たちはヴの姿を見ることが多く、ヴと言葉を交わすこともよくある。たいていの場合、癒し手は自らの肉体から出て、ヴのところへ、あるいはロティのヴィジョンにおける小舟のように、ヴが見せたいと思ったもののところへ、移動する。その際は、飛んでいくことが多いという。

　初めのヴィジョンによって、癒しの仕事のための基礎、つまり、癒しの力の源となるヴとの関係が築かれる。しかし、その初めのヴィジョンで示された内容を実現することができれば、ヴィジョンの顕現が完了するというわけではない。もし師の下で学んでいるのであれば、その師の教えを受けること、さらなるヴィジョンを体験すること、依頼主とのやり取りから教訓を得ること、そして何よりも、自らの属する共同体で繰り返し癒しを実践することを通して、ヴィジョンの顕現が完了するのである。要するに、癒し手になるためには、初めのヴィジョンやその後のヴィジョンを、日々の生活の中に再現していくことが必要だということだ。ヴィジョンは日々の行動に指針を与えてくれるものだが、同時に、日々の行動の中でヴィジョンが実現可能な指針に作り替えられるのだとも言える。そのようにして、彼らは、癒し手になるために不可欠なコア・トランスフォーメーション（根源的自己変容）を、日々の生活のなかで繰り返し体験していくのだ。

　初めのヴィジョンは、癒しの技術を教えてくれるものではなく、癒しの仕事に専心するという決意を呼び起こすものである。癒し手は、癒しの儀式の正確な方法を知らないまま、マナを信じるという決意を固めなくてはならない。癒しの仕事をしていくうちに癒しの技術を習得することができると信じて、癒しの仕事を始めることに同意する。フィジーの人々は、癒しの力を手に入れたいとは思っていない。そのため、癒し手になるようにとヴに言われると、それは自分が果たさなくてはならない義務であると思うものの、同時に、非常に厳しい課題だと感じずにはいられない。彼らはまず、ヴの要求を拒否する。それでもヴが何度も要求してきた場合にのみ、その要求を受け入れる。自分は、癒しの力を使うという大役にはふさわしくないという思いがあり、また、癒しの仕事のつらさと難しさも理解できるからだ。誘惑と試練に満ちた人生を、他者の苦しみを背負いながら、進まなくてはならなくなるのだ。

　初めのヴィジョンは、一般的には、成熟した大人が見るものである。が、青年期や成人して間もない時期にヴィジョンを見ることもある。多くの人は、初めのヴィジョンを見てすぐに癒しの仕事を始めることはしない。特に未成年の場合は、その傾向が強い。何週間も、何か月も、場合によっては何年も、時間をかける。ヴィジョンについて繰り返し検討し、それを受け入れた場合の結果について、何度も考えるのだ。心を動かされるような経験をしたために、やむを得ず癒しの仕事を始めることになる場合も少なくない。例えば、なぜか突然、病人から癒しを依頼される、といったようなときだ。

ヴァカテヴォロ

　まっすぐな道の定義は、実際に道を進むことで理解できるものだが、「こういうものではない」という否定の形で定義することも可能だ。本書においては、まっすぐな道はつねにヴァカテヴォロと対比する形で示してきたが、これは単純な二項対立というわけではない。まっすぐな道が複雑であるのと同様に、ヴァカテヴォロもまた複雑なのだ。

　たしかに、私が滞在した期間にトヴを襲った危機的な出来事の多さは、フィジーの村においては異常な数であった。それでも、私が本書に記したフィジーの癒しの物語は、ヴァカテヴォロにおいて働く力を正確に描写したものだと言えるだろう。

　他者を傷つけてほしい、あるいは殺してほしいという願いに、ヴが答える理由、また、ヴァカテヴォロがどのようにして行われるのかについての詳細は、通常、議論の対象にはならない。理由の一つは、ヴァカテヴォロに関する知識を持っていることが知られてしまうと、自分がヴァカテヴォロを行っている証拠だと思われるのではないかと、フィジーの人々が恐れるためだ。それでもなお、このような話題は、強く人々の関心を引く。情報の欠片を少しずつ集めることで、次のようなヴァカテヴォロの仕組みが徐々に見えてくる。一般的な方法は、通常のヤンゴナの儀式の最中に、その儀式を悪用して、他者に危害を与えてくれるようにとヴに頼むというものだ。その手法は多様で、人目に付きにくく、通常のヤンゴナの儀式に密かに組み込まれる。ただしときには、ヴァカテヴォロだけを目的とした特別な儀式が行われることもある。

「なぜ」という問題は、より興味を引く。ヤンゴナを捧げて頼みごとをした場合、その目的にかかわらず、強い力が生まれる。加えて、ヴの中には信頼できないヴもいるとされている。ある年配者は

「全く信用できないヴもいるのだから、ヴァカテヴォロを行うことも可能なのです」

と言っていた。しかし、ヴが邪悪な意思を持っていると決めつけるのは、危険な行為である。ヴが人間に危害を加える理由については、他の解釈もなされている。ヴは人間とは異なる次元に生きているため、人間の限られた理解力では有害な結果に見えることが、ヴには全く別のものに見えているという説だ。また、人間が他者を傷つけるところを見て、ヴがある種の喜びを感じているのだと考える人たちもいる。人間には理解できない喜びだ。人間の弱さ、つまり人間の悪意が、「ヴの娯楽」になっているという、やや意地の悪い解釈だ。

ヴァカテヴォロに関するこれらの説明は、ヴの基本的な役割と矛盾するものではない。ヴの役割とは、人間を守り導くことだが、人間が宗教上のタブーを犯した場合には、行動を改めさせたり罰を与えたりすることもある。基本的には、ヴは人間の味方なのだ。フィジーの人々は、

「ヴは私たちの長老であり、祖先である。私たちの幸せを願ってくれている」

と言う。

ヴァカテヴォロの持つ危険な力が大きいということは、まっすぐな道の力が大きいことの証明になる。この二つの行為では、願う内容は全く違うが、どちらもヴに力を貸してほしいと頼むという点において共通している。まっすぐな道とヴァカテヴォロとは、理論的には対極に位置し、互いに否定し合っている。しかし実際には、この二つは混ざり合っていて、そのせいで力を失う癒し手もいれば、道を見失う癒し手もいる。どんな癒し手も、ときには誘惑に駆られ、道を踏み外しそうになる。まっすぐな道を進むほど、自らの力が強くなり、それとともに力を乱用したいという誘惑が強くなるのだ。

ここまで記してきたように、ヴァカテヴォロとは、端的に言うと、他者を傷つけたり殺したりするためにヤンゴナを使うことを指す。ヤンゴナを渡すことは、ヴとの神聖な契約を意味するが、人に危害を加えるためにマナを使うヴァカテヴォロの場合は、悪魔との契約となる。「悪魔の業」と呼ばれる、邪悪な行いである。関連する語としてヴァカヴァヌアが挙げられる。この語は、特定の状況下で使われた場合、宗教上の伝統に従わないことを意味する。昔からの習慣をないがしろにすることは、ヴを冒涜していることだと見なされるのだ。

ヴァカテヴォロとヴァカヴァヌアは、どちらもヴと関係する語である。そしてヴァカテヴォロは当然のことながら、宗教上の伝統に従わない行為（ヴァカヴァヌア）の一種である。例えば、普通の病気（タウヴィマテ・ディナ）の対立概念である霊的な病気（タウヴィマテ・ヴァカテヴォロ）について話す際、人々は、霊的な病気の原因となり得る二つのもの（ヴァカテヴォロとヴァカヴァヌア）を区別しないこ

とが多い。そして一般的には、この二つの原因の両方を指して、ヴァカテヴォロという語を使う。

　すでに述べたように、ヴァカテヴォロという語を訳す際には、通常、「呪術」という語が当てられるが、私はヴァカテヴォロを呪術の一種とは考えていない。呪術の複雑さを詳しく調査し、呪術と妖術とを区別しようという試みは、これまで数多くなされてきた（例えば、Amoah, 1986; Ehrenreich and Dierdre, 1973; Evans-Pritchard, 1937; Kuhn, 1990; Luhrmann, 1989; Middleton, 1967; Taussig, 1987; Whiting, 1953）。しかし、呪術という語には明らかに軽蔑的な意味合いが含まれており、そのため、深みのない概念となってしまっている。それに対して、ヴァカテヴォロという行為や、ヴァカテヴォロを行った人物を探し当てようとする行為は、意味づけという重要な過程を放棄する行いだと説明できる。つまり、世界を理解し、その理解に基づいて物事に意味づけを行おうという試みを放棄する行為である。

　例えば、死という現象に対する、トヴの人々の極めて特徴的な反応は、その死にヴァカテヴォロが関わっているかどうかを知ろうとすることであった。ただし彼らは同時に、それを知ることを恐れてもいるのだ。そのため彼らは、仮説を立てては、それを否定する、という行為を繰り返すことで、死の理由の完全な解明を避ける。曖昧さを残すことにより、癒しの力とヴァカテヴォロの力の釣り合いを維持することができる、ということだろう。もしも、ヴァカテヴォロを行った人を特定してしまったら、その人物と向き合い、場合によっては追放する必要に迫られることになる。そしてその人物は、自分の身内であるかもしれないのだ。そのような結末を避けつつ、正しい力と悪い力のバランスをとることを目指すのである。悪事を行った人間の破滅を願うことはしない。

　ヴァカテヴォロとヴァカヴァヌアの問題が起きるたびに、ラトゥ・ノアやテヴィタは、まっすぐな道が大切だという助言を繰り返した。

「まっすぐでいることです」

　と、彼らは言った。

「信仰を強く持ちなさい」

「ヤンゴナの近くにいなさい」

「ヴに祈り、ヴを敬うことが大切だ」

　と、彼らは繰り返した。彼らがつねに強調していたことは、自らの守りを固め、悪い力を抑制するために、自分が良い行いをするということだった。彼らが、悪事を行った人物と直接闘うという可能性に言及したことは一度もない。ヴァカテヴォロには規則が存在しており、その手順も決まっている。しかし、まっすぐな道を進むことで、ヴァカテヴォロを行った人物を倒すことができるというわけではない。自分自身の精神的な強さこそが、最善で唯一の正しい防御となる。ヴァカテヴォロの規則は理解し難い神秘であるが、その規則によって、人間の外と内に存在する敵に恐ろしい力が与えられるのだ。

　以上のように、まっすぐな道とは、単なる悪との闘いでもなく、ヴァカテヴォロ等による死への対策でもなく、その土地の宗教的な伝統への違反を防ぐための方策でもない。まっすぐな道とは、人間の中にも文化の中にも存在する対立した力を扱う、複雑で困難な生き方を指している。経験したことのない難題に次々と出会いながらも歩き続けなくてはならない、精神的な強さを求められる道である。

ヤンゴナ

　ヤンゴナは、ヴと交信するための最も重要な手段であり、癒しの儀式には欠かせないものだが、多種多様な意味合いを帯びている。癒し手にヤンゴナを渡す際の形状には、生のままのもの、乾燥させたもの、ペースト状のもの、粉末のものがある。儀式においては、渡さ

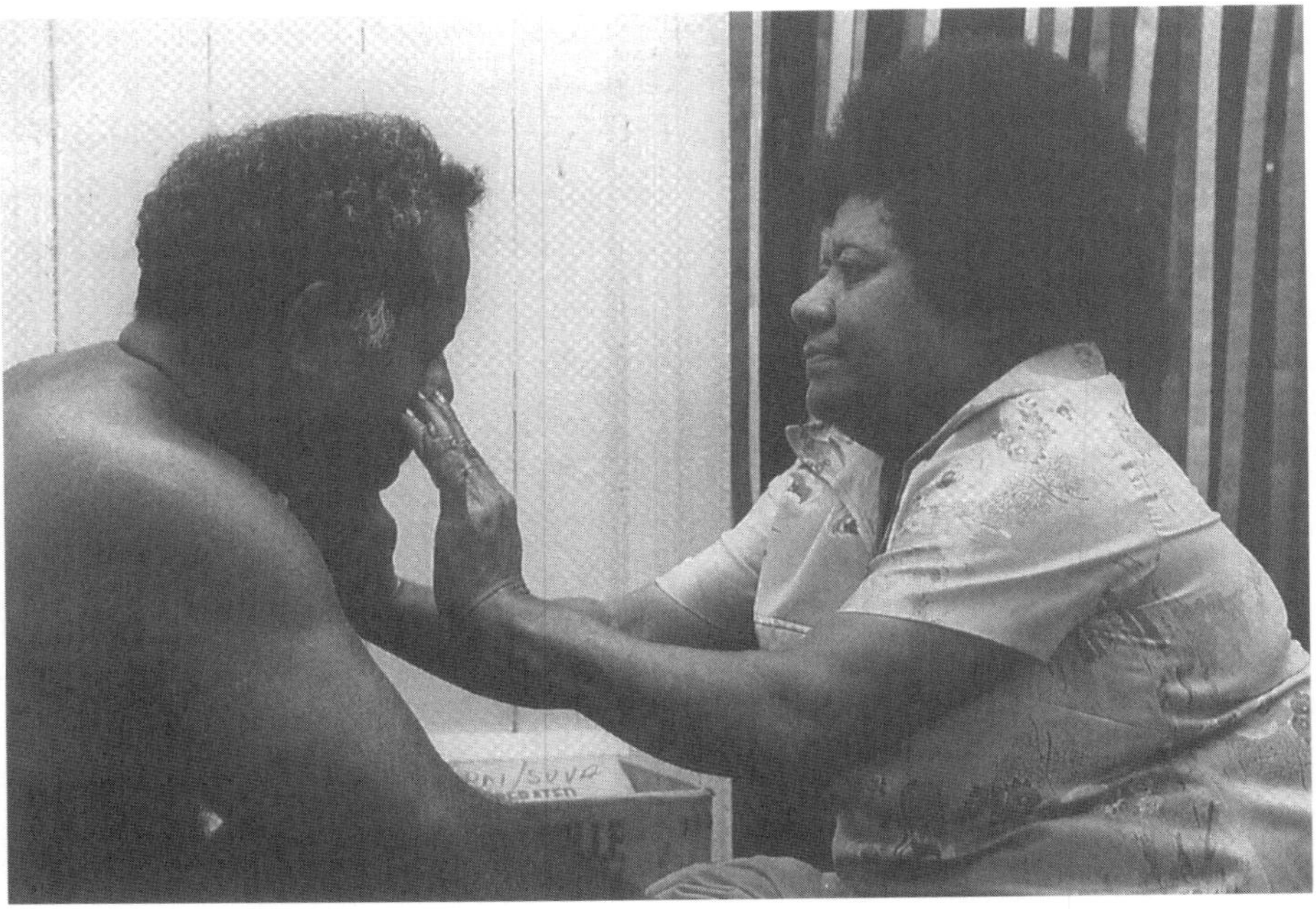

ヤンゴナを手渡されたあとで、依頼主にマッサージを行う癒し手

れたヤンゴナを使う場合もあれば使わない場合もあり、使うとしても水に溶く場合と溶かない場合とがある。癒し手にどのような形状のヤンゴナを渡すか、ヤンゴナをどのような形で準備するか、水に溶くのか否か、儀式で使うか否か、といった点は非常に重要で、儀式の効力を決定づけるものである。

ラトゥ・ノアが癒しの儀式に必要なものについて説明してくれた際に言っていたように、ヤンゴナを渡す際、ヤンゴナは単なる植物以上の意味を持っている。癒し手にヤンゴナを渡す際、依頼主にそれ以上のものを用意するお金がなく、心から助けを求めているのであれば、ヤンゴナの小枝だけでも十分だ。また、ラトゥ・ノアによると、必ず癒し手にヤンゴナを渡さなくてはならないというわけでもない。ラトゥ・ノアや他の癒し手たちは、ヤンゴナが単なる植物以上のものだとは言うものの、それ以上のことは明言しない。が、彼らの考えていることは明らかだ。ヤンゴナは、その人のあり方を表すものなのだ。つまり、癒し手が真摯な態度で癒しの仕事を行っていることや、依頼主が癒し手に真摯な姿勢で助けを求めていることを表すものである。癒し手も依頼主も、ヤンゴナを用いて助けを請う立場であり、彼らに求められるのは、まっすぐな道に従う姿勢だ。

このように、ヤンゴナとは人のあり方であって、単なる象徴ではない。ラトゥ・ノアはよく、「ヤンゴナを生きる」という表現を口にした。さらに、このヤンゴナというあり方は、癒しの儀式を行う際に重要なだけでなく、癒しの仕事に効力を持たせる上でも不可欠だ。ヤンゴナは、毎日を正しく生きることそのものだと言ってもいい。「ヴの食べ物」であるヤンゴナは、人間に、自分たちが宇宙の中のどこに位置しているのかを思い出させる。ヤンゴナを通して力を受け取る前に、人間は誠実さや謙虚さを示さなくてはならない。ヴから与えられるあらゆる贈り物と同様に、ヤンゴナも乱用される可能性がある。敬意を込めてヤンゴナを飲む（ラトゥ・ノアはこれを「ヴの代わりにヤンゴナを飲む」と言う）のではなく、貧しい人々が飲むアルコール飲料としてヤンゴナを扱うフィジー人も多い。しかし、正しく用いれば、ヤンゴナはまっすぐな道をたどる旅路を、とりわけ厳しく危機的な状況にあるときに、助けてくれる。

人生の道

まっすぐな道とは理想的なあり方を指す概念だが、このような思想は決して珍しいものではない。「人生の道」という考え方は、世界中の文化に共通して見られる。その道が「まっすぐ」であるべきだという主張や、「まっすぐな心で」道をたどるべきだという主張も、世界中に存在する。例えば仏教の八正道は、涅槃（この世の経験、利己主義といったものの限界を超越した状態）に至る道だ（例えば、Burt, 1955）。ディネ（ナバホ族）の人々にとって、人生の道は、あらゆる自然との調和やバランスを重視するものだ（Beck, Walters, and Francisco, 1992）。また、キリスト教の伝統においては、四世紀の砂漠の師父たちが実践した禁欲・黙想・誓願の道が、西洋修道制の元となっている（Merton, 1970）。ラコタの人々の間では、人生は赤い道（正しい生き方に挑戦する道）と黒い道の二者択一だと考えられている（Lame Deer and Erdoes, 1972; Neihardt, 1972）。ソルトー族（アニシナベ族の一部族）の人々にとっては、人生の七つの火が、人生を正しく進んでいく際の段階やレベルを示してくれるものだ（Musqua, 1991a）。

人々を鼓舞し導くために、正しい生き方に必要な価値観や人格が書き留められることがある。例えば、アラスカ州コッツビューのイヌピアックの人々は、年配者たちからイヌピアックの価値観のリストを与えられる（Craig, 1988）。サスカチュワン州のクリー族の年配者たちが伝える価値観のリストも、同様の例として挙げられる。このリストの中の価値観はそれぞれ、ティピを建てる際に使われる一五本の柱の一本ずつが持つ意味と対応している（The Tipi, 1988）。これらの価値観は、それぞれの文化において、真に重んじられ尊敬される人物とはどのような人なのかを示していると言われる。それは、とりもなおさず、各文化における精神的な旅を描き出しているものと言えるだろう。

多種多様なこれらの例を、単一の型に当てはめて語ることはできないが、これらの例は重要な特徴を共有している。これらの「人生の道」は全て、高次元の力や霊的な力との関わりを説いたものなのだ。人々にその道を示すのは、自分の経験によってその道について学んできた年配者たちである。彼らは、自らの人生経験について、そして何よりも大切なこととして、彼ら自身がかつて教えられた古くから伝わる真実について、後に続く人々に伝えることに尽力する。

イギリス人作家オルダス・ハクスリーは、正しい人生の道を「永遠の哲学」と呼び（1945）、アメリカ人のヒューストン・スミスは「原初からの伝統」と呼んでいる（1977）。人生の道の重要な特徴として挙げられるのは、この道が精神修養であり、この道をたどるためには多大な努力と献身が必要だという点だ。まっすぐな道を進むには「訓練」と「努力」が求められるのである。ラトゥ・ノアが言っていたように、まっすぐな道は「長く苦しい」ものであり、その道では、誠実であるために、絶えず用心し努力することが要求される。それぞれの土地の先住民族にとっては、それらの道は伝統的な生き方である。つまり、真に人間らしく生きるための指針だ。彼らにとって、道は、極めて実用的で単純な真理を示すものであり、抽象的な哲学などではないのだ。

道に沿って進むためには、絶えざる努力と用心が必要となる。その道筋ははっきりと見えるわけではなく、直線的でもない。曖昧で、混乱と誘惑に満ちていて、理解に向かって進んでいるときであっても、ややもすると誤った方向への曲がり角に誘い込まれそうになる。そのような中でも、求められる正しいあり方を貫くことで、道からそれずに進むことが可能となり、進む過程で、定められた段階を通過していくことになると考えられる。しかし、道は、生きていく上でのあり方を示しているものであるため、どのように生きるべきかという手引書のように、厳密な規則が示されたり、時系列に沿って起きるべきことが示されたりするような性質のものではない。この生き方の道を見付け、そこからそれずに歩くために不可欠なのは、敬意、謙虚さ、愛、分かち合い、奉仕といった、基本的な価値観や姿勢なのだ。

　この道に最も忠実に従っているのは、癒し手など、その社会の特定のグループに属する人々だが、この道はその文化に属する全ての人にとっての理想である。例えばフィジーでは、癒し手は、他の人々の目標となるような生き方をして、人々が道をたどる際の道標としての役割を果たすべきだとされている。一般的に、道について教えるときには、口頭伝承が用いられる。昔から使われている対話の形式だ。道について書き記す場合もあるが、それは主に、書き言葉に強く依存している若い世代に向けたものであり、その場合でも、直接話しかけるような書き方をする。教えの本質、そして真の学びは、やはり口頭伝承にあるのだ。実際の対話を通してこそ、伝えられるものだと考えられている。

　最後に、「まっすぐに」生きるという考え方が、意思決定や問題解決といった行為と強い関わりを持つという点を指摘したい(Watson-Gegeo and White, 1989)。まっすぐな人は正しく、善良で、誠実だ。そういった人物は、「物事をまっすぐにする方法」、「物事を正す方法」を身に付ける。つまり、まっすぐな人間こそが、道徳規範に従って問題を解決することができると考えるのだ。

　本書で描いたフィジーの癒し手のまっすぐな道は独特なものであるが、同時に、世界中の文化において共有されている典型的なものであるとも言える。それゆえ、このまっすぐな道は、西洋における治療や生き方に対して、貴重な洞察を与えてくれるものだと考えられる。

第三二章　癒し・発達・社会変化に対する自己変容のアプローチ

　フィジーの癒しは交換によって成り立っている。本書に記したフィジーの癒しの物語を将来的にも意味のあるものにしていくためには、つねに交換を続けていかなくてはならない。

「あなたの本の物語が、私たちが昔から用いてきた方法で、あなたの国の人々を啓発することになるでしょう。そして私たちは、それを通して、自分たちが何者なのか、何者であるべきなのかを、より深く理解することができるようになるのです」

と、ラトゥ・ノアは言った。本章においては、西洋における健康、癒し、個人の発達、社会変化に対して、まっすぐな道が持つ意義に焦点を当てる。私の役割は、西洋人に「(フィジーの人々が) 昔から用いてきた方法」を伝えることだ。

　単にフィジーの人々から「学ぶ」だけでは十分とは言えない。我々は、学んだ通りに、まっすぐな道の原理に従わなくてはならない。学びは、互いを尊重し合う関係から生まれるものであり、人々に奉仕するためには、その学びを実践に移さなくてはならないのである。

　しかし、まっすぐな道を我々の生き方に取り入れるだけでは、交換が成立したとは言えない。ラトゥ・ノアが言うように、本書は、フィジーの人々が現在と未来の自分たちのあり方を「深く理解する」ため

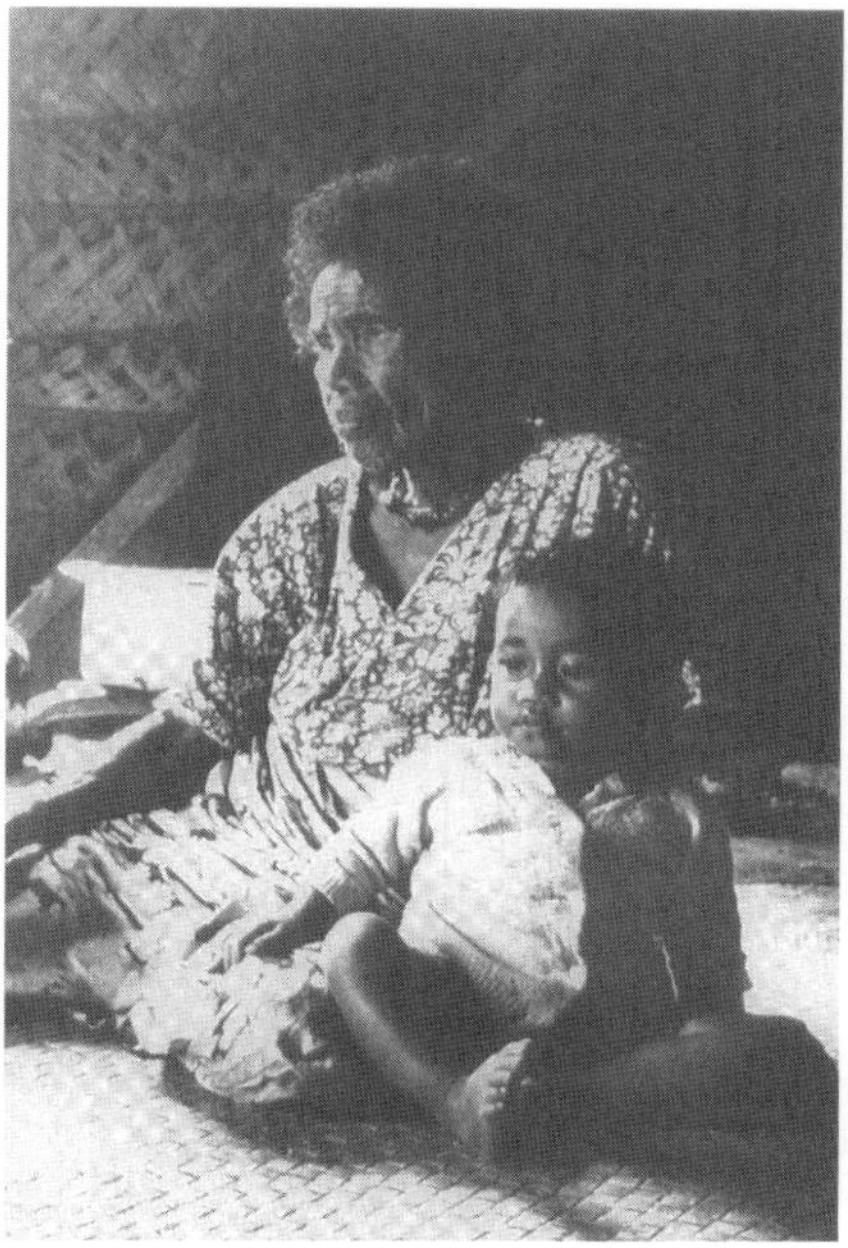

年配者と孫

の助けになるようなものでなくてはならないのだ。交換のこの部分に関しては、私はフィジーの先生たちの言葉を信じたい。時が来れば、本書の物語に描かれた真実が、フィジーの人々に自然と語りかけることになると、先生たちは言ってくれた。

本書を執筆した理由の一つは、人類が非常に危険な状況に置かれており、その存在が脅かされていると感じているためだ。健康と発達という私の関わってきた分野においても、崩壊の傾向がはっきりと見えている。崩壊が最も進行しているのは、産業化された社会だ。西洋では、この状況を変えるための方法が模索されている。状況を変えることができないまでも、せめて崩壊を止めるか、崩壊の速度を落とすことができないかと、様々な取り組みがなされているのだ。そのような中で、癒しの方法や生き方について考えるときに、まっすぐな道が希望を与えてくれる。

多くの人々は、西洋文化の核、すなわち西洋文化の霊的基盤が失われつつあり、おそらくは死に絶えてしまったのではないかと感じている。しかし、この乾き切った物質主義の世界の中にあっても、我々は、まっすぐな道の手助けによって、自分たちの霊的伝統を新たなものとして再発見することができるだろう。我々西洋人は、自分たちの霊的生活とのつながりを取り戻さなくてはならない。ラトゥ・ノアの言葉で言うなら、自分自身のヴとつながる、ということだ。それができなければ、我々全てをつなぐ霊的現実を実感することはできない。霊的現実の中にこそ、我々が生き延びるために必要なまっすぐな道があるのだと、私は確信している。

まっすぐな道は、人間の成長と発達に関わる以下の四つの局面において重要な意味を持つ。その四つとは、生き方、癒し、個人の発達、社会変化で、これらは互いに関連し合っている。まずは、まっすぐな道を、癒し手を教育する方法として使う場合について考察する。これは、癒し手以外の人々の生き方にもつながる内容である。その後、自己変容モデルを導入し、それを用いて、癒し、個人の発達、社会変化について分析する。個人の変化と社会の変化とは複雑に絡み合っており、癒しの過程は、その変化の中心に位置すると言っても過言ではない。自己変容モデルを使うことによって、まっすぐな道が、西洋世界に意義深い変化を引き起こす可能性を提示することができる。

他の文化における人生の道と同様に、まっすぐな道は非常に含蓄に富んでいる。まっすぐな道が持つ意味の深さをより正確に伝えるために、私は、フィジーの癒し手たちの言葉や彼ら自身による説明に寄り添いたいと思う。それを西洋の文化人類学や心理学の理論に対する証明や反証に使うつもりはない。

また、私は、自らもまっすぐな道の中核部に身を置きたいと思っている。私は、フィジーの癒しの儀式は複雑なものであると予想していた。フィジーでは、精巧に練り上げられた癒しの儀式が広く行われていると聞いていたためである（例えば、Ravuvu, 1983; J. W.

Turner, 1986a, 1987)。実際フィジーには、数多くの複雑な癒しの儀式が存在し、それらの儀式においては特定の動作を正確に行うことが求められる。しかし、癒しの本質は、まっすぐな道にある。それはすなわち、いくつかの単純な指針に従って生きることだ。フィジーの癒しの本質は隠されているわけではなく、我々も触れることのできるものだ。ところが同時に、ひどく理解しにくいものだというのも事実である。

癒し手の教育：生き方

まっすぐな道は、もともと、癒し手を教育するために用いる概念だ。しかし、その詳細を見ていくと、癒し手になるための過程は、あらゆる人にとっての理想的な生き方の手本となることがわかる。まっすぐな道の特徴を明確に示すために、フィジーで癒し手になるための伝統的な過程と、西洋、特にアメリカでの「ヘルスケアの専門家」の教育とを比較する。ここでの「ヘルスケアの専門家」は、医師、心理療法士、ソーシャルワーカー、精神科医、心理学者等、身体面、精神面のヘルスケアに関わる人々を指している。たしかに、フィジーの癒しとアメリカのヘルスケアには、重なり合う部分が多い。しかも、その目指すところまで含めて考えると、共通部分はさらに増える。しかし、フィジーの、とりわけ農村部の癒し手たちが、自らの理想に沿う形で癒しの仕事をしている点を見れば、アメリカの状況との違いは明白だ。

もちろんフィジーの癒し手の中にもまっすぐな道からそれてしまった人もいれば、西洋のヘルスケアの専門家の中にも同じような道を模索している人もいる。が、ここでは、対比を明確にするために、それぞれの文化における主流の傾向を取り上げる。西洋で一般的に行われている生物医学モデルは機械的な性格が強いが、様々な状況において、その傾向に抵抗しようとする動き、あるいは少なくとも行きすぎを是正しようとする動きが見られるようになってきている。医療分野においてこの動きを牽引しているのは、地域医療である。ヘルスケア全般においても、心と体の相互作用に基づいた種々の治療法が確立され、同様の動きが起きている(Goleman and Gurin, 1993)。その動きの中で、ケアの人間的な側面や治癒の精神的側面を重視するプログラムや治療法が、数多く開発されてきた。例えば、マリー・バルターは、自らが精神疾患から回復した際の経験を基に、人間性や精神性について述べており(Balter and Katz, 1991)、カバット・ジンと共同研究者たちは、瞑想によってどのようにストレスと不安が軽減されるかを説明している(Kabat-Zinn, 1991; Kabat-Zinn et al., 1992)。バードは、心臓発作からの回復において、祈りが効力を持つことを報告しており(Byrd, 1988)、リーメンは、ガンの治療におけるトランスパーソナル・カウンセリングの重要性について研究している(Remen, 1990)。

専門化や専門主義といったもののせいで、西洋の治療家とフィジーの癒し手を正確に比較することは困難だが、例えば地域精神科医には、フィジーの癒し手との共通点が多いと言えるだろう(R. Katz, 1981)。地域精神科医は、医学面、社会面、精神面に関して責任を負い、しばしば、「新科学の司祭」、「新宗教の科学者」と呼ばれる。精神医学の分野全体で見ると、地域精神科医の占める割合は決して高くはない。が、彼らは臨床心理学やソーシャルワークといった他の職業に関して、その教育や活動の方向性を示すなど、強い影響力を持っている。

フィジーにおいて癒し手になるということは、霊的な次元とつながり、霊的な次元から癒しを行うということだ。癒しを行うのはマナで、マナはヴから与えられる。癒し手が見る「初めの癒しのヴィジョン」は、霊的な次元と初めてつながる経験であり、それ以降、癒し手は、生涯にわたって何度も霊的な次元とつながることを繰り返す。そのようにして、ヴィジョンの顕現が実現していくわけである。精神変容は、まっすぐな道をたどるために必要な力だ。ラトゥ・ノアが強調していた通り、他者によって癒しの力が奪われるということは、あり得ない。霊的な次元とのつながりが絶たれない限り、力は失われないのである。まっすぐな道は、あちら側の世界への旅である。あちら側の世界にはヴが住んでおり、そこでは、善と悪の力は抽象概念ではなく、現実的な霊的行動規範なのだ。

対照的に、西洋でヘルスケアの専門家になるということは、一般的に科学的な過程だと考えられており、霊的な要素は全くない。五感で感知できるものが現実であり、「あちら側の世界」や「未知のもの」は「根拠のない推測」や「エラー因子」として退けられる。そして、何が病を治すのかと尋ねられれば、ヘルスケアの専門家たちは普通、医療技術や他の専門的な技術を挙げるだろう。

霊的な次元とつながるためには、自我を抑え、癒しの力に完全に身を捧げることが求められる。また、癒しに対する自らの貢献に関して、謙虚でなくてはならない。フィジーの癒し手は、マナを自分のものにしたり、マナによる癒しの効果を自分の手柄にしたり、ということはない。対照的に、西洋の医師は、病を治す能力を、自分個人のものとは言わないだろうが、可能な限り支配しようとする傾向にある。人間の脆弱性を受け入れず、能力（何をすべきか知っていること、あるいは、少なくとも知らないという事実を言わないこと）に重点を置く世界だ。

さらに、フィジーの癒し手は、霊的な次元の神聖さ、そして、癒しの力の神聖さに敬意を抱いている。ヴの力に対する敬意から、彼らは「ヴ」という語を使わずに間接的な表現を用いる。真実は明らかにするが、神聖な秘密を暴くことはしない。それに対して、ヘルスケアの専門家は、治療の過程から「神秘性を取り除く」ようにという指導を受ける。何らかの技術が「昔から伝えられているもので起源は不明」であった場合、その事実を伝えることはあっても、フィジーの癒し手たちがするように、その起源に深い敬意を払うことはない。

フィジーの癒し手にとって、癒しとは生き方である。それがすなわち、まっすぐな道という、人生の道だ。しかし、西洋のヘルスケアの専門家にとって、治療は仕事であり、個人の生活とは切り離されたものなのだ。

フィジーの人々にとって、癒しとは、人生の根本的な課題に取り組むための方法だ。それは「道徳的探究」と呼ぶこともできるだろうが、つまりは意味づけと現実構築の試みである。病気にも、理解すべき意味がある。例えば、その病気によって、ヴァカテヴォロ（宗教上の規範への違反）が行われていた事実が明らかになるかもしれない。病気を癒すために病気を理解しようとするのであり、同時に、病気を理解するために病気の癒しに取り組むのである。それゆえ、病気やヴァカテヴォロを直接攻撃することはない。健やかでいるために、人々は祈り、ヤンゴナの近くにいるように心掛け、正の力を強める。信仰によって、負の力を相殺し無力化することで、病が癒されるのだ。

対照的に、アメリカでは、ヘルスケアの専門家たちの仕事は戦争に例えられることが多い。病気を「打ち負かし」、「殲滅する」。医師は病気と戦う戦士であり、学ぶための時間など、まず与えられない。治療の成功は、調和の達成によってではなく、症状をどれだけ取り除くことができたかによって評価される。

フィジーにおいて癒し手になるということは、文化的神秘の中を通り抜け、未知の領域へと旅をすることだ。癒し手は、まっすぐな道を進みながらその道について学ぶが、この道は予測できず説明のつかない事柄に満ちている。信仰がこの上なく大切になる。それに対して、ヘルスケアの専門家を目指す際には、進む速度まで含めて、訓練の段階が正確に定められた「レシピ本」のようなアプローチに従うことを強いられる。

物語を聞かせてくれている年配者

フィジーの癒し手がたどる学びと実践の旅路においては、人格が何よりも重要で、人格こそが癒しの技術を学ぶための土台となる。真実、愛、敬意、謙虚さといった価値観を尊重する姿勢が、癒しの技術に力を与えるのだ。まっすぐであることが大切であり、ヤンゴナはそのようなあり方を支えてくれる。このように、フィジーにおいては、一定の段階に到達することよりも、内面の変化が重視される。それに対して、ヘルスケアの専門家になるための過程においては、進歩したことを認め、技術のレベルを証明するような、外側からの評価が行われることが多い。専門家のクリニックには、額縁に入れられた資格免許書が飾られているが、その数と能力が比例するとは限らない。さらに言えば、人格を度外視して、技術だけを重要視するような場合さえある。治療の専門技術が力や成功の基準となることも多く、その技術が新しく希少であるほどよいとされる。

フィジーの癒し手の学びについては、そもそも、進歩という考え方自体がそぐわない。まっすぐな道が直線ではないためだ。進めば進むほど、この道は困難になる。癒し手の力が強くなるにつれて、道を踏み外す危険性も増していく。西洋における進歩という概念は、これとは正反対で、上へ上へと向かい、あらかじめ定められた段階を一つずつ通過しながら直線的に進み、より大きな支配力を獲得していくという過程を指す。進歩すれば確実に見返りを得ることができるという考え方が、ヘルスケアの専門家たちの意欲を高める上で重要な役割を果たしている。

まっすぐな道は長く、時間をかけて進まねばならず、苦痛に満ちている。とてもつらく、多大な努力が必要な、大変な仕事である。いかなる近道も許されない。一歩ずつ、少しずつしか進むことができず、一度に長い距離を進むことは不可能だ。西洋では、機械的な効率の良さが非常に好まれ、ヘルスケアの専門家になるための過程においても効率が重視される。ソーシャルワーカー、心理学者、精神科医は、膨大な数のスキルアップ集中講座を受けなくてはならない。そういった講座を受けることで、短時間でまた一つ、進歩した印を受け取れるのだ。まっすぐな道とは異なり、忍耐は重視されない。

まっすぐな道は、黙って、謙虚に進まなくてはならない。癒し手は真実のみを、自分の知っていることのみを語る。「それ以上でもそれ以下でもない」と、されている。自己アピールはせず、依頼主を満足させたという事実を静かに語るだけだ。結局のところ、まっすぐな道は奉仕の道であり、フィジーの癒し手は共同体の奉仕者なのだ。彼らは奉仕に身を捧げているため、彼らの時間は、彼ら自身のものではない。感謝の贈り物を受け取ることはできるが、経済的な見返りを期待することはできない。それでもつねに、必要なものは十分にやってくるのだと、ラトゥ・ノアは言った。

寡黙さと奉仕というまっすぐな道の二つの特徴は、西洋のヘルスケアの専門家にとっては賛同し難い点である。彼らは、自己アピールが不可欠な文化の中で生きている。このような文化においては、ヘルスケアも含めてあらゆるものが売買の対象であり、稼いだ額で人間が評価され、個人の業績こそが成功を証明するものだと考えられる。そのような状況下で、黙って奉仕を続けることは、ほぼ不可能だと言えよう。

自己変容を介した癒し

ここで紹介する自己変容モデルは、私がフィールドワークで得たフィジーの癒しに関するデータを基にしている。もともと、このモデルは、一九六八年に私がボツワナのチュートワシ（クン族）のもとで行った一度目のフィールドワークにおいて着想を得たもので（R. Katz, 1982a）、その後、他の研究者たちのフィールドワークを参考に補強を行った（例えば、Lee, 1979, 1984; Marshall, 1969）。さら

首長と孫

に、一九八九年にチュートワシのもとで行った二度目のフィールドワーク、アラスカのイヌピアックの伝統的な癒し手のもとでのフィールドワーク (Katz and Graig, 1987, 1988)、ラコタ（スー族）の呪医のもとでのフィールドワーク、そして、世界各地の様々な先住民や非先住民に関する他の研究者の研究成果 (Katz and Seth, 1993) を取り入れて、より正確で詳細なモデルとなった。

フィジーの人々とチュートワシ（クン族）が用いる自己変容モデルには、異なる面もあるものの、根本的な部分で類似性が見られる (R. Katz, 1981)。同様に、自己変容モデルは、特に西洋以外の文化において、多くの地域で共通点が見られるようだ。例えば、狩猟採集民 (Hahn and Katz, 1985)、伝統的なプエルトリコのエスピリティスタ（霊的な癒し手）(Nuñez-Molina, 1987)、スウェット・ロッジ（発汗小屋）の儀式を行う人々 (Hampton, 1984) は、癒し手の教育の過程で自己変容が見られるという特徴を共有している。西洋においても、地域心理学者等による支援 (Cheever, 1991)、自助グループ内での支援 (Katz and Seth, 1986)、カウンセリング技術の自己教育 (Simonis, 1984) といった分野で、自己変容がテーマとして扱われる場合がある。

まっすぐな道は、癒しの道であり、つまりは、意味づけ、調和、つながり、完全性の探求の場だ。これは、要するに、自己変容の過程である (R. Katz, 1973, 1981, 1982a, 1986)。意識が劇的に高揚した状態も自己変容の一つの表れだが、通常の意識状態における小さな変化でも自己変容は起こり得る。意識が高揚している場合でも、通常の意識状態の場合でも、自己変容が起きると、自己と社会組織との間の透過性が高まり、霊的な次元との接触という体験が極めて現実的なものとしてもたらされる。高揚した意識状態に入り、そこで得られる効力を共同体において用いることで、自己変容が起きると考えられている。

癒しが持つ自己変容という性質については様々な観点から研究がなされており、自己変容における言葉の力を扱ったもの (Csordas, 1983)、自己変容における心象を扱ったもの (Noll, 1985; Skultans, 1987) 等があるが、これらの研究においては、意識の変容が不可欠な体験であるとされている。

「治療」とは病気の症状を取り去ることだという考え方に代わるものとして、「自己変容を介した癒し」の必要性が高まりつつある (Berg and Lipken, 1982; R. Katz, 1990; Katz and Craig, 1988; Kleinman, 1979)。しかし、このような考え方は理解されにくい。検査結果や目に見える症状といった可視的な基準によって得られる満足感を与えてくれないためだ。

自己変容を介した癒しを求める個人や共同体は、危機や混乱の最中にあるか、満たされない状況である場合が多い。ヴァルネラビリティ（脆弱性、自分が影響を受ける存在であるということ）を認め、変化に対して心を開く、という行為によって、彼らは自らの持つ恐怖心と願望とをいやおうなしに直視することとなるのだ。その恐怖心と願望とを抱えた状況でこそ、癒しによる変化が起きるのであり、同時に、その恐怖心を克服し願望を達成することが、変化の目的でもある。癒しは人間の本質への洞察を生み出す力であるばかりでなく、人間の潜在能力を引き出す手段でもある (Alexander and Langer, 1989; Bourguignon, 1973; R. Katz, 1982a; Katz and Wexler, 1990; Lévi-Strauss, 1963; McGuire, 1983; Van Gennep, 1960)。癒しにおいてヴァルネラビリティは無視できないものであり、ヴァルネラビリティに着目することによって、癒しは、共同体と個人の発達の重大局面に対応することが可能になる。この場合の癒しという概念は、病人に対する癒しだけを指しているわけではない。現実の定義、意味づけ、といった、心理的発達の過程に見られる重要な行為までもが、癒しに関わってくる。

西洋のヘルスケアのシステムは、健康と病気に関して、この自己変容モデルとは極めて対照的な前提を立てている。例えば、西洋では、病気を治療する際には技術的な介入が重視される。治療のプロセスは分断され、「チェンジ・エージェント（変化適応支援者）」、「目標母集団」など、関連性のない別々のカテゴリーに分けられてしまう。それに対して先住民族の人々は、個人や共同体を癒す際に、感情面や霊的な面を重視する。彼らは、そういった側面が癒しと分かち難く結び付いていると考える。

西洋では、治療家の人格よりも、治療家の専門技術が重要視され、また、専門家は、希少な人材と見なされている。専門技術を提供する治療家は、問題を患者から「分離し」、「除去」または「切除」するために「介入する」。西洋の医療システムにおいては、治療を受ける患者は通常、「問題を抱えている」個人または集団として扱われるが、その問題や病気というものは、患者個人や患者集団から分離したものと見なされる。多くの医療現場において、模範的な患者は「医者の指示」に従うものだ。従順に専門家の言葉に従い、専門家の邪魔をしないように努力すれば、患者は医者に「治してもらえる」わけである。専門家の数が限られているため、また、患者や共同体は治療に参加するどころか治療から切り離されているため、西洋のヘルスケアは希少で高価なのだ。

対照的に、フィジーの伝統的なアプローチにおいては、癒しの力は自然に増大し補充されるものであるため、共同体の全ての人々が利用してよいのだと考える（R. Katz, 1983/84）。フィジーの伝統的な癒し手には、特別な癒しの技術が与えられており、彼らは特別な責任を負っている。そのため、彼らは、依頼主にきちんとした施術ができるように、正しい認識力を与えてほしい、身体的な不調を敏感に察知できるようになりたいと、ヴに祈る。そのようにしてフィジーの癒し手は、霊的な働きを体現する存在となる。霊的な力の源は無限であるため、癒しに制限はない。

フィジーの伝統的な癒しは、その霊的な基盤の上に、様々な要素が複雑に絡み合う形で成立している。依頼主、依頼主の家族、依頼主が属する共同体、癒し手、癒しの行為、癒しの力といった、癒しに関わるあらゆる要素に、霊的な力が吹き込まれる。これらの要素全てが癒しを生み出す力を持ち、互いに支え合い、互いの変化を促す。これらの要素はまた、自ら増大する新たな癒しの力を、絶えず作り出していく。

それゆえ、フィジーの伝統的な癒し手の施術は、依頼主や共同体が自らを癒そうとする努力の中に組み込まれていくこととなる。癒し手は、共同体の助けがなくては、癒しを行うことができない。共同体の人々の、自分たちに力を与えてほしいという祈りが、癒し手には必要だ。癒し手が共同体を癒すと同時に、共同体も癒し手を癒す。共同体が癒し手として機能することで、癒し手の癒しを可能にしてくれるのだ。

テヴィタが最終的に癒しの仕事をやめたことには、トヴで共同体からの手助けが得られなくなったことが深く影響している。チェメサ牧師の熱心な布教活動に押される形で、トヴとオンゴの人々はテヴィタの癒しを見放した。テヴィタの癒しはキリスト教に反するもので、悪魔の業なのだと、牧師が決めつけたためだ。霊的な伝統や癒しの伝統を壊すことで、先住民たちの文化を破壊しようとするこの種の試みは、よく知られている通り、人類の歴史において世界中でたびたび起こってきたことであり、今でも、年配の人々からその話を聞くことができる（例えば、Musqua, 1991b; Skin, 1988）。

フィジーの人々が家族や共同体に対して癒しを行う場合、それは、マナの癒しの力を強めるということであり、病人の回復を妨げる障害物を病人の中から取り除くための手助けであると考える。そのような形で、病人が自らを癒す力が高められると考えるのだ。マナを通して、健康を守る力が、個人と共同体の内部に送り込まれる。このようにして健康を守ろうとする生き方は、フィジー人らしい生き方だと見なされる。

心理的、霊的発達

フィジーにおけるこの自己変容モデルを基に、「心理的、霊的発達と社会変化のモデル」を提唱することができるだろう。実際には、自己変容モデルのみを認め、それは霊的発達によって可能になるのだと言う方が正しいかもしれない。現在、西洋文化においては、癒しと霊的発達とは、通常、別次元のことと見なされているが、フィジーにおいては、その両者はともに、人生の様々な要素と不可分のものだと考えられている。

まっすぐな道をたどる際には、意識の高揚が力を与えてくれる。意識が高揚している間に、癒し手は、霊的な癒しの力によって、自分と共同体とが結び付けられていることを感じるためだ。そのような意識の高揚は、普段の生活の中で起きるもので、自己変容のごく一部に過ぎない。

ヴィジョンの顕現が進む中で、癒し手は、日常生活において何度も高揚した意識状態を経験する。また、ヴィジョンの顕現が進む間、癒し手が見たヴィジョンが、癒し手の毎日の行動に指針を与えるのだとされている。このヴィジョンの顕現の過程を通して、癒し手は進むべき方向を再確認し、共同体とのつながりを新たにする。まっすぐな道は、癒し手が進むべき道筋、つまり、文化的な理想へと向かう道筋を示してくれる。その道筋には、規範的なモデルと現実的なモデルがあり、前者は人々が切望する生き方を示し、後者は理想に近づいたり理想から離れたりしつつ進むという、人々の実情に即した道を示している。

まっすぐな道が示す個人の発達の自己変容モデルは、以下の点において極めて特徴的だ。霊的な次元を重視すること、変容の過程において前進と後退の動きが見られること、発達を直線的ではない連続体として柔軟にとらえること、力とヴァルネラビリティ（脆弱性）とを結び付けて提示すること、個人の発達と社会文化の発達とを不可分のものと見なすこと、である。

個人の発達という概念に対してまっすぐな道がどのような意味を持つのかを理解するためには、まっすぐな道とピアジェの発達モデルとを比較してみるといいだろう。ジャン・ピアジェは、西洋で最も広く受け入れられている発達心理学の理論の一つを提唱した人物である(Piaget, 1952, 1970)。彼の発達モデルとまっすぐな道が示す自己変容モデルとは、非常に対照的だ。

霊的な次元

自己変容モデルでは、発達において、霊的な次元が重要な役割を果たす。ピアジェの研究では、発達において重要なのは認知的な側面とされ、霊的な側面にはほとんど注意が払われない。感情面も構造的、認知的側面と関係するものとして扱われるに過ぎない。しかし、フィジーにおいて霊性と言う場合、それは、遠く離れた抽象的な次元の話をしているわけではない。西洋の多くの思想で想定されるような、「霊的な次元」対「それ以外の次元」（物質的次元、人間の存在する次元、心理学の扱う次元）という二元論は、フィジーの社会には存在しない。

まっすぐな道とは、霊的な原理と調和した生き方を学ぶことだ。世俗的な課題と霊的な課題との区別は、ほとんどない。マナという形で現れる癒しの力は、もともと、霊的な次元からやって来る。生活のあらゆる場面において、「物事を引き起こす」のは、マナだ。マナは癒し手だけでなく、政治家やスポーツ選手の力も高めると言われている。

たしかにマナは、フィジーの文化においても、人間の共同体に属するものではない。それでも、マナの存在する霊的な次元は、とても身近なものなのだ。ただし、身近であるということによって、マナの力が軽視されたり、マナの力が弱まったりすることはない。むしろ、霊的な次元を身近に感じ、さらにはその次元に親しみを持つことによって、霊的な次元が日常生活から切り離されたものだとは考えないようになる。フィジーの癒し手は実際に霊的な力を感じても、それが驚くべきことだとは思わない。そのことによって自分が「特別だ」と考えることもない。

一般的な発達理論は、発達における特定の側面を切り取ったり、特定の側面に焦点を当てたりしたものが多い。認知発達理論のほかには、例えば、感情面の発達（Hesse and Cicchetti, 1982; Izard, 1982; Izard and Malatesta, 1987）、道徳面の発達（Gilligan, 1982, 1988; Kohlberg, 1984, 1986; Turiel, 1983）を重視したものがある。また、発達における複数の面を統合することを試みる理論も多い。社会的要素と認知的要素を統合する理論（Lewis and Brooks-Gunn, 1979; Selman, 1980）、社会的要素と感情的要素を統合する理論（Sroufe, 1990）、感情的要素と認知的要素を統合する理論（Cowan, 1982; Kagan, 1978, 1988）、道徳的要素と感情的要素を統合する理論（Hoffman, 1978, 1980）等がその例だ。発達における霊性の役割を認識している研究もあるが、その場合、霊性を「信仰」という観点から論じ、発達とは別の領域として考える傾向にある（Fowler, 1981）。しかし、フィジーの癒しに見られる自己変容モデルでは、社会的、認知的、感情的、道徳的要素が統合され、その全ての要素が霊的な次元とつながっている。西洋の発達理論の中にも、そのような統合モデルを目指しているものもある（Alexander and Langer, 1989）。

フィジーの人々にとって、人間として最善の生き方は、霊的な次元を生きることである。そのためには、西洋で「感情」や「認知」と呼ばれる人間の資質が、霊性によって導かれることが求められる。フィジーのヴは、霊的な次元を最も完全に体現する存在であるが、同時に様々な感情を持ち、様々な認知行動をとるとされる。愛情だけでなく嫉妬も見せるし、正直でありながら人を陥れることもある。

霊的な次元を介して、人と共同体は絶えず影響を与え合う。癒し手たちは、癒しの儀式を行う者として尊敬されるべき存在であるが、だからといって共同体の中で特別視されるとか、特別な地位が与えられるとかいうことはない。フィジーの癒し手たちには、共同体の一員として、他の人々と同じように日々の務めを果たすことが期待されている。癒しは、その上で追加で負うべき責任だ。癒し手のテヴィタについて語るとき、年配者たちはいつも

「テヴィタは私たちの仲間だ。私たちと同じだ」

と言っていた。癒し手は精神的、心理的資質が癒しの仕事に向いているという点で共同体の他の人々と異なるが、日々の生活における立場や果たすべき務めに関しては、皆と同じなのである。

フィジーの癒し手は、霊的現実や自分自身の内面に集中しすぎるということはない。ヴはヴィジョンを介して癒し手の意識に入り込み、その癒し手を使って癒し手の属する共同体を癒す。例えば、チェメサ牧師がテヴィタに対して、テヴィタの癒しの仕事が共同体にとって有害だと主張したとき、テヴィタはひどく落ち込み、自分は癒しをやめるべきだと考えた。彼の自己変容の結果、つまり彼の癒しが、共同体のためにならないのであれば、意味がないのである。癒し手たちは、世俗の世界から逃れて、世俗の世界を霊的な次元に置き換えるようなことはしない。彼らは、意識の変容状態によって変化した言動を人々に示しつつ、自分たちの日々の務めを果たし、共同体内に留まろうとしている。

転機

発達に関する自己変容モデルの観点から見ると、まっすぐな道に沿った変化には、いくつかの転機を経ながら進むという特徴がある。ピアジェのモデルの場合とは対照的に、この変化は一方向に向かうものでもなければ、絶えず発達を続けるための基盤となるものでもない。道をたどるにつれて、癒し手は、理解度が増し、より癒しに身を捧げるようになり、また、より深く力強いヴィジョンを見るようになるが、それとは逆のことが起きることもある。癒し手の人生は、そのような変化と転機とを繰り返すことで作り上げられていく。道徳的な探究を熱心に行う癒し手たちは、明確な理解と不確かな状態との間を揺れ動く。テープに録音したラトゥ・ノアの言葉を聞いたあとで、テヴィタがキリスト教会と先住民の癒しの対立について、不確かな状態を脱して、明確な理解に至ったのが、その例だ。

転機はまた、ヴィジョンの顕現の過程において見られる特徴でもある。ヴィジョンの顕現の過程で、癒し手は、様々なヴィジョンを体験し、それらのヴィジョンを基に自分の日常を作り変えていく。その一方で、自らが変更を加えた行動と社会文化的環境の影響を受けて、また新たなヴィジョンを経験する。生涯をかけて最終的な状態や段階を目指す直線的な道を進むのではなく（その道は、らせん状ですらない）、絶えず転機を経験することで、発達が促される。自己変容モデルにおける人生の物語では、発達の危機に繰り返し見舞われる。危機に圧倒されつつも、そのたびに挑戦を繰り返し、癒しの力を共同体に届けるために、癒し手は自己の限界を超えていく。

ピアジェの理論では、重要な転機に際して起きる動揺に重点が置かれているものの、発達はあくまでも一方向であり、そこを起点に、般化と分化の議論が展開される。自己変容モデルでは、意味づけ、調和、つながり、完全性に近づく動きと、離れる動きという、両方向への動きが絶えず繰り返される。これらの重要な課題をめぐってつねに努力が求められ、また、それぞれの動きはその方向にかかわらず重要なものであり、人間の発達の一部であると見なされる。

非直線性

発達の自己変容モデルは、下から上へと進んでいく階層的なものではない。一つの転機をうまく乗り越えたからといって、次の転機における挑戦の「成功」が保証されるわけでもなく、ある転機を乗り越えるためには、その前の転機での挑戦に「成功」していることが必要だというわけでもない。また、経験が、普遍的で不可逆的な順序に従ってもたらされるという規則性もない。癒しの仕事を始める際に見習いを経験するのは、癒し手の半分に過ぎない。全ての癒し手が初めのヴィジョンを経験するが、そのヴィジョンの激しさや細部、ヴィジョンを見た際の意識状態は、癒し手によって異なっている。癒し手の発達に関して、適正年齢や通過すべき段階も定められていない。全ての癒し手に共通した要素は、マナとの接触だけだ。発達について、直線的で目的論的な見方をする立場からは、こうした人生は終わりのない弁証法にしか見えないかもしれない。しかし、フィジーの癒し手たちにとっては、力を獲得するために前進することではなく、複数の意識状態を行き来しながら、癒しの力を整えていくことが発達のための課題なのである。

フィジーの癒し手たちにとって、段階と段階の間にある境界は開かれたものだ。段階同士のつながり方は緩やかで、そこを目指して進むべき段階の終わりというものが、はっきりと存在するわけではない。ある段階を達成したとしても、特に祝うようなことではなく、地位や報酬が得られることもない。一つの段階に留まることも動的な課題と見なされ、また、その段階をやり直すとしても何の問題もない。まっすぐな道をたどるということは、「まっすぐ」な正しい姿勢と熱意とを身に付け、挑戦を繰り返す中でもそれを維持することを意味する。

力とヴァルネラビリティ

自己変容モデルにおいては、力とヴァルネラビリティ（脆弱性、自分が影響を受ける存在であるということ）とが結び付けて語られる。自己変容モデルは、この点に関しても、ヴァルネラビリティから遠ざかる形で着実に前進していくピアジェのモデルと好対照をなす。まっすぐな道に沿って、徐々に、より困難な課題を乗り越えていく中で、癒し手はより大きな力を使うことができるようになる。しかし、癒し手は、自らのヴァルネラビリティを克服するために、その力を使うことはできない。全体として見ると、経験を積むにつれて大きな力を使えるようになるというのは事実だが、使える力の大きさは、絶えず変動する。目指すところは、力と誠実な関係を築き、注意深く賢く力を調整することであり、力を所有することではない。最も強い力を持った癒し手は、最もヴァルネラビリティが高いと言える。つまり、力を乱用したいという誘惑に負けて、完全に力を失ってしまう危険性が高いのだ。強い力を使うことができるからといって、良い結果が得られるとは限らない。癒し手は自分自身と癒しの力との関係を、絶えず見直さなくてはならない。彼らは日常生活の中で、頻繁に、癒しの力の性質を見直し、癒しの力の基盤を再構築する。癒し手は、自己変容に伴う恐怖と他者を癒したいという願いとの間で、また、より強い癒しの力を求める気持ちと強い力を用いて癒しを行うことの難しさとの間で、揺れ動く。

転機とは総じて危険なものであり、自己の誠実さが試され、つねに癒しに身を捧げてきたか否かが問われる。癒し手は生涯の間にそのような転機を数多く経験するため、それに伴う恐怖も計り知れない。転機を乗り越えるための知識は、その都度学び直さなければならず、ときには、経験を積んだ癒し手でさえ、十分な知識を得られないこともある。転機に挑む際には、ヴァルネラビリティを意識せざるを得ない。自己変容モデルにおいて、このときに抱く感覚は、ピアジェの発達モデルの転機において生じる感覚よりも、強い恐怖感と解放感を伴うものである。人に危害を与えるためではなく、人を癒すために力を使うことが理想ではあるが、力の乱用への誘惑によって、癒し手はつねに試されている。癒し手と力との関係が不安定な時期は、ヴァルネラビリティが高まる瞬間であると同時に、変化への好機でもある。

個人の発達と共同体の発達

ここまで検証してきた自己変容モデルにおいては、個人の発達は、その個人の社会文化的背景と切り離せないものである。個人の発達と共同体の発達とは、互いに影響を与え合うことで一つに融合する。癒し手は共同体に奉仕するために自己変容を経験するが、共同体もまた、個人の役に立つために変容している。その結果、個人も共同体も、それぞれ単独の場合に得られる以上の恩恵を受けることができる。この種の相互利益については、「シナジー的共同体」という概念を用いて説明した（R. Katz, 1983/84; Katz and Seth, 1986）。

フィジーの人々の「共同体に組み込まれた自己」という考え方は、「他者から分離し独立した自己」という西洋の個人主義の価値観とは対照的だ（LeVine, 1982; Shweder, 1991）。この「共同体に組み込まれた自己」という考え方は、ギリガンや他の研究者が女性の発達に関する研究で述べている「人間関係における自己」に極めて近い（例えば、Gilligan, 1982, 1988）。発達心理学は、より広範囲を扱うモデルに移行してきており、例えば、社会システムの発達を扱うモデル（Bronfenbrenner, 1979; Kilner, 1986; Lerner and Spanier, 1978）、相互作用に関する視点を含むモデル（Maccoby and Martin, 1983）、家族制度の中での発達に注目するモデル（Minuchin, 1984）がある。発達に関する従来型のモデルがこのような広がりを見せる中で、相互関係や相互依存といった観点のみならず、双方向性や多方向性といった視点が、発達過程の分析に取り入れられるようになってきた (Kilner, 1986)。

フィジーでは、自己は、共同体を形作るネットワーク内における自分の位置づけによって定義される。つまり、自己を取り巻く環境の中での経験に基づくものだ。創造力もまた、他者とのつながりの中で生み出される。例えば、共同体で演じられる神聖な踊り（メケ）の美しさは、メケを演じる者同士の、また、メケを演じる者と観客との間の、彼らが大切に育んできた人間関係の上に成立するものだ。

西洋では、個人は多くの場合において他者と競わねばならず、それゆえ、個人は本質的に共同体と対立するものだという考え方が支配的だが (Meza, 1988; Triandis, 1989)、このような思想はフィジーの人々の考え方や行動には見られない。フィジーの人々が他の村を訪れる場合、彼らは自分たちの村の代表者として迎えられる。村の代表者としての役割を果たしたあとで、彼らは自分らしさを表現することが許される。個人の存在に関する意味づけは奨励されるが、それは共同体内で皆と分け合う資産にするためであって、個人としての名声を得たり、共同体内で個人を特別扱いしたりするためではない。当然のことながら、人々を結び付ける方向に働く力だけでなく、人々を分断させる方向に働く力も存在し、個人の目的と共同体の目的との間に緊張が生まれることもある。しかし、自己と共同体についてのフィジーの価値観は、両者の密接な相互関係を前提としたものであるため、緊張を緩和する力を持っている。

自己変容によって、癒し手は自己の限界を超越して癒しの力と結び付き、共同体のために奉仕する。この場合の変容という概念は、個人の変容と社会の変容とを同時に指す。個人が変容するときには社会も変容し、社会が変容するときには個人も変容するのである。

癒し手は「道徳の探究者」なのだと理解すれば、個人の発達と社会文化の発達とのつながりが明確になる。癒し手たちはフィジーの文化の神秘に接する中で、現実を定義し、その意味を伝えるという責務を負っている。その際、彼らは道徳に関わる判断を下す。これらの行為の中に、あらかじめ定められたものは一つもない。現在の癒し手たち以前にも、多くの癒し手がまっすぐな道をたどってきているが、癒し手は皆、自分で道を見付け、自分の力で進まなくてはならない。現実、意味、道徳についての新たな疑問に対する答えを求めて、共同体は癒し手を新たな領域へと送り出す。

このように個人の発達と社会の発達が融合している点も、個人主義の色合いが強いピアジェのモデルと極めて対照的であると言える。ピアジェは発達を、生まれつき決められている変更のきかない現象と見なした。彼の理論においては、個人が周囲の環境と接することで自然に起きる、内面の一連の発達について詳しく述べられている。ピアジェの示した原則に基づく教育を行えば、個人の認知的発達を速めることができ、その結果、共同体に良い影響を及ぼす可能性があると主張することができるだろう。しかし、個人が発達しても、共同体は発達しない可能性もある。それに対して、自己変容モデルにおける発達は個人と共同体の共同事業である。個人と共同体が結び付くことによって、両者に想像以上の恩恵がもたらされる。転機に際して個人が困難に直面した場合は、共同体が個人を支え、転機によって個人が得た利益は共同体に還元される。

発達に関する自己変容モデルを西洋の文化に適用しようとしても、それは限定的なものとなるだろう。西洋とフィジーの文化や経済状況が大きく異なるためだ。ただし、西洋においても、癒しやスピリチュアリティ（精神性）に関心を持つ人々には、非常に有効なモデルだと言えるだろう。

意外に思われるかもしれないが、実は、西洋においても、発達に関する諸側面から霊的な次元を切り離してしまうことで悪影響が生まれるという証拠が、数多く提出されている(Jung, 1952; Wilber, Engler, and Brown, 1989)。おそらく我々は、「癒し手」という語の定義をより広くとらえ直し、意味づけ、調和、つながり、完全性等、人間についてのテーマに関する探究を行う全ての人々を含む形にすべきだろう。そうすれば、教育を含め、人に奉仕する職業に就いている様々な職種の人々を「癒し手」と定義することができる(Katz and St. Denis, 1991)。癒しという行為を、医師や医療行為を主とする職業の人々のみの役割と考えることで、実際に弊害が生じているという事実を考慮すれば、これは意義のある目標だと思われる(Albee, Joffe, and Dusenbury, 1988; deVries, Berg, and Lipkin, 1982; Ehrenreich and English, 1979; Light, 1980)。まっすぐな道は、様々な職業に共通するものとして、発達に関する課題と理想を示してくれるだろう。

シナジー的共同体と社会の変化

「シナジー的共同体」では、貴重な資源は再生可能で、自然に増大するものであり、皆が利用できるものだ(R. Katz, 1983/84)。共同体の人々が公平に分け合うことで、資源の総量は、個々人の受け取った分の合計よりも多くなる。また、一人にとっての利益が、共同体の全ての人々にとっての利益となる。

シナジー的共同体という表現は、様々な現象を指して使われてきた(Katz and Seth, 1993)。例えば、インドのグジャラート州における女性たちの共同体での談話(Seth, 1987)、ドミニカ共和国の労働者による草の根労働運動の組織における共同精神(Reichmann,1985)、プエルトリコの教員とその教え子たちとの学習交換(Gonzalez-Ortega, 1991)、参加者の統一見解に基づいて運営される活動団体の活動(Kreisberg, 1992)等が挙げられる。

現在のフィジーの都市部における癒しについて、本書に記した物語は、一見、シナジー的共同体という概念とは相反するものに見えるかもしれない。しかしそこにも、シナジー的共同体の存在は確認できる。癒し手の中には互いに競い合う人々もおり、ときに、貴重な資源であるマナを他者が使えないように制限をかけようとする人々もいる。だが、指導者であれ癒し手であれ、まっすぐな道を歩む責任を他者以上に負っている人々は、理想を言えば、争いに注力するのではなく、マナを必要とする全ての人々がマナを使えるようにし、その結果として共同体全体が向上するように努めなければならない。ラトゥ・ノアは、社会組織のこの伝統的な手法について詳しく話してくれたが、彼の話し方自体も、この手法に沿ったものだった。

シナジー(相乗効果)と希少性とは、連続体の両極端に位置する正反対の概念である。しかし、この二つの概念は、実際は共起可能だ(R. Katz, 1983/84)。西洋では、様々な資源の有無や分配について考える際に、希少性のパラダイムとでも呼ぶべき考え方が主流である。このパラダイムはゼロサムゲームと言い換えてもいいものだが、その前提にあるのは、「貴重な資源とは限られた量しか存在せず、資源の価値はその希少性に応じて決まる」という考え方だ。個人や共同体は、資源を手に入れるために互いに競い合わねばならず、手に入れた分は蓄えるように努め、他者と分け合うべきだという圧力には抵抗しなくてはならないと、西洋人は考える。

実際に特定の資源が希少である場合に、それを分け合うか奪い合うかは、その資源が何であるかによっても違うだろうし、その資源を管理し、人々の利用を取り仕切る社会組織によっても変わってくるだろう。カラハリ砂漠のチュートワシ(クン族)にとって、水は希少で貴重な資源である。その一方で、建築材料は豊富であるが、やはり貴重な資源と見なされる。クン族は、この二つの資源をどちらも分け合って使っている(Lee, 1979)。

希少性のパラダイムに代わるべきものがあるとすれば、それは、シナジーのパラダイムであろう。「シナジー」という語は、人と人との関係、人と人以外のものとの関係といった、関係性について語る際に用いられる（Fuller, 1963; Maslow, 1971; Maslow and Honigmann,1970）。シナジーが働いた場合、共通点のない、一見対立関係にあるような諸要因から、新しい大きな統一体が創り出される。このような場合、統一体を創り出した諸要因は、互いに調和した関係にあり、互いの潜在能力を最大限に引き出すことが可能になる。シナジーのパラダイムにおいては、癒し等の資源は再生可能であり誰でも利用できるが、それでもその資源は貴重なものと見なされる（R. Katz, 1983/84）。個人と共同体とが資源を活性化させるが、個人と共同体は資源の所有者ではなく、資源の守護者であり、資源は、共同体の全ての人々に分け与えられる。そして、競争ではなく協調が促されるとき、利用できる資源の量が増加する。逆説的に聞こえるかもしれないが、資源を使えば使うほど、利用できる量が増えるのだ。

例えば癒しのように、少なくとも部分的には人間の活動や意図によって生み出される資源は、自然と増大するものであり、再生可能なものだと言えるだろう。しかし人間が生成に関わるこういった資源についても、その生成や分配を希少性のパラダイムが支配してしまうことは十分にあり得る。西洋の生物医学や心理療法のシステムの大半においては、癒しという資源は希少なものと見なされている。幅広い料金が記載された価格表を見ると、価値と希少性が比例していることがわかる。人々は癒しを手に入れるために、互いに競い合うことを余儀なくされる。こうなると希少性という考え方は、現実に即して機能する必要な概念というよりも、現実離れした空論のように見えてくる。

産業化された社会に属する共同体のほとんどが、主に希少性のパラダイムの枠組みの中で機能しているにも関わらず、共同体を健全な状態に保つために、シナジーを必要とする瞬間がある。「シナジー的共同体」と言う場合には、共同体に内在するシナジー的局面を指すこともあれば、比較的シナジーの強く働いている特定の共同体を指すこともある。

シナジーと自己変容とは、共起的である。例えば、マナはフィジーにおいて最も価値のある資源だ。マナは全ての人のものであり、癒し手を介して必要とする人々に際限なく分け与えられるべきものだ。この資源は、癒し手の自己変容を通して共同体に届けられることで、人々が利用可能なものとなる。そして、癒しの過程でマナが放出されると、マナは癒し手の発達を促進し、その結果として、癒し手はより多くのマナを使えるようになる。共同体は、転機を乗り越えつつ前進したり後退したりする癒し手の動きを共有する。ある癒し手がマナを使えるようになると、別の癒し手もマナを利用しやすくなる。これはゼロサムゲームではなく、再生可能で自然に増大する資源の場合である。シナジーが機能する場においては、バラバラの活動によってもたらされるよりも遥かに多くの効果が得られるのだ。

自己変容モデルと西洋のモデルが見せる好対照について、さらに説明を加えたい。現代の西洋文化における共同体という概念や、共同体の変化を促す戦略は、コミュニティ心理学を大きなよりどころとしている（Joffe, and Dusenbury, 1988; Heller, 1989; Heller et al., 1984; J. Rappaport, 1987）。コミュニティ心理学は、社会科学から生まれたもので、主に希少性のパラダイムの枠組みの中で機能する。「資源は個人と共同体の両方を満足させるには不十分であるため、個人と共同体とは対立するものだ」という考え方を前提としている。多くの場合、一方が満足すれば、他方は犠牲となる。個人と共同体に変化を促そうとする際に、コミュニティ心理学が困難に直面する理由の一つは、コミュニティ心理学が希少性のパラダイムの枠組みに取り込まれていることであろう。

共同体の存続のためには、分かち合いや、自己変容モデルの他の特徴を取り入れることが不可欠だという研究結果が数多く提出されている（Argyle, 1991; Jung, 1952; R. Katz, 1982a; Kohn, 1986, Lee, 1979; Maslow, 1971; Sarason, 1977; Schmookler, 1984）。直線的で競争型のモデルは、西洋の自由主義経済の思想と一致するものであるが、共同体に対しては、成長を促すどころか存続の危機をもたらすことさえある（Berger, Berger and Kellner,1973; Eagleton, 1985; McLean, 1986）。

　西洋社会にシナジー的共同体を作り上げるためには、パラダイムシフトが必要だろう。パラダイムシフトとは、人々が意味を理解し、情報を解釈する際の枠組みを大きく変換することだ。ヴァルネラビリティ（脆弱性）という感覚を受け入れることで、この変換が可能になるだろう（Katz, Argyris, and Lapore, 1986）。他者から分離し独立した自己という感覚を持ちながら、同時に、共同体に属する自分を望ましいものとして経験できることは、その一つの成果と言えよう。もし変化が継続的に起きれば、我々は社会政治的な面において、新たな方法で体験の意味づけを行うようになるだろう。ロイ・ラパポートは、個人間の境界を越えた結び付きを経験できる儀式が、人間の生存には不可欠だと述べている（Rappaport, 1978）。そのような儀式に参加することによってのみ、我々は、個人としての独立性を越えて、共同体の存続にとって欠かせない任務を果たすことが可能になる。産業化された社会においては、個人主義によって共同体の活動が分断されている。自己変容モデルは、個人を支えてくれる社会文化的環境の中で、個人間の境界を越えた結び付きを体験することの重要性を示すものであり、このモデルを導入することで、分断を乗り越えることが可能になるだろう。

　政治的、経済的原理のみをよりどころとし、その原理によってのみ正当化されるような変化は、望ましい結果をもたらしていない(Goulet, 1985; Schmookler, 1984; Trainer, 1989)。まっすぐな道は、そこに、霊的な指針という別の要素を加えてくれるものだ。人間に必要なものを具体的に示し、人間の正しい目標を構想することを可能にしてくれる指針である。このような指針があれば、経済的、政治的目的も、正しくとらえることができるようになる。今日の世界においても自分たちの伝統的な生活を維持しようと努力を続ける先住民たちの間で、人間の発達に関する霊的な指針を求める声がとりわけ強い（Berger, 1985; Graig, 1988; Hampton, 1984; Katz, Biesele, and St. Denis, 1997; Lame Deer and Erdoes, 1972; Little Bear, Boldt, and Long, 1984; Moody, 1988）。

　社会変化の過程に霊的な次元を組み込むということは、言い換えれば、霊的な伝統を導入することで現代の諸問題に対処し変化を起こすということであり、「伝統を新たにする」行為と呼ぶこともできるだろう（Katz and St. Denis, 1991）。これは決して新しい考え方ではない。霊的な原理ではないものの、宗教的原理によって変化が引き起こされたという事例は、歴史上、枚挙にいとまがない。まっすぐな道が示すのは、ある種の霊的な指針である。道をたどる人々に対して、真実に忠実であることを求め、他者を愛することを求める。宗教においては、他者への不寛容が、宗教的純潔という名目の暴力に発展することも多いが、まっすぐな道においてはそのような不寛容は排除されている。

　まっすぐな道は、有意義な社会変化をもたらす、強力な癒しの体系だ。伝統的な知識や慣習を基盤としながらも、保守的ではない、創造性に富んだ体系なのである。

旅の終わり 責任と交換

本書の冒頭で私は、現在から一九八五年へと遡った。一九八五年というのは、私がフィジーへの再訪を果たした年である。本書を締めくくるにあたり、一九八五年から現在に戻ろうと思う。本書で私が語ったトヴでの出来事は、時間軸に沿って直線的に進んでいるように見えるかもしれないが、この物語の始まりと終わりとは、実は互いに循環している。まっすぐな道が、文字通りに「まっすぐな道」を進むことではなく、曲がりくねった道を「まっすぐに進む」ことを意味するように、時の流れも一巡りして、またもとに戻るのである。

私の理解が進むにつれて、一九八五年に本書を執筆し始めたことで始まった交換は、その明確さを増し、それに伴う責任も、その重さを増してきている。私はまた、外部から訪れた人類学者が、異国の豊かな文化を発掘するという行為が容認できないものだということも、はっきりと認識するに至った。たとえそれが「科学」や「真実」のためであったとしても、人類学者に正確に伝えられたわけではない物語を持ち帰ることや、その民族の人々が何を書いてほしくて何を書いてほしくないのかを無視して彼らの生き方について記述することは、許されるべきことではない。こういった一方向的な行為は、自分の経歴を築くことを目的とする学者たちによってなされることが多いが、その場合、物語が始まった地域に残されるのは、満たされぬままの期待と破られた約束だけである。喪失感と、裏切られたという思いが、いつまでもその地域に残ることになってしまう。

伝統的な知識や物語を盗み取り、それをもっともらしい学説で覆い隠す「アカデミック帝国主義」には、絶えず異を唱え続けなくてはならない。今もなお、理論を構築する基となる物語を提供してくれた民族と、きちんとした交換がなされていない事例が散見される。同様に、外部からやって来た人間が、その土地について「代弁」できるなどという愚かな考えも、非常識だと言わざるを得ない。「その民族に声を与える」のだという学者の意図が、いかに共感的なものであったとしても、愚かな考えであることに違いはない。

本書は今、完成を迎えるが、私はいまだに、無責任という罠に捕らえられないように闘いを続けている。自分は、いつその罠に捕まってもおかしくないと自覚している。必ず実現させなくてはならない交換と、いっそう大きくなる責任とを理解するために、私は繰り返しラトゥ・ノアの教えに立ち返ることにしている。

私が本書を執筆するにあたって、ラトゥ・ノアが示した条件は、私がまっすぐな道について誠実に正直に、力の限り学ぶことであった。そして、その学びをより確かなものとし、より発展させるために、学んだことを実践するという義務も与えられた。何を書くべきかを知るためには、何をすべきかを知らなければならないためだ。一九八五年から何年もかけて、私に与えられたものを徐々に活性化させる形で、私はゆっくりと静かに実践を進めてきた。しかしその実践の表面だけを見た人には、それがフィジーの伝統的な癒しだとは理解できなかったはずである。霊的な次元や共同体という環境が、西洋での通常の治療において十分に価値を認められないという事実に、私は満足していない。それでも、フィジーの癒しや、さらに言えば他のあらゆる非西洋式の癒しを、そのままの形で北アメリカで行うのは不可能だということは理解している。癒しの伝統は、別の場所に容易に移植できる「輸入品」ではないのだ。

私が目指したのはむしろ、鍋の中で時間をかけて煮込まれた、心のこもった田舎風のスープである。その鍋の中には、私の人生における様々な経験を、材料として入れた。それを長時間煮込んだために、どれか一つの材料が特に目立つということはなくなった。全ての材料が調和した特別なスープができあがり、さらに煮込むことで深みが増していく。それぞれの材料の味が生きていて、かつ、スープ全体に欠かせないものとして組み込まれている。私は世界のいくつもの地域において、伝統的な癒しの体系を経験してきた。その体験も、私のスープの材料となっている。しかしながら、現在の私の仕事の源はフィジーにあり、そこに力を吹き込んでくれているのはラトゥ・ノアだ。

フィジーの人々の生き方を理解するために欠かせないのは、本書を通して語ってくれるフィジーの人々から一心に学ぶことである。たとえそのように一心に学んだとしても、それは、以前の人類学者たちの無遠慮な発掘作業を少しだけ改善したことにしかならず、搾取をより狡猾に隠しただけであるかもしれない。しかしそれでも、互いにとって有益な交換になる可能性はある。たしかに我々は、フィジーの人々から癒しと生き方を学び、それによって自身の理解を深め、癒しの質を高めることができる。が、それは、交換の入口に過ぎない。その学びを最大限に活かして、我々に教えを授けてくれた先生たちを、今度は我々が直接的に具体的に支えていく、そのための方法を見付け出す取り組みの第一歩だ。

この交換は、世界中において、産業化された国家と先住民族とが幅広い交換を行っていく際のひな型となるかもしれない。この交換は、先住民の人々からの長年にわたる搾取を覆い隠しただけの見せかけの交換ではなく、真の交換でなくてはならない。外国からの援助の申し出には、原料や安価な労働力といったその土地の資源を支配しようとする意図が隠されているかもしれない。「民主化」や「近代化」への支援は、新たな消費者市場の開拓をもくろむ、ある種の文化帝国主義となる危険性をはらんでいる。「開発」は、利益を得るために「未使用の」土地を奪い取ることを意味する可能性があり、それによって、その土地の人々が行ってきた小規模な労働集約型の土地利用の持続可能性が絶たれてしまうこともある。「民族自決」の呼び掛けにすら全く別の意図が隠されている場合があり、先住民族の中から忠実なエリートたちが集められ、彼らにのみ、わずかばかりの利益が分配されるといったことが起こり得る。こういった事実を、我々は先住民の人々との関わりの中で知ることとなる。

しかしながら、世界規模でどういった交換が必要であるかを理解したからといって、真の交換のためには何をどのように差し出すべきかという問いに容易に答えられるようになるわけではない。それはあくまでも個人個人で考えるべき問いであり、自分自身で答えを出さなくてはならない。フィジーの人々の思想を学んだ結果として、私は、彼らへのお返しは具体的で直接的なものでなくてはならないと考えるようになった。彼らが教えてくれた思想を育む土壌である、彼らの土地と文化を守るものでなくてはならない。だからといって、ここで、何をどのように差し出すべきかに関して具体的な提案ができるわけではない。それを教えてくれる人がいるとすれば、それはフィジーの人々である。我々がそれに耳を傾け、そして行動を起こすことができるかどうか。全てはそこにかかっている。それができたときに初めて、癒しが始まるのだ。

最後はラトゥ・ノアの言葉で締めくくろう。

「ゆっくりと、一歩ずつしか進むことはできない。だが、まっすぐな道はつねにそこにあり、私たちを導いてくれる」

補遺A：調査における敬意とヴァルネラビリティ

忍耐、未知の世界へ入るのだという意志、そして何よりも敬意が、この研究には不可欠だった。フィールドワークを始めたばかりの頃、毎晩毎晩座り続け、人々と話し、理解できない言語で交わされる会話に耳を傾けていたことを、今でもよく覚えている。忍耐強く聞き続けたことで、徐々に私の感覚が磨かれていった。私はまた、その頃に、たいした予備知識も経験もないまま、癒し手がヴと交信する癒しの儀式に参加させてもらった際のことも、はっきりと記憶している。私は、予想外の出来事を受け入れる準備ができていたし、未知の存在に出会うことを望んでいた。自分の知らない世界を体験したいという思いが強かったために、私は未知の世界を受け入れていくことができた。

敬意がなければ、この調査は不可能だった。人々に対して、儀式に対して、そして土地に対して深い敬意を抱いていたからこそ、私は必要な忍耐を身に付け、危険を覚悟で未知の世界に飛び込むことができたのだ。

物語の語り方

「私たちの物語を語ってください」というラトゥ・ノアの要求は、単純ではあったが難しいものだった。しかも、物語を語る際の形式というものに私が先入観を持っていたせいで、私にはことさらに難しく感じられた。ラトゥ・ノアや、同じ要求を口にした他の人々は、西洋の出版業界が気まぐれなものであることを理解しているのだろうかと、私は考えた。幸いなことに、ラトゥ・ノアたちが繰り返しその物語について語り、繰り返しその物語が真実であると主張するのを聞いているうちに、私の中からその先入観が消えていった。物語の価値を損ねたり誤解を招いたりすることなく、物語が高く評価されるような語り方ができるかどうかは、私にかかっていた。

さらにラトゥ・ノアたちは、社会科学の分野を支配している慣習から、私を解き放ってくれた。彼らはその物語全体を語るようにとは言わず、物語の中で私が理解した部分だけを語るようにと言ったのだ。彼らはまた、いかなる物語にも多くの要素や多くの側面があり、どの部分が表層化するかは語り手や聞き手次第だということも繰り返し述べた。私は、一九五〇年代の実証主義的社会科学の教育を受けていた。この分野における研究作業とは、経験したことや調査した出来事の「意味」を研究者が解釈できるように、フィールドワークで得たデータを分析し、分類し、まとめ上げるという作業を指す。この種の研究手法は、データを操作しようとするものであり、データを歪めて秩序立った現実の枠の中に押し込めようとするものである。私はこの手法を学んだものの、実践することができずにいた。そのような私の立場を支持してくれたのが、ラトゥ・ノアだった。彼の教えは、私が三〇年にわたって行ってきた研究の方針と一致するものだったのである。ラトゥ・ノアと私はどちらも、研究者本位もしくは理論本位の解釈ではない理解の仕方をすべきだと考えていた。

これまでにも、実証主義的社会科学の手法にとって代わるべき方法について、数多くの議論がなされてきた（Bredo and Feinberg, 1982; Clifford and Marcus, 1986; Hollway, 1989; R. Katz 1987; Katz and Nuñez-Molina, 1986; Patton, 1990; Reason and Rowan, 1981; Reinharz, 1982; St. Denis, 1989）。意味や実在という概念、その理解といった、科学哲学の分野における根本的な諸問題について、多くの人々が詳細な考察を行ってきた歴史がある。この補遺においては、私の研究方法を簡潔に説明したいと思う。

自分の文化とは異なる文化の中に身を置いて調査をするにあたっては、文化的に多様な共同体や共同体内の文化的多様性を扱うのに適した研究方法が、明らかに必要である。しかし世の中では、論理実証主義に基づいたフィールドワークの方法が依然として優勢だった。この方法は、ある特定の世界観に立つものであり、歴史上の特定の時点の特定の場所において用いられている知識を記述し分類するという手法によって、知識を得るものだ。このような方法が「科学的手法」、「科学」などと呼ばれてきたわけである。

調査において単一文化的な研究方法を用いる場合、明らかに異なっていると思われる事象も、実はすでに研究されている事象と類似したものなのだと考えることになる。つまり、実証主義的な研究方法では、明らかに異なる事象を、研究者の理解可能な範疇に無理矢理に押し込め、よく知っている事象として扱うことになるのだ（経験主義の立場からの、この還元主義に対する批判は、例えば、Menary, 1987; Nuñez-Molina, 1986; Seth, 1987）。

共同体を基盤とした参加型の研究は、実証主義的な研究方法にとって代わることが可能な、文化的多様性を配慮した研究方法の一例に過ぎない（St. Denis, 1989）。事実、文化に配慮しつつも、科学的であり経験主義的であり客観的である研究方法というものは、数多く存在している（「科学的であり経験主義的であり客観的である」という表現は、これまで、論理実証主義者たちが、彼ら自身の研究手法を形容する場合にのみふさわしいものだと主張してきたものである）。

文化的多様性に配慮した研究を行うつもりであるならば、それぞれの共同体の文化に敬意を払い、人口統計学や行動様式における多様性だけでなく、現実を体験する中で直面する多様性をも正しく評価しなくてはならない。真の研究とは、他者が経験した現実を理解しようと努めることであり、さらには、その解明の一助となることを目指すことだと言えるだろう。

探究と研究が一つになるとき

それ以前のフィールドワークでの経験を基に、私は、ある程度、自分の考えを持ってフィジーに入った。人間、出来事、体験について、また、どうすればデータが現実の持つ意味を反映したものになるのかについて、それなりに考えがあるつもりだった。しかし私は、研究方法やデータ収集方法に関しても、進行中の調査をうまく進めるためのやり取りに関しても、特に決まった方法を持っているわけではなかった。方法というものは私にとって興味の中心ではなく、あくまでも理解を深めるために進化させていくべきものだった。とはいえ、どのような方法を採用するかによって、最終的に得られる理解の性質は変わってくる。そのため、私はここで、自分の調査方法について説明する努力をしようと思う。

ラトゥ・ノアは、明らかに異なる三つの事柄を指して「ザカザカ」（仕事）という語を使った。その三つとは、フィジーの癒しの業、私の研究プロジェクト、そして癒しについて学ぼうという私の探究（これはのちに、癒し手になろうという努力へと変わる）である。ラトゥ・ノアが癒しに言及する際にザカザカという語を用いたのは、あまりにも強い力を持ち、あまりにも神聖な対象について、直接その名称を口にするのを避けて、間接的な表現を使うことで敬意を示すためである。彼はまた、癒しを指して「それ」、「あれ」といった語を用いることもあった。これは、彼が何について話しているのかを知っている人だけが理解できるようにするためだ。初めのうち、ラトゥ・ノアは、私の研究を指して「ヴァカンディンディケ」（文字通りの意味は「研究」）という語を用いていた。しかし、ラトゥ・ノアと私の関係が深まるにつれて、彼は、私の研究と探究とは一つになったのだと、そしてそれは正しいことなのだと、言うようになった。その一つになったものを指して、彼は「ザカザカ」（仕事）という語を使ったのだ。彼は決して、研究と探究とを混同していたわけではない。研究の果たす役割、探究の果たす役割を、それぞれ理解していた。真実に近いものに到達したいと思うのであれば、探究と切り離して研究のみをしていてはいけないと、ラトゥ・ノアは言った。

研究と探究が結び付くと、研究は、真実の探求という形をとる。私の研究は私の個人的な探究と結び付き、そしてそれは、フィジーにおける癒しに対する姿勢と重なった。私の探究的研究は、私がそれによって理解しようとしている癒しと同様に、真実と誠意の原則に従って行うべき神聖な行為だと、ラトゥ・ノアは考えていた。私の研究と探究は、まっすぐな道を見付けて、その道に沿って進もうとする努力の発現の一形態となっていたのだ。

英語の Research（研究する）という語は「再び探究する」（Re-search）と読むことができ、そのように考えると、私の研究と探究とが融合し、癒しの姿勢と重なったという現象をうまく説明できる。この世界の真実を明らかにするために、「立ち戻って」(re)「内部において探り出す」(search) という考え方だ。私がつねに意識していた第一原則は、次の点に意識を集中することだった。すなわち、フィジーにおける癒し、特にラトゥ・ノアの教えとトヴでの出来事、そして、ラトゥ・ノアの教えとトヴでの出来事とがどのようにつながるかという点である。研究者は、「より新しい」内省方法を用い、まるでそれが研究の主眼でもあるかのように、自分自身について細かい報告を行うことがある。その結果、我々は、研究者が自身の研究の正当性に関して行った考察について、さらに内省した内容を読むこととなる。研究者が共に時間を過ごした人々は、その研究結果からは失われている。

内省という手法を不用意に用いると、自己中心主義に陥ってしまう危険性がある。だが、研究者が物語の内側に身を置くことは不可欠だ。私自身、細心の注意を払ったときでさえ、自己中心主義の危険性から完全に逃れていたと主張することはできない。私は、ラトゥ・ノアやテヴィタの教えを本書の中心に据えたが、その教えを深く理解するためには文脈があった方がいい。そのため私は、私自身がラトゥ・ノアやテヴィタから教えを受ける場面を描き、また、テヴィタがラトゥ・ノアから教えを受ける場面を描いた。彼らの教えは、癒しの構成や原則について一方的に抽象的な話をする、というものではない。実際、ラトゥ・ノアにとって、一方的に話すということは難しいようだった。ラトゥ・ノアにはしばしば、こう言われた。

「私が話すことができるのは、あなたが知りたいだろう、あなたが知るべきだろうと、私が感じたことについてだけです。もしあなたが質問をしないのなら、私は話し続けることはできません。さあ、ルシアテ、質問をしてください」

私の探究的研究においては、次の三つも大切にしている。敬意を持って調査を行うこと、ヴァルネラビリティ（脆弱性、自分が影響を受ける存在であるということ）を体験した際にそれを価値あるものとして受け入れること、調査に参加してくれた人々に有意義なお返しをすることで交換を成立させること、である。

敬意を大切にする調査

「敬意を払うことが最も基本的な原則です。私たちはつねにお互いを尊敬しています。私たちは皆、カロウ（神）の被造物だからです。私たちは、自分たちの伝統や土地に対しても、同じように敬意を持っています。これらもまた、カロウによってもたらされたものだからです」

と、ラトゥ・ノアは言った。ラトゥ・ノアが私の研究の指導を引き受けてくれたのも、このフィジー特有の敬意によるものだった（西洋人の感覚で言うと「無条件で尊敬する姿勢」とでも呼べるものだろう）。

研究者が、研究に参加してくれている人々や共同体に対して払った敬意の度合いによって、研究者の理解度は変わってくる。十分な敬意を払わなければ、経験した現実、つまり、人々や共同体の実生活について、本当の意味で理解できるようにはならないだろう。十分な敬意を払ったとき、研究は、敬意を伴う探究（「……についての研究」ではなく、「……と共に行った研究」もしくは「……の内部で行った研究」）となる。そして、人間や共同体は、研究の対象ではなく、研究を共に行うパートナーとなる。研究に参加してくれる人々の世界に入り、その内部において出来事や経験の価値、その重要性を理解することによって、還元主義、侮蔑、傲慢さの擁護、混乱の否定といった事態に陥る危険性を回避しやすくなるのだ。敬意を払いつつ調査を行うためには、研究者は自分自身で判断することを保留し（それによって混乱を軽減させることができる）、経験に語らせる必要がある。

敬意を持って行われる調査は、伝統的言説と似た機能を果たすもので、多くの伝統的な文化において年配者たちが行う会話に類似している（Apassingok, Walunga, and Tennard, 1985; Knight, 1990; MumShirl, 1981; Vatu, 1977）。そこでは、会話に参加する全ての人々に、自分の考えや気持ちを話す機会が与えられる。時間も空間も、参加者皆のものなのだ。そのため、全ての人が、他の人々が話すことを十分に聞くことができる。聞いている最中に、自分の意見を聞いてもらうために口を挟むべきだろうかと気を揉む必要もない。そこではまた、忍耐強くあること、そして、語られていることに注意深く耳を傾けることが重要だとされている。なぜなら、話し手が語っていることがそのまま、話し手の伝えたいことであり、伝えるために用意してきたことだからである。それ以上でもそれ以下でもないのだ。必要以上に語ることは、真実を損なう行為であり、責任ある行動とは見なされない。年配者たちは自分の知識を伝えたいと思っているが、彼らが話してくれるのは、本当に知りたいと思っていて、かつ、きちんと聞くことができる人物に出会ったときだけだ。従来の社会科学に特徴的なやり方（情報を集めるため、場合によっては無理に聞き出すために、研究者が毎回使う一連の質問を浴びせかける）をしていては、話すべき相手とは思ってもらえない。研究者とは、ときに、他者の知らない物事を明らかにしなければならないものだ、などと説明してみたところで、取り合ってはもらえない。

これは、質問をすることが不適切な行為だということではない。ラトゥ・ノアは、質問こそが教えにとって不可欠なものだと、何度も言っていた。研究者が本当に知る必要のあることを質問し、相手が答えたくないと思っている場合にはそれを敏感に察知することができるのであれば、そのような質問は敬意に満ちたものだと言えるだろう。それとは対照的に、相手が話していることを理解するためではなく、研究者自身の予想や仮説を裏付けるため、もしくはそれが間違いであることを知るためだと、明らかにわかるような形で質問を続けることは、研究本位の質問方法である。こういった質問は、本質的に失礼な実証主義的研究を中心に、多くの研究において見受けられる。

調査した内容を提示する際に、私は、「真実」と「秘密」とを区別するように心掛けている。ラトゥ・ノアは、真実と秘密の問題について、以下のように言っていた。

「私は力を持っていますが、それを隠しています。あなたの研究のため、そして、未来の人々に知識を伝えるという目的のためでなかったら、私自身や私の仕事や癒しについて、私が今あなたに話していることを、あなたに教えることはなかったでしょう。未来の人々が、私があなたに話した内容を聞くときに、彼らが私を嘘つきだと非難するような事態を、私は望んでいません。彼らには、私の言葉を誇りに思ってほしいのです。なぜなら、私の言葉は真実だからです」

データ収集における誤りを隠したり、研究者自身の重要性を強調したりするのではなく（つまり、物語における研究者自身の役割を誇張したり、研究者の知っていることを詳細に説明したり、実際のデータよりも理論的解釈の整合性を優先したりするのではなく）、実際に起きたことを伝えるようにと、真実は要求してくる。

実際にどの内容を伝えるか、つまり、どの「真実」を書くかを決める際には、真実と秘密との区別について、さらに考える必要がある。癒しの体系には多くの秘密が含まれており、その秘密は、その土地の口承文化の中だけで守られていくべきものだ。また、そのような秘密は、癒しの効果を高めるために必要な、その文化固有の技術である場合もある。例えばフィジーでは、薬草を調合して薬を作る方法や、ヴを召喚する方法が、それに当たる。こういった秘密は、ときに、神聖な力を使うための（場合によっては良くない目的で使うための）重要な鍵となる。それに対して、真実は、癒しの業の根本的な原理に関わるもので、それについて誰もが知っているものの、実践するのが困難なものだ。真実は誰もが知っているものであるため、研究成果として報告したとしても損なわれるような性質のものではない。「まっすぐな道」という表現は、まさにこのような原理を指すものである。

研究の目的とは、そういった真実を報告することであって、秘密を暴くことではないと、私は考える。残念ながら、フィールドワークを行うことで、気付かないうちにあまりに多くの秘密を暴いてしまい、しかも真実を十分に伝えられていないということが起こり得る。秘密を知りたいという強い思いがあるほど、その可能性が強くなる。アメリカでフィジーの癒しについて、初めて講演を行ったときのことだ。講演後に聴衆の一人がやって来て、

「このフィジーの癒しを実際に行うための方法を教えてくれるワークショップは、どこでやっていますか」

と言ったのだ。この人物が、自分の臨床診療にフィジーの技術を取り入れたいと考えていることが、彼の質問からうかがえた。このように貪欲に秘密を知ろうとする行為は、フィールドワークの真剣な報告に水を差すものである。また、それによって、知識を持っている人々からの協力も得難くなってしまう恐れがある。

ヴァルネラビリティ

他文化においてその現実を経験し調査を行う場合には、まずその土地や文化について記述することが重要である。研究対象となる事象についてはっきりと理解できるようになるまでは、別の文化との比較を行うような枠組みを用いるべきではない。研究者は自らの世界観を捨て、相手に彼らの世界観について語ってもらわなくてはならないということだ（R. Katz, 1987）。自ら語ってくれる人々もいれば、研究者が話を引き出す形になることもある。いずれにしても研究者は、普段の自分自身の感覚を手放し、相手の感覚を伝える立場に身を置くこととなり、自らのヴァルネラビリティ（脆弱性、自分が影響を受ける存在であるということ）を意識せざるを得なくなる。

私は「ヴァルネラビリティ」という語を、「自分の世界観を根本から問い直す」という状態を指して用いている。研究者は、「確かな」、「正しい」、「明白な」こととは何なのか、「一般的な習慣」とは何なのか、といった点に関して、慣れ親しんだ思い込みの鎧を脱がなくてはならない。そうすることによって初めて、他文化の内側から世界を理解することが可能になる。たとえ短時間であっても、二つの世界観の狭間に、あるいはあらゆる世界観の外側に身を置いた場合、必ずと

言っていいほどの確率でヴァルネラビリティを経験することになる。複数の確立した世界観を体験することで、我々は自らの脆弱性を直視せざるを得なくなるのだ。しかし、他文化の中に身を置き、その危険性に自らをさらしつつも、他文化によってもたらされる喜びに触れることができれば、より豊かで正しい物語を語ることができるようになる。その物語は、その文化の内側と外側から同時に語られたものとなるため、「私たちの物語をあなたの国の人たちに伝えてください」という願いにも応じられるものとなる。

ヴァルネラビリティを経験すると、恐れを感じ、ときには極度の恐怖を感じることもある。ジョン・ウェルウッドは、ヴァルネラビリティの体験には「世界が崩壊する瞬間」が伴うと述べている(Welwood, 1983)。ウェルウッドによると、そのような瞬間が訪れるのは、

「私たちが築いてきた人生の意味が、予期せず崩壊したときだ。古い体制が崩れ去り、それに代わる新しい体制を手にしていない場合、私たちは精神的なもろさを感じる。そのような弱さや無力感は人間の最も本質的な性質の一つだが、私たちは普段、それを隠している」(pp. 148–49)。

ジュールズ・ヘンリーは、ヴァルネラビリティを「破壊や敗北に対する感受性」と呼び、これは人間に特徴的な性質だと論じている(Henry, 1972)。社会が機能するためには、その社会に属する人々が自分たちのヴァルネラビリティを理解し受け入れることができるように、社会が人々を教育しなくてはならないのだと、ヘンリーは述べている。

ヴァルネラビリティの体験は辛いものであるが、それによって自己認識の扉が開かれるという側面もあり、それゆえ、特別な知識への扉を開く好機ともなる。自己認識を主観的なものだとして退けるべきではない。自己認識は、有効なデータを得るための重要な情報源となり得るもので、データの主観的有効性と客観的有効性との区別をなくすための一助となるものだ。クン族の癒し手であり、強い「ヌム」(ヒーリングダンスで生じる癒しの力)を持つ盲目のカウ・ドゥワは、

「癒しが始まると、本当の意味で見ることができます。人々の内面や、彼らを悩ませている事柄が全てわかります。普段はそれを目にしていても、きちんと見ていないのです」

と言っていた(R. Katz, 1968, フィールドノート)。世界各地の他の多くの癒し手と同様に、カウ・ドゥワは、外側からの見方と内側からの見方とを区別しており、内側から見ることの重要性を強調している。

他文化の内側に入っていく形のフィールドワークでは、ヴァルネラビリティが不可欠となる(Dwyer, 1982; R. Katz, 1982a; Katz, Argyris, and Lapore, 1986; Luhrmann, 1989; Rabinow, 1977; Stoller and Olkes, 1987)。ヴァルネラビリティは、無視されたり否定されたりすることが多いが、方法論の面から見ても、参与観察における経験の一部であるという点からしても、決して無視できるものではない。

フィジーでフィールドワークを行っている間に、私は何度もヴァルネラビリティが調査に及ぼす効果を実感した。調査を始めて間もない頃に、癒しの業の最中にヴァが乗り移ることで有名な癒し手にインタビューを行ったことがある。研究仲間であり通訳も引き受けてくれている友人のイノケと共に、彼女の家に行った。

「あなたの癒しについて、お話を伺うことは可能ですか」

と、我々は尋ねた。彼女は無感情な声で

「私に力を与えてくれているヴ(祖先神)が何と言うかによります」

と答えた。もっともな答えだと、我々は思った。すると突然、彼女にヴが乗り移った。体が痙攣し、汗をかき、顔が歪み、動作が非常にぎこちなくなった。そして彼女は、タバコを立て続けに吸い、苦悶に

満ちた恐ろしい表情を浮かべた。

彼女の声は、まるで別人のようになっていた。あえぐような彼女の呼吸に合わせて、低く唸るような声が喉の奥から聞こえてきた。それは初めは、ただの音のように聞こえ、言葉だと認識するまでに少し時間を要した。彼女の言葉は、我々が普段使っているフィジー語とは異なる方言で、どうにか理解できるというようなものだった。

「私に何が訊きたいのか」

彼女（あるいはヴと言うべきか）が、話し掛けてきた。恐怖のあまり、我々の思考は停止していた。我々は、答えることができなかった。

「返事はまだか」

ヴは、我々を急かしている。私はイノケの方を見た。彼も私の方を見ていた。私は混乱のあまり自分がどこにいるのかさえ不確かになり、何を言うべきか判断できなかった。イノケも同じように感じていることが伝わってくる。

「どうしたらいいでしょう。話しているのは誰ですか。ヴでしょうか、癒し手でしょうか。それとも、ヴが癒し手を通して話しているのですか。これは嘘ではないのですか」

私はイノケに向かって小声で言った。

「わかりません。私も困惑しています。今までに多くの癒し手を見てきたけれど、こんなことは初めてです」

イノケが緊張した声で囁いた。そして、次のように付け加えた。

「一人でここに来ていると思ってください。あなたがすべきだと思うことをしてください」

時間と場所の感覚が戻ってくるにつれて、何をすべきかも見えてきた。目の前におそらくヴがいるのだろうと考えると、私は深い敬意を感じた。通常、ヴがフィジー人の前にしか姿を現さないことを思えば、これはとても光栄なことだ。私に話し掛けているのはおそらくはヴであろうという判断に基づき、私は相手をヴと定めて話をすることに決めた。会話が始まると、私の恐怖心は消え、心の中はヴへの敬意でいっぱいになった。ヴは、様々なことについて話してくれた。そして最後に、もう行かなくてはならないと言って、丁寧な挨拶を残して去っていった。癒し手の口調や体の動きが、先ほどとは逆の順序で変化していき、彼女は通常の状態に戻った。そこで突然、彼女の体全体が大きく捻れ、彼女は崩れ落ちた。彼女は疲れ切っていた。

一、二分後、彼女は体勢を立て直し、再び話し始めた。我々は彼女の癒しの業について話し合ったが、先ほどのヴとの会話について論じることはできなかった。彼女が、

「ヴが乗り移っていたので、私は何が起きたのか覚えていないのです。だから、話せることはありませんし、ヴが言ったことに何かを付け加えるつもりもありません。あなたたちが聞いたことが全てです」

と断言し、議論を受け付けなかったためだ。

癒し手の家を出て歩き始めると、イノケと私は、ほぼ同時に同じ疑問を口にした。

「何が起きたのだろう。あれは本当は何だったのだろう」

私たちは、わからないという意見で一致した。我々が話した相手はヴだったのだろうか。我々にはヴに会う資格があったのだろうか。会話の相手がヴであった可能性もあるが、癒し手が新しい依頼主を得るために、劇的な演出をして見せただけかもしれない。あるいは、実際にヴが話していたとしても、癒し手の行動はヴに乗り移られた様子を誇張して見せた演技であるかもしれない。我々は、これら全てがあり得ることだと考えた。どの可能性も排除できない。しかし、実際に起きたことが何であったとしても、我々の敬意を込めた態度や振る舞いが適切だったことは確かだ。ヴが来ていた可能性がある以上、あれ以外の対応はできない。

今日に至っても、癒し手のヴとの会話と思われるものについて、私

は明確には理解できていない。しかし、疑いの気持ちを保留することによって、あのような会話が可能になり、フィジーにおける癒しや、癒しの際に現れるヴについて、理解できるようになったという事実は明白だ。癒し手がヴに乗り移られた演技をしているだけだと片付けてしまえば、より気楽に事態に対処することができただろう。だが、私自身がフィジー人になり切って、ヴがそこにいると信じることによって(私の西洋人の理性が邪魔をして、それはあり得ないと思う瞬間もあったが)、私は非常に不安定な状態に置かれ、しかし同時に、予想外の学びを得ることができた。私は「よいデータ」を得るために、信じているように振る舞ったわけではない。自分の考え方を保留し、新しい考え方を受け入れたのだ。

物語を語るためには、可能な限り、それを体験しなくてはならない。ヴァルネラビリティによって引き起こされる根源的な問いの力によって、我々は物語の内側で生きることが可能となる。それは、自らの人生を脅かすほどの体験となるが、この体験を経て初めて、物語をしっかりと語ることができるようになる。

本書のいたるところで、私は、自分とフィジーの文化の関係性について、「つながっている」、「内側にいる」、「一体となっている」等の自分が感じた様々な感覚、そしてその関係の深さに関して、記述を試みた。「フィジー人として」、「自分がフィジー人であると感じた」といった表現を用いたが、あのとき感じたフィジーの文化とのとらえがたく複雑な一体感を、これらの言葉で十分に伝えられるとは思っていない。あの経験は、無思慮な思い込みでも、意図的な操作でもない。文化を学ぶためにその文化の内側に入り込むという、「試着」に似た感覚だったとでも言えるだろうか。しかし、フィジーの文化の内側にいる間も、私は、存在に関わる深い部分で「自分自身」を保っていた。やはり、その文化の中で共同体の一員として育った人間と、日々の活動に参加したりヴァルネラビリティを経験したりすることでその文化に加わった人間との間には、大きな違いがあるのだ。

ヴァルネラビリティを経験するためには、劇的な出来事や精神面での大きな変化は、必ずしも必要ない。フィジーで過ごした二年の間に、癒しとは無関係な場面において、私は何度も、自国の文化の常識というものがいかに安心感を与えてくれるものであったかを痛感し、また、フィジーではその常識が機能せず、使用不可能なのだという事実を思い知った。例えば、村で儀式が行われる際に、二家族が家族同士で贈り物を交換することがあり、そのような場合、フィジーの家族はどのような贈り物が適切であるかを慎重に検討する。我々家族も、それを免れることはできなかった。西洋人だからよくわからないと言い訳をして、西洋の贈り物の習慣を押し通すことは許されなかったのだ。このような状況下では自分たちもフィジーの人間であり、村の複雑な事情の影響を受け、礼を失する危険につねにさらされているのだと自覚したとき、私はヴァルネラビリティを感じるようになった。我々は、フィジーの文化の一員として贈り物を交換するという単純な行為を行ったことで、フィジーにおける贈り物の交換について(誰に何を贈るべきか、また、贈り物のお返しはどうすべきかを決定することの難しさについて)理解し始めたのである。

このような日常におけるヴァルネラビリティは、とらえにくく、明確な境界線が存在しないため、劇的なものに比べて、記述することが難しい。しかし、このようなヴァルネラビリティの方が、より頻繁に、より日常生活に密着した形で起きるため、より長期的で強力な影響力を持っている。

伝統的な癒しの体系の研究においては、ヴァルネラビリティの意義は特に顕著である。伝統的な癒しの体系は、フィジーの文化の中心とも言える神秘が収められた蔵のようなものであり、外部の人間が問い合わせたとしても、その中に隠された意味は安易に明かされるものではない。高圧的に、多くを得ようとする姿勢で研究プログラムを進めた場合、あるいは、癒しの力をあまり持たない、やたらと話したがる情報提供者から情報を得た場合には、歪んだ情報しか手に入らないだろう。私の経験から言うと、(こちらの立場が中立的な観察者であるにせよ、癒しを求めている依頼主であるにせよ、学生や助手であるにせよ、あるいはより可能性の高いケースとして、これらの属性のうちの二つ以上を備えているにせよ)癒しの体系の内側で生きることに心からの興味を持ったときに初めて、隠された意味が姿を現すものである。

ヴァルネラビリティを経験することにより、癒しの過程において最も重要だと思われる転機や自己変容の真価を理解することもまた可能となる。癒しとは、人間同士の間において、そして人間と環境との間において、意味づけ、調和、つながり、完全性を実現していくための、転機の連続であると考えられる(R. Katz, 1982a)。

ヴァルネラビリティ自体も、転機と自己変容を伴うという特徴がある。ヴァルネラビリティは主として「どっちつかずの」状態にいるときに起き、複数の状態の間を揺れ動くことで生じる恐怖を伴う。そのようなヴァルネラビリティの経験を受け入れたときに、癒しが可能となる。癒しについての私のフィールドワークが進むにつれて、癒しにおける自己変容は私個人の自己変容を引き起こし、癒しの過程で起きるヴァルネラビリティは、私が自らのヴァルネラビリティを受け入れることを可能にしてくれた。

まっすぐな道に沿って進むためには、自らのヴァルネラビリティに向き合い、受け入れることが不可欠だ。この挑戦により、私の研究の別の側面も感度が増し、より多くの情報を受け取れるようになった。その方向へと私を導いてくれたのは、ラトゥ・ノアだ。我々が交わした多くの会話の中で、彼は優先すべきことについて、次のように言っていた。

「癒しに参加すること、つまり、実践を積むことです。そうして初めて、理解が深まるのです」

ラトゥ・ノアの助言は、的を射たものだった。私は、より直接的に癒しに参加するよう努めることにした。そのためには、未知の分野に初心者として入っていかなくてはならない。私は、数か月かかってようやく、まっすぐな道とは、癒しの儀式よりも日常の生活から学ぶものなのだと気付いた。ラトゥ・ノアと彼の弟子のテヴィタをより深く理解し、彼らが日常的な行為の中でまっすぐな道から外れないように努力していることを目の当たりにし、そして、彼らと友情で結ばれ、共にまっすぐな道を歩くようになって、私は、癒しの儀式をより大局的に見ることができるようになった。トヴの村では、癒しの儀式はあまり頻繁には行われず、テヴィタと癒しについて話すことはそれ以上にまれであった。しかし、テヴィタは、つねに私に教えてくれていたのだ。彼の生き方こそが、まっすぐな道という課題に取り組む生き様の実例だった。そのようにして日常的な事柄に焦点を当てることになった結果、単に癒しの儀式に参加する場合よりも、私の参与観察は複雑で難しいものとなり、ヴァルネラビリティを経験する機会も多くなった。

フィールドワークを始めて間もない頃、トヴに関連した予期せぬ突然の死が二件続き、極度の緊張と混乱が生じた。その後の数か月間、多くの人々が、トヴで第三の死が起きることを予言するような夢を見た。村の人々と同様に、私も恐怖を感じた。そして、これらの死について理解して、恐怖を和らげたいと思い、テヴィタの家へ行った。私の家族と私自身の命が、危険にさらされていると感じていたのだ。

「私はどうしたらいいでしょう」

と、私は尋ねた。

「ルシ、心配する必要はありませんよ。あなたは西洋人でしょう」

と、テヴィタは答えた。

「でも、私は自分が西洋人のような気がしないのです。自分はフィジー人であると感じています」

「そうですね、あなたが本当のことを言っているのはわかります。そうであれば、ルシ、あなたは、私たちフィジー人がすべきことをするまでです。ヤンゴナの近くにいること、そして、行いにおいてまっすぐであることです。そうすれば、あなたとあなたの家族は守られます」

この瞬間に、私は「内側」の人間になり、フィールドワークも大きく変化した。

私はフィールドワークにおいてヴァルネラビリティが有効であると考えるが、それでは、ヴァルネラビリティがいまだに怪しげなものだと見なされ、道具としてあまり用いられないのはなぜだろう。理由の一つとしては、ヴァルネラビリティを受け入れたり、ましてや推奨したりしようものなら、データの客観性、つまり「真の」価値が損なわれてしまうという考え方があるだろう。客観性と主観性についての議論が、ここで、問題となる。しかし、ポランニーがすでに論じているように、科学的な知識も含め、あらゆる知識というものは、主観性と客観性の融合なのだ（Polanyi, 1958）。ポランニーは、知識について、それまでとは異なる考え方を提示した。

「理解するという行為には、必ず主体の個人としての関与が含意される。しかし、だからといってその理解が主観的だということにはならない。このような知識の獲得は、隠された現実との接触を確立するという意味において、非常に客観的な行為である」（pp. vii–viii）

自制の効いた主観性は、有効なデータにつながるものだと主張しても差し支えないだろう（Hollway, 1989; Reinharz, 1982）。

ヴァルネラビリティの体験はまた、西洋科学と伝統的な精神修養との間の誤った二分法を是正してくれるものでもある。伝統的な癒しの体系にも系統立った経験主義は存在するし（Tambiah, 1973）、現代の西洋医学の分野にも非論理的で非現実的な考え方が存在する（Shweder, 1977）。西洋医学の場にも伝統的な癒しの場にも、「科学者」もいれば「魔術師」もいる。現在までに、伝統的な癒しの体系が「原始的」なものではないという事実が明らかになっているが、伝統的な癒しの体系は、前科学的でもなければ、えせ科学でもない。

本書に記したインタビューには、研究者が自らのヴァルネラビリティを受け入れることを通して、調査中の「過ち」から「理解」が生まれる場面も含まれている。フィールドワークの報告に、過ちの記述が含まれることはめったにないが、私はあえて過ちを含むインタビューをそのまま記すこととした。私は無知でアメリカ中心主義的な立場を脱し切れておらず、特定の答えを期待する質問をしつこく繰り返してしまったことがある。こういった過ちもインタビューの一部であり、より深いインタビューを試みる場合に避けて通れない試行錯誤の中で、やむを得ず生じてしまうものだ（Mishler, 1986）。そのため、私は、そのような過ちもフィールドワークの報告に含めるべきであると考えている。過ちは、インタビューを向上させるきっかけとなる。例えば、インタビューを行った相手と連絡が取れなくなったことに気付いた場合には、より有意義なやり方でその人との関係を回復するように努め、再びインタビューができるようであれば、細心の注意を払って行わなくてはならないということだ。

ヴァルネラビリティはデータの偏りの原因になると考える人もいる。例えば、インタビューにおいて混乱が生じたことを報告すると、それはデータが損なわれたり歪められたりした証拠だと誤解されることがある。しかし、物語の媒介者である研究者の特徴（優先事項、前提、目的）を丁寧に謙虚に説明すれば、それによって、物語を語る際の研究者の影響がより鮮明になり、物語自体もより正確になるだろう。本書において私がすべきことは、私自身に注目を集めることではなく、フィジーでの調査結果をわかりやすく説明するために、私自身についても記すことだ。ラトゥ・ノアとテヴィタは、注目されるべきものは癒しの業であると考えていた。

「自分自身に注目を集めようとしてはなりません。癒し手として、自己アピールをすべきでもありません」

と、彼らは何度も言った。

社会科学者の中には、感情的、認知的柔軟性には限界があるとして、ヴァルネラビリティを避けようとする人々もいる。カール・ユングは、西洋人の行うフィールドワークにおいて、ヴァルネラビリティが活かされない最大の理由を指摘している（Jung, 1969）。それは、これ以上できないというところまで説明し尽くし、全てを制御しようとする、西洋人の自己の強さによるものだと、ユングは言う。チベット仏教における「原初の心」や「合一」といった概念について、彼は次のように述べている。

「しかし私たち（西洋人）は、そのような実感（合一）が、どのように個人の中で達成されるのかということが全く理解できない。私たちは、誰か、もしくは何かが、その実感の外側に傍観者として残り、『合一というものが理解できた。合一が起きるときに、どのような違いが生じるかがわかった』と、客観的に言えなくてはならないと考えている」（pp. 504–505）

ユングは、人間は自我を失う瀬戸際まで行くことができると考えているが、同時に、その境界を越えると、意識を失ったり、気が狂ったり、死に至ったりする可能性があるという警告も発している。しかし、この警告が当てはまらない場合もある。それは、境界を越えてたどり着く先が、ユングの言うような狂気の世界ではなく、もう一つの現実である場合だ。そのような場合は、境界を越えて「別の現実」に入ったとしても、自分の「慣れ親しんだ現実」に戻ってくることが可能である。当然のことながら、ユングも、このような経験について認識していた。自分自身の文化というものは徹底的に細部まで刷り込まれているものであるため、境界を越えたとしても、研究者は戻ってくる道を見付けることができるし、その二つの現実の間を行き来することも可能である。ただしそれは、研究者がヴァルネラビリティを受け入れた場合の話だ。

自分自身を見失うような危機に直面した場合、別の文化における現実が持つ意義を尊重しつつ、その文化の中で生きることもできるだろう。自分が慣れ親しんだものとは異なる考え方、信仰、習慣を、障害や避けるべき危険と見なしたり、偏見に基づいて分類したりすることなく、学びの場としてとらえることだ。ヴァルネラビリティの経験は、研究の妨げとなる、または調査に偏りを生じさせるようなものではなく、深い理解へと導いてくれるものなのである。

研究の政治性：交換はどこにあるか

フィールドワークの歴史は、特に、西洋の社会科学者が自身よりも弱い立場にある先住民を対象に行った調査については、決して誇れるようなものではなく、その過程において搾取が行われた例は数え切れない（G. Campbell, 1987; Huizer, 1978; La Framboise and Plake, 1983）。外部からやって来た人間が、その土地の民族の神聖な書物、儀式、知識を、自分たちの学術的な研究や調査で用いるために盗み取るといったことも、その一例だ（Churchill, 1988）。このような搾取は、先住民族の大半が騙され抑圧されてきたという世界的な状況を反映するものである。多くの場所で、先住民族の土地や資源が徐々に削られ、彼らの文化が圧力によって弱体化していったという事実が、その背景にある（Adams, 1989; Benjamin, 1987; Burgos-Debray, 1984; M. Campbell, 1973; Churchill, 1989; Fanon, 1963; Gray, 1989; Memmi, 1965; Ngugi, 1986）。

フィールドワークによって、先住民族に「声」を与えると主張している研究者でさえ、通常、そのような一見善意に満ちた目的を達成することはなく、その民族が生きる上で重要だと考えていることに関して発言の場を提供していない。一見善意に満ちた目的のもう一つの例として、先住民族の「真の姿」を紹介するというものがあるが、そこでは、その民族の人々が紹介してほしくない真実もあるのだという事実が見逃されている。この目的はまた、表面的には「科学的真理」を探究するもののように見えるだろうが、少し掘り下げてみると誤りであることがわかる。なぜなら、そのような科学者は、ただ一つの「真実の姿」が存在するという前提に立っており、真実とは、多数の情報源を確認し、多角的に検討することで得られるものだということを理解していないためである。さらに言うと、この目的を掲げる研究者たちは、先住民族の文化的アイデンティティに関しての、その民族の人々自身の発言の有用性を考慮していない。そのため、先住民族の人々が自らの物語を語ることで現れてくる重要な真実を見落としてしまうのだ。このように、フィールドワークにおいては、一見善意に満ちた目的が掲げられることが多く、調査の名の下に人々を抑圧し続けているという事実は巧妙に隠されている。この点において、フィールドワークの歴史は、きわめて悪質な搾取であると言えるだろう。

　ブラジルの教育者であり活動家でもあるパウロ・フレイレは、社会政治的な解放の手段として、識字教育の手法を開発した（Freire, 1968, 1985）。あるとき、教育の政治的側面についてのコメントを求められたフレイレは、

「あらゆる教育は政治的なものだ」

　という、非常に端的な答えを返している。私もそれと同様に、あらゆる研究が政治的なものであると考えている。どういったテーマを選ぶか、あるいは、選ばないか、データ収集の際にどのような方法をとるか、誰に対してどのように調査結果を提示するか。こういった決定は全て政治的なものであり、政治的な影響力を伴う。研究という行為には、力や管理権の問題がつきまとう。研究テーマの選択について、使用する方法について、調査の構成について、決定権を持つのはだれか。研究者か。調査対象となる人々か。研究者の所属する共同体か。調査対象の人々が属する共同体か。それとも、これらのうちの二者以上が、協力して行うのか。

　自分たちの生活についての情報を提供してくれ、それによって研究を可能にしてくれている先住民族の人々こそが、こういった点に関して、力と管理権を持つべきである。調査の目的や、調査結果の利用について、先住民族の人々は、自分の望みを明示するべきなのだ。そして我々研究者は、彼らに、彼らの希望する方針を話してもらうための前提条件として、自分たちが一方的で高圧的な調査を行わず、お互いに自由に参加できる双方向の調査を行うのだということを、はっきりと伝えなくてはならない。そのような合意が成立したとき、ようやく、我々は、長期にわたって彼らから搾取してきた分を、そしてそれ以上のものを、彼らに返していくことに尽力する準備ができたと言えるだろう。

補遺Ｂ：調査の構成

私は、一九七七年一月から一九七八年一一月まで、および一九八五年六月に、フィジーでフィールドワークを行った。この二四か月のうち、およそ一四か月をトヴの村で過ごし、残りのほとんどは首都のスヴァで過ごした。

　現在は一九九三年であるが、フィジーで暮らしていたときの物語を

記述する際には現在時制を用いた。これは、人類学において「民族誌的現在」と呼ばれるものである。この現在時制は、私が今も、物語の中の経験とつながっていることを反映している。癒し手にインタビューを行ったときのテープを聞くたびに、フィールドノートを読むたびに、そしてスライドを見るたびに、私はフィジーでの研究活動とつながる。そのつながりを感じながら記述することを、私はつねに心掛けた。

一九七七年から一九七八年にかけての調査は、当時の妻 Mary Maxwell Katz（フィジー名はメレ）と共同で行ったプロジェクトの一環だった。我々は、他の共同作業の場合と同様に、新しい情報を交換し、互いの先入観や盲点を修正し合い、徹底的に議論を尽くした。我々はまた、住居を構える、他の村までインタビューに行く、家族で儀式に参加するといった場面においても、互いに助け合った。彼女が見せた、社会化のパターンについての鋭い観察力、心理学的、人類学的な視点からのデータの分析力、村の女性たちとの深い関わり方は、私の理解を大いに助けてくれた。私の研究に関わっていた人の多くが彼女の研究の協力者でもあったため、彼女の調査技術や洞察力は私にとっても非常にありがたいものであり、そのお陰で私は、より完全な理解を得ることができた。

私に、より完全な理解をもたらしてくれたのは、彼女だけではなかった。思いがけないことに、私の子どもたちも強力な援軍となってくれたのだ。我々がフィジーに到着したとき、娘の Laurel（フィジー名はロラ）は九歳、息子の Alex（フィジー名はエリキ）は六歳であった。彼らは瞬く間にフィジー語を流暢に話すようになり、同年代の子どもたちに溶け込み、トヴの村の人々に受け入れられた。彼らはトヴの学校に通い、学校が終わると村の子どもたちと共に、釣りをしたり、薪を集めたり、遊び回ったりしていた。子どもたちに調査を手伝ってくれと頼んだことは一度もなかったが、彼らが毎日何をしていたのか報告してくれたり、彼らの友達が遊びに来てくれたりするお陰で、我々はトヴという村や村の人々のことについて、多くを学ぶことができた。子どもの目を通して見える世界は、大人の目を通して見える世界とは全く異なる。彼らの存在は非常にありがたいものであった。

調査チームの主なメンバーはフィジーの人々で、彼らは我々にとって共同研究者であり、通訳者であり、先生であった。主に通訳をしてくれたのはイノケで、彼は本当に様々な面で調査を助けてくれた。マリカとアリフェレティは、スヴァ滞在中に通訳者として協力してくれた。イノケの妻のナシはトヴの看護師で、彼女もまた我々のチームの重要なメンバーだった。彼らは皆、有能な通訳者として活躍してくれたが、通訳は彼らが果たしてくれた貢献の一部に過ぎない。イノケ、マリカ、アリフェレティは、私が初対面の相手と会う際に、伝統的なやり方で私の代理人として挨拶をして私を紹介してくれたり、儀式における交換の正しい作法を教えてくれたりと、様々な場面で、マタ・ニ・ヴァヌアとして私を助けてくれた。奥深くに英知を隠し持つフィジーの癒しを学ぶためには、フィジーの伝統と深く関わることが必要だった。自分はフィジー人ではないからよくわからないのだという言い訳をするわけにはいかなかった。会話を交わす全ての人々に対して敬意を払うために、伝統的なフィジーの慣習に従うべきだというのが、私の一貫した姿勢だった。

私のインタビューに答えてくれた癒し手たちは、単なる情報源を超えた存在だった。彼らは私の調査を好意的に受け入れ、関心を寄せてくれた。また、賢明な指針を示すことで、私の研究に方向性を与えてくれた。テヴィタ、そして特にラトゥ・ノアの与えてくれた指針は、今も私を導いてくれている。

私は主に参与観察の手法を用い、広範囲にわたる事象に関して詳細なフィールドノートを作成した。フィジーでの一年目が終わる頃には、私はほとんどのフィジー語を聞き取り理解することができるようになっており、相手に理解してもらえる程度に話すこともできた。ただし、抽象的な概念を用いた議論は、まだ難しかった。一年半が過ぎた頃には、理解のレベルも発話のレベルもさらに上がっていた。それでも、雄弁と言えるほど話せたのは、言語の壁を越えるくらいに感情が高まり、心の中から言葉が溢れ出てくるようなときだけだった。公的な儀式で用いる正式の話し方は、最後まで習得できなかったが、二年目には一人でインタビューを行うことができるまでになっていた。

参与観察を行いつつ、私は全部で四四回、癒しの儀式に参加した。そのうち二三回はトヴとビトゥでの儀式で、残りはスヴァでの儀式だった。私はまた、一回あたり二~四時間かけて徹底的に話を聞くインタビューを一五四回行った。癒し手については、三六人の癒し手に対して、延べ八七回のインタビューを行っている。その半分の一八人はスヴァに、残りの半分は農村のビトゥに住んでいた。スヴァ在住の一八人のうち、一一人は女性であった。年齢は二〇代後半から五〇代後半で、女性八人と男性四人は四〇歳未満だった。ビトゥ在住の一八人の癒し手は、女性は三名のみで、あとは皆男性だった。年齢は四〇代前半から七〇代後半で、男性五人と女性二人は七〇代であった。この人口統計学的データは、フィジーの癒しの実態を映しているものだと考えられる。例えば、ビトゥに比べて、スヴァには女性の癒し手が多く、また、若い癒し手が多いとされている。

癒し手たちには、「雪だるま式」に出会った。つまり、研究仲間や友人、あるいはインタビューを行った癒し手たちが、次に会うべき癒し手を紹介してくれたのだ。都市部の癒し手たちが、頻繁に転居すること、癒しを休止している時期があること、また、多分に秘密主義であることを考えれば、こういった紹介に頼らずに癒し手たちにインタビューを行うことは不可能であったし、不適切でもあっただろう。紹介された癒し手に関しては、複数の人たちからの情報を検証するようにした。そうすると、たいていの場合、その人が本当に癒しを行っているか、正直な癒し手であるか、また、その人の癒しには効果があるかといった点について、人々の評価は一致していた。

伝統的な知識、あるいは現代的な知識を有している人物として、癒し手以外の人々を紹介された場合も同様に、複数の情報を検証した。すると、癒し手の場合以上に、人々の評価が一致することが多かった。私は、伝統的な事柄に詳しい首長や年配者たち七人に対して、延べ二六回のインタビューを行った。さらに、私の研究に関係する特定の分野の知識を持っている二三人の人々に対して、延べ四一回のインタビューを行った。この二三人の有識者は、政府の大臣、言語学者、博物館の館長、大学の研究者、医者などで、二名以外はフィジー人であった。

インタビューのほかに、私が集めたデータとしては、人々の慣習についての総合的で詳細な観察データ（特にトヴでのヤンゴナを飲む慣習についての観察データ）、私とトヴの四人の癒し手たちとで作成した症例集（助けを求めてきた依頼主について、彼らの抱える問題について、行った施術についての記録）、トヴの人々全員に対して行った健康意識調査（自身の健康について評価をしてもらい、それを分析したもの）、一部に変更を加えた主題統覚テスト、夢を体系的に収集したデータ、マナの体験に関する言語的、現象学的分析、「理想のフィジー人」の特徴を調べるための評定尺度がある。これらのデータは、ほぼ全て、癒し手と癒し手以外の人々との符号標本（マッチド・サンプル）の形で作成した。私のフィールドノートとインタビューと併せて、これらのデータを用いることで、調査の背景や状況を明確に示すことができた。

フィールドワークが進むにつれて、私が上記のデータの収集にかける時間は減り、インタビューにかける時間や癒しの儀式に参加している時間が増えていった。また、私が訪問する癒し手も、定評があり人々の尊敬を集めている癒し手に限られるようになっていった。

インタビューは、あらかじめ計画した通りに質問をするという形式ではなく、ヴェイタラノア（会話、物語）の形で行った。西洋の社会科学において情報の交換を行うときのようなやり取りではなく、フィジー式のやり取りを行ったということだ。そのため、インタビューは癒し手の自宅で行い、時間帯も、癒し手の都合に合わせ、癒し手の指示に従った。結果としてインタビューの多くは夜間になり、ヤンゴナを飲みながらという形がほとんどだった。これもまた、フィジーの伝統的な習慣を反映しているものだと言える。癒しのような重要で神聖な事柄に関する情報は、ヤンゴナの儀式を行ってからでなくては、話すことができないのである。

インタビューは全て、テープに録音し、書き起こした。通訳者が同行してくれた場合には、その場で同時通訳をしてもらえたが、そのような場合のテープも含め、全てのインタビューのテープを、より正確で完全な翻訳を目指して、インタビュー後に自分で翻訳した。テープの書き起こしの際には、様々なメタ言語等を書き込み、可能な限り詳細に状況を復元した。ラトゥ・ノアに何度も言われたように、良い翻訳を作り上げるべく、私は最大限の努力をした。

このインタビューの記録は、全てではないものの、ラトゥ・ノアとの会話、テヴィタとの会話、他の人々との会話という形で、本書に取り入れた。なお、その際には、実際のインタビューの様子をより正確に伝えるための若干の修正、話題の順番の変更、不必要な繰り返しの削除、フィジーの儀式や信仰についての細部の議論（特に癒しのための祈りなど、口承でのみ伝えるべき内容）の削除等を行った。

物語に登場する地名と人名

本書の物語に登場する人々は皆、自分の語った内容を本書に記すことに同意してくれており、また、自分の語った内容が正確であることを保証してくれている。デラナの癒し手トマシは、次のように述べている。

「私があなたに語ることは、真実でなければなりません。なぜなら、私の孫やひ孫や玄孫が私の物語を耳にするとき、彼らが聞くことが真実であってほしいからです」

物語に登場する人々の提案に従って、フィジー語の地名や人名には仮名を使用した。その理由は単純で、彼らのプライバシーを守るためだ。彼らには隠すべきことは何もないが、それでも、地名や人名といった個人的な情報は、彼ら自身が望む形で提示するのがよいだろう。販売を目的として出版した本は、様々な人の手に渡る。読者の中には、本書に書かれていることを自分の目で見てみたいと考える人も出てくるだろう。それは、真面目で誠実な動機を持った人々にのみ可能となるべきことだ。

仮名を使用したのはフィジー語の固有名詞だが、物語に登場する全ての固有名詞が仮名であるというわけではない。例えばスヴァという都市名のように、広く知られている名前については、実際の名前を使用した。

本書で紹介している写真に関しては、特に大きな問題がある。写真に写っている人々を仮名で紹介した場合、混乱を招くばかりでなく、仮名によってプライバシーを保護するという機能すら果たせていないことになる。そのため、個人名は付記しないこととした。この決定を、かつて人類学者の多くが先住民の人々の写真に名前を記さなかったことと同様に見てほしくはない。当時の人類学には、先住民の人々への敬意が欠如しており、それゆえに彼らのアイデンティティが尊重されず無視されていたのであって、彼らへの敬意から彼らのアイデンティティを守ろうとした今回の決定とは全く趣旨が異なる。

　仮名を使うことで、世間に認められるべき人々から、その機会を奪ってしまうことになるという懸念があるかもしれない。しかし、この点については、フィジーの人々の考え方に従うこととする。トヴの年配者アセナティは、敬意についてこう述べた。

「何かを見せびらかしたり、自慢をしたりしない、自分が注目を浴びるような事態さえ避ける、それがフィジーのやり方です。出しゃばらないことで、尊敬されるのです。私たちの本当の名前を知るべき人たちがいるとすれば、いずれ知ることになるでしょう」

　ヴについて、また、他の神聖な儀式や神聖な物質について記述する際にも、フィジーの先生たちの教えに従い、神聖な秘密を暴露することなく、真実を伝えるように心掛けた。ヴに言及する場合には、フィジーの人々が用いるような特別な言い方をせずに、「ヴ」とした。ただし、デンゲイという名前で知られている最も有名なヴについては、デンゲイという名前を用いた。デンゲイについては、その生涯や偉業に関して、すでに多くの物語が世に出ているためである。ただし、デンゲイが持つとされる「非公式の」名前が口頭伝承に登場するが、それについては、それを知る必要のある人々のみが知るべきだという考えから、本書には記さないこととした。また、癒しの儀式に関しても、個々の儀式の詳細を記述することはせず、その儀式の構成や目的といった一般的な説明、儀式の雰囲気を記すにとどめた。

　これらの霊的で神聖な物事に対して、フィジーの人々は非常に強い敬意を抱いているため、これらの事柄について不用意に言及することはなく、通常、間接的な表現を用いる。例えば、特定のヴについて言う際に「あの方がここにおいでになることを知っている」というような表現が使われる。また、癒し手になるために取り組むべき課題を指して、「その業のために必要なもの」と言ったりもする。本書では、フィジーの人々が用いていたこのような間接的な表現を、そのまま取り入れることを断念した箇所がある。この種の表現を解釈するために必要なフィジーの実情に関する知識を持たない読者にも、理解してもらえるような記述を目指した結果である。

地名

トヴ　本書に記したフィールドワークと活動の大部分が行われた村。

カリ　ビトゥ列島の北端に位置する島で、ここにトヴがある。

ビトゥ　中心地から離れた田舎の島々。スヴァから貨物船で一〇時間かかる。

オンゴ　トヴから一〇キロ前後離れたところにある小さな村。この村の住人は、親族関係によって、トヴの人々と強い結び付きを持つ。

デラナ　トヴから一五、六キロ南にある村。

モモト　トヴから数百キロ離れたところにある大きな島。トヴの学校の校長の出身地。

スヴァ　フィジーの首都で、フィジー最大の都市。一九七七〜七八年の時点で、人口は約七万。フィジー最大の島であるヴィティ・レヴ島にある。

人名

アセナティ　トヴの伝統的な癒し手の一人で、薬草治療家（ダウソリワイ）。八〇歳の誕生日が近く、村で最高齢の女性の一人であるが、彼女の活力が衰える様子はない。彼女は家事を軽々とこなしており、同時に、必要とする人々に頻繁に薬草を届け、マッサージも頻繁に行っている。ルケの母親であり、チョエリの祖母。

アテザ　トヴに住む五〇代半ばの女性。熱心に教会に通っている。夫のアリパテが内気でおとなしいのに対して、彼女は陽気で遠慮のない冗談を言う。ただし彼女もアリパテと同様に思慮深い側面も持っている。

アリパテ　トヴでテヴィタの癒しを手伝っている癒し手の一人。五〇代後半だが、つい最近、テヴィタの助手になったばかり。ややよそよそしい印象だが、紳士的な人物。アテザの夫。

アリフェレティ　スヴァからトヴへ乗客と荷物を運ぶ船の所有者であり、船長でもある。四〇代前半の男性で、伝統的な癒しに強い興味を持つ。

イノケ　伝統的な環境で育てられ、その後、西洋式の医学校で学ぶ。教養があり、思ったことを躊躇せずに口に出す男性。四〇代半ば。私の研究の中心的な協力者であり、通訳者でもある。彼ほどこの役割にふさわしい人はいない。マタ・ニ・ヴァヌア（伝統的に、首長の伝令役を務める）であるため、生まれた時からその土地の慣習を教え込まれており、村に入るべき時やその方法、会話を始めて継続する方法、儀式を行う方法、といった作法を身に付けている。病気と癒しについての知識は、伝統的な教育と西洋的な教育の両方から学んだものである。伝統的な癒し手たちと驚くほど広い交流を持つ。デラナの出身だが、妻のナシと共にトヴに住んでいる。ナシはトヴの看護師。

ヴィリ　ナニセの夫。三五歳。体が大きく、穏やかな話し方をする。トヴで起きたキリスト教の信仰復興運動の中心的人物となった。

ヴェラニ　活発で人を引きつける三〇代半ばの女性。人気のある伝統的な癒し手（ダウヴァングヌ）で、スヴァで癒しを行っている。トヴがあるカリ島の出身。

エリキ　私の息子アレックスに与えられたフィジー語の名前。フィジーに行った時点では六歳だった。

エロニ　内省的で、やや気まぐれな男性。四〇代後半。トヴでテヴィタの癒しを手伝っている癒し手の一人。

シティヴェニ　自尊心を持ち、並外れた言語感覚を備えた男性。フィジー人やフィジーの文化に誇りを持っている。我々が滞在したトヴの村の正式な首長ではないが、トヴの指導者であり代表者であると認識されている。マタ・ニ・ヴァヌア（首長の伝令役）の家系であるため、伝統や慣習、儀式の執行に関して豊富な知識を持つ。研究の技術や政治的手腕も身に付けている。六〇代半ばで、長い間スヴァに住んでおり、スヴァでも人々に尊敬される年配者である。

スリアナ　癒し手テヴィタの妻。もともとはトヴの外部の出身。伝統的な癒しのための薬草の調剤、処方の訓練を受けており、夫のテヴィタの癒しを手伝っている。テヴィタがおとなしい人物であるのに対して、スリアナは活動的である。四〇代半ばに差し掛かっており、九人の子どもがいる。

セラ　あまり人と会わないほど内気な二〇代後半の女性。スヴァの伝統的な癒し手（ダウヴァングヌ）。定期的に癒しの最中にヴが乗り移る。

ソロモネ　五〇代前半の男性。トヴの年配者の中でも、はっきりと意見を言う人間の一人。彼の威厳のある振る舞いにより、村の儀式に気品が生まれる。

チェセ　政府の支援を受けてオンゴで行われている漁業計画のプロジェクトチームの代表者の一人で、非常に弁が立つ。四〇歳近い。漁業計画の商業的な面に深く関わっているせいで、自分の村での伝統的な生活から距離ができつつある。

チェメサ牧師　キリスト教福音主義の布教活動の中心人物。フィジー人の説教者で、人々を魅了する演説を得意とする。四〇歳という若さだが、スヴァだけでなくフィジーの様々な地域に出掛けていき、福音書の教えを説き、信仰復興運動を指揮している。

チョエリ　ルケとラニアナの息子。大勢の人の前では恥ずかしがり屋だが、仲間たちといるときには、トヴの他の青年たち同様、楽しいことが大好きな青年。もう少しで二〇歳になる。

チョネ　トヴで校長をしている四〇歳の男性。威厳があり、社交的。モモトという遠方の島の指導者の血筋の出身。伝統に深い畏敬の念を示しつつ、西洋式の教育にも情熱的に取り組んでいる。トヴの村人たちは、他の教員に対してもそうであるが、彼に対しても敬意を込めて「チョネ先生」という呼び方を用いる。

テヴィタ　スリアナの夫であり、ラトゥ・ノアの弟子。四〇代半ばで、穏やかな口調の、静かな男性。トヴ及びその周辺地域で、トップの伝統的癒し手（ダウヴァングヌ）。テヴィタの物静かさは、内的な力強さや感性の豊かさを示すものである。彼はまた、公正であることを非常に重んじる。彼は、トヴにおいて、フィジーの癒しについての私の師であり、私は彼の助手となった。同時に彼は、私のトヴでの一番の親友でもあり、彼の家族と私の家族も非常に仲がよい。

トマシ　伝統的な癒し手（ダウヴァングヌ）。デラナの近くの村の有力な長老で、癒しの力の強さゆえに、人々の尊敬を集めている。そっけない態度に隠されているが、紳士的な人物。八〇歳近いものの、非常に元気な農夫で、村の儀式においては中心的な役割を演じる。子供、孫、曽孫、玄孫からなる大家族を、深い愛情でまとめ上げている。

ナシ　知識が豊富で寛大なトヴの正看護師。「ナシ」は愛称（「看護師」の意味）。夫のイノケと同様に、伝統的な環境で育てられ、西洋式の医学校で学んでいる。静かに、しかし粘り強く、看護の現場で伝統的な医療と西洋式の医療の知識を結び付けて用いる方法を模索している。

ナニセ　痩せていて病弱な三〇代前半の女性。トヴ在住。長年にわたり、身体的、精神的問題に悩まされている。テヴィタの姪で、ヴィリの妻。

ナワメ　西洋式の医学の訓練を受けた看護師。四〇代後半の女性で、夫のラトゥ・ノアと共にスヴァに住んでいる。夫の伝統的な癒しをからかっているが、つねに愛情と敬意を示している。彼女の育った環境も、夫と同様に伝統的な環境である。

バレ　社交的で親切な三〇代後半の女性。スヴァではよく知られた伝統的な癒し手（ダウヴァングヌ）。

ピタ　精力的に活動する農夫。結婚の際にトヴにやって来た。五〇歳近い。村では普段はおとなしい人として知られているが、ときに辛口の冗談を飛ばしたり、遠慮なく人をからかったりする。

マリカ　とても親切で洞察力の強い男性。伝統的な環境で育ったが、インタビューや翻訳といった、現代の研究に必要な技術を習得しており、それによって自身の伝統に関する知識を活かすことができている。六〇代になったばかり。スヴァ在住。

メリ　非常勤でスヴァの学校の整備などをしている。伝統的な癒し手（ダウヴァングヌ）でもある。四〇代半ばの男性。

メレ　私の妻メアリーに与えられたフィジー語の名前。アメリカでは彼女はマックスという愛称で呼ばれている。このフィールドワークを始めたときは三〇代半ばだった。

ラトゥ・ノア　非常に尊敬されている伝統的な癒し手（ダウヴァングヌ）で、指導者的存在。ナワメの夫で、スヴァ在住。五〇代前半の男性で、神聖な伝統を受け継ぐ者と見なされている。敬称の「ラトゥ」は指導者的な立場の人々に対して用いられるが、彼はまさに、指導者としての立ち居振る舞いを体現する人物である。威厳があるが、距離を感じさせない。思慮深く、他者の必要とするものを敏感に感じ取る。彼は私にとって最も大切な師であり導き手である。素晴らしい英知を備えており、人々への配慮に基づいて、その英知を分け与えてくれる。トヴの伝統的な癒し手の第一人者であるテヴィタ（トヴでの私の師）は、ラトゥ・ノアの弟子である。

ラニアナ　三〇代後半の面倒見がよく寛大な女性。ルケの妻であり、チョエリの母親。家族をしっかりとまとめつつ、客の訪れやすい家庭を築いている。

ルケ　シティヴェニの近い親戚で、トヴに住んでいる。彼自身は指導者の家系には属していないものの、シティヴェニの留守中は首長の代理を務めている。ラニアナの夫であり、チョエリの父親。四〇代半ば近い、親しみやすい男性。

ルシアテ（ルシ）　私、リチャードのフィジー語の名前。「ラトゥ・ルシアテ」、「ラトゥ・ルシ」などとも呼ばれる。「ラトゥ」は以前は首長に対して使われたが、現在ではより広く、敬意を表すために用いられる。フィジーに住み始めたときは四〇歳直前だった。

ロパテ　四〇代半ばの男性。まじめで、ときに陰気に見えることもある。トヴの教会の活動に関する責任を負っている。司祭の役目を果たしているが、それ以前に村の人間であるという意識が強い。

ロラ　私の娘ローレルに与えられたフィジー語の名前。フィジーに行った時点では九歳だった。

用語解説

この用語集は、フィジー語の語句の正式な定義ではなく、便宜的な解釈を記したものである。より詳細で正確な語義を知りたい場合には、フィジー語 – 英語辞書を参照されたい（例えば、Cappel, 1973; 政府による辞書プロジェクト）。

ここで扱った語句は、私のフィールドワークに関係の深いもので、本書でも使われているものである。語句に添えられている解釈も、フィールドワーク中に出会った口語的な用法に基づくものであり、そのため、各語句の全ての意味を網羅した用語集にはなっていない。また、正確な語形や複合語の書式等に関して、文法規則に厳密に従うものではない点を申し添える。

イ・トヴォ・ヴィナカ　「適切な振る舞い」、「正しい振る舞い」、「伝統に則った行動」。

インベ　「敷物」。女性たちがヴォイヴォイ（タコノキの葉）を用いて織る。品質は様々で、その質によって、日常使いのものから、儀式で用いるものまである。

ヴ　祖先が神格化された存在。「神」、「神々」、「祖先」、「霊」。物事の根源。「ヴニワイ」（医者、文字通りには「医学の源」の意味）といった語にも使われている。

ヴァカヴァヌア　「伝統」、「伝統的な」、「伝統的な方法で」。文字通りには「その土地の方法に従って」、「その土地の神聖な習慣を尊重して」の意味。

ヴァカサマ　「信仰」、「信念」。

ヴァカセング　「休む」、「引退する」。
ヴァカテヴォロ　「悪事」、「悪行」。ヤンゴナやマナを正しくない方法で用いて、他者を傷つけること。文字通りには「悪魔のようなもの」の意味（「悪魔の業」という意味から来ている）。一般的には「呪術」と訳される。
ヴァカトゥラガ　「伝統」、「伝統的な」、「伝統的な方法で」。文字通りには「支配者のやり方に従って」、「支配者のような」、「尊敬される方法、態度で」。（ヴァカヴァヌア参照）
ヴァカロコロコ　「敬意」。
ヴァカンディナンディナ　「真実を語り、真実に沿って生きること」。
ヴァカンディンディケ　「研究」。
ヴァカンバウタ　「信念」、「信仰」。
ヴァヌア　「土地」及び「その土地に暮らす人々や、その土地の伝統」。
ヴァランギ　「西洋人」、「ヨーロッパ人」、「コーカサス人」。
ヴィティ　「フィジー」。
ヴィナカ　「良い」。賛同の意や感謝を伝える表現。「良さ」。
ウヴィ　「ヤムイモ」。とても貴重なデンプン質の主食。
ヴェイタラノア　「話し合い」。文字通りには「物語を語って聞かせる」。
ヴェインガラヴィ　「奉仕」。癒しの仕事を指す。
ヴォイヴォイ　「タコノキの葉」。女性たちが敷物を織るのに使う。
ヴク・ヴリジ　「学校で学んだ知識」、「習った知識」。
ヴク・ソリ　「与えられた知識」。ヴから与えられた知識を指して言うことが多い。
ウト　「パンノキの実」。
ヴニワイ　「医者」。文字通りには「医学の源」、「医学の基礎」。
ヴニワイ・ヴァカヴァランギ　「西洋の医者」、「生体医療を行う医者」。
ヴニワイ・ヴァカヴィティ　「フィジーの医者」。つまり、伝統的な癒し手を指す。
ヴランギ　「客人」。
エラ　「下に」、「底に」。
エ・リウ　時間と位置に関して「前に」。「かつて」、「昔」。「担当者」。ときに、癒しを行うヴを指すこともある。
カイ・ヴァヌア　「内陸地域の住人」。文字通りには「陸出身」の意味。
カイ・ヴィティ　「フィジー人」、「フィジー出身」。
カイ・ワイ　「沿岸地域の住人」。文字通りには「水出身」の意味。
カ・ヴァカヴィティ　「フィジーのもの」。
カウカウワ　「力」、「神秘的な力」。
ガウニサラ・ドンドヌ　「まっすぐな道」。フィジーにおける、伝統的で理想的なあり方。特に癒し手たちによって実践されている。
カカナ・ディナ　文字通りには「本物の食べ物」の意味。
ガセ　「古い」、「年配の」、「年配者」。「師」。
カト・ニ・マナ　「マナの箱」。この中にマナが蓄えられているとされる。
カニ　「（ヴに）憑依される」。文字通りには「（ヴに）食われる」。
カロウ　「神」、「至高の存在」。全ての人々のための神を指すとされる。
カロウ・ヴ　「神格化された祖先」（「ヴ」参照）。
カロウ・ディナ　「真の神」。
サウ　「マナの霊的な力」。首長が持つマナについて話す際に使う語。
サヴァ　「神聖な墓所」、「古い家の跡地」。ヴが住んでいるとされる場所。
サヴァサヴァ　「潔白な」、「汚れのない」。「儀式による清め」も指す。
ザカザカ　「仕事」。
ザケ　「上に」、「頂点に」。

ズルミ　憑依される場合のように、「中に入られること」。
セヴセヴ　「ヤンゴナを交換する儀式」。
センガ・ナ・イ・ヴキヴキ　「謙虚さ」、「傲慢にならないこと」。
センガ・ニ・ロマロマ・ルア　「専心」。文字通りには「くるくると回って見せびらかさないこと」。文字通りには「二つの心を持たないこと」。
ゾイ　「おかず」。主食のデンプン質の食べ物に添えられる。通常は野菜や魚で、主食よりも少ない量が出される。
ゾンボ　「儀式用の柏手」。大きな音で、ヤンゴナの儀式における重要な部分を知らせる。手をお椀状にして、柏手を打つ。
タヴィオカ　「キャッサバ」、「タピオカ」。根の部分がデンプン質の主食になる。広い地域で手に入り、最も一般的に食べられている主食。
ダウヴァングヌ　「精神的な癒し手」。フィジーの伝統的な癒し手で、儀式の際にヤンゴナを用いることと、ヴの力を借りることを特徴とする。文字通りには「(ヤンゴナを) 飲む達人」の意味。
タウヴィマテ　「病気」。
タウヴィマテ・ヴァカテヴォロ　「霊的な病気」。宗教上の決まりに違反したり、悪魔に仕えたりした結果として発症したことが含意される。文字通りには「悪魔の業による病気」。
タウヴィマテ・ディナ　「本当の病気」。自然な原因による病気、通常の原因による病気。
ダウヴェインボ　「マッサージの専門家」。フィジーの伝統的な癒し手の一種。文字通りには「マッサージを専門とする者」。
ダウキラキラ　フィジーの伝統的な治療家の一種。ヴから力を受け取っており、霊的な感覚を持つ者。
ダウソリワイ　「本草家」、「薬草治療家」。フィジーの伝統的な癒し手の一種。薬の処方を専門とする者。
ダウニヴス　「メケの作り手」。メケはフィジーの古くからの神聖な踊りで、歌詞が付いている。
ダウライライ　「見者」。霊的な感覚で見る者。
タノア　ヤンゴナを混ぜるための木の器。ここからヤンゴナをビロに注ぐ。
タブー　「タブー」。宗教上の禁止事項。神聖であるため、近付くことや触ることが禁じられている人や物。
タラタラ　「教師」。
ダロ　「タロイモ」(学名 Colocasia esculenta)。根の部分がデンプン質の主食になる。貴重な作物。
タンドラ　「夢」。
タンブア　「クジラの歯」。儀式での交換に用いられ、非常に貴重で神聖な品。
ディナ　「本物の」、「真の」、「真実」。
テヴォロ　「悪魔」。
デンゲイ　最も強力でよく知られているヴ (神格化された祖先) の名前。しばしば蛇の姿で現れる。
トゥラガ　「首長」。親族関係に基づいた集団の中で、男性を指して、敬意を込めて用いる語。
トゥロウ　謝罪の言葉。敬意を表すしきたりを破る際に言う。例えば、立ち上がったり手を伸ばしたりすることで他の人よりも高い位置に身を置く際や、他の人々の前を歩く際など。
ドラウニカウ　「悪い薬」。ヴァカテヴォロの一種。特に、葉などを悪い目的のために用いることを指す。
ドンドヌ　「まっすぐな」、「正しい」。
ナシ　「看護師」。
ビロ　ヤンゴナを飲むための器。ココナッツの殻の半分を用いて、その表面を削って (ときにはさらに磨いて) 作る。

ビンビ　「大切な」、「真面目な」、「難しい」、「重い」。

ブルブル　贖罪を行い、許しを請うための儀式。

ブレ　フィジーの伝統的な草ぶき屋根の家。

ベテ　伝統的な聖職者。伝統的に聖職者を務める氏族に属する者。

ボンギ・ヴァ　「四番目の夜」。伝統的な儀式における特別なとき。

マシ　「タパ布」。クワの木から作られる樹皮布で、儀式の際に身に付ける。

マタ・ニ・ヴァヌア　「伝令」。首長のために伝令を務める者。伝令を務める氏族に属する者。文字通りには「土地の顔」の意味。

マタンガリ　「氏族」。文字通りの意味は「血統」。親族関係に基づいた集団のうちの小さな集団で、ヤヴサと呼ばれる大きな親族集団の下位集団。

マテニ　意識の変容を指す語。アルコールで起きることもあれば、ヤンゴナで起きることもあり、その程度も様々。アルコールが原因の場合やヤンゴナを飲みすぎた場合には「酔う」という訳語が当てられる。

マナ　フィジーにおける究極の霊的な力。癒しも含め、あらゆることが、この力によって起きると考えられる。

マンギティ　儀式で食べ物を出すこと。あるいは、「ごちそう」。

マンドラリ　儀式で用いるヴへの感謝の贈り物。

メケ　フィジーの神聖な踊りで、歌詞が付いている。正式な儀式において披露されるもので、通常、その歌詞で語られる物語は、ある地域の歴史上の出来事である。

メケ・ニ・ヴラ　「月への踊り」。ヴァカテヴォロを行った人物が、自らの悪事を祝福するために行う儀式。

モシ・ニ・ウル　「頭痛」。

ヤウ　「品物」、「財産」。物質としての富。特に、儀式で交換されるタンブアやインベといった伝統的な品を指す。

ヤヴサ　親族関係によって決められる社会的集団。その構成員は、共通して、ある一人の男性を祖先に持つとされる。

ヤンゴナ　神聖な植物（学名 Piper methysticum）。精神的な癒しの儀式において、重要なものとして用いられる。根を乾燥させ、粉にして、水に溶いて飲む。

ラス　「嘘」、「偽の」。

ラリ　丸太をくり抜いて作られた、木製の打楽器。ラリの低音が鳴り響くと、人々が教会に集まってくる。他の大切な集まりや重要な知らせのために叩くこともある。

リンガ・ニ・ワイ　「癒し手の助手」。文字通りには「医療の手」。

レレ　「強い恐れ」。ヴによって引き起こされる恐れ。

レワ　薬草を混ぜたもので、健康維持のためや、ヴの守護を得るために用いられる。通常は、伝統的なフィジーの癒し手によって調合される。

レンガ　「問題」、「困難」。

ロヴォ　地下に作られたオーブン。主に、儀式や大きな集会のための食べ物を焼く。ロヴォで食べ物を焼くのは、男性の役割。

ロマロマルア　「決心のつかない」。文字通りには「心の中で二つの道を行く」。

ロロマ　「愛」、「寛大さ」。「感謝の贈り物」。

ワイ　「薬」。文字通りには「水」、「液体」。癒しの文脈においては、水やオイル（ワイワイ）に薬草を混ぜて薬にしたものを指す。薬は正式にはワイ・ニ・マテ（文字通りの意味は「病気のための水」）と言う。他の文脈では、「海」（正式にはワイトゥイ、「塩水」の意味）や、何かを溶かした液体（例えば「ココナッツミルク」、ココナッツを刻んで水に混ぜたもので正式にはワイ・ニ・ニウ）などを指すこともある。

ワンガ・ワンガ　ヴに憑依される人。

参考文献

Adams, H. 1989. *Prison of grass: Canada from the Native point of view.* Saskatoon, Saskatchewan: Fifth House.

Ahenakew, F. 1986. Teaching the Cree way. *AWASIS (Journal of the Indian/Native Education Council)*, 4 (3).

Akwesasne Notes 1974. *Voices from Wounded Knee: In the words of the participants.* Roosevelt, N.Y.: Mohawk Nation at Akwesasne.

Albee, G., Joffe, J., and Dusenbury, L., eds. 1988. *Prevention, powerlessness and politics: Readings on social change.* Newbury Park, Calif.: Sage.

Alexander, C., and Langer, E., eds. 1989. *Higher stages of human development.* New York: Oxford University Press.

Amoah, E. 1986. Women, witches and social change in Ghana. In D. Eck and J. Devaki, eds., *Speaking of faith: Cross-cultural perspectives on women, religion and social change.* London: Women's Press.

Anzaldua, G., ed. 1990. *Making face, making soul (Haciendo cara): Creative and critical perspectives by women of color.* San Francisco: Aunt Lute Foundation.

Apassingok, A., Walunga, W., and Tennand, E. 1985. *Lore of St. Lawrence Island: Echoes of our Eskimo elders.* Unalakleet, Alaska: Bering Strait School District.

Argyle, M. 1991. *Cooperation.* New York: Routledge & Kegan Paul.

Arno, A. 1976. Ritual of reconciliation and village conflict management in Fiji. *Oceania* 47 (1):49–65.

——. 1980. Fijian gossip as adjudication: A communication model of informal social control. *Journal of Anthropological Research* 36 (3):343–60.

——. 1992. *The world is talk: Conflict and communication on a Fijian island.* Norwood, N. J.: Ablex.

Barnett, H. G. 1953. *Innovation: The basis of culture change.* New York: McGraw-Hill.

Basow, S. 1984. Ethnic group differences in educational achievement in Fiji. *Journal of Cross-Cultural Psychology* 15 (4):435–51.

——. 1986. Correlates of sex-typing in Fiji. *Psychology of Women Quarterly* 10 (4):429–42.

Bateson, G. 1972. *Steps to an ecology of the mind.* New York: Ballantine.

Beck, P., Walters, A., and Francisco, N. 1992. *The sacred: Ways of knowledge, sources of life.* Tsaile, Ariz.: Navajo Community College Press.

Bellah, R. 1968. Meaning and modernism. *Religious Studies* 4 (1):37–45.

Belshaw, C. 1964. *Under the ivi tree: Society and economic growth in rural Fiji.* Berkeley: University of California Press.

Benjamin, M., ed. and trans. 1987. *Don't be afraid, Gringo: A Honduran woman speaks from the heart: The story of Elvia Alvarado.* San Francisco: Institute for Food and Development Policy.

Berger, P., Berger, B., and Kellner, H. 1973. *The homeless mind: Modernization and consciousness.* New York: Vintage.

Berger, T. 1985. *Village journey.* New York: Hill & Wang.

Berne, E. 1959. Psychiatric epidemiology of the Fiji Islands. *Progress in Psychotherapy* 4: 310–13.

Biesele, M., ed. 1987. *The past and future of !Kung ethnography: Critical reflections and symbolic perspectives.* Hamburg: Buske.

Biesele, M., and Weinberg, P. 1990. *Shaken roots.* Marshalltown, South Africa: Environmental & Development Agency.

Bodley, J. H. 1990. *Victims of progress.* 3rd ed. Mountain View, Calif.: Mayflower.

Bourguignon, E. ed. 1973. *Religion, altered states of consciousness and social change.* Columbus: Ohio State University Press.

Bredo, E., and Feinberg, W. 1982. *Knowledge and values in social and educational research.* Philadelphia: Temple University Press.

Brewster, A. V. 1922. *The hill tribes of Fiji.* Philadelphia: Lippincott. Reprinted by Johnson Reprints.

Briggs, C. 1986. *Learning how to ask: A sociolinguistic appraisal of the role of the interview in social science research.* Cambridge: Cambridge University Press.

Brody, H. 1982. *Maps and dreams.* New York: Pantheon.

Bronfenbrenner, U. 1979. Contexts of child rearing. *American Psychologist* 34 (10):844–50.

Brookfield, H. C. 1988. Fijian farmers, each on his own land. *Journal of Pacific Studies* 23 (1):15–35.

Brosted, J., et al. eds. 1985. *Native power: The quest for autonomy and nationhood of indigenous people.* Bergen, Norway: Universitetsforlaget.

Brown, J. E. 1971. *The sacred pipe: Black Elk's account of the seven rites of the Oglala Sioux.* Harmondsworth, Middlesex: Penguin.

Bullivant, B. 1983. Cultural reproduction in Fiji: Who controls knowledge/power? *Comparative Education Review* 27 (2):227–45.

Burger, J. 1987. *Report from the frontier: The state of the world's Indigenous peoples.* London: Zed.

Burgos-Debray, E., ed. 1984. *I, Rigoberta Menchu: An Indian woman in Guatemala.* London: New Left Books.

Burt, E. A., ed. 1955. *The teachings of the compassionate Buddha: Early discourses, the Dhammapada, and later writings.* New York: New American Library.

Byrd, R. 1988. Positive therapeutic effects of intercessory prayer in a coronary care unit population. *Southern Medical Journal* 81 (7):826–29.

Campbell, G. 1987. Ethics and writing Native American history: A commentary about People of the Sacred Mountain. *American Indian Culture and Research Journal* 11 (1):81–96.

Campbell, M. 1973. *Half-breed.* Halifax, Nova Scotia: Formac Publishing Company.

Capell, A. 1973. *A new Fijian dictionary.* Suva: Government Printer.

Cheever, O. 1993. *The training of community psychiatrists: A test of the model of "education as transformation."* Ph.D. diss., Harvard University.

Churchill, W. 1988. Sam Gill's Mother Earth: Colonialism, genocide and the appropriation of Indigenous spiritual tradition in contemporary academia. *American Indian Culture and Research Journal* 12 (3):49–68.

——, ed. 1989. *Critical issues in Native North America.* Copenhagen: International Work Group for Indigenous Affairs.

Clifford, J. 1988. *The predicament of culture: Twentieth-century ethnography, literature and art.* Cambridge: Harvard University Press.

Clifford, J., and Marcus, G. E., eds. 1986. *Writing culture: The poetics and politics of ethnography.* Berkeley: University of California Press.

Cornish, P. 1991. Defining empowerment: Toward the development of phenomenologically based theory and research methods. M.A. thesis, University of Saskatchewan.

Cowan, P. A. 1982. The relationship between emotional and cognitive development. In D. Cicchetti and P. Hesse, eds., *Emotional Development.* San Francisco: Jossey-Bass.

Craig, R. 1988. NANA Eskimo Spirit movement. Unpublished paper, College of Rural Alaska, University of Alaska, Fairbanks.

Crapanzano, V., and Garrison, V., eds. 1977. *Case studies in spirit possession.* New York: Wiley & Sons.

Crocombe, R. 1987. *The South Pacific.* Auckland, New Zealand: Longman Paul.

——. 1990. Review of C. Browne and D. A. Scott, *Economic development in seven Pacific Island countries. Pacific Affairs* 62 (4):581–82.

Csordas, T. J. 1983. The rhetoric of transformation in ritual healing. *Culture, Medicine and Psychiatry* 7 (4):333–75.

De Mallie, R. J., ed. 1984. *The sixth grandfather: Black Elk's teachings given to John G. Neihardt.* Lincoln: University of Nebraska Press.

Derrick, R. A. 1950. *A history of Fiji.* Suva: Government Printer.

deVries, M., Berg, R. and Lipkin, M., eds. 1982. *The use and abuse of medicine.* New York: Praeger.

Diamond, S. 1974. *In search of the primitive.* New Brunswick, N.J.: Transaction.

Diamond, S. 1990. *Spiritual warfare: The politics of the Christian right.* Montreal: Black Rose.

Donahue, J. M. 1986. Planning for primary health care in Nicaragua: A study in revolutionary process. *Social Science and Medicine* 23 (2):149–57.

Draguns, J. G. 1990. Review of A. Robillard and A. Marsella. Contemporary issues in mental health research in the Pacific Islands. *Contemporary Psychology* 35 (1):83.

Durkheim, E. 1915. *The elementary forms of religious life.* Rpt. New York: Free Press, 1965.

Dwyer, K. 1982. *Moroccan dialogues: Anthropology in question.* Baltimore: Johns Hopkins University Press.

Eagleton, T. 1985. Capitalism, modernism and postmodernism. *New Left Review* 152:60–73.

Eck, D., and Jain, D., eds. 1986. *Speaking of faith: Cross-cultural perspectives on women, religion and social change.* London: Women's Press.

Ehrenreich, B., and Dierdre, E. 1973. *Witches, midwives, and nurses: A history of women healers.* Old Westbury, N.Y.: Feminist Press.

Ehrenreich, B., and English, D. 1979. *For her own good: One hundred fifty years of the experts' advice to women.* Garden City, N.Y.: Anchor.

Ehrenreich, J. ed. 1973. *The cultural crisis of modern medicine.* New York: Monthly Review Press.

Eliade, M. 1964. *Shamanism: Archaic techniques of ecstasy.* Princeton: Princeton University Press.

——. 1965. *Rites and symbols of initiation.* New York: Harper & Row.

Erikson, E. 1984. Reflections on the last stage—and the first. *Psychoanalytic Study of the Child* 39:155–65.

Evans-Pritchard, E. E. 1937. *Witchcraft, oracles and magic among the Azande.* London: Oxford University Press.

Fanon, F. 1963. *The wretched of the earth.* New York: Grove.

——. 1978, Medicine and colonialism. In J. Ehrenreich, ed., *The cultural crisis of modern medicine.* New York: Monthly Review Press.

Firth, R. 1940. The analysis of "mana": An empirical approach. *Journal of the Polynesian Society* 40:438–510.

Fogelson, R., and Adams, R., eds. 1977. *The anthropology of power.* New York: Academic Press.

Fong, A., and Ravuvu, A. 1976. Sacred and historic sites of Namosi. Paper prepared for AMEX Corporation, Suva, Fiji, June 28.

Fowler, J. 1981. *Stages of faith: Psychology of human development and the quest for meaning.* New York: Harper & Row.

Freire, P. 1968. *The pedagogy of the oppressed.* New York: Seabury.

——. 1985. *The politics of education: Culture, power and liberation.* South Hadley, Mass: Bergin & Garvey.

Fuller, B. 1963. *Ideas and integrities.* New York: Macmillan, Collier.

Garret, J., and Mavor, J. 1973. *Worship the Pacific way.* Suva, Fiji: Lotu Pasifika.

Geertz, C. 1983. *Local knowledge: Further essays in interpretive anthropology.* New York: Basic Books.

Gilligan, C. 1982. *In a different voice.* Cambridge: Harvard University Press.

——. 1988. Two moral orientations: Gender differences and similarities. *Merrill-Palmer Quarterly* 34 (3):223–37.

Giorgi, A. 1985. *Phenomenology and psychological research.* Pittsburgh: Duquesne University Press.

Golde, P. ed. 1980. *Women in the field.* Chicago: Aldine.

Goleman, D., and Gurin, J., eds. 1993. *Mind/body medicine: How to use your mind for better health.* Yonkers, New York: Consumer Reports Books.

Gonzalez-Ortega, C. A. 1991. *Synergy in the classroom: Explorations in "education as transformation" with Puerto Rican children and their teacher.* Ph.D. diss., Harvard University.

Good, B. ed. 1987. Culture-bound syndromes. *Culture, Medicine and Psychiatry* 11 (1):1–2.

Gould, S. 1981. *The mismeasurement of man.* New York: Norton.

Goulet, D. 1985. *The cruel choice: A new concept in the theory of development.* Washington, D. C.: University Press of America.

Government of Fiji Bureau of Statistics. 1976. *Social indicators for Fiji.* Suva: Government Printer.

Gray, A. ed. 1989. *Indigenous self-development in the Americas.* Copenhagen: International Workshop for Indigenous Affairs.

Gregory, D. 1989. Traditional Indian healers in northern Manitoba: An emerging relationship with the health care system. *Native Studies Review* 5 (1):163–74.

Guenon, R. 1962. *Crisis of the modern world.* London: Luzac.

Guenther, M. G. 1986. *The Nharo Bushmen of Botswana: Tradition and change.* Hamburg: Buske.

Hahn, H., and Katz, R. 1985. Education as transformation: A test of the model. Unpublished paper, Harvard Graduate School of Education.

Hampton, E. 1984. The sweat lodge and modern society. Unpublished paper, Harvard Graduate School of Education.

Hansel, 1968. Characterization and physiological activities of some Kava constituents. *Pacific Science* 12.

Harris, G. 1989. Concepts of individual, self and person in description and analysis. *American Anthropologist* 91 (Sept. 1989): 599–612.

Harvey, Y. K. 1979. *Six Korean women: The socialization of shamans.* St. Paul: American Ethnological Society.

Heller, K. 1989. Ethical dilemmas in community intervention. *American Journal of Community Psychology* 17 (3):367–78.

Heller, K., et al. 1984. *Psychology and community change.* Homewood, Ill.: Dorsey.

Henry, J. 1972. *On education.* New York: Random House.

Herbert, B. 1982. *Shandaa (in my lifetime).* Fairbanks: Alaska Native Language Center.

Herr, B. 1981. The expressive character of Fijian dream and nightmare experiences. *Ethos* 9 (4):331–52.

Hesse, P., and Cicchetti, D. 1982. Perspectives in an integrated theory of emotional development. In D. Cicchetti & P. Hesse, eds., *Emotional development.* San Francisco: Jossey-Bass.

Hickson, L. 1986. The social context of apology in dispute settlement: A cross-cultural study. *Ethnology* 25 (4):283–94.

Hobsbawn, E., and Ranger, T. 1984. *The invention of tradition.* Cambridge: Cambridge University Press.

Hocart, A. M. 1929. *Lau Islands, Fiji.* Rpt.: Kraus. 1971.

——. 1952. *The northern states of Fiji. Royal Anthropological Institute Occasional Publication* 11.

Hoffman, M. L. 1978. Toward a theory of empathic arousal and development. In M. Lewis and L. A. Rosenblum, eds., *The development of affect.* New York: Plenum.

——. 1980. Moral development in adolescence. In J. Adelson, ed., *Handbook of adolescent psychology.* New York: Wiley.

Hollway, W. 1989. *Subjectivity and method in psychology: Gender, meaning and science.* Newbury Park, Calif.: Sage.

Howard, G. 1991. Culture tales: A narrative approach to thinking, cross-cultural psychology and psychotherapy. *American Psychologist* 46 (3):187–97.

Huizer, G. 1978. Anthropology and multinational power: Some ethical considerations on social research in underdeveloped countries. In Idris-Soven and Vaughn, eds. *The world as a company town.* The Hague: Mouton.

Hurlich, S., and Lee, R. B. 1979. Colonialism, apartheid, and liberation: A Namibian example. In D. Turner and G. Smith, eds., *Challenging anthropology.* Toronto: McGraw-Hill Ryerson.

Huxley, A. 1944. *The perennial philosophy.* New York: Harper & Row.

Illich, I. 1982. *Medical nemesis: The expropriation of health.* New York: Pantheon.

Izard, C. E. 1982. *Measuring emotions in infants and young children.* New York: Cambridge University Press.

Izard, C. E., and Malatesta, C. Z. 1987. Differential emotions theory of early emotional development. In J. D. Osofsky, ed., *Handbook of infant development.* 2nd ed. New York: Wiley.

Jung, C. G. 1952. *Transformation.* Princeton: Princeton University Press.

——. 1965. *Memories, dreams, reflections.* New York: Vintage.

——. 1969. *Psychology and religion: West and east.* Princeton: Princeton University Press.

Kabat–Zinn, J. 1991. *Full catastrophic living: Using the wisdom of your body and mind to face stress, pain, and illness.* New York: Delacorte.

Kabat-Zinn, J., et al. 1992. Effectiveness of a mediation-based stress reduction program in the treatment of anxiety disorders. *American Journal of Psychiatry* 149:936–43.

Kagan, J. 1978. On emotion and its development: A working paper. In M. Lewis & L. A. Rosenblum, eds., *The development of affect.* New York: Plenum.

——. 1988. The idea of temperament categories. Paper presented at the annual meeting of the American Psychological Association, Atlanta (August).

Kaplan, M. 1988. The coups in Fiji: Colonial contradictions and the post-colonial crisis. *Critique of Anthropology* 8 (3):93–116.

——. 1989. "Luve ni wai" as the British saw it: Constructions of custom and disorder in colonial Fiji. *Ethnohistory* 36 (4):349–71.

Katz, M. M. W. 1981. *"Gaining sense" in the outer Fiji Islands: A cross-cultural study of cognitive development.* Ph.D. diss., Harvard University.

——. 1984. Infant care in a group of outer Fiji islands. *Ecology of Food and Nutrition* 15 (4):323–40.

Katz, R. 1968; 1989. Unpublished field notes, Kalahari Desert.

——. 1973. *Preludes to growth: An experiential approach.* New York: Free Press.

——. 1977–78; 1985. Unpublished field notes, Fiji Islands.

——. 1981. Education as transformation: Becoming a healer among the !Kung and Fijians. *Harvard Educational Review* 51 (1):57–78.

——. 1982a. *Boiling energy: Community healing among the Kalahari Kung.* Cambridge: Harvard University Press.

——. 1982b. Commentary on education as transformation. *Harvard Educational Review* 52 (1):63–66.

——. 1982c. Utilizing traditional healing systems. *American Psychologist* 37 (6):115–16.

——. 1983/84. Empowerment and synergy: Expanding community healing resources. *Prevention in Human Services* 3:201–226.

——. 1986. Healing and transformation: Perspectives on development, education and community. In M. White and S. Pollak, eds., *The cultural transition: Social transformation in the third world and Japan.* London: Routledge & Kegan Paul.

——. 1987. The role of vulnerability in fieldwork. In A. Schenk and H. Kalweit, eds., *The healing of knowledge.* Munich: Goldman.

——. 1990. What is a healing community? *The Community Psychologist* 24(1):13–15.

Katz, R., Argyris, D., and Lapore, S. 1986. The contribution of vulnerability to fieldwork. Unpublished paper, Harvard Graduate School of Education.

Katz, R., Biesele, M., and St. Denis, V. In press. *"Healing makes our hearts happy": Spiritual traditions and social change among the Zhu/twasi.* Rochester, Vt.: Inner Traditions.

Katz, R., and Craig, R. 1987. Community healing: The rich resource of tradition. *The Exchange* 8 (2):4–5.

Katz, R., and Craig, R. 1988. Health is more than not being sick. *The Exchange* 9 (2):6–8.

Katz, R., and Kilner, L. 1987. The straight path: A Fijian perspective on development. In C. Super, ed. *The role of culture in developmental disorder.* New York: Academic Press.

Katz, R., and Lamb, W. 1983. Utilization patterns of "traditional" and "Western" health services: research findings. *Proceedings of Annual Meeting of the National Council on International Health.* Washington, D.C.: National Council on International Health.

Katz, R., and Nuñez-Molina, M. 1986. Researching realities: The contribution of vulnerability to cross-cultural understanding. *Community Psychologist* 19 (3).

Katz, R., and Rolde, E. 1981. Community alternatives to psychotherapy. *Psychotherapy: Therapy, Research and Practice* 18 (3):365–74.

Katz, R., and Seth, N. 1986. Synergy and healing: A perspective on Western health care. *Prevention in Human Services* 5 (1):109–36.

Katz, R., and Seth, N., eds. 1993. *Synergy and healing: Perspectives on development and social change.* Unpublished manuscript, Saskatchewan Indian Federated College.

Katz, R., and St. Denis, V. 1991. Teacher as healer: A renewing tradition. *Journal of Indigenous Studies* (2):23–36.

Katz, R., and Wexler, A. 1990. Healing: A transformational model. In K. Peltzer and P. Edigbe, eds., *Clinical psychology in Africa.* Eschborn, Germany: Fachbuchhandlung für Psychologie.

Keesing, R. 1983. *Elota's story: The life and times of a Solomon Islands big man.* New York: Holt, Rinehart & Winston.

Kelly, J. D. 1988. Fiji Indians and political discourse in Fiji: From the Pacific romance to the coups. *Journal of Historical Sociology.* 1 (4):399–422.

Kilner, L. 1986. The role of family relationships in adolescent development. Unpublished paper, Harvard Graduate School of Education.

Kim, C. S. 1990. The role of the non-Western anthropologist reconsidered: Illusion versus reality. *Current Anthropology* 31 (2):196–201.

Kleinman, A. 1979. *Patients and healers in the context of culture: An exploration of the borderland between anthropology, medicine, and psychiatry.* Berkeley: University of California Press.

——. 1987. Culture and clinical reality: Commentary on "culture-bound" syndromes and international disease classification. *Culture, Medicine and Psychiatry* 11 (1):49–52.

Knapman, B., and Walter, M. 1980. The way of the land and the path of money: The generation of economic inequality in eastern Fiji. *Journal of Developing Areas* 14 (2):201–22.

Knight, H. 1990. The oral tradition and Native story-tellers. Unpublished paper, Prince Albert Tribal Council, Prince Albert, Saskatchewan.

Kohlberg, L. 1984. *Essays on moral development.* San Francisco: Harper & Row.

——. 1986. A current statement on some theoretical issues. In S. Modgil and C. Modgil, eds., *Lawrence Kohlberg.* Philadelphia: Falmer Press.

Kohlberg, L., and Higgins, A. 1987. School democracy and social interaction. In W. M. Kurtines and J. L. Gewirtz, eds., *Moral development through social interaction.* New York: Wiley.

Kohn, A. 1986. *No contest: The case against competition.* Boston: Houghton Mifflin.

Konnor, M. 1982. *The tangled wing: Biological constraints on the human spirit.* New York: Holt, Rinehart & Winston.

Kreisberg, S. 1992. *Transforming power: Domination, empowerment and education.* Albany: State University of New York Press.

Kuhn, P. 1990. *Soulstealers: The Chinese sorcery scare of 1768.* Cambridge: Harvard University Press.

La Framboise, T. 1988. American Indian mental health policy. *American Psychologist* 43 (5):388–97.

La Framboise, T., and Plake, B. 1983. Toward meeting the research needs of Native Americans. *Harvard Educational Review* 53 (1):45–51.

Lakoff, G., and Johnson, M. 1980. *Metaphors we live by.* Chicago: University of Chicago Press.

Lame Deer, J., and Erdoes, R. 1972. *Lame Deer: Seeker of visions.* New York: Simon & Schuster.

Lal, V. 1990. *Fiji coups in paradise: Race, politics and military intervention.* London: Zed.

Langer, E. 1989. *Mindfulness.* Reading, Mass.: Addison-Wesley.

Lasaqa, I. 1984. *The Fijian people: Before and after independence.* Canberra: Australian National University Press.

Leacock, E., and Lee, R. B., eds. 1982. *Politics and history in band societies.* Cambridge: Cambridge University Press and Maison des sciences de l'homme.

Lebot, V., Merlin, M., and Lindstrom, L. 1992. *Kava: The Pacific drug.* New Haven: Yale University Press.

Lebra, W. 1972. *Mental health research in Asia and the Pacific.* Honolulu: University of Hawaii Press.

Lee, R. B. 1979. *The !Kung San: Men, women and work in a foraging society.* Cambridge: Cambridge University Press.

——. 1984. *The Dobe !Kung.* New York: Holt, Rinehart & Winston.

——. 1985. Foragers and the state: Government policies toward the San in Namibia and Botswana. *Cultural Survival: Occasional Papers* 18:37–46.

Lee, R. B., and Devore, I., eds. 1968. *Man the hunter.* Chicago: Aldine.

Lerner, R. M., and Spanier, G. B., eds. 1978. *Child influences on marital and family interaction: A life-span perspective.* New York: Academic Press.

LeVine, R. A. 1982. *Culture, behavior and personality.* 2nd ed. Chicago: Aldine.

LeVine, R. A., and White, M. 1986. *Human conditions: The cultural basis of educational development.* New York: Routledge & Kegan Paul.

Lévi-Strauss, C. 1963. *Structural anthropology.* New York: Basic Books.

Levy, R. 1975. *Tahitians.* Chicago: University of Chicago Press.

Lewis, I. M. 1986. *Religion in context: Cults and charisma.* Cambridge: Cambridge University Press.

Lewis, M., and Brooks-Gunn, J. 1979. *Social cognition and the acquisition of the self.* New York: Plenum.

Light, D. 1980. *Becoming psychiatrists: The professional transformation of self.* New York: Norton.

——. 1988. Toward a new sociology of medical education. *Journal of Health and Social Behavior* 29 (4):307–22.

Lincoln, Y. S., and Guba, E. A. 1985. *Naturalistic inquiry.* Newbury Park, Calif.: Sage.

Lindstrom, L. 1991. Kava, cash, and custom in Vanuatu. *Cultural Survival Quarterly* 15 (2):28–31.

Little Bear, L., Boldt, M., and Long, J. 1984. *Pathways to self-determination: Canadian Indians and the Canadian state.* Toronto: University of Toronto Press.

Luhrmann, T. M. 1989. *Persuasions of the witch's craft: Ritual magic in contemporary England.* Cambridge: Harvard University Press.

Maccoby, E. E., and Martin, J. A. 1983. Socialization in the context of the family: Parent-child interaction. In P. H. Mussen, ed., *Handbook of child psychology.* New York: Wiley.

Manson, S. M., ed. 1982. *New directions in prevention among American Indian and Alaska Native communities.* Portland: Oregon Health Sciences University.

Marcus, G. E., and Fischer, M. I. 1986. *Anthropology as cultural critique: An experimental moment in the human sciences.* Chicago: Chicago University Press.

Marshall, L. 1969. The medicine dance of the !Kung Bushmen. *Africa* 39 (4):347–81.

——. 1976. *The !Kung of Nyae Nyae.* Cambridge: Harvard University Press.

Maslow, A. 1971. *The farther reaches of human nature.* New York: Viking.

Maslow, A., and Honigmann, J. 1970. Synergy: Some notes of Ruth Benedict. *American Anthropologist* 72 (2):320–33.

Mavor, J. E. ed. 1977. *Traditional belief and the Christian faith.* Suva, Fiji: Lotu Pasifika.

McGuire, M. 1982. *Pentecostal Catholics: Power, charisma and order in a religious movement.* Philadelphia: Temple University Press.

——. 1983. Words of power: Personal empowerment and healing. *Culture, Medicine and Psychiatry* 7:221–40.

McLean, A. 1986. Family therapy workshops in the United States: Potential abuses in the production of therapy in an advanced capitalist society. *Social Science and Medicine* 23 (2):179–89.

Memmi, A. 1965. *Colonizer and colonized.* Boston: Beacon.

Menary, J. 1987. The amniocentesis and abortion experience: A study in psychological healing. Ph.D. diss., Harvard University.

Merton, T. 1977. *The wisdom of the desert.* New York: New Directions.

Meza, A. 1988. A study of acculturation of Chicano students at Harvard College: Evidence for the collectivist ego. Ph.D. diss., Harvard University.

Middleton, J., ed. 1967. *Magic, witchcraft and curing.* Austin: University of Texas Press.

Minuchin, S. 1984. *Family kaleidoscope: Images of violence and healing.* Cambridge: Harvard University Press.

Mishler, E. 1984. *The discourse of medicine.* Norwood, N.J.: Ablex.

——. 1986. *Research interviewing: Context and narrative.* Cambridge: Harvard University Press.

Moody, R., ed. 1988. *The Indigenous voice: Visions and realities.* Vol. 2. London: Zed.

MumShirl. 1981. *An autobiography.* Richmond, Victoria, Australia: Heinemann.

Musqua, D. 1991a. Traditional Saulteaux human growth and development. Lecture delivered at the Saskatchewan Indian Federated College (March).

——. 1991b, personal communication, April 4.

Navarro, V. 1976. *Medicine under capitalism.* New York: Prodist.

Nayacakalou, R. R. 1975. *Leadership in Fiji.* Melbourne: Oxford University Press.

——. 1978. *Tradition and change in the Fijian village.* Suva, Fiji: South Pacific Social Sciences Association, Institute of Pacific Studies, University of the South Pacific.

Needleman, J. 1983. Psychiatry and the sacred. In J. Welwood, ed., *Awakening the heart.* Boston: New Science Library.

Neihardt, J. 1972. *Black Elk speaks.* New York: Pocket Books.

Newnham, P. 1984. Fijian myths and culture change. Honors thesis, Harvard University.

Ngugi, W. T. 1986. *Decolonising the mind.* London: Currey.

Noll, R. 1985. Mental imagery cultivation as a cultural phenomenon: The role of visions in shamanism. *Current Anthropology* 26 (4):443–51.

Nuñez-Molina, M. 1987. *Desarrollo del Medium* The process of becoming a healer in Puerto Rican *espiritismo.* Ph.D. diss., Harvard University.

Overton, J. 1988. A Fijian peasantry: "Galala" and villagers. *Oceania* 58:193–211.

Parsons, C, ed. 1985. *Healing practices in the South Pacific.* Honolulu: The Institute for Polynesian Studies.

Patton, M. Q. 1990. *Qualitative evaluation and research methods.* Newbury Park, Calif.: Sage.

Peacock, J. 1987. *Rites of modernization: Symbols and social aspects of Indonesian proletarian drama.* Chicago: University of Chicago Press.

Perin, C. 1986. Speaking of tradition and modernity. *Cultural Anthropology* 1 (4).

Phillips, D. C, and Kelly, M. E. 1978. Hierarchical theories of development in education and psychology. In *Stage theories of cognitive and moral development: Criticisms and applications.* Cambridge: Harvard Educational Review.

Piaget, J. 1952. *The origins of intelligence in children.* New York: International Universities Press.

——. 1967. *The child's construction of the world.* Totowa, N.J.: Littlefield, Adams.

——. 1970. *Structuralism.* New York: Basic Books.

Piaget, J., and Inhelder, B. 1948. *The child's conception of space.* Rpt. New York: Norton, 1969.

——. 1969. *The psychology of the child.* New York: Basic Books.

Polanyi, M. 1958. *Personal knowledge: Toward a post-critical philosophy.* Chicago: University of Chicago Press.

Pukui, M., Haertig, E. and Lee, C. 1977. *Nana I Ke Kumu (Look to the source).* Honolulu: Hui Hanai.

Quain, B. 1948. *Fijian village.* Chicago: University of Chicago Press.

Rabinow, P. 1977. *Reflections on fieldwork in Morocco.* Berkeley: University of California Press.

Rabinow, P., and Sullivan, W., eds. 1988. *Interpretive social science: A second look.* Berkeley: University of California Press.

Ralph, D. 1983. *Work and madness: The rise of community psychiatry.* Montreal: Black Rose.

Rappaport, J. 1977. *Community psychology.* New York: Holt, Rinehart & Winston.

——. 1987. Terms of empowerment/exemplars of prevention: Toward a theory of community psychology. *American Journal of Community Psychology* 15 (2):121–48.

Rappaport, R. 1978. Adaptation and the structure of ritual. In N. Blurton-Jones and V. Reynolds, eds., *Human behavior and adaptation.* New York: Halsted.

Ravuvu, A. 1983. *The Fijian way of life.* Suva, Fiji: University of the South Pacific.

——. 1987. *The Fijian ethos.* Suva, Fiji: University of the South Pacific.

Reason, P., and Rowan, J., eds. 1981. *Human inquiry: A sourcebook of new paradigm research.* New York: John Wiley.

Proceedings of the Regional Meeting of Pacific Islands Women's Non-governmental Organizations 1985. Noumea, New Caledonia: South Pacific Commission.

Reichmann, R. 1985. *Consciencia* and development in the Association of Triciceros: A grassroots labor organization in the Dominican Republic. Ph.D. diss., Harvard University.

Reinharz, S. 1982. *On becoming a social scientist.* Rutgers, N.J.: Transaction.

Remen, R. 1990. Living next to cancer. In *How your mind affects your health.* San Francisco: Institute for the Advancement of Health.

Report of the select committee of inquiry into the health services in Fiji. 1979. Parliamentary paper No. 28. Suva: Government Printer.

Ritchie, J., and Ritchie, J. 1979. *Growing up in Polynesia.* Sydney: Allen & Unwin.

Rokotuiviwa, P. 1975. *The congregation of the poor.* Suva, Fiji: South Pacific Social Sciences Association.

Roth, G. K. 1953. *Fijian way of life.* London: Oxford University Press.

Rutz, H. J. 1978. Ceremonial exchange and economic development in village Fiji. *Economic Development and Cultural Change* 26 (4):777–805.

Sahlins, M. 1962. *Moala: Culture and nature on a Fijian Island.* Ann Arbor: University of Michigan Press.

——. 1985. *Islands of history.* Chicago: University of Chicago Press.

Sangren, P. S. 1988. Rhetoric and the authority of ethnography: Postmodernism and the social reproduction of texts. *Current Anthropology* 29 (3):405–35.

Sarason, S. 1977. *The psychological sense of community: Prospects for a community psychology.* San Francisco: Jossey-Bass.

Scarr, D. 1984. *Fiji: A short history.* Sydney: Allen & Unwin.

Schmookler, A. 1984. *The parable of the tribes: The problem of power in social evolution.* Berkeley: University of California Press.

Schoun, F. 1975. *Logic and transcendence.* New York: Harper & Row.

Schutz, A., and Komaitai, R. 1971. *Spoken Fijian: Intensive course in Bauan Fijian, with grammatical notes and glossary.* Honolulu: University of Hawaii Press.

Selman, R. 1980. *The growth of interpersonal understanding: Developmental and clinical analysis.* New York: Academic Press.

Seth, N. 1987. *Baira ni vato* (women's talk): A psychological context for exploring fertility options in traditional societies. Ph.D. diss., Harvard University.

Shah, F. S. 1987. Culture and education in community-based psychiatric care: The Fountain House model in New York and Lahore, Pakistan. Ph.D. diss., Harvard University.

Shapiro, M. 1978. *Getting doctored: Critical reflections on becoming a physician.* Kitchener, Ont.: Between the Lines.

Shweder, R. 1977. Likeness and likelihood in everyday thought: Magical thinking in judgments about personality. *Current Anthropology* 18 (Dec.):637–58.

——. 1991. *Thinking through cultures: Expeditions in cultural psychology.* Cambridge: Harvard University Press.

Shweder, R., and LeVine, R., eds. 1984. *Culture theory: Essays on mind, self, and emotion.* Cambridge: Cambridge University Press.

Silman, J. 1987. *Enough is enough: Aboriginal women speak out.* Toronto: Women's Press.

Simonis, J. 1984. Synergy and the education of helpers: A new community psychology approach to counselor training. Ph.D. diss., Harvard University.

Singer, M. 1986. Toward a political economy of alcoholism: The missing link in the anthropology of drinking. *Social Science and Medicine* 23 (2):113–30.

Siwatibau, S. 1981. *Rural energy in Fiji: A survey of domestic rural energy use and potential.* Ottawa: International Development Research Center.

Skin, A. 1988. Personal communication, December 1.

Skultans, V. 1986. On mental imagery and healing. *Current Anthropology* 27 (3):262.

Smith, H. 1977. *Forgotten truth: The primordial tradition.* New York: Harper & Row.

Spencer, D. 1937. Fijian dreams and visions. In D. Davidson, ed., *Twenty-fifth Anniversary Studies of the Philadelphia Anthropological Society.* Philadelphia: Philadelphia Anthropological Society.

——. 1941. *Disease, religion and society in the Fiji Islands.* New York: American Ethnological Society.

Sroufe, L. A. 1990. The role of infant-caregiver attachment in development. In J. Belsky and T. M. Nezworski, eds., *Clinical implications of attachment.* Hillsdale, N.J.: Erlbaum.

St. Denis, V. 1989. A process of community-based participatory research: A case study. M.A. thesis, University of Alaska, Fairbanks.

Starr, P. 1982. *The social transformation of American medicine.* New York: Basic Books.

Stewart, R. 1982a. *Human development in the South Pacific: A book of readings.* Suva, Fiji: University of the South Pacific.

——. 1982b. Us and them: Beliefs about human nature held by young people in the South Pacific. *Social Behavior and Personality* 10 (2):221–26.

——. 1984. Cognitive, socio-cultural and institutional explanations for ethnic differences in academic achievement in Fiji. Paper presented at the Conference on Thinking, Cambridge, Mass. (August).

Stoller, P., and Olkes, C. 1987. *In sorcery's shadow: A memoir of apprenticeship among the Songhay of Niger.* Chicago: University of Chicago Press.

Stull, D., and Schensul, J., eds. 1987. *Collaborative research and social change: Applied anthropology in action.* Boulder, Colo.: Westview.

Super, C, ed. 1987. *The role of culture in developmental disorder.* New York: Academic Press.

Swampy, G. 1982. The role of the native woman in a native society. *Canadian Journal of Native Education* 9 (3):2–20.

Tambiah, S. 1973. Form and meaning of magical arts: A point of view. In R. Horton and Finnegan, eds., *Separate from modes of thought.* London: Farber.

——. 1990. Magic, science, religion and the scope of rationality. Cambridge: Cambridge University Press.

Taussig, M. 1987. *Shamanism, colonialism and the wild man: A study in terror and healing.* Chicago: University of Chicago Press.

Taylor, P. 1981. *Border healing woman: The story of Jewel Babb.* Austin, Texas: University of Texas Press.

The Tipi (poster with text). 1988. Saskatchewan: Saskatchewan Indian Cultural Center.

Thompson, B. 1908. *The Fijians: A study in the decay of custom.* London: Heinemann.

Thompson, L. 1940a. *Southern Lau, Fiji: An ethnography.* Honolulu: Bishop Museum.

——. 1940b. *Fijian frontier.* New York: Institute of Pacific Relations.

Tiffany, S. 1975. Giving and receiving: Participation in chiefly redistribution activities in Samoa. *Ethnology* 14 (3):267–86.

Tippet, A. 1968. *Fijian material culture: A study of cultural context, function and change.* Honolulu: Bishop Museum.

Torrey, E. F. 1986. *Witch doctors and psychiatrists: The common roots of psychotherapy and its future.* Norvale, N.J.: Aronson.

Trainer, T. 1989. *Developed to death: Rethinking third world development.* London: Merlin.

Triandis, H. C. 1988. Individualism and collectivism: Cross-cultural perspectives on self-ingroup relationships. *Journal of Personality and Social Psychology* 54 (2):323–38.

——. 1989. The self and social behavior in differing cultural contexts. *Psychological Review* 96 (3):506–20.

Trompf, G., ed. 1977. *Prophets of Melanesia.* Port Moresby: Institute of Papua New Guinea Studies.

Tupouniua, S., Crocombe, R., and Slatter, C., eds. 1975. *The Pacific way: Social issues in national development.* Suva, Fiji: South Pacific Social Sciences Association.

Turiel, E. 1977. A critical analysis of Kohlberg's contributions to the study of moral thought. *Journal of Social Behavior* 7:41–63.

——. 1983. *The development of social thought: Morality and convention.* Cambridge: Cambridge University Press.

Turner, B., ed. 1990. *Theories of modernity and postmodernity.* Newbury Park, Calif.: Sage.

Turner, J. W. 1984. "True food" and first fruits: Rituals of increase in Fiji. *Ethnology* 23 (2):133–42.

——. 1986a. The sins of the father: Rank and succession in a Fijian chiefdom. *Oceania* 57 (2):128–41.

——. 1986b. "The water of life": Kava ritual and the logic of sacrifice. *Ethnology* 25 (3):203–14.

——. 1987. Blessed to give and receive: Ceremonial exchange in Fiji. *Ethnology* 26 (3):209–20.

Turner, V. 1969. The ritual process. Chicago: Aldine.

——. 1974. Liminal to liminoid in play, flow and ritual. *Rice University Studies* 60:53–99.

——. 1974. *Dramas, fields and metaphors: Symbolic action in human society.* Ithaca: Cornell University Press.

Valkeapaa, N.-A. 1983. Greetings from Lapland: The Sami – Europe's forgotten people. London: Zed.

Van Gennep, A. 1960. *The rites of passage.* Chicago: University of Chicago Press.

Vatu, S. 1977. *Na veitalanoa me baleta na i tukutuku maroroi* (Talking about oral traditions). Suva: Fiji Museum.

Wallace, A. 1956. Revitalization movements. *American Anthropologist* 58 (2):264–81.

Ward, C, ed. 1989. *Altered states of consciousness and mental illness: A cross-cultural perspective.* Newbury Park, Calif.: Sage.

Watson, G. 1987. Make me reflexive—but not yet: Strategies for managing essential reflexivity in ethnographic discourse. *Journal of Anthropological Research* 43 (Spring):29–41.

Watson-Gegeo, K., and White, G., eds. 1989. *Disentangling: Conflict discourse in Pacific societies.* Stanford: Stanford University Press.

Watters, R. F. 1969. *Koro: Economic development and social change in Fiji.* Oxford: Clarendon.

Weiner, M. 1970. Notes on some medicinal plants of Fiji. *Economic Botanist* 24 (3):279–82.

Welwood, J. 1983. Vulnerability and power in the therapeutic process. In J. Welwood, ed., *Awakening the heart.* Boulder, Colo.: New Science Library.

Wengle, J. L. 1983. Anthropological training and the quest for immorality. *Ethos* 12 (3):223–44.

West, M. M. 1988. Parental values and behavior in the outer Fiji Islands. In R. A. Levine, P. M. Miller, and M. M. West, eds., *Parental behavior in diverse societies.* San Francisco: Jossey-Bass.

White, G., and Kirkpatrick, J., eds. 1985. *Person, self and experience: Exploring Pacific ethnopsychologies.* Berkeley: University of California Press.

White, M. I., and Pollak, S., eds. 1986. *The cultural transition: Human experience and social transformation in the Third World and Japan.* Boston: Routledge & Kegan Paul.

Whiting, B. 1953. Paiute sorcery. *Viking Fund Publication in Anthropology* 15. New York: Wenner-Gren Foundation.

Wilber, K., Engler, J., and Brown, D., eds. 1989. *Transformations of consciousness: Conventional and contemplative perspective on development.* Boston: Shambhala.

Williams, T., and Calvert, J. 1858. *Fiji and the Fijians.* New York: AMS 1977.

Winkelman, M. 1984. *A cross-cultural study of magico-religious practitioners.* Ph.D. diss., University of California, Irvine.

Wolf, E. 1982. *Europe and the people without history.* Berkeley: University of California Press.

Wolfe, A. 1989. *Earth elder stories.* Saskatoon, Saskatchewan: Fifth House.

Young, D., Swartz, L., and Ingram, G. 1989. *Cry of the Eagle: Encounters with a Cree healer.* Toronto: University of Toronto Press.

著者紹介
リチャード・カッツ博士

リチャード・カッツは、敬意をもって癒しの英知の交換を行うことに専心し、二五年にわたって世界中で、伝統的な癒し手について、また、共同体の癒しの体系についての研究を行ってきた。イェール大学で文学士を、ハーバード大学で臨床心理学の博士号を取得。その後、カナダのサスカチュワン州サスカトゥーンにあるカナダ先住民大学（元サスカチュワン・インディアン・フェデレーション・カレッジ）で教鞭を執る。

著書に Healing Makes Our Hearts Happy と Boiling Energy: Community Healing Among the Kalahari Kung（単著）、また、Nobody's Child（マリー・バルターとの共著）がある。

訳者あとがき

『まっすぐな道』は、臨床心理学の研究を目的としたフィールドワークの記録であり、特に最後の部分で行われる分析は、非常に専門的です。しかし、本書の大部分は物語という形をとっており、著者がフィジーに滞在している間に起きた様々な事件を、ドラマチックに描き出すものです。そのため、専門的な知識を持たない読者でも、読み物として楽しみながら、フィジーの伝統の世界を垣間見ることができるようになっています。ルシアテ先生がフィジーの人々に託された物語が、皆様に届くことを願いながら、精一杯、翻訳を行いました。

翻訳作業にあたり、標珠実氏、深谷美智子氏、山中眞仁氏に、下訳者としてご助力いただきました。新潮講座、目黒学園カルチャースクールの翻訳講座受講生の皆様からも、有意義なご意見をたくさんいただきました。心からお礼を申し上げます。また、出版に際しては、暗黒通信団のシ氏、五代幻人氏に、大変お世話になりました。改めて感謝申し上げます。

THE STRAIGHT PATH OF THE SPIRIT:
Ancestral Wisdom and Healing Traditions in Fiji
by Richard Katz

Originally published as *The Straight Path: A story of healing and transformation in Fiji* by Addison–Wesley Pub. Co., 1993.
Republished by Park Street Press, Inner Traditions International, 1999.

This Japanese translation published by arrangement with Richard Katz through Park Street Press, Inner Traditions International.

Printed in Japan, 2024, Ankoku Tsusindan, or The Darkside Communication Group.

まっすぐな道《みち》 —— フィジー〈癒《いや》し〉の文化人類学《ぶんかじんるいがく》

2024年5月8日 初版 発行

原　題	The Straight Path of the Spirit: Ancestral Wisdom and Healing Traditions in Fiji
原著者	Richard Katz （リチャード・カッツ）
翻訳者	豊島 実和 （とよしま みわ）
監訳者	田野尻 哲郎 （たのじり てつろう）
発行者	星野 香奈 （ほしの かな）
発行所	同人集合 暗黒通信団 （https://ankokudan.org/d/）
	〒277-8691 千葉県柏局私書箱54号 D係
本　体	1,800円 / ISBN978-4-87310-276-4 C0039